4940

1000 Weltwunder

Die Schätze der Menschheit in fünf Kontinenten

NAUMANN & GÖBEL

1000 Weltwunder

in der VEMAG Verlags- und Medien Aktiengesellschaft, Köln
Autor: Friedemann Bedürftig
Umschlagmotive: dpa, Frankfurt/Main (11); MEV, Augsburg (6)
Gesamtherstellung: Naumann & Göbel Verlagsgesellschaft mbH, Köln

Dieses Werk berücksichtigt die neue deutsche Rechtschreibung

ISBN 3-625-10560-8

Vorwort

Was die Zahl ihrer Weltwunder anging, gab sich die Antike bescheiden. Ganze sieben waren der Alten Welt bekannt, so zum Beispiel die hängenden Gärten der Semiramis, der Koloss von Rhodos oder der Leuchtturm der ehemaligen Insel Pharus bei Alexandria. Der Großteil dieser Meisterwerke ist heute längst verfallen und vergessen, die ägyptischen Pyramiden jedoch erhalten nach wie vor die Verbindung zwischen Antike und Moderne aufrecht. Über die alten Schätze der Menschheit hinaus haben sich über Jahrtausende hinweg immer neue Reichtümer angesammelt. Die im 18. Jahrhundert im Zuge der Aufklärung entstandene Archäologie förderte zudem verloren geglaubte Zeugnisse untergegangener Kulturen zu Tage – sowohl antike Fundstücke wie das Tal der Könige in Ägypten oder die prachtvollen Azteken- und Inkabauten in Südamerika als auch erheblich ältere wie die frühgeschichtlichen Fels- und Höhlenmalereien, die nach und nach auf allen Kontinenten entdeckt wurden. Seit der Industrialisierung im 19. Jahrhundert sind solche und andere Kultur- und Naturgüter durch fortschreitende Umweltzerstörung gefährdet. Daher verabschiedete die UNESCO im Jahre 1972 die Konvention zum Schutz des Kultur- und Naturerbes der Menschheit und ernannte bis heute rund 600 Bau- und Kunstwerke sowie Naturparks zu Welterbestätten.

So kann man in unserer Zeit ohne Weiteres tausende von beeindruckenden Baudenkmälern, vorgeschichtlichen Funden, atemberaubenden architektonischen Meisterwerken der Moderne und einzigartigen Naturlandschaften benennen, die das Etikett »Weltwunder« verdienen. Dieses Buch vereinigt über 1000 davon und will damit ein möglichst vielseitiges Bild von den Schätzen dieser Erde vermitteln.

Auftakt zu jedem der sieben Kapitel bildet eine Übersichtskarte, auf der alle Stätten der in diesem Kapitel vorkommenden Weltwunder mit einem roten Punkt gekennzeichnet sind. Die Reihenfolge der Weltwunder orientiert sich grob an deren geografischen Standorten von Nord nach Süd und innerhalb dieser Richtung von West nach Ost. Weitläufige Stätten wie zum Beispiel Landschaften oder Flüsse sind entweder durch nur einen Punkt gekennzeichnet, der das Zentrum darstellt, oder durch zwei Punkte, die Anfang und Ende markieren. Beachtet werden sollte, dass Inseln wie beispielsweise Madeira, Grönland oder Hawaii nicht den Staaten zugeordnet sind, denen sie politisch angehören, sondern den Kontinenten, denen sie geografisch gesehen am nächsten liegen. Auf allen Doppelseiten befinden sich schematische Länderkarten mit den Nummern der auf diesen Seiten dargestellten Phänomene.

Bei der Auswahl der Weltwunder kann es naturgemäß nicht um Vollständigkeit gehen. Vielmehr dienen die in diesem Buch anschaulich beschriebenen und illustrierten Stätten nicht zuletzt auch als Anregung, Schönheiten und Kostbarkeiten auf eigene Faust zu entdecken. Doch zuvor lädt uns dieser Bildband ein auf eine Reise um den ganzen Globus – zu den Wundern dieser Welt.

Verlag und Redaktion

Inhalt

Afrika ... 394

Nord- und Mittelamerika ... 450

Südamerika ... 510

Australien und Ozeanien ... 544

Register ... 568

Deutschland

Vom Meer bis zu den Alpen

»Wodurch ist Deutschland groß als durch eine bewundernswürdige Kultur?« Goethes Frage enthält die Antwort, und die Bilder geben dem Dichter Recht, der selbst vorgelebt hat und Inbegriff dessen ist, was deutsche Kultur ausmacht. Zwischen Rhein und Oder, Meer und Alpen gibt es so viel zu bewundern, dass der ganze Reichtum nur anhand von Kostproben zu erfassen ist. Sie erzählen von romantischen Träumen wie das Märchenschloss König Ludwigs II., und sie zeigen den Mut der Menschen im Ringen mit der rauen Natur wie die einsame Warft in der Nordsee. Ob gotische Dome, kühne Brücken, ragende Burgen, technische Wunderwerke oder zauberische Gärten – sie alle haben viele Geschwister. Erst diese Vielfalt macht den Charakter des Landes im Herzen Europas aus: Es versteckt seine Schätze in stillen Tälern und präsentiert sie vor farbiger Marktkulisse, es setzt seine Denkmäler auf ragende Felsen und stellt sie auf städtische Sockel, es gibt seinen Menschen Heimat in pulsierenden Metropolen und in einsamen Klöstern. Ein Land der Gegensätze und doch ein Land.

Deutschland

❶ **Wattenmeer** Nordseeküste

Ein einzigartiger Lebensraum säumt die deutsche und niederländische Nordseeküste: der im Rhythmus von Ebbe und Flut trockenfallende und wieder überflutete bis etwa 30 Kilometer breite Rand des Wattenmeers; der deutsche Teil steht als Nationalpark unter besonderem Schutz. Bei Ebbe liegt der von zahllosen Prielen und Tiefs durchzogene bläulich-schwarze fette Schlickboden mit seiner reichen Fauna aus Mikroorganismen frei, ein gedeckter Tisch für Seevögel aller Art. An den Küstenstreifen gedeihen Salzpflanzen wie Queller, Halligflieder, Wermut, Strandnelke und viele Grasarten. Dieses Paradies, Kinderstube vieler amphibischer Tierarten und Ruheraum von Zugvögeln, ist geprägt von menschlicher Kulturarbeit wie Landgewinnung, Fischfang und Deichbau, noch stärker aber von der elementaren Formkraft der Natur.

❷ **Halligen** Nordfriesland

Im nordfriesischen Wattenmeer zwischen der Halbinsel Eiderstedt im Süden und der Insel Föhr im Norden liegen zehn Halligen. So nennt man Festlandsreste, die nach dem Untergang der alten Küste in den großen Sturmfluten stehen geblieben sind. Die größeren Halligen haben inzwischen einen Sommerdeich, der das häufige Landunter bei Sturmfluten mäßigt, das auf den anderen Halligen noch regelmäßig auftritt. Trocken bleiben dort bei solchen Fluten nur die Warften – natürliche oder künstlich geschaffene Erdhügel, auf denen die Häuser stehen, heute fast alle von einem Ringdeich geschützt. Die einsamen Häuser im weiten Meer stehen für den Kampf der Menschen mit den Elementen.

❶ Altstadt Lübeck

Der Baukomplex des Rathauses, das Burgkloster, der Koberg (ein ganzes Stadtviertel aus dem späten 13. Jahrhundert) mit der Jakobskirche und dem Heiligengeistspital, das Holstentor, das Patrizierviertel aus dem 15. und 16. Jahrhundert zwischen Dom und Petrikirche – in kaum einer Stadt gibt es eine so geschlossene vorindustrielle Bausubstanz wie im Herzen der Hansestadt Lübeck. Die 1143 gegründete und seit 1159 planmäßig in den bis heute fortwirkenden Grundlinien entwickelte Ostseeperle mit ihrer hochgotischen Stadtarchitektur scheint fast bruchlos aus dem Mittelalter in die Moderne gewachsen zu sein.

❷ Haithabu Schleswig

Gegenüber von Schleswig an der Ostseebucht Schlei existierte schon im 8. Jahrhundert ein Handelsplatz, wo Kaufleute ihren Warenverkehr mit dem Norden Europas abwickelten. »Siedlung auf der Heide«, altdänisch Haithabu, nannte sich der Ort, in dem sich im ausgehenden 9. Jahrhundert schwedische Wikinger festsetzten. Wenig später wurde es vom deutschen König Heinrich I. erobert und fiel Ende des 10. Jahrhunderts wieder an Dänemark. 1050 ging Haithabu unter. Im 18. und 19. Jahrhundert kamen hier Steine mit Runeninschriften in altdänischer und altschwedischer Sprache zu Tage, die wertvolle Aufschlüsse über die Geschichte Haithabus lieferten und bei den seit 1900 vorgenommenen systematischen Ausgrabungen Orientierung geben. Ein Wikinger-Museum präsentiert die Funde.

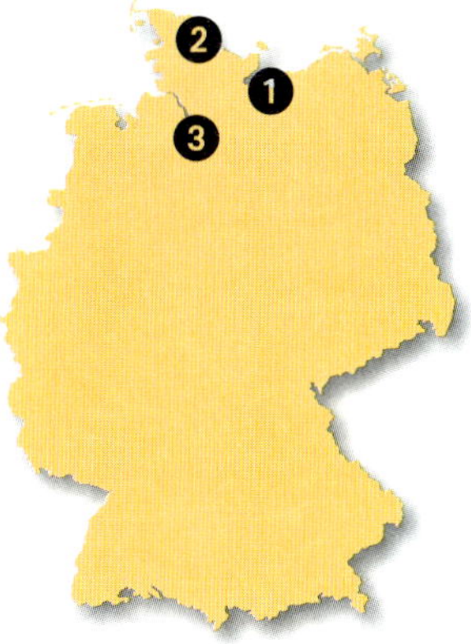

❸ Speicherstadt Hamburg

Zwischen 1885 und 1927 entstand zwischen Kehrwiederspitze und Poggenmühle in Hamburg eine eigene Stadt aus neugotisch gestalteten Lagerhäusern in Backsteinbauweise. Mit ihren Türmchen, Blendnischen und Friesen sowie Schmuck aus Keramik, grünen Kupferdächern und glasierten Steinen wirkt die von der Elbe um- und durchflossene Speicherstadt einheitlich und doch lebhaft. Die Gebäude sind von Straßen und zugleich mit Schuten vom Wasser her erreichbar. Früher für Güter aller Art gedacht, werden hier heute vornehmlich hochwertige Waren gelagert, doch hat bereits ein Wandel eingesetzt hin zu Firmen aus dem Dienstleistungssektor. Am malerischen Bild der »Stadt« ändert das nichts; sie steht seit 1991 unter Denkmalschutz. Gewürz-, Zoll- und Speicherstadt-Museum sind hier beheimatet.

❶ Kreidefelsen Rügen

Über eine Million Touristen besuchen jährlich Deutschlands größte Insel und Jasmund, den kleinsten Nationalpark des Landes mit der einmaligen Kreideküste. Der 300 Hektar große Nationalpark schützt eine naturnahe Landschaft, die Rückzugsgebiet vieler seltener Pflanzenarten ist und sich weitgehend ungestört entfalten soll. Seine alten Buchenwaldbestände, Hangwälder und Moore sind eine lebendige »Gen-Bank«. Der Blick von den Kreidefelsen, die viele Maler, darnter den großen Caspar David Friedrich (1774–1840), zu romantischen Gemälden inspirierten, ist ebenso eine Augenweide wie der Blick auf sie von der See her oder aus anderen Perspektiven: ein einmaliges Naturwunder.

❷ **Herrenhäuser Gärten** Hannover

Ein bemerkenswertes Beispiel traditioneller Gartenkunst ist das Ensemble der Gärten Herrenhausens in der niedersächsischen Landeshauptstadt Hannover. Der Barockgarten – mit Bäumen, Hecken, vielen Sonder- und Mustergärten, großer Fontäne, Irrgarten, Freilufttheater, vielen Figurengruppen, Orangerie, Wasserspielen, Kaskade und Grotte einer der schönsten und größten in Deutschland – verdankt seine Gründung im Jahre 1666 dem Calenberger Herzog Johann Friedrich. 1936 wurde der Garten von der Stadt Hannover übernommen und restauriert. Nördlich des Großen Gartens geht es zum so genannten Berggarten. In seinen Pflanzhäusern ist die größte Orchideensammlung Europas zu bewundern.

❶ Altstadtrathaus Braunschweig

Eines der schönsten mittelalterlichen Baudenkmäler findet sich im Zentrum von Braunschweig: das Altstadtrathaus aus dem 13.–15. Jahrhundert. Es besteht aus zwei rechtwinklig zusammenstoßenden Flügeln. An einer der Säulen des Laubenganges ist die Braunschweiger Elle eingelassen, die vor allem den Tuchhändlern als Maß diente (57,07 cm). Auf dem darüber liegenden rechtwinkligen Balkon begegnet der Besucher neun kunstvollen Pfeilerfiguren von Hans Hesse aus dem 15. Jahrhundert, die ottonische und welfische Kaiser, Könige und Herzöge mit ihren Frauen darstellen. Das Altstadtrathaus dient heute als Ausstellungs- und Repräsentationsgebäude.

❷ Dom und Burglöwe

Braunschweig

Die Kollegiatsstiftskirche St. Blasius, heute evangelisch-lutherischer Dom, ließ Herzog Heinrich der Löwe 1173 bis 1195 als dreischiffige Gewölbebasilika errichten. Der Dom ist der erste vollgewölbte Bau Niedersachsens. Der mehrfach veränderte Bau beherbergt im Mittelschiff das um 1250 geschaffene Grabmal des Herzogs und seiner englischen Gemahlin Mathilde, ein Hauptwerk mittelalterlicher Steinplastik. Dasselbe gilt für den Burglöwen, einen Bronzeguss von 1166, einst vergoldet, den Heinrich der Löwe als Wahrzeichen seiner Macht und seiner Gerichtsbarkeit errichtete. Das Original kann in der Burg Dankwarderode besichtigt werden. Auf dem Burgplatz ist eine naturgetreue Nachbildung zu sehen.

❸ Schloss und Viertel »Klein Venedig«

Wolfenbüttel

Das niedersächsische Wolfenbüttel hat seine von Renaissance- und Barockbauten geprägte Altstadt weitgehend unversehrt bewahren können. Besonders zu nennen ist das Schloss, ursprünglich eine Wasserburg, die 1614 einen Renaissanceturm und hundert Jahre später eine barocke Fachwerkfassade mit repräsentativem Steinportal erhielt; der Innenhof mit seinen Hofarkaden stammt aus dem 17. Jahrhundert. Womöglich noch eindrucksvoller präsentiert sich »Klein Venedig«, das Viertel mit dem letzten Rest einer der wenigen erhaltenen Grachten, von denen das – von holländischen Städtebauern angelegte – Stadtgebiet einst planmäßig durchzogen war.

❹ Herzog-August-Bibliothek Wolfenbüttel

Das Gebäude, in dem der Dramatiker Gotthold Ephraim Lessing (1729–1781) als Bibliothekar gearbeitet hat, existiert zwar nicht mehr, doch auch der Neubau von 1887 nimmt den Besucher gefangen: Die Herzog-August-Bibliothek im niedersächsischen Wolfenbüttel, 1572 von Herzog Julius gegründet, war unter dem gelehrten Büchersammler und Friedensfürsten Herzog August (Regierungszeit 1634–1666) die größte europäische Büchersammlung und wurde als achtes Weltwunder angesehen. Heute ist die Bibliothek eine moderne Forschungsstätte von Weltrang. Seit 1989 hat das aus dem 12. Jahrhundert stammende Evangeliar Herzog Heinrichs des Löwen (Bild links) als teuerstes Buch der Welt hier seinen endgültigen Platz gefunden.

❶ Dom und Michaeliskirche
Hildesheim

Umfassenden Zugang zum Verständnis romanischer Baukunst und mittelalterlicher Kirchengestaltung gewinnen die Besucher des Domes (1046 neu erbaut) und der einstigen Benediktinerabteikirche Sankt Michael (1010–1022) im niedersächsischen Hildesheim. Besonders das ein wenig ältere Gotteshaus ist ein Schlüsselwerk der ottonischen Kunst: eine streng gegliederte doppelchörige Basilika mit je einem weit über die Seitenschiffe vorspringenden Querhaus mit zwei schlanken Rundtürmen an den Giebelseiten, die mit den gedrungenen Vierungstürmen kontrastieren. Im Dom beeindrucken die Bronzetüren und die Bronzesäule von 1020, außergewöhnliche Werke der Gießkunst. UNESCO-Welterbestätte seit 1985.

❷ Bergwerk Rammelsberg

Über tausend Jahre förderten hier Kumpel kostbare Erze zu Tage: am niedersächsischen Rammelsberg südlich von Goslar. Zinn, Nickel, Blei, Kupfer, Silber und sogar Gold wurden seit 968 aus der Erde geholt, ehe die Gruben 1988 stillgelegt wurden. Heute sind hier zu besichtigen: Abraumhalden aus dem 10. Jahrhundert, nur wenig jüngere Stollen, der älteste gemauerte Grubenraum (»das Feuergezähe Gebäude«) aus dem 13. und der Malermeisterturm aus dem 15. Jahrhundert. Der Bergbau von Rammelsberg hat der alten Kaiserstadt Goslar zu Reichtum verholfen. Zusammen mit deren Altstadt ist der Rammelsberg UNESCO-Welterbestätte seit 1992.

❸ Rathaus Duderstadt

Von einem der schönsten und ältesten Amtssitze Deutschlands aus wird in Duderstadt im Eichsfeld regiert: Auf massigem Unterbau aus hellem Sandstein ruht die dreitürmige Fachwerkkonstruktion aus Eichenholz. Alle Baustile vom 14. bis 18. Jahrhundert haben das Gebäude geprägt, das trotz der vielfältigen Baugeschichte einen Eindruck von seltener Geschlossenheit und Harmonie erweckt. In den 1980er Jahren aufwändig restauriert, erstrahlt es heute wieder in seinem ursprünglichen Glanz.

❶ Luthergedenkstätten Eisleben, Wittenberg

Die Hammerschläge, ob tatsächlich gefallen oder nur im übertragenen Sinne zu verstehen, erschütterten eine ganze Welt: Als Martin Luther am 31. Oktober 1517 seine 95 Thesen gegen das Ablassunwesen in Wittenberg (Sachsen-Anhalt) nach der Überlieferung an die Tür der Schlosskirche (siehe Bild) nagelte, markierte dies das Ende der mittelalterlichen Universalkirche und den Beginn der Reformation. Geburts- und Sterbehaus Luthers in Eisleben, seine Wohn- und Arbeitsstätte als Professor sowie das Haus seines engsten Mitarbeiters Melanchthon in Wittenberg dokumentieren bis heute als Schauplätze einer religiösen Revolution »einen bedeutsamen Abschnitt der menschlichen Geschichte«. Sie sind seit 1996 UNESCO-Welterbestätte.

❷ Bauhausstätten Weimar, Dessau

»Das Bauhaus mit seinen Stätten in Weimar, Thüringen, und in Dessau, Sachsen-Anhalt, steht für die so genannte Bauhaus-Schule der Architektur, die zwischen 1919 und 1933 revolutionäre Ideen der Baugestaltung und Stadtplanung durchsetzte. Die Bauten der Bauhaus-Professoren von Walter Gropius bis Hannes Meyer, László Moholy-Nagy bis Wassily Kandinsky begründeten den Bauhaus-Stil, der die Architektur des 20. Jahrhunderts entscheidend geprägt hat.« Mit dieser Begründung wurden die Bauhaus-Einrichtungen im Gründungsort Weimar (»Haus am Horn«, 1923) und in Dessau (»Hochschule für Gestaltung«, 1926, Bild oben) 1996 von der UNESCO in die Liste der Welterbestätten aufgenommen.

❸ Stiftskirche und Altstadt Quedlinburg

Nur einen »Hexensprung« vom Brocken entfernt auf der östlichen Seite des Harzes liegt die Stadt Quedlinburg, deren mittelalterlicher und frühneuzeitlicher Kern sich fast ohne Einbußen erhalten hat. Er sieht vom Schlossberg herab betrachtet mit seinen 1300 Fachwerkhäusern wie ein Meer von Spitzgiebeln und Türmchen aus. Viele Häuser sind Einzeldenkmäler, darunter das so genannte Klopstockhaus, das an den hier geborenen Dichter (1724–1803) erinnert. Als »architektonisches Meisterwerk der Romanik« steht die Stiftskirche St. Servatii aus dem 10. Jahrhundert und ihr Kirchenschatz mit der Altstadt seit 1994 auf der Liste der UNESCO-Welterbestätten.

❹ Museumsinsel Berlin

»Ein einzigartiges Ensemble von Museumsbauten, das die Entwicklung modernen Museums-Designs über mehr als ein Jahrhundert illustriert« – das war 1999 der Grund zur Aufnahme der Berliner Museumsinsel in die Liste der UNESCO-Welterbestätten. Hier stehen das Alte Museum (erbaut von Karl Friedrich Schinkel, eröffnet 1830), das Neue Museum (1855), die Nationalgalerie (1876, Bild oben), das Bode-Museum (ehemals Kaiser-Friedrich-Museum, 1904) und das Pergamon-Museum (1930, Bild unten). Ein Gang durch diese Museen ist zugleich ein Streifzug durch die abendländische Kunst von der Antike bis ins 19. Jahrhundert wie ein Eintauchen in die Prägephase der Museumskultur.

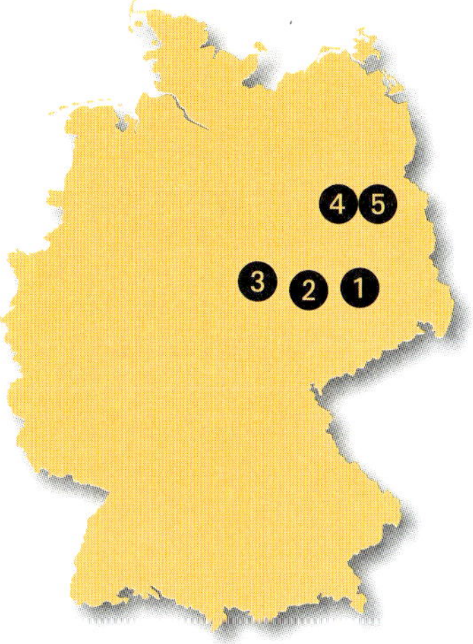

❺ Hackesche Höfe Berlin

Das labyrinthische Geflecht aus acht Höfen am Rande des ehemaligen Scheunenviertels in Berlin ist Deutschlands größter Wohn- und Gewerbehof. Hier haben die gemischten Nutzformen lange Tradition: 1905 wurde das Vorderhaus zu einem Bürogebäude mit werblicher Fassade, der erste Hof fungierte als Festplatz, um den sich diverse Vergnügungsstätten versammelten. Die Fassaden des zweiten Hofs künden von den hier ehedem angesiedelten Stockwerksfabriken; in den übrigen Höfen liegen 92 Wohnungen. Die Tatsache, dass diese Vielfalt bis zur Wiedervereinigung überlebte, spricht für die Stärke dieses Konzepts. Nach Sanierung sind die Hackeschen Höfe wieder lebendiger Teil der kulturellen Mitte Berlins.

❶ Kaiser-Wilhelm-Gedächtniskirche Berlin

Der Name mahnt zur Erinnerung. Als der neuromanische Bau 1895 fertig war, sollte er ein Sakraldenkmal für den alten Kaiser Wilhelm sein, aber für »den mit dem Bart«. Verwechslungen mit dem Enkel Wilhelm II. wünschte niemand. An den erinnerte dann das Berliner Elend nach dem Ersten Weltkrieg hinreichend, und nach dem Zweiten standen nur noch Ruinen der Kirche. Abreißen? Man fand einen Kompromiss: Das Kirchenschiff verschwand, der Turm blieb als »hohler Zahn« und Mahnung gegen deutsche Überheblichkeit. Insofern erinnerte er in gewissem Sinn weiterhin an die angebliche Kaiserherrlichkeit. Dass deren Zeit wie die alles Irdischen in höheren Händen ruht, sollte aber wieder ganz deutlich werden. Und so entstand (nach Entwürfen des Architekten Eiermann) bis 1961 ein neues Gotteshaus, das die Berliner zunächst als »Seelensilo« verspotteten, heute aber um nichts missen möchten.

❷ Brandenburger Tor Berlin

Wenn es ein Wahrzeichen Deutschlands gibt, dann dieses: Das 1791 fertig gestellte Brandenburger Tor. Es diente einst als Stadttor und schon bald als Rahmen für feierliche Durchzüge der allerhöchsten Art. Die preußischen Könige geruhten bei der Rückkehr in ihre Residenz unter dem klassischen Bogen einzuziehen, Napoleon I. ritt zum Zeichen seines Triumphes über Preußen hindurch – und nahm dabei gleich die krönende Quadriga mit nach Paris –, der Sieg über Frankreich 1871 (und die Rückkehr der Quadriga) ließ sich nur hier parademäßig richtig feiern, und auch Hitler ließ sich 1933 als neuer Reichskanzler mit einem Fackelzug durch das Tor huldigen. Nach dem Ende des Dritten Reiches markierte es die Grenze zwischen Ost und West und symbolisierte nach der Zumauerung 1961 den Kalten Krieg. Seit 1989 wieder offen, steht das Brandenburger Tor für die wieder gewonnene deutsche Einheit.

❸ Reichstag Berlin

Geschaffen für das Scheinparlament des Kaiserreichs 1884–1894, dient das pompöse Gebäude heute dem Deutschen Bundestag als »Plenarbereich«. Diesen umstrittenen Begriff hat der Eiertanz um die Diskrepanz zwischen ursprunglicher Bestimmung und heutiger demokratischer Nutzung hervorgebracht. Durchsetzen wird er sich nicht, denn der Reichstag bleibt der Reichstag, ohne dabei derselbe zu bleiben. Wie das geht, hat 1995 der bulgarische Künstler Christo gezeigt, als er den Riesenklotz in Silberfolie packte und ihm das Schweben beibrachte. Jetzt hat er wieder Bodenhaftung und ist doch verwandelt, nämlich durch eine Kuppel, die eine 1933 abgebrannte ersetzte und deren protzigen Sinn zugleich tilgte. Der britische Architekt Norman Foster schuf sie als lichte Krönung, die auch das einst düstere Innere des Gebäudes in ungekünsteltem Glanz erstrahlen lässt.

❶ Charlottenburger Schloss Berlin

Schönstes und größtes Prachtgebäude in Deutschlands Hauptstadt ist das Schloss Charlottenburg. Der erste preußische König hatte es noch vor seiner Krönung 1695 beginnen und danach 1701–1712 vollenden lassen. Überragt vom 48 Meter hohen Kuppelturm, wuchsen dem Mittelbau unter den Nachfolgern des Königs Flügel, Schlosstheater und Teehaus kamen hinzu. 1943 brannte das Schloss nach einem Luftangriff völlig aus, wurde aber nach dem Krieg historisch originalgetreu wieder aufgebaut und restauriert. Seine geschmackvoll im Stil des 18. Jahrhunderts eingerichteten Räume dienen zum Teil als Museum ihrer selbst (beispielsweise die Wohnräume Friedrichs des Großen im Obergeschoss) und als Galerie der Romantik im Parterre.

❷ Nikolaikirche und Rathaus

Potsdam

Wo heute in Brandenburgs Hauptstadt Potsdam der von Karl Friedrich Schinkel (1781–1841) entworfene und von einem seiner Schüler bis 1850 ausgeführte Bau der Nikolaikirche steht, gab es schon im 13. Jahrhundert ein Gotteshaus. Im 18. Jahrhundert ersetzte es ein Barockbau, der aber bald abbrannte, so dass der heutige Kuppelbau errichtet wurde. Nach den Kriegszerstörungen wieder aufgebaut, dominiert er noch immer die Stadtsilhouette. Den Alten Markt beherrscht hingegen der klassizistische Bau des ehemaligen Rathauses (Mitte 18. Jahrhundert) mit dem weltkugeltragenden Atlas auf der Spitze. Das schon 1885 zu klein gewordene Verwaltungsgebäude beherbergt heute Theater, Galerien und Gaststätten.

❸ Schloss Pfaueninsel Berlin

Nach dem Vorbild einer römischen Villa ließ Friedrich Wilhelm II. in der Zeit von 1794 bis 1797 auf der Pfaueninsel im Südwesten Westberlins für sich und seine Geliebte Wilhelmine Encke von Zimmermeister Johann Gottlieb Brendel ein Schloss errichten, das von vornherein als Ruine konzipiert war. Die durch eine geschwungene Brücke miteinander verbundenen Rundtürme prägen das weiße Bauwerk, das – entgegen seinem äußeren Erscheinungsbild – vollkommen aus Holz besteht. Die wie Granitblöcke wirkenden Quaderfugen sind aufgemalt. Die Insel zählt mit ihrem Bestand an einheimischen und ausländischen, zum Teil sehr seltenen Pflanzen und ihrem Vogelreichtum zu den reizvollsten und beliebtesten Erholungsgebieten der Berliner.

❹ Schlösser und Park Sanssouci Potsdam

Nach den beiden Schlesischen Kriegen verlangte es Preußenkönig Friedrich II. den Großen (1712–1786) offenbar nach Ruhe. So ist die Namensgebung für seine später immer weiter ausgestaltete Sommerresidenz Sanssouci (»ohne Sorge«) im heutigen Potsdam zu verstehen. Zunächst stand bis 1747 das eingeschossige Schloss auf den Weinbergterrassen mit seiner zentralen Rotunde, erbaut nach Plänen von Knobelsdorff (1699–1753). Ihm verdanken wir auch die Anlage des 290 Hektar großen Parks, in dem weitere Gebäude entstanden: Bildgalerie, Alte Orangerie, Chinesisches Teehaus (Bild links) und das Neue Palais im Rokokostil, dazu allerlei Tempel, Pavillons und Grotten. Sanssouci, oft als »preußisches Versailles« bezeichnet, steht seit 1990 auf der Liste der UNESCO-Welterbestätten.

❶ Externsteine Teutoburger Wald

Im östlichen Teutoburger Wald beim nordrhein-westfälischen Horn-Bad Meinberg (Kreis Detmold) ragt eine Gruppe einzeln stehender Felstürme in einer etwa einen Kilometer langen Reihe in den Himmel. Neben mehreren kleineren Brocken finden sich fünf mächtige Säulen, deren höchste 36 Meter misst. Aus diesen Felsen ist nach einer Inschrift um die Wende zum zweiten Jahrtausend eine Kapelle ausgehauen worden, wohl weil man damit die Geister der einstigen germanisch-heidnischen Weihestätte bannen wollte. Nur wenig jünger dürfte ein Relief an der Außenwand des Felsens sein, das die Kreuzabnahme Christi zeigt. Heute liegt das teils besteigbare faszinierende Natur-Kultur-Denkmal in einem Naturschutzgebiet.

❸ Dom Köln

632 Jahre, von 1248 bis 1880, dauerte es bis zur Fertigstellung: Der Dom zu Köln ist in allen, auch in den neusten Teilen der hohen gotischen Kunst der Anfangszeit verpflichtet. Bei der Vollendung im 19. Jahrhundert war er das mächtigste Gebäude der Welt, das den Bautyp der Kathedrale zur endgültigen Reife gebracht hatte. Die mit 7000 Quadratmetern größte aller Kirchenfassaden wird von zwei 156 Meter hohen Türmen flankiert. Der Domschatz im Innern des gewaltigen Gebetshauses bewahrt in einem hoch kunstvoll gestalteten mittelalterlichen Reliquienschrein die Gebeine der Heiligen Drei Könige. Das ottonische Gerokreuz auf dem Kreuzaltar ist Urbild aller mittelalterlichen Triumphkreuze, der von Stefan Lochner geschaffene Altar aus dem 14. Jahrhundert kann über alle Stile hinweg als einer der schönsten überhaupt gelten. UNESCO-Welterbestätte seit 1996.

❷ Schwebebahn Wuppertal

Die Städte Elberfeld und Barmen beschlossen 1887 ein revolutionäres öffentliches Verkehrssystem: Im engen Tal der Wupper, nach der die beiden seit 1930 Wuppertal heißen, ist Platz Mangelware. Es wurde daher ein System entwickelt, das den Flusslauf ausnutzt: An Streben wurde ein Schienenweg darüber entlanggeführt, auf dem die Züge nicht fahren, sondern an dem sie hängen – schweben. Diese über 13,3 Kilometer führende Schwebebahn nahm 1901 den Betrieb auf und hat inzwischen in den hundert Jahren ihres Bestehens insgesamt 1,5 Milliarden Passagiere befördert.

❶ Schlösser Augustusburg und Falkenlust Brühl

Ursprünglich war es 1288 als Wasserburg erbaut worden: Das ehemalige kurfürstliche Schloss Augustusburg (Bild oben links) im nordrhein-westfälischen Brühl war bis ins 16. Jahrhundert Residenz der Erzbischöfe von Köln, wurde im Auftrag von Kurfürst Clemens August 1725–1770 in barockem Stil umgebaut und mit Rokoko-Zierrat versehen. Künstler aus aller Herren Länder waren an der Ausstattung beteiligt, von der vor allem das herrliche Treppenhaus (Bild links) nach den Plänen von Balthasar Neumann (1687–1753) im Mittelflügel zu nennen ist. Im Park von Augustusburg entstand 1729–1740 das Jagdschlösschen Falkenlust (Bild oben rechts). Die Brühler Schlossanlage wurde zum Vorbild für eine Vielzahl von deutschen Fürstenhöfen. UNESCO-Welterbestätte seit 1984.

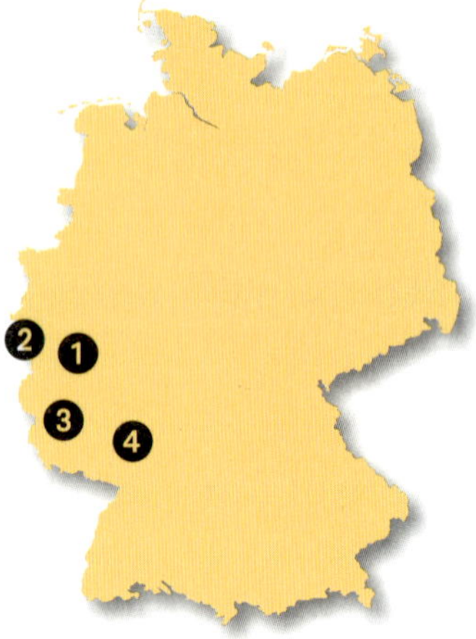

❷ Dom (Münster) Aachen

Das 790 bis 800 n. Chr. erbaute Gotteshaus in Aachen gehört zu den beeindruckendsten Beispielen religiöser Architektur. Als Pfalzkapelle Karls des Großen (König und Kaiser 768–814) über achteckigem Grundriss errichtet und mit Seitenschiff und Emporen ausgestattet, wurde der Dom weiter ausgebaut. In bewusster Anknüpfung an den ersten fränkischen Kaiser ließ sich hier im Jahr 936 Otto I. der Große zum deutschen König krönen und begründete damit eine Tradition, der bis 1531 dreißig deutsche Könige folgten. Der Dom beherbergt einen Schatz mit mittelalterlichen Kunstwerken sowie archäologischen und historischen Dokumenten. UNESCO-Welterbestätte seit 1978.

❸ Römerbauten Trier

Noch vor der Zeitenwende gegründet, ist Trier die älteste Stadt Deutschlands: Relikte römischer Großbauten weisen sie aus als schon in frühester Zeit bedeutende Metropole. Die Reste der römischen Befestigung, des Kaiserpalastes, der Thermen und des Amphitheaters sowie vor allem die monumentale aus dem 2. Jahrhundert stammende Porta Nigra, das »schwarze Tor« aus Quadermauerwerk mit den beiden vorspringenden viergeschossigen Türmen, beeindrucken noch heute durch Wucht und bautechnische Perfektion. Sie sind mit dem auf einen Bau aus dem 4. Jahrhundert zurückgehenden Dom und der frühgotischen Liebfrauenkirche UNESCO-Welterbestätte seit 1986.

❹ Dom Speyer

Das größte romanische Bauwerk Deutschlands steht im rheinland-pfälzischen Speyer: St. Maria und St. Stephan, kurz Speyrer Dom genannt. Um 1030 in Angriff genommen, 1061 geweiht und 1082–1106 umgebaut und eingewölbt, war die sechstürmige und dreischiffige, sehr hohe und 134 Meter lange Basilika als Grablege (in der Krypta) für die salischen Kaiser gedacht. Die ausgewogene Verteilung der Baumassen und die symmetrische Anordnung vermitteln einen überwältigenden Raumeindruck, verstärkt noch durch den kunstvollen, von lombardischen Steinmetzen geschaffenen Figurenschmuck. UNESCO-Welterbestätte seit 1981.

❶ **Eisenhütte** Völklingen

Sehenswürdigkeiten müssen nicht steinalt sein; auch Denkmäler der Industriekultur verdienen Aufmerksamkeit. Dazu gehört die 1873 gegründete Eisenhütte im saarländischen Völklingen, die lange größter deutscher Produzent von Eisenträgern war, zeitweilig 20 000 Stahlkocher beschäftigte und aus dem Dorf Völklingen eine Mittelstadt heranwachsen ließ. Die erhaltenen Anlagen veranschaulichen alle wichtigen Stationen einer historischen Roheisengewinnung vom Erzbunker über die Sinteranlage bis zu den Transport- und Hochofeneinrichtungen mit den anschließenden Walzmaschinen. Als noch vollständig erhaltenes Denkmal der Industriegeschichte ist die Eisenhütte UNESCO-Welterbestätte seit 1994.

❷ **Grube Messel** Darmstadt-Drieburg

Im hessischen Kreis Darmstadt-Drieburg nahe der Gemeinde Messel wurde 1886 ein Ölschiefervorkommen erschlossen, bei dessen Nutzung eine Vielzahl fossiler Pflanzen und Tiere zu Tage kam. Sie erwiesen sich als unendlich viel wertvoller als der Ölschiefer, so dass hier die Wissenschaft das Kommando übernahm. Inzwischen sind mehr als 10 000 Funde gesichert worden, die unschätzbare Aufschlüsse über Klima, Flora und Fauna der erdgeschichtlichen Epoche Eozän vor 57 bis 36 Millionen Jahren geben. Für den Laien besonders interessant sind die rund einhundert Wirbeltierarten aus dieser Frühzeit, darunter 40 Säugetiere, die teils mit Weichteilkonturen im Schiefer erhalten sind. UNESCO-Welterbestätte seit 1995.

❸ **Kloster** Lorsch

Ein Brand im Jahr 1621 hat leider nur noch Teile einer karolingischen Benediktinerabtei, gegründet während der Regierungszeit Pippins des Kurzen (751–768), im hessischen Lorsch übrig gelassen: die Torhalle (vermutlich um 774 fertig gestellt, Bild unten), in der im frühen Mittelalter die ostkarolingischen Könige Audienzen abhielten, ein Teil der Vorkirche (entstanden um 1150) und ein weiter Bogen der Ringmauer. Dennoch vermitteln selbst diese Reste eine Ahnung von der einst mächtigen Gesamtanlage des Klosters, das zu den bedeutendsten im Reich gehört hat. 1232 in das Erzbistum Mainz eingegliedert, erlosch das religiöse Leben in Lorsch während der Reformationszeit. Die Relikte sind als Denkmäler vorromanischer Baukunst UNESCO-Welterbestätte seit 1991.

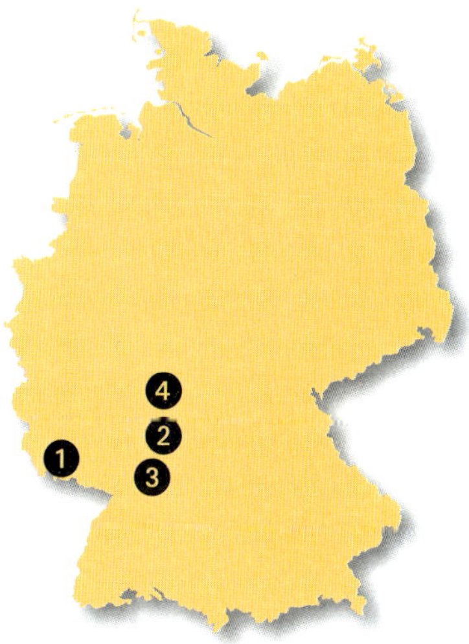

❹ **Messeturm** Frankfurt am Main

Ein neues Symbol der Wirtschaftskraft der deutschen Geldstadt Frankfurt am Main konnte 1988 seiner Bestimmung übergeben werden: Der 256 Meter hohe Messeturm (Bild Seite 32) prägt seitdem zusammen mit den postmodernen Hochhäusern der Banken und Konzerne das Stadtbild – und das Image der Mainmetropole als Drehscheibe des internationalen Handels, ob es sich dabei um höchst materielle Produkte wie Autos oder um eher geistige wie Bücher handelt. Der Begriff Frankfurter Messe hat in vielen Branchen zahlreicher Länder einen guten Klang, und verglichen damit – auch mit »Kollegen« etwa in Chicago oder in Kuala Lumpur – gibt sich der Turm fast noch bescheiden.

❶ Skyline Frankfurt am Main

»Mainhattan« – auf diesen Spitznamen ihrer Stadt sind die Frankfurter so stolz wie die New Yorker auf ihr Skyscraper-Image. Die Bauten am Main halten hinsichtlich Anzahl und Dimension mit denen am Hudson zwar keinen Vergleich aus, misst man aber an der Einwohnerzahl, dann hat Frankfurt mehr Wolkenkratzer, und dann sind die Geldtürme der Banken und die himmelstrebenden Konzernzentralen in der hessischen Stadt sogar um ein Vielfaches höher. Außerdem: Die »Himmelslinie« von Frankfurt kann schon deshalb mit der New Yorker leicht mithalten, weil an ihr auch der gotische Dom (Bild unten ganz rechts) mitwirkt. Dort wurden früher die deutschen Kaiser gekrönt. Mit solchen Altehrwürdigkeiten kann die große amerikanische Schwester nicht aufwarten.

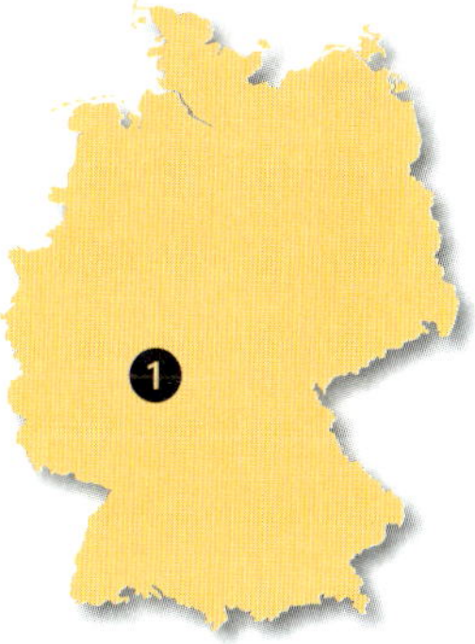

❶ Klassisches Weimar

Goethes und Schillers Wohnhäuser, die Herderstätten, das Stadtschloss, das Wittumspalais, die Herzogin-Anna-Amalia-Bibliothek, das Nationaltheater (siehe Bild), der Park an der Ilm, Goethes Gartenhaus, der Schlosspark Belvedere, die Schlösser und Schlossparks in Tiefurt und Ettersburg, die Fürstengruft und der Historische Friedhof – das sind die Zeugen der großen Zeit Weimars Ende des 18. und zu Beginn des 19. Jahrhunderts. Es waren die Jahre, als hier literarische Werke von außerordentlicher Bedeutung entstanden, geprägt von Weltoffenheit, universellem Bildungsanspruch und humanistischem Streben. Der Weimarer Klassik, beendet mit Goethes Tod 1832, lässt sich an diesen »Tatorten« des Geistes noch heute nachspüren. Sie bilden daher seit 1998 eine UNESCO-Welterbestätte.

❷ Wartburg Eisenach

Als »hervorragendes Denkmal der feudalen Epoche in Europa« kam die der Sage nach 1067 gegründete und später romanisch ausgebaute Wartburg beim thüringischen Eisenach 1999 auf die Liste der UNESCO-Welterbestätten. Martin Luther übersetzte hier 1521/22 das Neue Testament (Lutherzimmer Bild unten), und hier feierten 300 Jahre später die Studenten das Wartburgfest, hier maßen sich im 13. Jahrhundert Dichter im Sängerkrieg, und hier geschah einige Jahrzehnte vorher das Rosenwunder der heiligen Elisabeth von Thüringen. Nach mehrfacher Restaurierung gehören einige Gebäude der Burganlage zu den schönsten Profanbauten ihrer Zeit nördlich der Alpen. Ihre Lage im Herzen Deutschlands macht sie zu einem Symbol der deutschen Einheit.

❶ Zwinger Dresden

Die Bezeichnung »Zwinger« für eines der schönsten deutschen Barockbauwerke in der sächsischen Hauptstadt Dresden rührt her von der ursprünglichen Lage zwischen äußerer und innerer Festungsmauer. 1709–1732 von Daniel Pöppelmann errichtet und vom Bildhauer Balthasar Permoser ausgestaltet, ist der Zwinger ein Symbol der Machtentfaltung unter Kurfürst August dem Starken. Der Zwinger diente zu Festlichkeiten und zur Aufnahme wertvoller Sammlungen. So entstanden Pavillons, die durch reich geschmückte Bogengänge untereinander verbunden sind. Heute wieder zu besichtigen: Gemäldegalerie »Alte Meister«, Rüstkammer, Porzellansammlung, Tierkundemuseum und Mathematisch-Physikalischer Salon.

❸ Göltzschtalbrücke Vogtland

Bei Netzschkau, zwischen Reichenbach und Plauen im Vogtland, führt ein weltbekannter Viadukt über die Göltzsch, einen Nebenfluss der Weißen Elster. Die Berühmtheit rührt her von der einzigartigen Bauweise, die Göltzschtalbrücke nämlich ist das weltweit größte derartige Bauwerk aus Ziegelsteinen. Auf 579 Metern Länge und in einer maximalen Höhe von 78 Metern über dem Tal verläuft auf ihr die zweigleisige Eisenbahnstrecke Leipzig–Hof. Die Bauweise in 22 teils mehrstöckigen Bogen macht den Anblick malerisch, die vier gekuppelten Türme im Mittelteil setzen einen reizvollen architektonischen Akzent. Sechs Jahre (1845–1851) dauerten die Bauarbeiten an der Brücke.

❷ Elbsandsteingebirge und Festung Königstein Sächsische Schweiz

Ist schon das Elbsandsteingebirge mit seinen bizarren Felsen, Graten und Klüften ein Naturwunder, so bietet der Gipfel des Königsteins zugleich ein Kulturwunder: die gleichnamige im 16. Jahrhundert erbaute starke Festung, die später mehrfach erweitert und ausgebaut worden ist. Sie liegt hoch über der Stadt Königstein/Sächsische Schweiz auf einen Sandsteintafelberg rund 300 Meter über dem Meeresspiegel. Von hier blickten die Besatzungen und zeitweilig auch Gefangene weit ins Land. Bekanntester Insasse war wohl der Alchimist Johann Friedrich Böttger (1682–1719), der Erfinder des weißen Porzellans (1708/09). Heute teilweise Museum.

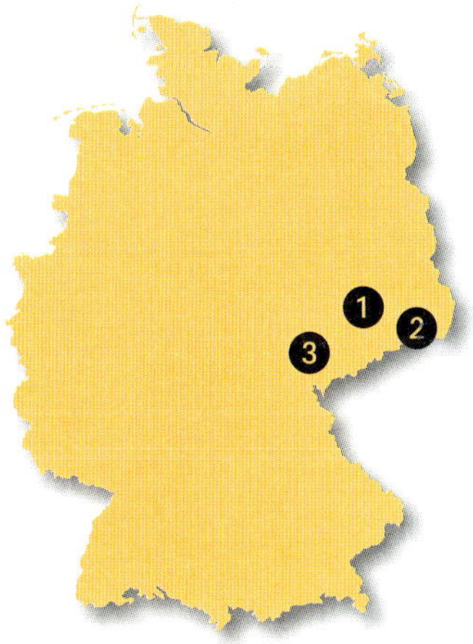

❶ Veste Coburg

Über der oberfränkischen Kreisstadt Coburg (Bayern) erhebt sich eine der größten Burganlagen Deutschlands. Diese so genannte Veste soll auf eine Ringburg aus dem 10. Jahrhundert zurückgehen. Später immer stärker befestigt, war sie sicherer Aufenthalt für den geächteten Luther, der 1530 von hier aus den Augsburger Reichstag beobachtete und beeinflusste. Noch im Dreißigjährigen Krieg spielte die Burg als Landesfestung eine militärische Rolle, ehe sie nach langer Belagerung 1635 von den Kaiserlichen genommen wurde. Im 19. Jahrhundert wurde die Veste Coburg restauriert und zu Beginn des 20. Jahrhunderts nochmals erneuert. In der weitläufigen Anlage sind Kunst- und Naturkundesammlungen untergebracht.

❷ Kloster Banz Oberfranken

Ursprünglich Benediktinerabtei, dann fürstliches Schloss: Kloster Banz liegt auf einem 440 Meter hohen, schön bewaldeten Bergrücken am rechten Ufer des Mains unterhalb von Lichtenfels (Oberfranken). Im 11. Jahrhundert gegründet, erhielt Banz nach wechselvollem Schicksal im Dreißigjährigen Krieg 1709–1719 eine von den Brüdern Dientzenhofer entworfene Barockkirche mit Konvent- und Abtbau, die heute den eigentlichen Reiz der Anlage ausmachen. Sie mögen auch die Wittelsbacher bestochen haben, die Banz 1814 erwarben. 1920–1926 war es nochmals Kloster, dieses Mal des Schweigeordens der Trappisten. Heute verfügt über das herrliche Schloss die Hanns-Seidel-Stiftung, die es als Tagungsstätte nutzt.

❸ Altstadt Bamberg

Dom, Alte Hofhaltung mit Resten der Königspfalz, Böttingerhaus, Neue Residenz, romanische Basilika Sankt Jakob, Altes Rathaus, Michaelskirche, Stephanskirche, Basilika Sankt Gangolf, Obere Pfarrkirche, ehemalige Jesuitenkirche, die Häuserzeile »Klein Venedig« (siehe Bild) – das mittelalterliche Bauensemble der Altstadt des oberfränkischen Bamberg ist von unvergleichlicher historischer Authentizität. Hier sind architekturgeschichtliche Elemente lebendig und original erhalten geblieben, die auf ganz Europa ausgestrahlt haben. UNESCO-Welterbestätte seit 1993.

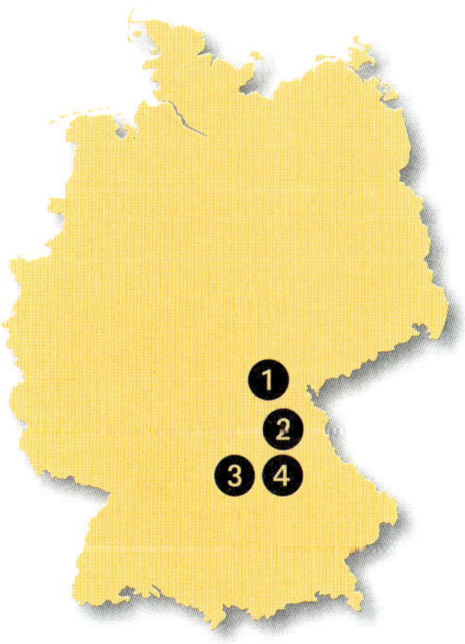

❹ Dom Bamberg

Im Übergang vom romanischen zum gotischen Baustil entstand in der Bischofsstadt Bamberg ein Dom, errichtet über dem Grundriss des von Kaiser Heinrich II. (regierte 1002–1024) erbauten Doms. 1237 wurde der viertürmige, doppelchörige Bau mit seinem westlichen Querschiff geweiht. Viele Bildwerke darin stammen aus der gleichen Zeit. Das berühmteste steht neben der Treppe zum Georgenchor: der Bamberger Reiter, ein in Lebensgröße ausgeführter bart- und waffenloser schlanker Mann zu Pferd. Der Marienaltar von Veit Stoß stammt aus dem frühen 16. Jahrhundert. Der Dom ist als Teil der Bamberger Altstadt UNESCO-Welterbestätte seit 1993.

❶ **Residenz** Würzburg

Eine Perle der deutschen Barockarchitektur hat nach den Zerstörungen des Zweiten Weltkriegs in Würzburg wiederhergestellt werden können: die von Balthasar Neumann (1687–1753) entworfene ehemalige Residenz der Fürstbischöfe. 1719/20 begonnen und 1744 im Rohbau fertig gestellt, ist dieses einheitlichste aller Barockschlösser Ergebnis fruchtbarer europäischer Zusammenarbeit. Wiener und Pariser Baumeister steuerten Entwürfe bei, flandrische und italienische Stuckateure wirkten bei der Ausstattung mit, und das Deckenbild über dem beeindruckenden Treppenhaus schuf der Venezianer Tiepolo. UNESCO-Welterbestätte seit 1981.

❷ Steinerne Brücke Regensburg

Ein Meisterwerk mittelalterlicher Ingenieurkunst überspannt im oberpfälzischen Regensburg die Donau: die 1135–1146 erbaute Steinerne Brücke. Sie war mit ihren 16 Bögen, deren mächtige Pfeiler den Fluss zu Strudeln aufstauen, lange der einzige Übergang über die Donau. Von den ursprünglich drei Brückentürmen blieb nur das Brücktor erhalten. An dessen Nordfassade befindet sich die Kopie einer Königsfigur mit Falke, mit großer Wahrscheinlichkeit eine Darstellung Kaiser Friedrichs II., der 1245 Regensburg mit dem Privileg des Fridericianum die Reichsfreiheit gewährte. Zauberhaft ist der Blick von der Steinernen Brücke zurück auf die Stadt mit dem Dom und den übrigen Dächern und Türmen.

❸ Walhalla Regensburg

Acht Kilometer unterhalb von Regensburg bei Donaustauf ließ Bayerns König Ludwig I. (1786–1868, regierte seit 1825) nach Plänen von Leo von Klenze 1830–1841 auf einer Anhöhe einen großartigen Marmorbau errichten. 250 Stufen führen zu dem Walhalla genannten tempelartigen Bau empor, der auf einer Terrassen-Substruktion thront und bei einer Länge von 74 Metern und mit 35 Metern Breite rund 20 Meter hoch ist. 52 kannelierte dorische Säulen tragen ihn; die Giebel schmücken Figuren. Im durch Oberlicht erhellten Innern der Ruhmeshalle erinnern Inschriften und Bildnisbüsten an berühmte Deutsche.

❶ Deutsches Museum

München

1903 gründete der Münchener Ingenieur Oskar von Miller (1855–1934) in seiner Heimatstadt das Deutsche Museum. Es zeigt in einer der wohl umfassendsten Ausstellungen die Entwicklung von Technik und Industrie sowie der Naturwissenschaften anhand von Originalapparaten, Maschinen, Nachbildungen, Modellen, Mustereinrichtungen, Bildern und Zeichnungen. 1925 entstand auf der »Museumsinsel« in der Isar ein Neubau, der 50 000 Quadratmeter Ausstellungsfläche bietet. In der Bibliothek können die Besucher mehr als 700 000 Bände einsehen.

❷ Wieskirche Steingaden

60 Jahre alt war der Baumeister Dominikus Zimmermann, als er 1745 den Grundstein zur Wallfahrtskirche »Die Wies« im oberbayerischen Steingaden legte. Fast zehn Jahre dauerte es bis zur Weihe (1754) der verschwenderisch mit Stuckaturen des Baumeisters und Bildwerken seines Bruders Johann Baptist Zimmermann ausgestatteten Kirche im Pfaffenwinkel. Heiter, hell und leicht wirkt der Rokokobau in der herrlichen bayerischen Landschaft zu Füßen der Alpen. UNESCO-Welterbestätte seit 1983.

❸ Neuschwanstein Allgäu

Mit diesem Bauwerk erwarb sich der bayerische Monarch Ludwig II. (1845–1886) endgültig den Titel eines »Märchenkönigs«: Das Schloss Neuschwanstein, das er, beeindruckt von einem Besuch auf der Wartburg, in 964 Metern Höhe bei Füssen im Allgäu nach Plänen des Bühnenmalers Christian Jank (1833–1888) ab 1868 errichten ließ, wirkt vor dem Hintergrund der grandiosen bayerischen Landschaft förmlich verwunschen. Das bewirkt vor allem die dramatische Architektur mit Türmen und Erkern, jähen Abstürzen und trutzigen Zinnen. Auch die ungeheuer aufwändige Innenausstattung trägt dazu bei, dass alljährlich Millionen von Besuchern nach Neuschwanstein strömen.

❹ Hohenschwangau Allgäu

Drei Kilometer südöstlich vom bayerischen Füssen liegt 800 Meter über Meereshöhe das Schloss Hohenschwangau, einer der Lieblingsaufenthalte des »Märchenkönigs« Ludwig II. (1845–1886). Schon im 12. Jahrhundert stand hier eine Burg, von der aus der letzte Staufer, der blutjunge Konradin, 1267 zu seiner letzten Fahrt nach Italien aufgebrochen sein soll. 1538–1547 musste das Gemäuer einem Neubau weichen, und 1567 übernahmen die Herzöge, später Kurfürsten und Könige von Bayern das Schloss, das dann allmählich verfiel. Die Ruinen wurden seit 1833 restauriert und die prachtvollen Säle mit mittelalterlichen wie zeitgenössischen Kunstwerken ausgestattet.

❶ Altstadt und Schloss

Heidelberg

Wie ein Juwel leuchtet auf einem waldigen Vorsprung des Königsstuhls über der Stadt der rote Sandstein des weltberühmten Heidelberger Schlosses (Bild rechts). Es entstand aus einer mittelalterlichen Burg und ist seit einem Blitzschlag 1764 Ruine, was den malerischen Eindruck der nachts beleuchteten Fassade nur erhöht. Nicht beschädigt wurde damals das 1751 gebaute ungeheuer große Fass (221 726 Liter). Vom Schloss hinunter geht es in eine unvergleichliche, höchst lebendige Altstadt mit der spätgotischen Heiliggeistkirche (15. Jahrhundert), dem Renaissancehaus »Zum Ritter«, dem barocken Rathaus (1701–1705), der Alten Universität (1712) und der Alten Brücke mit dem Neckartor (1786–1788). Magnetisch zieht diese Idylle die Besucher an, von denen mancher sein Herz an Heidelberg verloren hat.

❷ Klosterr Maulbronn

Von den Anfängen des 1147 in der Nähe von Karlsruhe gegründeten Zisterzienserklosters Maulbronn zeugen die frühgotische Kirchenvorhalle, der Südflügel des Kreuzganges und das Herrenrefektorium, der wohl aufwändigste erhaltene Speisesaal des 13. Jahrhunderts. Bewahrt sind auch die wichtigsten Ausstattungsstücke der Klosterkirche, wie denn überhaupt hier eine Anlage zu besichtigen ist, die bis ins Detail Leben und Arbeit der Mönche vom 12. bis zum 16. Jahrhundert veranschaulicht. Die nahezu ungestörte topographische Situation des Klosters in gewachsener Kulturlandschaft führte 1993 zur Aufnahme in die Liste der UNESCO-Welterbestätten.

❸ Staatsgalerie Stuttgart

Nicht einmal die Bewohner der schwäbischen Metropole Stuttgart verlören viele Worte über die klassizistische Staatsgalerie, die schon über eineinhalb Jahrhunderte das Stadtzentrum ziert. Zum Gesprächsstoff wurde sie durch einen Anbau, der nach Fertigstellung 1984 die Gemüter erhitzt hat: Der britische Architekt James Stirling (1926–1992) entwarf zusammen mit seinem Landsmann und Kollegen Michael Wilford einen futuristisch wirkenden Trakt in Glas- und Steinbauweise, der mit seinen leuchtend bunten Außenstrukturen, Serpentinen, schrägen Fensterrippen und fließenden Linien für Aufregung sorgte. Inzwischen möchte ihn aber kaum noch jemand missen, ist er doch zu einer Touristenattraktion geworden.

❹ Schloss Bruchsal

Bei den Rückzugsgefechten der deutschen Wehrmacht 1945 wurde in Bruchsal bei Karlsruhe eine architektonische Kostbarkeit schwer in Mitleidenschaft gezogen: das ehemalige fürstbischöfliche Barockschloss. Aufwändig restauriert, ist es heute wieder so zu besichtigen, wie es von Balthasar Neumann (1687–1753) geplant worden ist. Er entwarf das eindrucksvolle Gebäude im Auftrag des Bischofs von Speyer Damian Hugo von Schönborn, der anstelle seiner Philippsburg eine neue Residenz gesucht hatte und das Schloss 1723 bezog. Es beherbergt heute Museen und lockt die Besucher in seinen herrlichen Park.

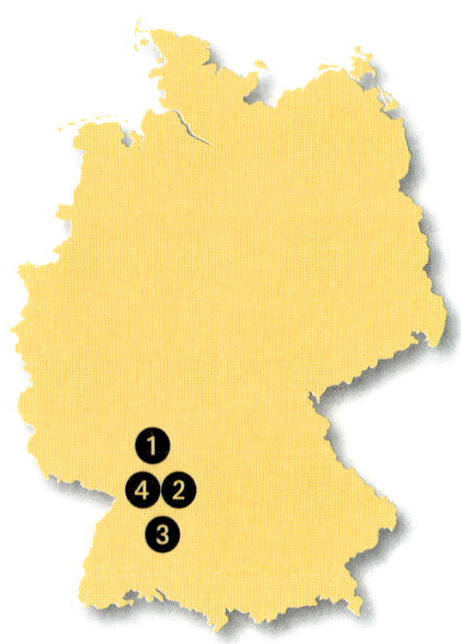

❶ Benediktinerabtei

Blaubeuren

Die klare Quelle des Flusses Blau gab dem Ort den Namen: 1085 wurde in Blaubeuren eine Benediktinerabtei gegründet, deren Anlage in den Grundzügen bis heute erhalten ist. Insgesamt eindrucksvoll, reizt zum staunenden Verweilen jedoch besonders der Hochaltar von 1493/94 in der ehemaligen Klosterkirche. Die plastischen Teile stammen von Michael und Gregor Erhart. Die Tafelmalereien schufen Bartholomäus Zeitblom und Bernhard Strigel. Der Hochaltar ist ein Wandelaltar, der je nach Jahres- bzw. Festzeit ein anderes Gesicht zeigt. Geschlossen wurde der Schrein in der stillen Zeit (Advents- und Passionszeit). Dargestellt sind dann zwölf Szenen vom Abendmahl bis zur Auferstehung. Heute beherbergt das 1562 reformierte Kloster ein evangelisch-theologisches Seminar.

❷ Residenz Donaueschingen

Schlösser beeindrucken gewöhnlich durch die Architektur, und das ist auch bei der im 18./19. Jahrhundert erbauten Residenz der Fürsten von Fürstenberg im baden-württembergischen Donaueschingen der Fall. Die eigentlichen Kostbarkeiten aber lagern in der ihrerseits unschätzbaren Hofbibliothek mit ihrem einzigartigen Flair: die Donaueschinger Handschrift der »höfischen« Version des Nibelungenliedes (so genannter Codex C mit 2442 Strophen) sowie eine Handschrift mit dem Schwabenspiegel von 1287 (kaiserliches Landrecht des 13. Jahrhunderts).

❸ Benediktinerabtei Weingarten

K. Moosbrugger, F. Beer und andere Mitarbeiter der »Vorarlberger Bauschule« schufen 1715–1724 eines der größten und Maßstäbe setzenden Barockgebäude Süddeutschlands im baden-württembergischen Weingarten (Kreis Ravensburg, Oberschwaben): die Klosterkirche mit ihrer Vierungskuppel und der weit ausschwingenden Doppelturmfassade. Die reiche Ausstattung der Benediktinerabtei gehört zu den Hauptwerken des deutschen Barock: Fresken von C. D. Asam, Chorgestühl von J. A. Feuchtmayer, Stuckaturen von F. Schmuzer. Die berühmte Weingartner Liederhandschrift, heute in der Stuttgarter Landesbibliothek, ist eine der wichtigsten deutschen Minnesang-Sammlungen.

❹ Vitra-Design-Museum

Weil am Rhein

*Bemerkenswerte Architektur, in der bemerkenswerte Architektur, präsentiert wird: In der baden-württembergischen Stadt Weil am Rhein machen seltsame weiße, eckig-geschwungene Baukörper auf sich aufmerksam. Es handelt sich um die »post-postmodernen« Gebäude des Museums der Firma Vitra Chair, das der amerikanische Architekt Frank Gehry (*1929) im Jahr 1989 baute. Möbel- und Bau-Design sind die Hauptthemen der darin veranstalteten Ausstellungen.*

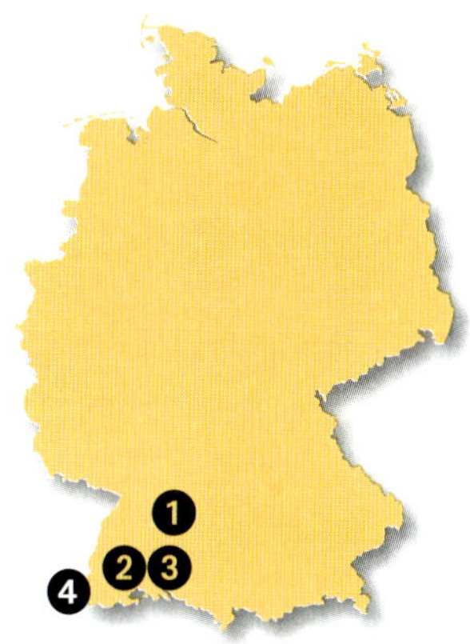

Europa

Die Schöne und der Stier

Die Bewohner der vereinigten Nordhälfte des fernen Doppelkontinents leiden gewöhnlich nicht unter Minderwertigkeitskomplexen. Und doch beschleicht sie manchmal etwas wie Neid, wenn sie in »good old Europe« vor Bauten stehen, die um ein Vielfaches älter sind als ihr ganzer Staat. Gewiss, Alter ist kein Verdienst, doch je mehr Vergangenheit, desto gefüllter die Schatztruhe. Und das bei einem gleichzeitigen Reichtum an Naturwundern, wie er so vielfältig anderswo kaum zu finden ist. Selbst in den russischen Weiten fesseln stille Wälder, mäandrieren Flussläufe, wechseln Sümpfe mit bunten Dörfern, leuchten Klöster von sanften Hügeln, schwingen sich Brücken über breite Ströme. Je weiter es nach Westen geht, desto kleinräumiger werden Bewirtschaftung und Besiedlung, desto mehr dominieren Städte und desto dichter reihen sich die Denkmäler einer langen Geschichte, die viel Leid, aber auch viel Großes hervorgebracht hat. Sie erzählen von der untergegangenen, in gewandelter Form aber bis heute wirkenden klassischen Welt der Griechen wie der Tempel in Segesta auf Sizilien (Bild links), und sie zeigen stolz, dass alte Kultur durchaus bemerkenswert Neues wie die eleganten Bauten von La Défense in Paris (Bild oben) hervorzubringen vermag.

Geschmack braucht Zeit zum Reifen, und in Europa reift er seit Jahrtausenden. Es ist ebenso christliches Abendland wie römischer Okzident, ein aufgeklärter Kontinent der Denker und die Heimat von Dichtern zahlloser Zungen, ein Land der Dome und der Burgen, der Bergwerke und der Fabriken. Klimatisch reichen die Zonen vom polaren Norden bis in den subtropischen Süden; von der Tundra bis zu den Olivenhainen, in denen einst die schöne Europa dem als Stier getarnten Zeus begegnete – die Alte Welt, ein Kind der Götterliebe.

ATLANTISCHER
OZEAN
Nordsee
Mittelmeer
Balearen
Korsika
Sardinien
Sizilien
ISLAND
Reykjavík
Geysire
Gletscher
St. Kilda
Orkney In.
IRLAND
Achill Island
Giant's Causeway
Belfast
The Burren
Clonmacnoise
Dublin
Dingle-Halbinsel
GROSS-BRITANNIEN
Glasgow
Edinburgh
Hadrianswall
Durham
York
Liverpool
Gwynedd
Chester
Studley
Bath
Blenheim Pal.
Oxford
London
Winchester
Windsor
Salisbury
Canterbury
Dover
Brighton
Land's End
NORWEGEN
Trondheim
Borgund
Geirangerfjord
Sognefjord
Urnes
Bergen
Oslo
Heddal
Tanum
Göteborg
DÄNEMARK
Jelling
Hillerød
Fredensborg
Brücke zw. Korsør u. Nyborg
Kopenhagen
Kværndrup
Møn
NIEDERLD.
Abschlussdeich
Monnickendam
Wouda
Schokland
Volendam
Lisse
Leiden
Beemster
Amsterdam
Den Haag
Kinderdijk
Brügge
Antwerpen
Gent
Brüssel
Canal d.C.
BELG.
L.
Luxemburg
Bremen
Hamburg
Hannover
Berlin
siehe Karte Deutschland
DEUTSCH-LAND
Düsseldorf
Leipzig
Dresden
Frankfurt
Nürnberg
Stuttgart
München
Straßburg
Franzensbad
Karlsbad
Cheb
Marienbad
Prag
Kutná H
TSCHE
REP
Holasovice
Cesky Krumlov
Salzburg
Hallstatt
Melk
Eisriesenwelt
Stams
ÖSTERREICH
Hohe Tauern
FRANKREICH
Falaise
Felsentor
Bayeux
Amiens
Mont St. Michel
St. Malo
Dinan
Fougères
Giverny
Chantilly
Reims
Paris
Versailles
Carnac
Angers
Chartres
Fontainbleau
Chambord
Fontenay
Nancy
Ronchamp
Vézelay
Bourges
Beaune
Beynac
Vézère-Tal
Cluny
Lyon
Dune du Pilat
St. Emilion
Vallon-Pont d'Arc
Pont du Gard
Orange
Nîmes
Avignon
Arles
Carcassonne
Canal du Midi
Marseille
Antibes
SCHWEIZ
Schaffhausen
St. Gallen
Murten
Luzern
Bern
St. Gotthard
St. Moritz
Müstair
Chillon
Eiger
Aletsch
Genf
Sion
Zermatt
Locarno
St. Bernhard
Val Camonica
Turin
Mailand
Verona
Vicenza
Aquileia
Postojna
Skocjan
Venedig
Porec
Pula
Modena
Ferrara
Ravenna
Genua
Portovenere
Florenz
Urbino
Pisa
Volterra
San Gimignano
Siena
Perugia
Populonia
Pienza
ITALIEN
La Scandola
Cerveteri
Tivoli
Rom
Gandolfo
Montecassino
Caserta
Vesuv
Neapel
Pompeji
Capri
Amalfi
Paestum, Velia, Padula
Barumini
Palermo
Segesta
Ätna
Agrigent
Casale
Syrakus
Gigantija
Valletta
Hal Saflieni
MALTA
KRO
Zadar
PORTUGAL
Santiago de Compostela
Gijón
Altamira
Jakobsweg
Bilbao
Porto
Burgos
Kl. Batalha
Kl. Alcobaça
Tomar
Salamanca
Segovia
La Granja
Ávila
Zaragoza
Poblet
Montserrat
Barcelona
Cabo da Roca
Sintra
Lissabon
Évora
Madrid
Toledo
Mérida
St. Maria d.G.
Cuenca
SPANIEN
Córdoba
Sevilla
Nationalpark Doñana
Granada
Ibiza
Cádiz
Malaga
Almeria
Tanger
Rabat
Casablanca
Fès
Oran
Algier
Annaba
Tunis
MAROKKO
ALGERIEN
TUNESIEN
0
200
400
600
km

Nordkap
Alta
Murmansk
Arktische Kulturlandschaft Lapplands
Uchta
Archangelsk
Luleå
Syktywkar
SCHWEDEN
FINNLAND
Kischi Pogost
Perm
Jekaterinburg
Petrosawodsk
Tscheljabinsk
Rauma
Tampere
Ladogasee
Ischewsk
Helsinki
Turku
St. Petersburg
Suomenlinna
Puschkin
RUSSISCHE FÖDERATION
Ufa
Stockholm
Tallinn
ESTLAND
Nowgorod
Jaroslawl
Kasan
Nischnij-Nowgorod
Visby
Gotland
Riga
Sergijew Possad
Susdal
Wladimir
Uljanowsk
Orenburg
Samara
LETTLAND
Moskau
Kolomenskoje
Ostsee
Rjasan
Pensa
Kurische Nehrung
LITAUEN
Smolensk
Tula
Uralsk
Vilnius
Königsberg
WEISS-RUSSLAND
Danzig
Masurische Seenplatte
Minsk
Saratow
Malbork
KASACHSTAN
Woronesch
Torún
Nationalpark Puszcza Bialowieska
Gomel
POLEN
Pripjet-Sümpfe
Warschau
Brest
Wolgograd
Kiew
Charkiw
Zamosc
Krakau
Kalwaria Zebrzydowska
Lwów
UKRAINE
Dnipropetrowsk
Astrachan
Hohe Tatra
Wieliczka
Spissky Hrad
Donezk
Rostow
Kroměříž
SLOWAKEI
Kas-pisches Meer
Nationalpark Aggtelek
Hollókö
Nationalpark Hortobagy
Maramures
Moldauklöster
MOLDAWIEN
Kischinew
Budapest
RUMÄNIEN
Odessa
Krasnodar
UNGARN
Sighisoara
Transsilvania
Westlicher Kaukasus
Orastie
Sinaia
Biosphärenreservat Donaudelta
Sewastopol
Baku
Belgrad
Bukarest
GEORGIEN
Tbilisi
ASERBAIDSCHAN
B.-H.
Sarajewo
Srebarna-Biosphärenreservat
Schwarzes Meer
Batumi
JUGOSL.
Nationalpark Durmitor
Studenica
Jerewan
ARMEN.
Bojana
Nessebar
Sofia
Stari Ras
Rila
BULGARIEN
Safranbolu
Erzurum
Kotor
Skopje
Nationalpark Pirin
Edirne
Istanbul
Täbris
ALBAN.
MAZED.
Tirana
Ohrid
Philippi
Str. von Otranto
Hattusa
Divrigi
Nemrut Dagi
Van
Ahtamar
IRAN
Verjina
Saloniki
Ankara
Urmia
Athos
Nationalpark Göreme
Kayseri
Diyarbakir
Butrint
Metéora-Klöster
Troja
GRIECHEN-LAND
TÜRKEI
Hamadan
Izmir
Mosul
Delphi
Levadia
Konya
Kirkuk
Chios
Ephesos
Athen
Adana
Mykene, Tiryns
Samos
Hierapolis-Pamukkale
Bakhtaran
Olympia
Ägina
Epidauros
Bassae
Delos
Patmos
Antalya
SYRIEN
Mystras
Xanthos
Bagdad
Rhodos
ZYPERN
Santorin
Nicosia
Salamis
Tróodos-Gebirge
Stavrovouni
Pano Panayia
IRAK
Kreta
Choirokhoitia
Paphos
LIBANON
Knossos
Kourion
Gortyn
Pisssouri-Bucht
Beirut

Island

❶ Geysire

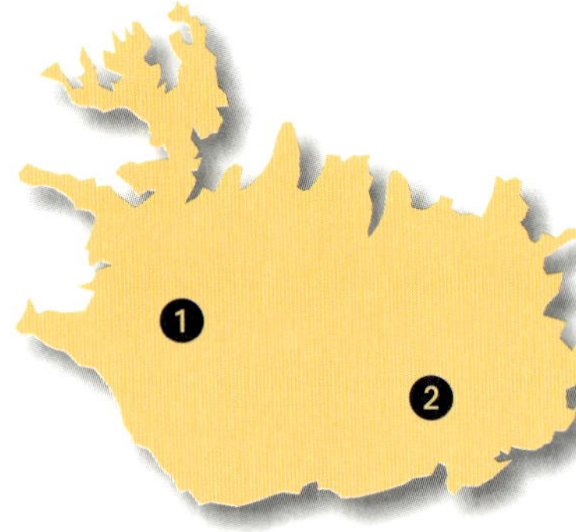

Vor 65 Millionen Jahren riss die Erdkruste zwischen Grönland und Skandinavien, Magma quoll auf und türmte sich immer höher. Kaum waren 50 Millionen Jahre vorüber, durchstieß der erkaltete Berg die Meeresoberfläche, Island war geboren. Die junge Insel kam nicht zur Ruhe, zu dicht unter der Oberfläche rumort es weiter, Geysire schießen empor, insgesamt 30 an der Zahl, darunter auf dem Haukadalur-Thermalfeld der Strokkur (Butterfass). Schaut man im falschen Moment hin, scheint sein Becken kein Wässerchen trüben zu können, dann aber wölbt sich spätestens nach zehn Minuten die Oberfläche, und es schießt eine Fontäne mit 97 Grad heißem Wasser 25 Meter empor. So pulst es an vielen Stellen auf Island, wo der Besucher wie nirgends sonst so deutlich spürt: Die Erde lebt.

❷ Vatnajökull

Hvannadalshnúkur

Insgesamt zwölf Prozent der Nordmeer-Insel Island sind vergletschert, den Löwenanteil davon stellt der Vatnajökull, das im Hvannadalshnúkur 2119 Meter hohe Gebirgsmassiv im Südosten. Hier reicht die Eisdecke stellenweise 1000 Meter hoch, und der Riesengletscher bedeckt eine geschlossene Fläche von 8300 Quadratkilometern. Sie liegt dabei über mehreren Vulkanen, die bei Ausbrüchen ganze Gletscherareale auftauen, so dass Fluten von Gletscherwasser unter der Kappe hervorquellen. Sie bedrohen dann die Infrastruktur der Insel: 1996 spülte eine solche Flutwelle ein großes Stück der Straßenverbindung an der Südküste hinweg.

Norwegen

❶ Nordkap

71 Grad 10 Minuten und 8 Sekunden nördlicher Breite: Hier an der 307 Meter hohen Nordspitze der norwegischen Insel Magerøy endet nach allgemeiner Vorstellung Europa im Norden. Und hier lässt sich die meist tobende See in Seelenruhe durch die Fenster des Erlebniszentrums Nordkapphallen anschauen oder sommers in die Mitternachtssonne blinzeln. Abgehärtetere Naturen genießen das in der Natur auf dem noch anderthalb Kilometer weiter nach Norden vorspringenden Felsen Knivskjelodden auf derselben Insel. Früher verlor sich hierher alle Jubeljahre einmal ein Mensch, heute erreicht man das raue Eiland durch einen 6,8 Kilometer langen Straßentunnel, der über 200 Meter in die Tiefe und wieder hinaufführt.

❶ Felszeichnungen Alta

Nur ein paar Kilometer südlich von Europas nördlichster Stadt Hammerfest liegt der Ort Alta am gleichnamigen norwegischen Fjord. Die dörfliche Kleinststadt hat wegen des nahen steinzeitlichen Felsbilderfelds Hjemmeluft Aufmerksamkeit auf sich gezogen. 3000 Zeichnungen finden sich hier in Felsen geritzt: Tiere, Menschen, bemannte Boote, Waffen, Geräte. Die ältesten stammen aus dem 5. vorchristlichen Jahrtausend, die jüngsten sind schon bronzezeitlich (um 500 v. Chr.). Die Aufschlüsse, die sie über die frühe Siedlungsgeschichte des hohen Nordens und über die Lebens- und Denkweise der dortigen Steinzeitmenschen geben, haben ihnen 1985 den Rang einer UNESCO-Welterbestätte eingetragen.

❷ Trondheim

Im Jahr 997 gründete der Wikingerhäuptling und König Olaf I. Tryggvason die Stadt Nidaros, die heute als Trondheim am gleichnamigen Fjord Hauptstadt des norwegischen Verwaltungsgebiets Sør-Trøndelag ist. Sein Nachnachfolger Olaf II. Haraldsson (1015–1028) christianisierte das Land und fiel bei Trondheim Stammesfürsten zum Opfer. Die Stadt wurde Verehrungszentrum für den heilig gesprochenen König, dessen Gebeine mit Erhebung der Stadt zum Erzbischofssitz 1152 im nördlichsten Dom der Welt beigesetzt wurden. An dem normannisch-gotischen Bau mit dem Mittelturm arbeiteten noch Generationen. Er überragt wie die Festung Kristiansten die Holzhäuser-Altstadt.

❸ Stabkirche Borgund

Die Normannen waren ausweislich ihrer Schiffe hoch begabte Zimmerleute, und Holz als Werkstoff gab es in ihrer Heimat Norwegen jede Menge. Was lag näher, als nach Annahme des Christentums dem neuen Gott hölzerne Häuser zu bauen? Allenthalben im Lande entstanden die so genannten Stabkirchen, von denen aber nur noch 29 bestehen. Eine der bedeutendsten hat Borgund am Sognefjord nördlich von Bergen: ein um 1150 errichteter Stabbau auf tragenden Pfosten und in den Boden eingelassenen Planken mit mehrstöckigem Dach, das dem Gebäude fast etwas Pagodenhaftes gibt.

❹ Passstraße Trollstigen

Tief in den Fels geschnitten ist der Geirangerfjord, südlichster Zweig des Storfjords in Westnorwegen, denn das Gebiet ist bergig, und die Straßen schlängeln sich in Serpentinen Pass um Pass mühsam voran. Grandiose Ausblicke bieten sich dem Reisenden, der etwa den »Trollstigen« (Treppe der Trolle) genannten Windungen folgt: schneebedeckte Gipfel, wilde Gebirgsbäche, stürzende Wasser, sattgrüne Almen, kühn kletternde Wäldchen.

❶ Stabkirche Urnes

Atemberaubend schön liegt eine der faszinierendsten Stabkirchen Norwegens auf einer Landzunge des tief ins Binnenland ragenden Lustrafjords. Über das grünblaue Wasser schweift der Blick hinüber zur bewaldeten Bergwand und kehrt zurück zum stillen Friedhof neben dem sonderbaren Bau, der in Holz (aber keineswegs hölzern) eine dreischiffige Säulenbasilika nachzuahmen versucht und doch die Gemütlichkeit des Werkstoffs nicht zu verleugnen vermag. Das wohl älteste derartige Bauwerk in Norwegen (Anfang 12. Jahrhundert) hat ein dreistöckiges Schindeldach, das Türmchen krönt die Kirche erst seit dem 18. Jahrhundert, die reichen Schnitzereien außen und innen sind älter. UNESCO-Welterbestätte seit 1979.

❷ Sognefjord Westnorwegen

Viel Nass von oben und unten: Bis 1308 Meter tief hat sich der Sognefjord in den felsigen Untergrund Westnorwegens gefräst, und an seinem Südufer regnet es mehr als irgendwo sonst in Europa. Rekordhalterin ist die Gemeinde Brekke, die es auf 1200 Millimeter pro Herbstmonat bringt. Und noch ein Rekord: 204 Kilometer weit stößt der längste aller Fjorde ins Hochland vor und bildet mehrere Arme, ja ein ganzes Fjordsystem aus. Die Wände mancher Täler sind so steil und liegen als Barriere derart gegen Mittag, dass nur in fünf Monaten Sonnenlicht bis auf den Boden scheint.

❸ Hafenstadt Bergen

Dass sich die Deutschen im Zweiten Weltkrieg in Norwegen breit machten, ist in unliebsamer Erinnerung. Eine frühere deutsche Epoche jedoch wird wenigstens von den Einwohnern von Bergen, der zweitgrößten Stadt des Landes, mit Wohlwollen registriert: Die Handelsorganisation der Hanse schuf sich hier direkt am Hafen mit Tyskebryggen (Deutsche Brücke, heute nur noch Bryggen) eine Niederlassung mit allem was dazugehört an Speicherhäusern und Infrastruktur sowie der Marienkirche direkt dahinter, wo noch im 19. Jahrhundert deutsch gepredigt wurde. Die nach Bränden wieder aufgebaute Stadt Bryggen mit ihren engen Gassen aus Holzbohlen ist UNESCO-Welterbestätte seit 1979.

❹ Stabkirche Heddal

Die Farbigkeit uralter Gebäude wird meist falsch eingeschätzt. So waren die altgriechischen Tempel keineswegs so erhaben weiß wie die erhaltenen Ruinen, und in mittelalterlichen Kirchen dürfte Grau auch nicht den Farbton angegeben haben. Die Pfleger der größten norwegischen Stabkirche in Heddal (Osttelemark) trugen dem Rechnung durch Blaufärbung der vielwinkligen Schindeldächer und der beiden Türme. Auch dem Rotton der Holzwandungen wurde nachgeholfen, den Schnitzereien und Wandmalereien des aus dem 13. Jahrhundert stammenden Gotteshauses gaben Restauratoren die alte Prächtigkeit zurück.

Schweden

❶ Arktische Kulturlandschaft Lappland

Etwa ein Drittel der rund 60 000 Lappen, die sich selbst Sami nennen, leben in Nordschweden. Die Reize der Landschaft, die sie mit ihren Rentierherden durchziehen und in der sie im Sommer in ihren traditionellen kegelförmigen Zelten (Koten) hausen, erschließt sich dem Fremden erst allmählich. Die langen Winter lassen nur spärlichen Bewuchs zu, die langsamer schlagenden Pulse des Lebens in der Weite der Tundra tun jedoch nach und nach ihre wohltuende Wirkung. Diese scheinbare Einöde lebt. In den großen Nationalparks finden zahlreiche bedrohte Tier- und Pflanzenarten Schutz. Sie bilden zusammen mit dem Gebiet von sieben Sami-Dörfern ein fast 10 000 Quadratkilometer umfassendes Natur- und Kulturdenkmal, das seit 1996 UNESCO-Welterbestätte ist.

❷ Gammelstad Luleå

Weit war der Anmarsch für viele Menschen in den Weiten Nordschwedens im Zu-Fuß- oder Kutschen-Zeitalter beim sonntäglichen Kirchgang, zu weit oft für den Rückweg am selben Tag. Außerdem nutzte man den Besuch in der Kirche gern auch für Besorgungen in der Stadt: Nordwestlich vom Kern des heutigen Luleå haben sich daher über 400 Holzhäuser um die Steinkirche aus dem 15. Jahrhundert versammelt, in denen die Gottesdienstbesucher während ihrer Stadtaufenthalte wohnten. Der heutige Ortsteil Gammelstad ist eines der am besten erhaltenen Kirchenstädtchen im hohen Norden und UNESCO-Welterbestätte seit 1996.

❸ Skogskyrkogården

Stockholm

Schweden hatte das Glück, beiden Weltkriegen fernbleiben zu können. Während die Welt in Friedlosigkeit stürzte, entstand in der schwedischen Hauptstadt ein Waldfriedhof, wie er friedvoller nicht zu denken ist: Im Süden Stockholms hatte sich Nadelwald in einem aufgelassenen Steinbruch angesiedelt, dessen geborgene Lage sich die Landschaftsgärtner Asplund und Lewerentz zwischen 1917 und 1940 zur Anlage ihres insgesamt 85 Hektar großen »Totenhains« bedienten. Unter möglichster Schonung der Natur betteten sie Gräberfelder zwischen Hügel und auf Terrassen, in Lichtungen und unter Baumgruppen. Der harmonische Akkord von Natur und Kultur, von Werden und Vergehen war der UNESCO 1993 die Erhebung zu einer Welterbestätte wert.

❶ Riddarholmskirche

Stockholm

Seit Schwedens größtem König Gustav II. Adolf, der 1632 in der Schlacht bei Lützen den Tod fand, hat man hier die Monarchen zur letzten Ruhe gebettet: in der Riddarholmskirche im Herzen von Stockholm auf der Insel Riddarholmen im Riddarfjärden (einem Teil des Mälarsees). Mit der Ruhe ist es freilich weitgehend vorbei, denn heute führt ein Schienenweg direkt an der Grablege vorüber und der nicht abreißende Verkehr auf dem Centralbron rauscht gleich dahinter. Das Gebäude wurde im 13. Jahrhundert von den Franziskanern als zweischiffige Klosterkirche errichtet, angebaute Kapellen haben es immer wieder erweitert. Seit 1807 säkularisiert, ist es nun Museum.

❷ Schloss Drottningholm

»Königininsel«, schwedisch Drottningholm, heißt der westlich von Stockholm auf dem Eiland Lovö im Mälarsee gelegene Sommersitz der schwedischen Königsfamilie. Die Lage in einem vornehmen französischen Garten (um 1700) und die prachtvolle Ausgestaltung haben dem Schloss den Titel eines »Versailles des Nordens« eingebracht. Es wurde Ende des 17. Jahrhunderts in barockem Schmuck errichtet, bekam Anbauten und Nebengebäude im Rokoko-Stil (z. B. zwei chinesische Schlösschen) und wurde bis 1974 immer wieder rundum restauriert. Als mustergültige nordische Residenz des 18. Jahrhunderts genießt Drottningholm seit 1991 den Rang einer UNESCO-Welterbestätte.

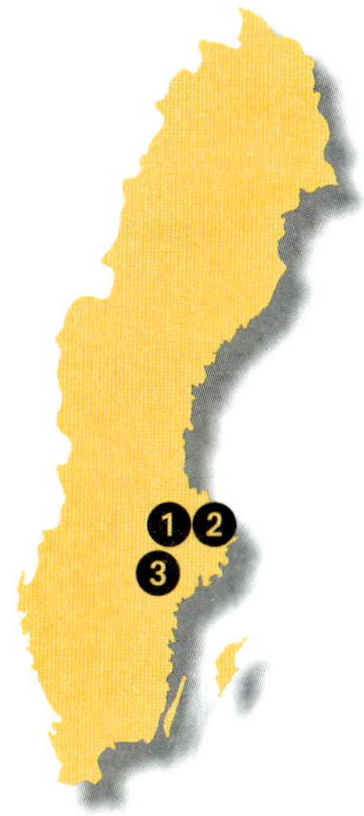

❸ Schloss Gripsholm

Mariefred

Besser einstimmen auf das wuchtige Schloss-Erlebnis kann man sich nicht als mit der leichten Sommer-Liebesgeschichte von Tucholsky: In der von mächtigen Türmen gerahmten, von König Gustav Wasa ab 1537 erbauten ernsten Wasserburg Gripsholm östlich von Stockholm fand der Dichter den Kontrast-Rahmen für eine Romanze von prickelnder Erotik und geistreichem Witz. Es gibt aber auch besinnliche Stellen wie die Schlussfrage: »Warum bleiben wir eigentlich nicht immer hier?« Tucholsky ist geblieben; 1935 nahm sich der Emigrant im nahen Hindås angesichts der Verfolgung durch die Nazis das Leben. Er liegt auf dem Friedhof von Mariefred.

❶ Felszeichnungen Tanum

Sie malten vielleicht nicht so prächtig wie ihre Jahrtausende älteren Kollegen in den Höhlen von Lascaux (Frankreich) oder Altamira (Spanien), doch mindestens so fantasievoll: Bei und in Tanum in der schwedischen Provinz Bohuslän sind über 4000 Felsbilder urschwedischer Künstler aus der Bronzezeit an 350 Standorten entdeckt worden. Es sind Jagd- und Kampfszenen, zahlreiche Bootsdarstellungen, sakrale Bilder wie der über zwei Meter messende »Speergott«. Das größte zusammenhängende Ritzbild versammelt 130 Personen bei rituellen Handlungen auf 22 mal 5 Metern Fläche. UNESCO-Welterbestätte seit 1994.

❷ Marinehafen Karlskrona

König Karl XI. (1655–1697) suchte einen eisfreien Hafen, von dem aus die dänischen Flottenbewegungen zu kontrollieren waren. Das Inselgebiet beim heutigen Karlskrona in Blekinge war wie geschaffen dafür, und der König ließ hier seit 1679 planmäßig eine Marinestadt errichten, deren durchdachte Anlage bis heute deutlich ist. Die barocke Stadt mit dem großen Marktplatz und den bedeutenden Sakralbauten, darunter die Admiralitätskirche als größte Holzkirche des Landes, ist ein Musterbeispiel für eine Militärgründung des 17. Jahrhunderts und als solches UNESCO-Welterbestätte seit 1998.

❸ Hansestadt Visby

»Regina maris« – Königin des Meeres: Besser als Visby, der Hauptort der schwedischen Insel Gotland, konnte eine Handelsstadt im Mittelalter gar nicht liegen. Hier kreuzten sich die Schifffahrtsrouten zwischen Norddeutschland, Polen und dem Baltikum einerseits und Schweden, Dänemark und der Nordsee andererseits. Als Mitglied der Hanse nahm die Stadt im 13./14. Jahrhundert einen enormen Aufschwung. Piraten und die Rivalin Lübeck ließen dann allerdings Visbys Bedeutung schwinden. Sie ist aber immer noch an der Stadtbefestigung, der hellen Domkirche mit den dunklen Türmen, den Speichern und Kontoren zu erkennen. UNESCO-Welterbestätte seit 1995.

Finnland

❶ Holzhäuser Rauma

An den Straßen Kauppakatu und Kuninkaakatu stehen im Zentrum der finnischen Hafenstadt Rauma am Bottnischen Meerbusen in der Provinz Turku-Pori etwa 600 Holzhäuser und geben dem Ortskern ein farbiges Gepräge. Die ersten Häuser schufen hier um 1400 Franziskaner-Mönche, die ein paar Jahrzehnte danach für den Bau einer steinernen Kirche sorgten – irgendetwas Verlässliches sollte den Menschen und ihren Leichtbauwohnungen Halt geben. In der Reformationszeit wurde der Ort auf königliche Anordnung verlassen und erst im 18. Jahrhundert wieder belebt. Er blieb auf diese Weise trotz eines Brandes als Beispiel für eine typische Holzstadt erhalten und ist als solches UNESCO-Welterbestätte seit 1991.

❶ Festung Suomenlinna

Aus den martialischen Zeiten sind nur noch die Bastion Hyvä Omatunto und die Militärakademie Pikku Mustasaari übrig. Ansonsten beleben die Befestigungsanlagen Suomenlinna im Südosten der finnischen Hauptstadt Helsinki Kulturinstitute, Läden, Kunstgalerien, Theater, Restaurationsbetriebe und Parks. Ein heiteres Treiben vor drohender Kulisse, die aber noch so eindrucksvoll erhalten ist, dass sie als Muster europäischer Militärarchitektur des 18. Jahrhunderts 1991 zu UNESCO-Welterbestätten-Ehren kam.

Dänemark

❶ Grabhügel, Kirchen und Runensteine Jelling

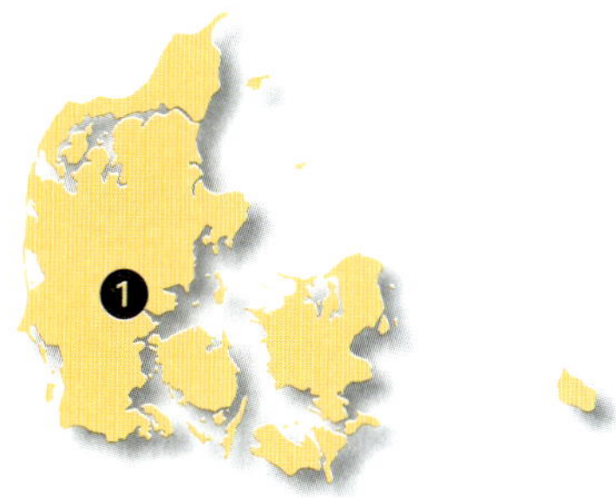

Der noch heidnische dänische König Gorm der Alte ließ in Jelling, nordwestlich von Velje in Jütland, für sich und seine Frau Tyra Danebod ein sonderbares »Mausoleum« herrichten: einen über 60 Meter langen Grabhügel mit einem Runenstein für Tyra davor. Nach seinem Tod um 940 wurde er dort beigesetzt, doch ließ ihn sein getaufter Sohn Harald Blauzahn in die daneben stehende Kirche umbetten, auf deren anderer Seite er einen zweiten Grabhügel mit einem Runenstein für die Eltern aufbaute. In den Resten der im 19. Jahrhundert durch einen Steinbau ersetzten ursprünglichen Holzkirche fand man 1978 Gorms Gebeine. Als ein Denkmal für den Wandel Dänemarks zu einem christlichen Staat ist die Anlage von Jelling UNESCO-Welterbestätte seit 1994.

❶ Nyborg-Korsør-Brücke

Es hat die Ingenieure schon vor hundert Jahren gereizt, zwischen den dänischen Inseln Fünen und Seeland eine feste Verbindung herzustellen. Immer wieder aber scheiterte der Plan an den hohen Investitionen und an ungelösten technischen Problemen wie einer genügenden Brückenhöhe für den Schiffsverkehr. 1997 aber war es so weit: Ein Schienenweg stand, und 1999 folgte eine Autobahnverbindung. Die Techniker nutzten dabei das im Großen Belt liegende Inselchen Sprogø: Von Nyborg auf Fünen führt nun dorthin eine 6,6 Kilometer lange Flachbrücke und von dort nach Korsør auf Seeland eine 6,8 Kilometer lange Hängebrücke an zwei 260 Meter hohen Pylonen, die eine Durchfahrtshöhe von 65 Metern bieten. Durch Mautgebühren soll sich die Brücke bis 2035 amortisieren.

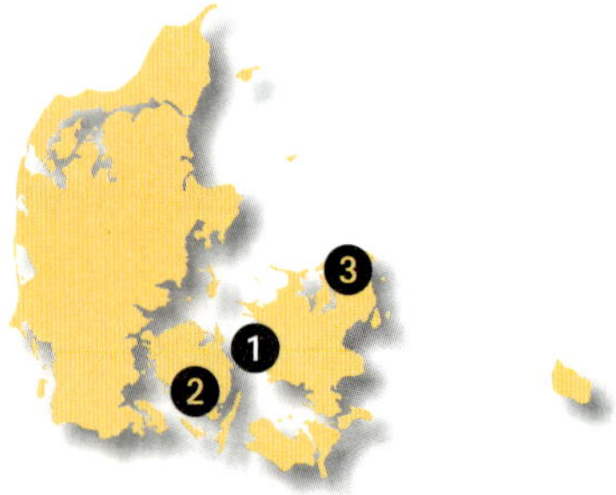

❷ Schloss Egeskov Kvaerndrup

Beim Stichwort Renaissance fällt vielen viel ein, wenigen aber etwas in Verbindung mit Dänemark. Und doch steht hier südöstlich von Odense auf Fünen eines der schönsten Wasserschlösser in diesem Stil mit gestuften Giebeln und Erkern, die Torfassade streng gegliedert: Schloss Egeskov ragt wasserumschlungen aus der Pracht seines 15 Hektar großen Parks, in dem ein Bambus-Labyrinth einen exotischen Akzent bringt. Die Wirtschaftsgebäude sind zum Museum hergerichtet: Kutschen und landschaftliche Geräte sowie Oldtimer und alte Flugzeuge sind zu bestaunen.

❸ Schloss Fredensborg

Im Früh- und Spätsommer geht's aufs »Slot«, heißt es in der dänischen Königsfamilie. Gemeint ist Schloss Fredensborg am Esrum-See im Norden der dänischen Hauptinsel Seeland etwa 30 Kilometer nördlich von Kopenhagen. Sind die allerhöchsten Bewohner da, können Schloss und Park nur in Teilen besichtigt werden. Die dann aber regelmäßige Zeremonie der Wachablösung vor dem Tor hat ihre Reize. Die barocke Anlage wurde 1992 restauriert und erglänzt seitdem in alter Pracht.

❶ Bazar im Tivoli Kopenhagen

Exotik auf Dänisch: Im wohl berühmtesten Vergnügungspark der Welt, dem Kopenhagener Tivoli gegenüber vom Rathaus, drängeln sich die Buden, Karussells, Cafés, Bierkneipen, Spielhallen – kurz, es geht zu wie auf einem orientalischen Bazar. Und es sieht sogar so aus: Ein farbenprächtiger, nachts angestrahlter Palast mit spitzen minarettartigen Türmchen, einem großen Zwiebelturm und morgenländischem Zierrat schaut auf das bunte Treiben, umarmt mit seinen Flügeln einen Vorplatz und gibt dem Tivoli die märchenhafte Note.

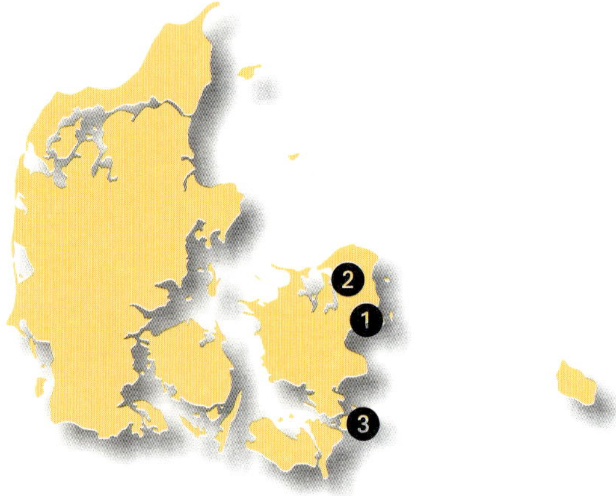

❷ Schloss Frederiksborg Hillerød

»König Christian stand am hohen Mast ...« – so fängt die dänische Nationalhymne an, doch der hier als nur heldisch besungene Christian IV. hatte durchaus Sinn für die friedlichen Seiten des Lebens. Davon kann sich der Besucher in dem von ihm 1602–1620 erbauten Schloss in Hillerød überzeugen, einem Ort auf der Insel Seeland. Bis 1840 diente der vornehm ausgestattete Palast allen dänischen Königen als Residenz, in deren Kapelle auch die Krönungen der Monarchen stattfanden. Von Interesse des inzwischen zum Museum umgewidmeten Gebäudes sind vor allem der Rittersaal mit seinen Marmorsäulen und der Audienzraum mit der goldenen Dekoration.

❸ Kreideklippen Møn

Kreide stammt, wie der Name sagt, aus der Kreidezeit, einer Epoche des Erdmittelalters vor rund 100 Millionen Jahren. Bei Spaziergängen an der östlichen Steilküste der kleinen dänischen Insel Møn im Südosten der Hauptinsel Seeland kann man mit etwas Glück genauere Bekanntschaft mit der uralten Zeit schließen. Hier nämlich bricht ein regelrechtes Kreidegebirge in Klippen zur Ostsee ab, im Dronningenstol (Königinnenstuhl) 128 Meter tief. Manchmal lösen sich Stücke ab und geben Versteinerungen frei, die Tier- oder Pflanzenabdrücke zeigen.

Großbritannien

❶ Monumente aus der Jungsteinzeit Orkney-Inseln

Der menschliche Pioniergeist scheint immer schon aufs Extreme gerichtet gewesen zu sein: Nordeuropa war fast menschenleer, damals vor 5000 Jahren, da siedelten schon Steinzeitwerker auf den weit vor der nordschottischen Küste gelegenen, kaum erreichbaren Orkney-Inseln. Und sie rieben sich keineswegs nur im Kampf ums physische Überleben auf, sondern pflegten einen aufwändigen Kult, dessen schwere Spuren bis heute überdauert haben: das gewaltige Steingrab Maes Howe, die Steinkreise von Brodgar und Stennes, die Siedlung Skara Brae, alle auf der Hauptinsel Mainland – eine UNESCO-Welterbestätte seit 1999.

❷ St.-Kilda-Inselgruppe

Seit Jahrtausenden bewohnt, ist der Archipel mit der Hauptinsel Kilda und weiteren Inseln wie Hirta, Dun, Soay und Boreray heute menschenleer. Die zerklüfteten Felseilande in den schottischen Äußeren Hebriden ernährten ihre Bewohner schon 1930 kaum noch und wurden daher evakuiert und fortan vom Verteidigungsministerium beaufsichtigt. Die immer schon reiche Seevögel-Population hat sich seitdem noch vermehrt, auch die karge Vegetation, bis dahin von Schafen beweidet, konnte sich stabilisieren. Wissenschaftler und Touristen kommen allerdings vermehrt zu Gast, gibt es hier doch die steilsten und höchsten Klippen zu besichtigen und allerhand zu forschen, historisch, meteorologisch, ozeanographisch, biologisch wie geologisch. UNESCO-Welterbestätte seit 1986.

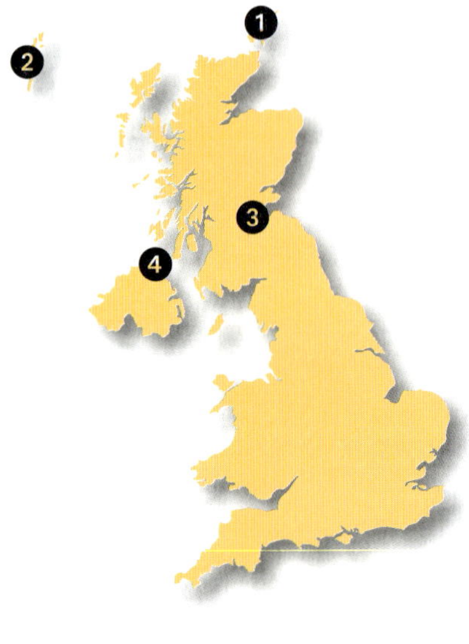

❸ Royal Mile Edinburgh

»Vielleicht die schönste Straße der Welt«, meinte Robinson-Crusoe-Autor Defoe über die Meile in der schottischen Metropole Edinburgh, die vom Castle (11. Jahrhundert) hoch auf dem Felsen hinunter zum Holyrood Palace (um 1500) führt. Eine königliche Straße mit bewegter Geschichte, eine Straße, die nicht zu trennen ist vom blutigen und tragischen Schicksal Maria Stuarts (1542–1587). Diese Royal Mile zieht auch deswegen die Besucher an, weil hier eine städtebauliche Glanztat zu besichtigen ist. Hier wohnten zu Marias Zeiten 8000 Menschen und hundert Jahre später gut siebenmal so viele auf demselben engen Raum. Deswegen sind die Häuser früh in den Himmel gewachsen, frühneuzeitliche Hochhäuser sozusagen.

❹ Giant's Causeway

Die Reste des Damms sehen wirklich so aus, als habe sie ein Riese ins Meer gewürfelt oder geschüttet: Vor der nordirischen Nordküste stehen am Kliff brandungsgeschliffene Basaltsäulen in einer nahezu fünf Kilometer langen Reihe so angeordnet, dass der Betrachter dahinter einen Plan vermutet. So kam die Sage auf, dass ein schottischer Riese einen irischen Kollegen so lange provoziert habe, bis der zum Beweis seiner Kraft einen gepflasterten Weg ins Meer gebaut habe. Der Riesendamm sei davon übrig geblieben. Dass ein Vulkanausbruch vor 60 Millionen Jahren Baumeister des Causeway war, stimmt geologisch, aber nicht poetisch. UNESCO-Welterbestätte seit 1986.

❶ Hadrianswall

Was in Deutschland der Limes, war in England der Hadrianswall, so benannt, weil er auf Befehl des römischen Kaisers Hadrian (117–138) im Jahr 122 in Angriff genommen und in etwa 14-jähriger Bauzeit vollendet worden ist. Der fünf bis sechs Meter hohe Doppelwall zur Sicherung der Provinz Britannien gegen Norden führte entlang der Solway-Tyne-Linie (Carlisle – Newcastle upon Tyne) über 120 Kilometer, bestand teils aus Erdaufschüttungen, teils aus Stein und war mit Kastellen bestückt. Von der Mauer im östlichen Teil stehen noch Reste, von den Bastionen sind noch Grundrisse erkennbar; sogar Thermenanlagen leisteten sich die Legionäre. Der mehrfach von den Pikten überrannte Wall wurde von den Römern 383 aufgegeben. UNESCO-Welterbestätte seit 1987.

❷ Durham

Zwei große Bauten prägen das Bild der nordostenglischen Kleinstadt Durham: die von 1092 bis gegen Ende des 13. Jahrhunderts erbaute Kathedrale und die noch etwas ältere Burg aus der frühen Normannenzeit. Die Kirche war dazu bestimmt, die Gebeine des »ehrwürdigen« Beda (um 672–735), des heilig gesprochenen Benediktiner-Missionars von Northumberland, aufzunehmen. Als größtes englisches Gotteshaus im normannisch-romanischen Stil ist die Kathedrale (siehe Bild) zusammen mit der beeindruckenden Burg-Festung, lange Zeit Sitz der Fürstbischöfe von Durham, UNESCO-Welterbestätte seit 1986.

❸ Kathedrale York

In Kreuzform angelegt, 158 Meter lang, in den Kreuzflügeln 68 Meter breit und im Schiff über 30 Meter hoch – die Kathedrale der nordostenglischen Stadt York ist die größte des Landes. Sie ragt im Zentralturm 65 Meter hoch (die beiden Fronttürme sind fünf Meter niedriger) und zeigt im Baustil die gesamte Entwicklung der englischen Gotik. Das liegt an der langen Bauzeit zwischen 1160 und 1470, die den Besucher einen großen Formenreichtum erleben lässt. Dies setzt sich fort im Kapitelhaus, das durch einen Gang mit der Kirche verbunden ist: ein regelmäßiges Achteck, 18 Meter hoch wie weit, mit zierlichen Säulen, leicht geschwungenen Bogen, nur von einem Pfeiler getragener Decke und herrlichen Glasmalereien.

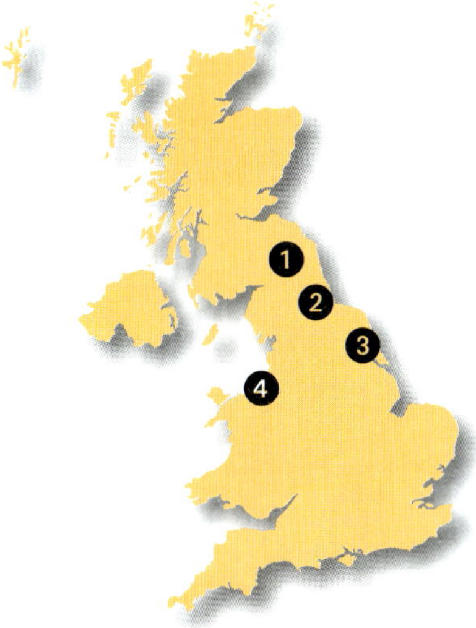

❹ Römische und mittelalterliche Bauten Chester

Julius Cäsar dehnte im 1. vorchristlichen Jahrhundert die römische Macht nach Britannien aus, wo Deva in Nordwest-England ein bedeutender Stützpunkt wurde. Das heutige Chester belegt es durch den Namen (von lateinisch castra = Lager), durch das größte erhaltene Amphitheater der Insel und durch Teile der Stadtmauer, die in der erweiterten Form allerdings mittelalterlich ist. Das gilt auch für die vielen Fachwerkhäuser, die im 19. Jahrhundert romantisierend erneuert wurden, und für die gotische Kathedrale.

❶ Park und Fountains Abbey

Studley

Die Abtei im nordenglischen Yorkshire an sich ist schon ein Juwel, obwohl Ruine. Die Lage aber machte es 1988 zur UNESCO-Welterbestätte: In dem von den Normannen verwüsteten Gebiet rückten 1132 Zisterziensermönche aus und gründeten Fountains Abbey, errichteten bis 1147 die Klosterkirche und begannen mit der Heilung der Kriegsschäden in der Gegend. Das gelang den tatkräftigen Männern mit der Zeit, die aber auch die Reformation und damit 1539 das Ende des Klosters brachten. Dass nur noch Reste stehen, liegt daran, dass die Gebäude als Steinbrüche verwendet wurden, macht aber erst das Romantische aus. 1727 nämlich wurden sie in einen königlichen Park eingebettet und gewannen ihren hohen Reiz in der Mischung von Kultur und Natur.

❷ Grafschaft Gwynedd

Venedotia nannten die Römer die Küstenregion im Nordwesten von Wales. Daraus wurde Gwynedd in der Sprache der Waliser, die nach der römischen die englische Herrschaft hinnehmen mussten. Dass sie anfangs höchst gefährdet war, davon zeugen Burgen und Befestigungen, die König Eduard I. (1272–1307), der Eroberer von Wales, anlegen ließ. Ob Schloss Caernarfon, wo der englische Thronfolger bis heute als Prince of Wales seinen Treueeid leistet, Festung Beaumaris oder Conway Castle (siehe Bild unten) – die insgesamt neun Zwingburgen von Gwynedd sind von normannischer Wucht und UNESCO-Welterbestätte seit 1986.

❸ Blenheim Palace

Nur wenige Kilometer von der Universitätsstadt Oxford entfernt steht inmitten eines romantischen Parks ein Schloss, das John Churchill, Erster Herzog von Marlborough (1650–1722), geschenkt bekam für seinen Sieg über die Franzosen und Bayern 1704 bei Höchstädt an der Donau. In der englischen Geschichte firmiert die Schlacht nach dem nahe gelegenen Ort Blindheim als »Battle of Blenheim«, die dem Palast den Namen gab. Er wurde 1705 bis 1722 für den Herzog erbaut und weithin berühmt durch die Geburt seines Nachkommen Winston Churchill, dem englischen Regierungschef im Zweiten Weltkrieg und 1950–1955. UNESCO-Welterbestätte seit 1987.

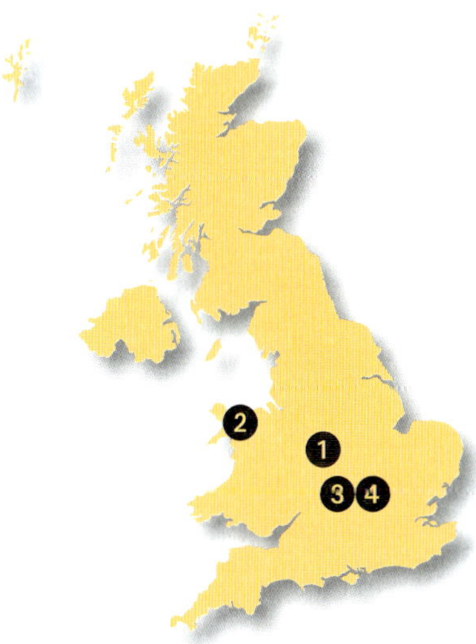

❹ Bodleian Library Oxford

Der seltsame Name für die berühmteste britische Bibliothek rührt her vom Gründer und Stifter, dem Gelehrten Sir Thomas Bodley (1545–1613, Denkmal siehe Bild). Wegen der Fülle antiker, orientalischer und mittelalterlicher Handschriften, die dort aufbewahrt werden, wurde sie nach der latinisierten Namensform Bodleiana genannt. Nicht nur der geistige Gehalt in Form der riesigen Büchersammlung nötigt Bewunderung ab, auch die kostbare Einrichtung und die spätgotischen Deckengewölbe sind von erlesenem Geschmack. Der 1748 vollendete Rundbau des Hauptlesesaals kann als Kathedrale des Geistes und der Tempel der Buchkultur gelten.

❶ Bath

Von den Römern gegründet und wegen der heißen Quellen bereits als Badeort genutzt (Thermenanlagen), verdiente sich das am Avon gelegene südwestenglische Bath im Mittelalter seinen Namen. Im beginnenden 18. Jahrhundert endeckte die feine Londoner Gesellschaft das Städtchen erneut und machte es zu einem Modebad. Planmäßig wurde es im klassizistischen Stil ausgebaut und gewann ein Stadtbild von selten erreichter Geschlossenheit. Trotz der Zerstörungen durch die deutsche Luftwaffe bei den so genannten Baedeker-Angriffen 1942 auf schöne alte englische Städte konnte Bath wiederhergestellt werden und ist UNESCO-Welterbestätte seit 1987.

❷ Stiftskirche Bath

Wie in Amphitheaterrängen steigt zu beiden Seiten der Avon-Mündung in den Ärmelkanal ein südenglischer Badeort hügelan. Er ist nicht nur, er heißt auch Bath, und zwar seit fast ewigen Zeiten, denn schon vor der Zeitenwende badeten hier die römischen Besatzer. Ihre frommen britischen Erben taten es ihnen nach und nutzten Wasser zugleich zur Weihe etwa der Ende des 15. Jahrhunderts erbauten spätgotischen Abteikirche, die als Blickfang mitten im Tal steht. Mit 52 Metern zwar nicht sehr hoch, bestechen Turm und Fassade doch durch feinste Gliederung und schönen Skulpturenschmuck.

❸ Royal Crescent Bath

Wahrhaft königlich schwingt die Häuserzeile Royal Crescent im südenglischen Bath halbkreisförmig wie ein Diadem um den blühenden Garten des Royal Victoria Park. Die von Säulen gegliederte klassizistische Front ist typisch für das ganze Stadtbild, gewinnt hier aber anders als an ernsten Einzelbauten Bewegung – um nicht zu sagen: Dynamik – durch die kühne Biegung, nimmt das Auge sozusagen mit. Für welchen Wohnstil die Häuser einst erbaut wurden, lässt sich ebenfalls noch heute besichtigen. In der Nummer 1 sind Räume mit originalen Möbeln aus der Entstehungszeit ausgestattet worden, ebenfalls eine Augenweide.

❹ **Kathedrale** Winchester

Vier Jahrhunderte lang wurde am größten gotischen Gotteshaus Europas gebaut: Im südenglischen Winchester (Hampshire) entstand zwischen 1079 und 1496 eine gewaltige, kostbar ausgestattete Kathedrale in klarer Linienführung und mit prachtvoller Westfassade. Die schon in keltischer und römischer Zeit bestehende Stadt gilt als die älteste Englands und war bereits im 7. Jahrhundert Bischofssitz. Seine Kathedrale wurde neben London Krönungsort der normannischen Könige nach Wilhelm dem Eroberer (1066–1087). Die Bibliothek der Bischofskirche bewahrt einige wertvolle mittelalterliche Handschriften auf.

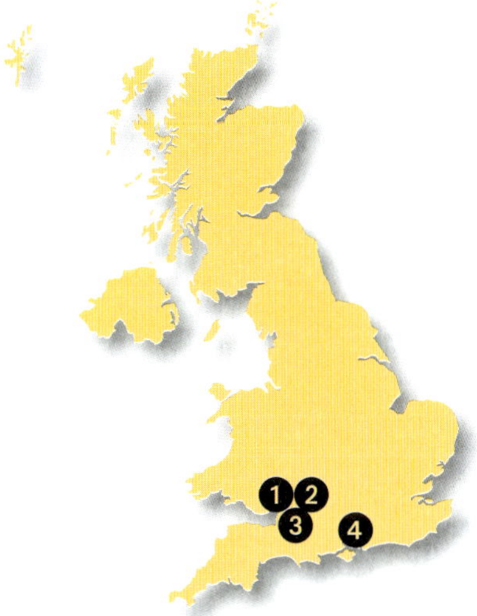

❶ Greenwich Park und Observatorium London

Etwa zehn Kilometer themseabwärts von der Londoner City aus liegt am linken Ufer des Flusses der Stadtteil Greenwich, bekannt wegen des Nullmeridians. Er verläuft durch die hier 1675 gegründete Sternwarte und ist dort durch eine Steinplatte markiert. Das von Christopher Wren (1632–1723) erbaute Observatorium im Flamsteed House ist heute Museum für astronomische Instrumente und Planetarium. Es steht mitten im herrlichen Greenwich Park, der im 17. Jahrhundert als königlicher Garten vom Landschaftsgärtner Ludwigs IV. André Le Nôtre (1623–1700) für Karl II. angelegt wurde. Gebäude und Park sind UNESCO-Welterbestätte seit 1997.

❷ Royal Naval College London

Hier kamen Heinrich VIII. und seine Tochter Elisabeth I. zur Welt, allerdings nicht im heutigen Gebäude, das erst Ende des 17. Jahrhunderts von Baumeister Christopher Wren (1632–1723) vollendet wurde und den heutigen Londoner Stadtteil Greenwich als architektonisches Meisterwerk schmückt. Das Haus diente später als Heim und Hospital für pensionierte Seeleute und beherbergt nun die Königliche Marineoffiziersschule. Besonders sehenswert sind die Painted Hall, so genannt wegen der Deckengemälde, die König Wilhelm von Oranien und seine Frau Maria darstellen, und die Kapelle im Südostgebäude (Queen Mary Building), die ebenfalls nach Plänen von Wren 1752 fertig gestellt wurde.

❸ National Gallery

London

Im Herzen der britischen Hauptstadt London am Trafalgar Square steht der 1838 errichtete klassizistische Bau, der die National Gallery beherbergt. Sie birgt ihrerseits die größte Gemäldesammlung der Welt in sich. Ihr Grundstock wurde 1824 mit dem Ankauf von 38 Gemälden durch die britische Regierung gelegt. Ständige Neuerwerbungen erzwangen immer weitere Anbauten, zu denen auch die berühmte Kuppel von 1876 zählt. Die Besucher bekommen etwa 2000 der 4500 Bilder zu sehen, über die die Galerie verfügt. Prunkstücke sind die Sammlungen holländischer Meister und italienischer Schulen des 15. und 16. Jahrhunderts, aber natürlich auch die Bilder britischer Künstler wie Hogarth, Reynolds, Gainsborough, Constable, Turner.

❹ Lloyd's Building London

*Dreihundert Jahre lang regulierte das Londoner Unternehmen Lloyd's Versicherungsschäden und schloss Verträge in einem Kaffeehaus in der Towerstreet, ehe es 1986 in einen spektakulären Neubau umziehen konnte. Das von Richard Rogers (*1933), der in Paris das Centre Pompidou entworfen hat, errichtete Lloyd's Building kehrt sozusagen das Innere nach außen: Aufzüge, Treppen und Rohrleitungen verleihen der Fassade einen futuristischen Akzent. Der 14 Etagen (76 Meter) hohe Innenraum ist als Atrium entsprechend klar gegliedert. In der Mitte der Halle die berühmte Glocke unter einem Baldachin, früher einmal geläutet bei schlechten und zweimal bei guten Nachrichten. Sie erklingt nun nur noch bei offiziellen Anlässen. In der Direktionsetage findet sich der original wieder aufgebaute so genannte Adams Room aus dem einstigen Kaffeehaus.*

❶ Big Ben London

Am Nordende der Houses of Parliament steht der berühmteste englische Turm: der viereckige Clock Tower mit den großen Ziffernblättern an allen vier Seiten. Sie geben an, was die Stunde, genauer: die 13 Tonnen schwere Glocke der Turmuhr namens »Big Ben« schlägt. Mit ihrem Namen wird allgemein auch der Turm selbst bezeichnet, und ihr Klang geht alltäglich als Pausenzeichen des britischen Rundfunks um die ganze Welt. Der 97,5 Meter hohe Turm mit der Verdickung im Uhrbereich zieht die Blicke auf sich und ist so zum Wahrzeichen der englischen Hauptstadt, ja des ganzen Landes und des Commonwealth geworden.

❷ St. Paul's Cathedral London

Mit 170 Metern Länge und im Kreuzschiff 75 Metern Breite ist die Kathedrale St. Paul's das größte Gotteshaus in der britischen Hauptstadt London. Es steht an einem Platz, auf dem schon vorher eine gotische Kathedrale in den Himmel ragte, ehe sie 1666 dem großen Brand zum Opfer fiel. Den Neubau in Form eines lateinischen Kreuzes entwarf Christopher Wren (1632–1723), der auch die Bauausführung 1675–1711 leitete. Das mächtige barocke Gebäude mit zwei 67 Meter hohen Türmen und der 111 Meter aufragenden Kuppel dient als »Pfarrkirche des britischen Commonwealth« und bietet Besuchern ein Fülle von Attraktionen. Bekannteste ist wohl die Whispering Gallery, die sich 33 Meter über dem Boden um die Kuppel im Innern zieht. Jedes hier geflüsterte Wort ist auf der 35 Meter entfernten gegenüberliegenden Seite zu verstehen.

❸ Houses of Parliament London

Eigentlich heißt der Gebäudekomplex, in dem die beiden Kammern des englischen Parlaments untergebracht sind, »Palace of Westminster«, denn hier regierte einst der König von seinem Palast aus. Nun bestimmt die Politik allein das House of Commons (Unterhaus), denn auch das adlige House of Lords (Oberhaus) führt nurmehr ein Schattendasein. Die Bauten sind im 19. Jahrhundert die ersten gewesen, die ein »Gothic Revival«, also eine Neubelebung der Gotik anstrebten. Der Architekt Charles Barry, der sie 1840 bis 1888 erbauen ließ, wollte sie dadurch an die nahe Westminster Abbey anlehnen. Er machte damit nicht nur in der englischen Welt Eindruck, sondern inspirierte auch Architekten in ganz Europa (siehe z. B. Budapester Parlament).

❶ Westminster Abbey und St. Margaret's Church London

Wo schon im 7. Jahrhundert ein Kloster stand, erhebt sich im Herzen von London seit der Grundsteinlegung 1245 die gotische Basilika Westminster Abbey (siehe Bild), Krönungskirche und Grablege englischer Könige. Der Chor mit Chorumgang und Kapellenkreuz bildete den ersten Bauabschnitt, dem im 15. Jahrhundert der Ausbau von Langhaus und Westfassade folgte sowie die Errichtung der Kapelle Heinrichs VII. mit Stabwerkverkleidung und Fächergewölbe – berühmtes Beispiel für den Perpendicular Style. Das westliche Turmpaar wurde 1745 nach Plänen von Christopher Wren (1632–1723) vollendet. Offizielle Kirche der Abgeordneten des Parlaments ist St. Margaret's Church aus dem 12. Jahrhundert, 1543 von einem Baumeister der Westminster Abbey umgebaut. Beide Kirchen sind UNESCO-Welterbestätte seit 1987.

❷ Tower und Tower Bridge London

Die bekannteste englische Burg und zugleich das älteste Bauwerk der Hauptstadt London ist der Tower, dessen Kern, den White Tower (heute Waffenmuseum), König Wilhelm der Eroberer 1077–1097 errichten ließ. Zeitweilig als königliche Residenz genutzt, wurde die ständig erweiterte Festung im 17. Jahrhundert Staatsgefängnis (bis 1820) und dient heute als Kaserne und Arsenal. Unter seinen zahlreichen Türmen hat der Wakefield Tower besondere Bedeutung als Aufbewahrungsort der britischen Kronjuwelen. Womöglich noch berühmter als der Tower, obwohl erheblich jünger, ist die 1894 eröffnete Tower Bridge (unten links im Bild), die als Zugbrücke mit den beiden markanten Türmen zu einem Wahrzeichen Londons geworden ist. UNESCO-Welterbestätte seit 1988.

❸ Windsor Castle

Schon vier Jahre nach seiner Ankunft in England begann der neue normannische König Wilhelm der Eroberer mit dem Bau einer Festung im südenglischen Windsor an der Themse. Der Bau ist seitdem bis ins 19. Jahrhundert hinein immer weiter gewachsen, bekam von allen Stilen ein bisschen ab, gewann in Teilen Schlosscharakter und mauserte sich zur Sommerresidenz des Königshauses mit Gebäuden um zwei große Innenhöfe. Zwischen ihnen klotzt der Round Tower, Grünanlagen umgeben den Komplex, der auch eine wertvolle Gemäldesammlung beherbergt. Die Schäden eines Großbrandes im Jahr 1992 sind inzwischen behoben.

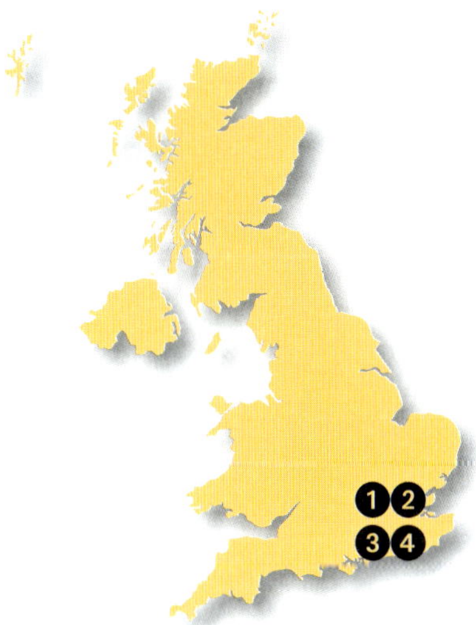

❹ Churchill House Kent

Dass der britische Staatsmann Churchill, der sein Land siegreich durch den Zweiten Weltkrieg steuerte, den Nobelpreis erhielt, wundert wenig. Schon mehr, welchen: Er wurde für sein schriftstellerisches Werk 1953 mit dem Literaturnobelpreis ausgezeichnet. Der Haudegen ein »Kollege« Shaws? So ist es, nur »dichtete« Churchill nicht, sondern verfasste historische Groß-Essays, und der über den Ersten Weltkrieg (»Weltkrise«) war so erfolgreich, dass sich der Autor einen Landsitz in Chartwell/Kent (inzwischen zu London gehörig) kaufen konnte. Wie er heute aussieht, das verdankt er zu großen Teilen dem Hausherrn selbst, der damals in den 1930er Jahren politisch kalt gestellt war und sich mit seiner ungeheuren Energie dem Mauern widmete. »Kräftig« dürfte die passende Kennzeichnung seines Stils sein.

❶ Kathedrale Salisbury

Sozusagen mitten auf die grüne Wiese setzten die Erbauer in nur 40 Jahren (1220–1260) die herrliche frühgotische Kathedrale im südenglischen Salisbury (Grafschaft Wiltshire). Unverstellt kommen die Eleganz der Linienführung, das Himmelstrebende der Konstruktion und der raffiniert einfache Außenschmuck voll zur Geltung. Wegen des 123 Meter aufragenden schlanken Turms durfte an den sonstigen Dimensionen gespart werden: Längsschiff und das doppelte Querschiff sind nur 26 Meter hoch.

❷ Stonehenge Wiltshire

Das eindrucksvollste prähistorische Denkmal Nordwesteuropas steht bei Salisbury im englischen Wiltshire. Die Stonehenge genannte Anlage besteht aus fünf Trilithen (zwei hohe Steine mit einem Überlieger) in Hufeisenform und einem Trilithen-Kranz. Die sehr sauber bearbeiteten Sandsteinblöcke sind bis sieben Meter hoch und bis fast fünfzig Tonnen schwer. Zwischen ihnen stehen Kreise aus kleineren, aber auch bis vier Tonnen schweren »Blauensteinen«. Alle Achsen laufen auf den Sommer-Sonnenwend-Punkt zu. Ein in den Kalkuntergrund geschlagener Graben umzieht die 110 Meter durchmessende Anlage, die nachweislich in mehreren Jahrhunderten errichtet worden ist und um 2100 v. Chr. fertig war. Zusammen mit Avebury und anderen Denkmälern der Megalith-Kultur in England UNESCO-Welterbestätte seit 1986.

❸ Land's End

Durch die Verfilmungen der Romane von Rosamunde Pilcher sind die rauen wie die lieblichen Seiten der südwestenglischen Küstenlandschaft auf der Halbinsel Cornwall bekannt. Wo das Raue dann endgültig wildromantisch überwiegt, liegt die äußerste Westspitze Englands zwischen dem Ausgang des Ärmelkanals und der Keltischen See. Hier an den Klippen von Kap Land's End bei 5 Grad 44 Minuten westlicher Länge und 50 Grad 4 Minuten nördlicher Breite sind früher so viele Schiffe gescheitert, dass ganze Bevölkerungsgruppen zeitweilig vom Strandraub leben konnten. Auch der Finger des Leuchtturms (1870 erbaut) auf Wolf Rock warnte da nicht immer erfolgreich.

❹ Royal Pavilion Brighton

Ursprünglich war es ein einfacher, solider Landsitz, doch der Thronfolger brauchte ein Liebesnest, und das musste entsprechend geschmückt sein. Der spätere König Georg IV. (1762–1830, regierte seit 1820) ließ sich im südenglischen Badeort Brighton den königlichen Pavillon (Royal Pavilion) zwischen 1815 und 1821 im historisierenden Mogulstil moscheeartig als – in beiderlei Sinn – Kuppel-Bau mit Minaretttürmchen und orientalischen Ornamenten ausgestalten. Im Architekten John Nash (1752–1835), dem Haupt der Picturesque School, hatte er den geeigneten Mann dafür gefunden.

❶ **Kathedrale** Canterbury

Höchst malerisch am Flüsschen Stour liegt in der grünen Hügellandschaft der englischen Grafschaft Kent die Stadt Canterbury, Sitz des Primas der englischen Hochkirche, der das Krönungsrecht für die Könige innehat. Er hätte hier zwischen elf Kirchen die Auswahl für seine Auftritte, doch nutzt er gemeinhin nur die Kathedrale (siehe Bild) in ihrer spätgotischen Pracht. Sie entstand auf dem Grundriss eines bischöflichen Doppelkreuzes nach romanischen Anfängen (Krypta) im 12. Jahrhundert bis 1495 im gotischen Stil und ist damit jünger als die ehemalige Abtei Sankt Augustin und die Martinskirche, deren Taufstein noch aus den Zeiten König Ethelberts von Kent († 616) stammen soll. Die drei Sakralbauten sind UNESCO-Welterbestätte seit 1988.

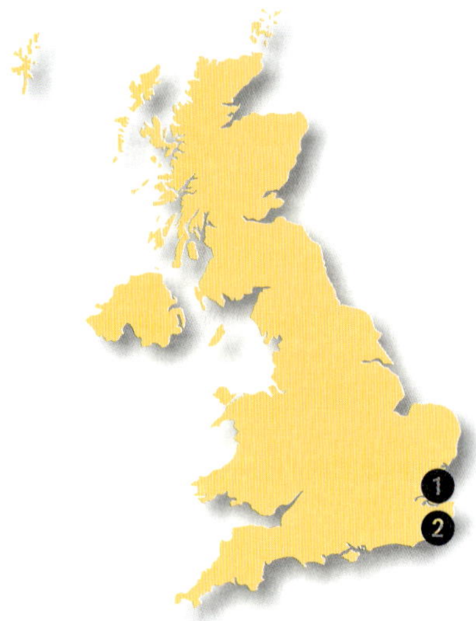

❷ **Kreidefelsen** Dover

Sie sind sogar von Frankreich aus zu sehen: die im Mittagslicht leuchtenden Felswände, die das Mündungstal der Dour mit der südenglischen Hafenstadt Dover einschließen. Das liegt zum einen an der Höhe der reflektierenden Kreide-Steilküste und zum anderen daran, dass hier der Ärmelkanal mit 32 Kilometern am engsten ist. Schon Julius Cäsar hat daher seinen ersten britischen Landgang bei Dover unternommen, und nahebei liegt auch der aus dem Drama »King Lear« bekannte Shakespeare Cliff. Die Enge nutzten die Ingenieure schon im 19. Jahrhundert beim ersten Versuch, den Kanal zu untertunneln. Das gelang erst 1994 vom nahen Folkestone aus.

Irland

❶ Achill Island

Die größte Insel vor der Nordwestküste der Insel Irland heißt nach dem antiken Helden mit der gleichnamigen Ferse Achill Island. Eine richtige Insel ist sie nur noch bedingt, denn inzwischen ist sie per Straßenbrücke mit der Hauptinsel und dem Ort Achill verbunden. Problemlos kommen die Besucher daher auf das stellenweise in Klippen bis zu 650 Meter zum Meer hin abfallende Fels-Paradies, das allerdings auch über Sandstrände verfügt wie bei den Dörfern Keel und Keem. Über die Clew-Bucht hinweg sieht man von hier in südlicher Richtung den Pilgerberg Croagh Patrick, wo der Nationalheilige einst gefastet und die Reptilien aus Irland verbannt habe, wo man heute Schlangen tatsächlich nur aus dem Zoo kennt.

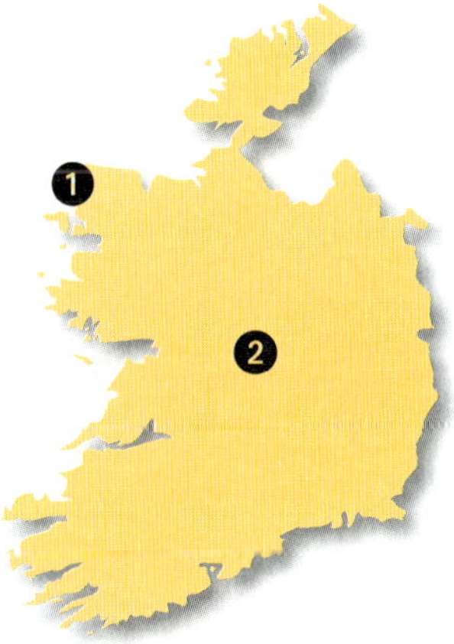

❷ Clonmacnoise

Wollte man die Insel Irland auf einer Nadelspitze balancieren, man müsste da einpiksen, wo die Ruinen von Burg und Kloster Clonmacnoise zu besichtigen sind. Sie liegen nicht nur im Herzen Irlands, hier schlug dieses auch einige Jahrhunderte lang, als die Insel mit den vielen Klöstern als »Land der Heiligen und Gelehrten« galt. Schon 545 soll hier der heilige Ciarán ein Gebetshaus errichtet haben, dem die Klosteranlage folgte und das bis ins 13. Jahrhundert Mönche aus ganz Europa anzog. In die Spätzeit des Klosters, dessen Rundtürme schon von weitem zu sehen sind, fällt der Bau der Bischofsburg, die wie die Kathedrale und 13 weitere Kirchen (acht noch als Ruinen sichtbar) bald verfiel. 1552 ging Clonmacnoise endgültig unter, als Cromwells Soldaten die Reste brandschatzten.

❶ Trinity College, National Museum Dublin

So patriotisch und bisweilen antibritisch sich die Iren geben, ihre Hauptstadt ist eine englische. Die berühmte Universität Trinity College beweist das baulich wie im multikulturellen Getümmel der Studenten und Dozenten. Das britische Weltreich hat auch hier für die entsprechende Mischung gesorgt. Der gewaltige Gebäudekomplex beherbergt die Trinity Library, eine moderne Bibliothek, die uralte Kostbarkeiten wie die Evangeliare »Book of Durrow« (um 680) und »Book of Kells« (um 800) aufbewahrt, Letzteres reich geschmückt mit so feinen Ornamenten (Bild links: Initiale), dass die Legende entstand, sie stammten von Engelhand. Schräg durch den Trinity-Campus Richtung Südost erreicht man das Nationalmuseum, wo keltische Metallarbeiten die Hauptattraktion bilden.

❷ The Burren

Ein faszinierendes Naturdenkmal, das sich bei näherem Hinsehen als Kulturdenkmal entpuppt: Südlich der Bucht von Galway an der mittleren Westküste Irlands breitet sich eine verkarstete Hochebene aus, wo Karbonkalke zu Tage treten und sich zwischen ihren Schrunden eine karge Vegetation hält, die aber in der frühsommerlichen Blüte zum prangenden Steingarten wird. Hierher kamen schon vor 5000 Jahren die ersten Siedler, von denen noch Megalith-Gräber und steinzeitliche Dorfanlagen zu sehen sind und die rodeten, was zu roden war. Damit lieferten sie das Land Wind und Wasser aus, die den Stein freiwuschen und -wehten.

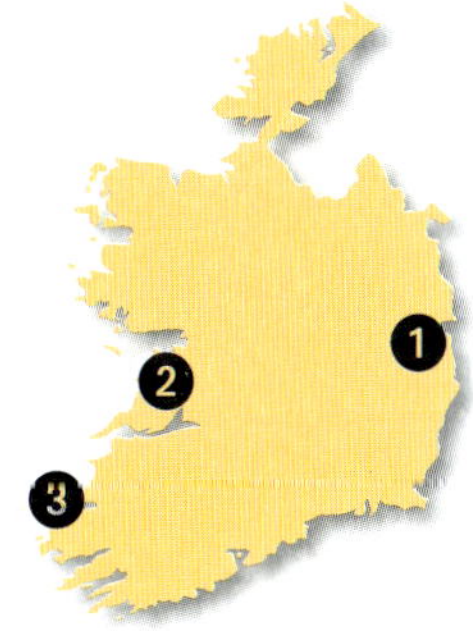

❸ Dingle-Halbinsel

Die Insel Irland sieht nach Südwesten hin recht ausgefranst aus. Ein besonders schöner Fransen ist die Dingle Peninsula, deren Spitze Slea Head als westlichster Punkt Europas gilt, sieht man von einigen vorgelagerten Inseln ab. Natur wie Kultur zeigen sich hier von ihren besten Seiten: Berge (Beenoskee, 827 Meter hoch) und feiner Sandstrand etwa beim Dorf Inch an der Südküste, uralte Festungen wie das schroff überm Meer errichtete eisenzeitliche Dunbeg Fort und kaum jüngere Ruinen von Klöstern oder gar noch intakten Gebetsstätten wie das Galarus Oratorium östlich von Ballyferriter im Nordwesten, ein pyramidenähnlicher frühmittelalterlicher Bau aus Feldsteinen.

Niederlande

❶ Dampfpumpwerk Wouda

Bei der niederländischen Ortschaft Lemsterhuis am Ijsselmeer nordöstlich von Amsterdam steht ein Industriedenkmal, das immer noch arbeitet: das Dampfpumpwerk von Wouda. Es wurde kurz vor dem Ersten Weltkrieg geplant, während des Krieges, in den die Niederlande als einer der wenigen europäischen Staaten nicht verwickelt waren, gebaut und 1920 eingeweiht. Es ist das größte dampfgetriebene Pumpensystem der Welt und als Symbol für den Kampf der Niederländer mit dem Wasser UNESCO-Welterbestätte seit 1998.

❷ Abschlussdeich Ijsselmeer

Gewaltige Sturmfluten im 13. Jahrhundert haben an der Nordseeküste tiefe Spuren hinterlassen, markanteste war jahrhundertelang die riesige Bucht der Zuidersee in den nordwestlichen Niederlanden. 1918 beschloss die Regierung ein Projekt zur Rückgewinnung der verlorenen Landfläche. Nach Trockenlegung eines Versuchspolders begann der Bau eines Abschlussdeichs quer über die nördliche Öffnung. Er muss 30 Kilometer überbrücken und ist an der Sohle 90 Meter breit; 1932 war er vollendet. Mehrere Schleusen, Durchlässe und Pumpstationen entwässern nun den so entstandenen und nach dem nördlichen Rheinarm Ijsselmeer genannten Binnensee. Damit wurde eine ganze über 2000 Quadratkilometer große Provinz gewonnen.

❸ Warften Schokland

Warften aus dem hohen Mittelalter zeugen heute noch von der frühen Besiedlung der einstigen Halbinsel Schokland in der niederländischen Zuidersee. Wie nötig diese Wohnhügel waren, zeigte sich im 15. Jahrhundert, als die See die Landverbindung wegschwemmte, und erneut Mitte des 19. Jahrhunderts, als die Bewohner (Schokker) wegen der schweren Sturmfluten evakuiert wurden. Jetzt gibt es längst Neu-Schokker, denn das Ijsselmeer wurde mit einem Damm abgeriegelt, so dass Schokland nun trocken in der Provinz Flevoland liegt. Als Vorposten des Kampfes mit der See ist es UNESCO-Welterbestätte seit 1995.

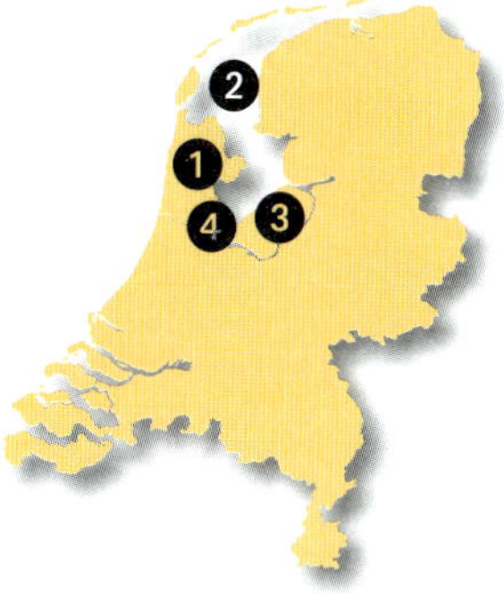

❹ Trachten Volendam

Wenn in den Ferienhochburgen des Südens »auf Folklore gemacht« wird, dann zum Spaß für die Touristen. Im nordholländischen Volendam, einem malerischen Fischerdorf am Ijsselmeer, gehört Trachttragen an Festtagen jedoch zur echten Tradition, und die besonders ansehnlichen Damen ignorieren souverän die Schnappschussjäger.

❶ Monnickendam

Für Sonntagsmaler ein ideales Fleckchen: Das nordholländische Dorf Monnickendam liegt mit seinem bunt bewimpelten Yachthafen bezaubernd am Ijsselmeer. An hohen Festtagen belebt sich das Bild noch durch die in alter Tracht zur großen Kirche oder zur Waage schreitenden Fischer und ihre Frauen. Etwas vor dem Dorf meint man, in ein Bild der alten niederländischen Meister einzutreten: Windmühlen, manche noch in Betrieb, strecken die Flügel, zerzauste Weiden säumen die Kanäle und gemächlich grast das Vieh in der unendlichen Weite.

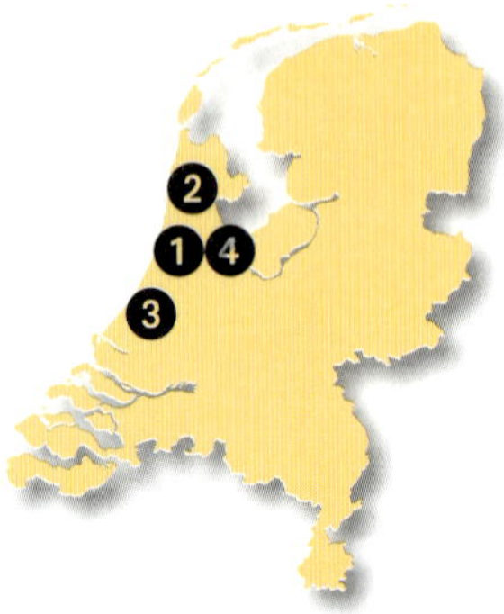

❷ Beemster Polder Nordholland

Seit Jahrhunderten kämpfen die niederländischen Deichbauer mit dem Meer um jeden Quadratmeter Land, und jahrhundertelang zogen sie immer wieder den Kürzeren. Von einem der ersten größeren Erfolge zeugt der Beemster Polder in Nordholland, wo ihnen im 17. Jahrhundert erstmals die Rückgewinnung eines größeren Areals (72 Quadratkilometer) gelang. Diese »Droogmakerij de Beemster« (wörtlich: Trockenmacherei) ist landschaftlich mit Feldern, Deichen, Kanälen und Siedlungen erhalten und UNESCO-Welterbestätte seit 1999.

❸ Keukenhof Lisse

Südwestlich von Haarlem in der niederländischen Provinz Südholland liegt das kleine Städtchen Lisse, von dem sich frei nach »My fair Lady« sagen lässt: »Es blüht so schün, wenn Hollands Blüten blühn.« Der 28 Hektar große Keukenhof von Lisse nämlich ist eine einzige Blumenshow auf großen Freiland-Beeten und in riesigen Treibhäusern. Die schlagerbekannten »Tulpen aus Amsterdam« kommen eher von hier und nehmen allenfalls den Umweg über die Hauptstadt.

❹ Befestigungsring

Amsterdam

Mit einem 1880 begonnenen, in 15 bis 20 Kilometer Abstand von der niederländischen Hauptstadt Amsterdam gelegten Ring von Forts, Bunkern, Grabenstellungen und Schleusen versuchten die Niederländer das Herz ihres Landes gegen militärische Angriffe zu schützen. Brach der Befestigungsring, konnten sie Invasionstruppen innerhalb von zwei Tagen durch Überflutung des Landes außer Gefecht setzen. Der Ring war vor Beginn des Ersten Weltkriegs 1914 weitgehend fertig, doch blieb den Niederlanden dieser Waffengang noch erspart. Im Zweiten Weltkrieg verzichteten sie auf die Flutung angesichts der erdrückenden Überlegenheit der deutschen Wehrmacht. Als einziger Verteidigungsgürtel, der Wasser als Waffe einsetzt, ist der Ring UNESCO-Welterbestätte seit 1996.

❶ Universitätsstadt Leiden

Eine der ältesten und schönsten niederländischen Städte liegt in der Provinz Südholland am Alten Rhein: Leiden mit seiner altehrwürdigen und zugleich hochmodernen Universität von 1575 ist zudem ein wichtiges Kulturzentrum mit einer Sternwarte und einem reizvollen botanischen Garten, der schon 1587 angelegt wurde. Denkmäler der Stadtgeschichte sind die gotische Sint-Pieter-Kerk, das Stadthaus (1577–1597), die Stadtwaage mit der Butterhalle (1658), mehrere alte Tore und Bürgerhäuser im Renaissancestil, die Tuchhalle (Lakenhus) mit dem Stadtmuseum. Lücken in der Bausubstanz der schon zur Römerzeit besiedelten und von Kanälen durchzogenen Stadt gehen auf die Explosion eines Pulverschiffs 1807 zurück.

❷ Den Haag

Heute Sitz der Regierung, hat sich die niederländische Residenz Den Haag den Charakter einer vornehmen, ja »adligen« Stadt bewahrt. Gelegen zwischen dem Alten Rhein (Oude Rijn) und der Neuen Maas (Nieuwe Maas) nahe der Nordseeküste auf Dünengelände (Badevorort Scheveningen), besticht sie einerseits durch Villen, Parks und moderne Verwaltungsbauten, andererseits durch das mittelalterliche Zentrum um das Grafenschloss (1250) mit dem Sitzungssaal der Generalstaaten und um die spätgotische Groote Kerk (14./15. Jahrhundert). Hier hat sich die nur wenig jüngere Stadt der Kaufleute mit ihren Giebelhäusern gebildet. Paläste der Königsfamilie und das Parlamentsgebäude (Bild unten) runden das alte Stadtbild ab.

❸ Windmühlen Kinderdijk-Elshout

Der Beitrag flacher Länder im Küstenbereich zur Entwicklung der Wasserbautechnik kann nicht hoch genug eingeschätzt werden. Die Niederlande sind dafür typisch, und besonders augenfällig macht das die Region um Kinderdijk-Elshout. Hier haben schon seit Jahrhunderten Ingenieure an Lösungen für Entwässerungsprobleme und an Methoden zur Nutzung von Wasser- und Windenergie gearbeitet. Aus allen Epochen sind hier Zeugen dieser Bemühungen zu sehen: frühe Deichbauten, moderne Pumpstationen, Flutventile, Dämme, Rückhaltebecken, mittelalterliche Schleusen. Einen reizvollen Akzent setzen zudem zahlreiche unversehrt erhaltene alte Windmühlen. Die Gegend ist UNESCO-Welterbestätte seit 1997.

Belgien

❶ Markt, Belfried Brügge

Als »tot« bezeichnete der Volksmund im 19. Jahrhundert die einst blühende flandrische Hafenstadt Brügge in Belgien, denn Hafen war sie schon lange nicht mehr, er war versandet, und das früher pulsierende Leben war stiller Behäbigkeit gewichen. Heute ist das Leben zurückgekehrt, eben weil es zeitweilig tot war. Dadurch nämlich hat sich die von Kanälen durchzogene Stadt ihren mittelalterlich-frühneuzeitlichen Charakter bewahrt und zieht mit ihren heimeligen Winkeln, stimmungsvollen Ensembles der Beginenhöfe, Gassen mit Kopfsteinpflaster, gotischen und barocken Bürgerhäusern die Touristen magnetisch an. Alles ist versammelt um den Großen Markt: die Tuchhallen und der 83 Meter hohe Belfried (Glockenturm, rechts im Bild), die backsteinerne Salvatorkathedrale sowie das älteste belgische Rathaus, alle aus dem 13. Jahrhundert.

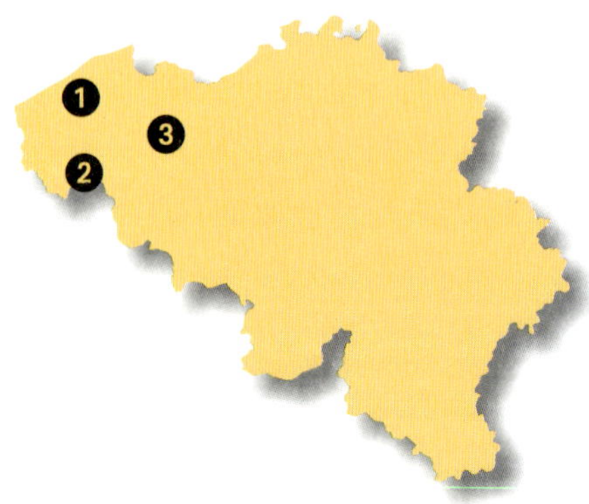

❷ Beginenhöfe Flandern und Brabant

Im 12. Jahrhundert bildeten unverheiratete und verwitwete Frauen vor allem in Flandern und Brabant (Niederlande/Belgien) klosterähnliche Gemeinschaften, die – allerdings ohne Gelübde – unter einer Priorin zusammenlebten und sich sozialen und religiösen Aufgaben zuwandten. Man nannte die Mitglieder Beginen, die sich, zum Teil nicht unvermögend, in den Städten zusammenhängende Wohn-, Andachts- und Arbeitskomplexe errichteten: die Beginenhöfe (Bild oben und Mitte: Brügge). Diese sinnvoll gegliederten urbanen Anlagen sind großenteils erhalten und zeugen in ihrer architektonischen Gestaltung von einer Art weltlichem Klosterleben und von einer Geschlossenheit, die nicht selten kirchlichen und behördlichen Argwohn geweckt hat. Sie sind kollektiv UNESCO-Welterbestätte seit 1998.

❸ Glockentürme Flandern und Wallonien

Sie sind Akzente im Bild der belgischen Städte und heißen in Wallonien Beffroi, in Flandern Belfried: Die 30 Glockentürme des Landes (Bild: Gent) künden vom Selbstbewusstsein der im Mittelalter unabhängig gewordenen Kommunen, die nur noch die kaiserliche Herrschergewalt als übergeordnet anerkannten. Sie waren politische und geistliche Zeichen zugleich, indem sie sowohl der Bischofskirche wie dem Rathaus zugeordnet werden konnten. Ihre oft kunstvolle Gestaltung spiegelt auch den Reichtum der Kommunen, die sich von den feudalen Territorialfürsten gelöst hatten. Die Türme sind kollektiv UNESCO-Welterbestätte seit 1999.

❶ Rathaus Antwerpen

Mit rund 200 000 Einwohnern war die belgische Hafenstadt Antwerpen im 16. Jahrhundert der wichtigste Umschlagplatz des Kontinents. An der seit 1460 bestehenden prachtvollen Börse wickelten täglich bis zu 5000 Händler ihre Geschäfte ab. Es ging das geflügelte Wort: »Die Welt ist ein Ring und Antwerpen der Diamant darin.« Eine wichtige Facette seines Schliffs war und ist das Rathaus (1561–1566), das den Einfluss französischer Renaissance-Bauweise zeigt und vom Wohlstand der Stadt an der Schelde zeugt. Die großen Fenster sind für diese nördliche Stil-Variante ebenso typisch wie der stufige Aufbau der Fassade und ihr Schmuck mit bunten Wappen, Figuren und Marmorsäulen.

❷ Liebfrauenkathedrale

Antwerpen

Sie kann, salopp gesagt, dem Kölner Dom von den Dimensionen her fast und ästhetisch durchaus »das Weihwasser reichen«: die 1322 begonnene und im 15. Jahrhundert vollendete gotische Bischofskirche Notre Dame (Liebfrauenkathedrale) in der nordbelgischen Hafenstadt Antwerpen. 117 mal 65 Meter misst der Grundriss, 40 Meter hoch ist das Schiff, der zierlich durchbrochene Hauptturm erreicht 123 Meter Höhe, der zweite blieb unvollendet. Das Glockenspiel besteht aus 99 Glocken unterschiedlichster Größe und ist für seinen Klang über die Landesgrenzen hinaus bekannt. Die Hauptattraktionen aber warten im Innern: Drei farbenprächtige Altargemälde von Rubens zeigen die Kreuzeserhöhung, die Kreuzabnahme und Mariä Himmelfahrt.

❸ Gent

Die Geburtsstadt Kaiser Karls V. (1500 1558, regierte 1519–1556) und Verwaltungssitz der belgischen Provinz Ostflandern präsentiert ihre wohl erhaltene Altstadt »Kuip van Gent« auf einer Halbinsel am Zusammenfluss von Schelde und Leie. Den Mittelpunkt bilden neben einem Museum für bildende Künste und der Flämischen Universität (seit 1930) die von 1180 bis 1200 erbaute Festung Gravensteen, die Tuchhalle, der Belfried (1313–1321) mit der berühmten Rolandglocke, zahlreiche Giebelhäuser und die gotische Kathedrale Sint-Baafs (Sainte-Bavo, Bild oben). In dem mächtigen Gotteshaus stehen die Besucher bewundernd vor einem Flügelaltar, den die Brüder Hubert und Jan van Eyck, erste Vertreter einer flämischen Renaissance, 1420–1430 geschaffen haben (Bild links).

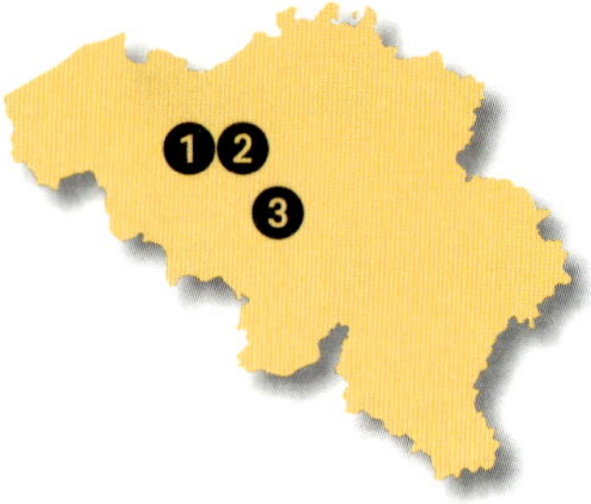

❶ St.-Michaels-Kathedrale Brüssel

Ein Mensch, wenn auch eine Heilige und Landsmännin, reichte auf die Dauer nicht als Patronin der Bischofskirche in der belgischen Hauptstadt Brüssel: Aus Sankt Gudula wurde Sankt Michael, denn mit einem Erzengel ist man dem Himmel halt doch noch ein Stück näher. Das war auch deswegen von Bedeutung, weil die Türme des im 13. Jahrhundert begonnenen Baus unvollendet blieben. Das noch romanische Züge tragende Schiff markiert den Übergang zu gotischer Gestaltung, die dann bei der Errichtung der tiefen kapellenartigen Seitennischen wie bei der Gestaltung des Chorumgangs dominierte. Beschädigungen aus der Kriegszeit sind inzwischen längst geheilt.

❷ Grote Markt/Grande Place Brüssel

Die heutige Europastadt, Handels- und Industriemetropole Brüssel ist über tausend Jahre alt, und das lässt sich trotz der modernen Straßen und Bauten der Europäischen Gemeinschaft deutlich spüren: Am Großen Markt (Grote Markt), der in der zweisprachigen belgischen Hauptstadt auch Grande Place heißt, sind in der Unterstadt die prunkvollen Kaufmanns- und Gildehäuser mit ihren Schmuckfassaden, das »Maison du Roi« (im Bild links) und das Rathaus (Bild Seite 100 oben) versammelt, die von der mittelalterlichen Bedeutung Brüssels als Tuchmacherstadt und Umschlagplatz für den Handel mit dem Rheinland und den Seestädten zeugen. Darüber ragt die früher der heiligen Gudula, jetzt Sankt Michael geweihte gotische Kathedrale. UNESCO-Welterbestätte seit 1998.

❸ Schiffshebewerke Canal du Centre

Acht hydraulische Schiffs- oder etwas kleiner: Kahnhebewerke sind für den Canal du Centre in Belgien zwischen 1888 und 1917 gebaut worden. Vor allem südlich von Brüssel waren sie wegen des hügelig werdenden Geländes erforderlich, in dem es einen Höhenunterschied von 67 Metern zu überwinden galt. Vier der Stahlgerüstkonstruktionen im Stil eines Gustave Eiffel sind noch heute, hundert Jahre nach der Errichtung, in Betrieb und damit bewundernswerte Zeugen der Ingenieurskunst des ausgehenden 19. Jahrhunderts. Ihre Einzigartigkeit in der belgischen Industrielandschaft hat ihnen 1998 den Rang einer UNESCO-Welterbestätte eingetragen.

Luxemburg

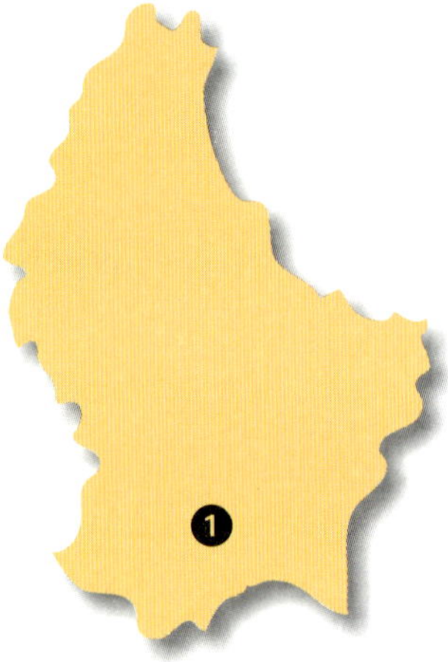

❶ Altstadt Luxemburg

Heute vor allem eine Finanz-Festung, war Luxemburg, die Hauptstadt des gleichnamigen Großherzogtums, über mehrere Jahrhunderte vor allem ein militärischer Stützpunkt. Aus dem Mittelalter stammen die Reste der damals fast einen Kilometer langen Stadtmauer, und auch das großherzogliche Palais aus dem 16. Jahrhundert ist aus älteren Befestigungen entstanden. Es steht wie die etwa gleich alte Kathedrale auf der steil ansteigenden Hochfläche der Oberstadt und schaut auf die von der Alzette durchflossene Unterstadt. Als sichtbarer Querschnitt durch die Fortifikationsgeschichte ist die Altstadt von Luxemburg UNESCO-Welterbestätte seit 1994.

Schweiz

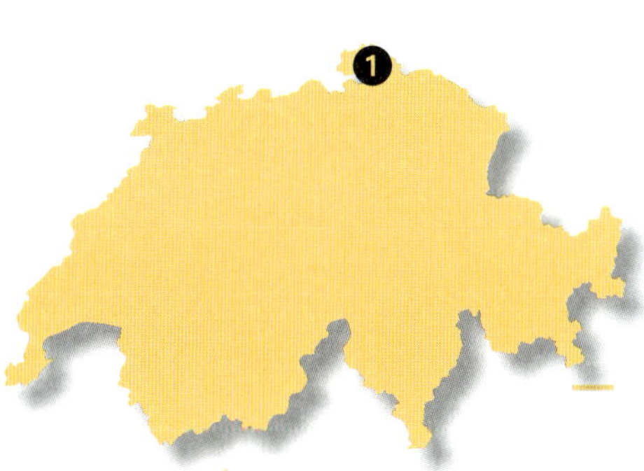

❶ Rheinfall Schaffhausen

Schiller beneidete den wohlhabenden Goethe immer um dessen Reisen, profitierte aber auch davon: Für seinen Tell wollte er gern genauer wissen, wie sich ein Wasserfall ausnimmt, und bat den Kollegen anlässlich von dessen Reise in die Schweiz 1797 um eine Beschreibung des berühmten Rheinfalls (20 Meter tief, 150 Meter breit) bei Schaffhausen, dem ergiebigsten Wasserfall Europas. Goethe schrieb: »Von dem großen überströmten Felsen schien sich der Regenbogen immerfort herabzuwälzen, indem er in dem Dunst des herunterstürzenden Schaumes entstand. Die untergehende Sonne färbt einen Teil der beweglichen Massen gelb, in tiefen Strömungen erschienen sie grün, und aller Schaum und Dunst war licht purpur gefärbt.«

❶ Klosterbibliothek Sankt Gallen

Das Kloster gibt es schon seit fast zweihundert Jahren nicht mehr, seine barocken Bauten – Klostergebäude, Stiftskirche (oben links) und -bibliothek (oben rechts) – aber künden von der einstigen Pracht. Schon bald nach der Gründung im Jahre 602 entfaltete Sankt Gallen im Alpenvorland rege missionarische und erzieherische Tätigkeit, die im Mittelalter in wissenschaftliche Arbeit mündete. Davon zeugen die über 2000 mittelalterlichen Handschriften, die in der zweistöckigen Klosterbibliothek, einer der schönsten Büchersammlungen der Welt, aufbewahrt werden. Die meisten Autographen sind Arbeiten von Mönchen aus dem Kloster selbst. Frühe Inkunabeln (Wiegendrucke) kommen hinzu als Grundstock einer Bibliothek von 100 000 meist bibliophilen Editionen. Nicht nur ihr Inhalt fasziniert, sondern vor allem ihre Heimstatt mit Deckengemälden, Säulen, Balustraden, Intarsien – alles zusammen UNESCO-Welterbestätte seit 1983.

❷ Kapellbrücke und Wasserturm Luzern

Hier stand die Wiege der Eidgenossenschaft: Die Altstadt von Luzern, Hauptstadt des gleichnamigen Kantons, obschon keines Urkantons, blickt auf den Vierwaldstätter See, aus dem an dieser Stelle die Reuss austritt und durch die Stadt fließt. Eine faszinierende Brücke überspannte bis 1993 den Fluss, dann brannte die malerische um 1300 als Teil der Wehranlagen erbaute überdachte hölzerne Kapellbrücke ab. Schon acht Monate später stand sie wieder, doch original sind nur noch Reste und die Pläne, nach denen sie wieder errichtet wurde. Der Fußgängerüberweg führt schräg von Ufer zu Ufer und erreicht damit 200 Meter Länge. Flankiert wird die Konstruktion mitten im Fluss von einem achteckigen Wasserturm, der ebenfalls mittelalterlicher Herkunft ist und zur Befestigung der Stadt gehörte.

❸ Murten und Murtensee Kanton Freiburg

Am 22. Juni 1476 kam der kleine Hauptort des Schweizer Bezirks See im Kanton Freiburg (Fribourg) zu Waffenruhm: Bei Murten (französisch Morat) schlugen die Eidgenossen den mächtigen Karl den Kühnen von Burgund. Seitdem hat niemand mehr den Frieden im Städtchen bedroht, das baulich denn auch recht mittelalterlich dreinschaut. Die alten Gassen innerhalb des Mauerrings sind ebenso erhalten wie die Wehrgänge, Türme und Tore, Brunnen und Laubengänge. Das Schloss aus dem 13. Jahrhundert hält das malerische Ensemble am Ufer des 23 Quadratkilometer großen und bis 46 Meter tiefen Murtensees zusammen. Die reiche Heimatgeschichte präsentiert das in der alten Stadtmühle untergebrachte Historische Museum, wo die eingangs erwähnte Schlacht in einem Zinnfiguren-Diorama nachgestellt ist.

❹ Altstadt Bern

Mangelndes Selbstbewusstsein quälte die Bewohner der Schweizer Hauptstadt Bern offenbar noch nie, denn die Parole »Die Welt vergeht, Bern besteht« wird noch immer mit Behagen weitergegeben. Ganz unberechtigt ist der Stolz nicht, fand doch schon Goethe, Bern sei »die schönste und sauberste Stadt« der gewiss nicht unsauberen Schweiz. Seit 1848 Sitz der Bundesbehörden, hat Bern seine Altstadt auf dem Sporn in einer Schlinge der Aare dank schier ewigen Friedenszeiten und eines nicht unbeträchtlichen Wohlstands unversehrt bewahren und pflegen können. Lauben, Renaissance-Figurenbrunnen, barocke Zunft- und Bürgerhäuser, Türme und Kirchen aus der frühen Neuzeit bestimmen das prachtvolle Bild des historischen Zentrums, das seit dem Jahr 1983 UNESCO-Welterbestätte ist.

❶ Sankt Gotthard Hochalpen

An der Grenze der Schweizer Kantone Wallis, Tessin und Graubünden erhebt sich in den Hochalpen das Gotthard-Massiv. Hier führt eine Passstraße in 2108 Metern Höhe von Andermatt nach Airolo. Heute lässt sich der Weg auch durch einen 1980 eröffneten 16,3 Kilometer langen Autobahntunnel nehmen, doch ziehen immer noch Menschen mit etwas Zeit und Sinn für die Bergwelt den beschwerlicheren, aber landschaftlich reizvollen Weg über den Pass vor. Hier kann man rasten und den weiten Blick genießen und dann auf der ungeheuer gewundenen Serpentinenabfahrt sein fahrerisches Können unter Beweis stellen.

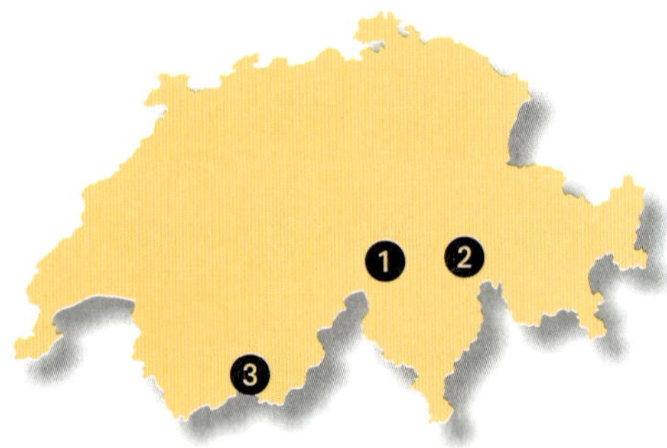

❷ Glacier-Express Alpen

Hier ist Ankommen Nebensache, auf das Unterwegssein kommt es an: Im Glacier-Express von Sankt Moritz nach Zermatt genießt man die Leistungen Schweizer Ingenieurskunst und vor allem ein Hochgebirgspanorma, wie man es so bequem, ja luxuriös anderswo nicht erleben kann. Es ist eine Berg-und-Tal-Fahrt in großer Höhe, über kunstvolle Viadukte, durch plötzliche Tunnel, eng an schroffen Felswänden entlang, hoch über Schlösser und Klöster hinweg, unterhalb sanfter Almen und an ragenden Viertausendern vorüber. In vier Stunden legt der »langsamste Schnellzug der Welt« 291 Kilometer zurück, die demjenigen unvergesslich sein werden, der sie einmal hinter sich gebracht hat, schon gar nicht, wenn er dabei den Komfort-Express mit der großzügigen Aussichtsverglasung genommen hat.

❸ **Gletscherwelt** Zermatt

Wir erleben heute ein Abschmelzen der Gletscher, vielleicht aufgrund der globalen Erwärmung durch den Ausstoß von so genannten Treibhausgasen. Gletscherschwund wie Zunahme von Vergletscherung können aber auch natürliche Ursachen haben, wie das Beipiel Zermatt im Schweizer Kanton Wallis zeigt: Heute verirrt man sich oberhalb des international beliebten Kurorts am Fuße des mächtigen Matterhorns (siehe Bild) in einer schier unendlichen Gletscherwelt. Vor zweitausend Jahren dagegen war dieses Grenzgebiet im Hochgebirge zwischen der Schweiz und Italien noch eisfrei. Die Römer nutzten die Pässe als Handelswege nach Osträtien, dem heutigen Wallis. Sie liegen heute unter ewigem Eis, das nur dann und wann antike Relikte freigibt: Münzen, Waffen, Zaumzeug.

❶ Schloss Chillon

Auf einer kleinen Felsinsel an der äußersten Ostspitze des Genfer Sees steht ein Schweizer Bilderbuchschloss: das vieltürmige Chillon aus dem 13. Jahrhundert. Es liegt nicht nur malerisch, sondern ist poetisch umweht: Lord Byron (1788–1824), der große romantische englische Dichter, schrieb die Ballade über den »Gefangenen von Chillon«, den Protestanten François Bonivard, der 1530 auf Befehl der Herzogs von Savoyen in der Burg an einer Säule angekettet wurde und sechs Jahre in diesem Kerker schmachten musste. Dann erst eroberten die Berner Chillon und befreiten ihn. Seine angeblichen Fußspuren, die jahrelanger Trott im Stein um die Säule hinterlassen hat, werden noch heute den staunenden Besuchern gezeigt. Auch Ritter- und Gerichtssaal sowie die Waffenkammer lohnen ein paar Blicke.

❷ Eiger-Nordwand

Berner Alpen

Das Bild geht immer wieder durch Presse und Fernsehen – aufgeregte Leute an Fernrohren, die angestrengt eine fast senkrechte Felswand emporstarren, wo sich ameisenartige Figuren ausmachen lassen, während sich über dem schroffen 3970 Meter hohen Gipfel Wetterwolken zusammenziehen: Die 1800 Meter aufragende Eiger-Nordwand wurde erst 1938 erstmals von Alpinisten durchstiegen, nachdem sie ungezählte Opfer unter waghalsigen oder mehr toll als kühnen Bergsteigern gefordert hatte. Noch immer liest man Meldungen vom Tod am Eiger, wenn selbst Hubschrauber nichts mehr auszurichten vermögen. Doch magisch zieht die von Tragödien umwehte Wand weiter die Abenteurer an, und die Bergwacht hat oft alle Hände voll zu tun, das Schlimmste zu verhüten.

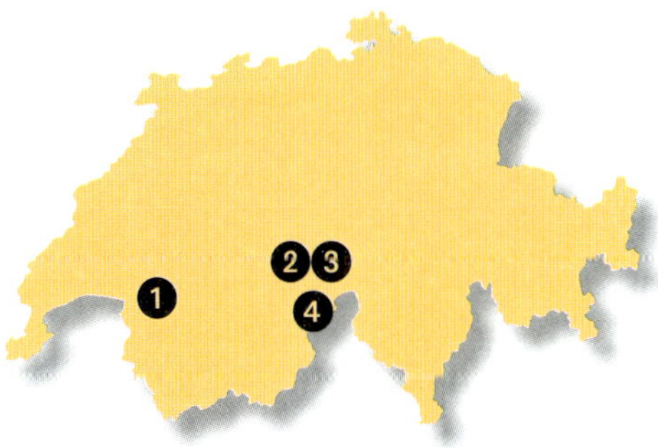

❸ Eiger-Mönch-Jungfrau-Massiv Berner Alpen

In gewaltigen Treppen geht es hinauf. Der Fremdenverkehrsort Grindelwald im Berner Oberland liegt bereits über 1000 Meter hoch, doch überragt ihn der Eiger himmelhoch mit seinen 3970 Metern Höhe. Oben auf dem Gipfel aber muss der glückliche Ersteiger nochmals Richtung Südwest aufblicken zum Mönch, der noch 129 Meter höher ist und seinerseits in der gleichen Richtung wiederum emporschauen muss zur Jungfrau, die dem Himmel noch 60 Meter näher ist. Man kommt ihr aber leichter nahe als den Kollegen: Von der kleinen Scheidegg bringt die bis 1912 erbaute zahnradgetriebene Jungfraubahn Besucher durch einen Tunnel auf das 3464 Meter hohe Jungfraujoch, über dem noch hundert Meter höher ein Observatorium ins All schaut, während die Touristen den Blick über die Welt genießen.

❹ Aletschgletscher Berner Alpen

Im Schweizer Kanton Wallis strecken die Alpen die Zunge weiter heraus als irgendwo sonst: Aus der Firnmasse der Finsteraarhorngruppe schiebt sich der Aletschgletscher zu Tal. Mit 23 Kilometer Gesamtlänge bedeckt er 87 Quadratkilometer und fließt in 1800 Meter Breite am Eggishorn (2927 Meter) und am 300 Hektar großen Aletschwaldreservat vorbei, dem höchsten europäischen Waldgebiet; noch in 2330 Metern Höhe gedeihen hier Arven (Zirbelkiefern). Die Bergstation am Eggishorn nur 60 Meter unter dem Gipfel erreicht man aus dem Rhônetal in Fiesch mit der Seilbahn, die restliche Strecke lässt sich auf befestigtem Weg in einer halben Stunde bewältigen. Er lohnt, denn vom Gipfel aus blickt man auf eine unvergessliche Hochgebirgsszenerie.

❶ Kloster Sankt Johann Müstair

Schon zur Zeit Karls des Großen vor 1200 Jahren entstand im Tal des Rombachs im Schweizer Kanton Graubünden die Benediktinerabtei Sankt Johann in Müstair (deutsch Münster), die zunächst Mönche, später Nonnen des Ordens betrieben. Die Anlage wurde im Mittelalter ständig erweitert. Die noch aus den Anfängen stammende Klosterkirche erhielt in der Spätgotik Netzgewölbe, Fensterdurchbrüche und Säulenreihen. Aus karolingischer Zeit erhalten hat sich ein Freskenzyklus mit Szenen aus dem Leben Jesu und von der Kreuzigung des Apostels Andreas. Im Klostermuseum sind weitere Fresken und Bauplastiken aus der Frühzeit ausgestellt. Zu besichtigen sind auch schön ausgestattete Klosterräume, darunter das Fürstenzimmer mit Mobiliar des 17. Jahrhunderts. UNESCO-Welterbestätte seit 1983.

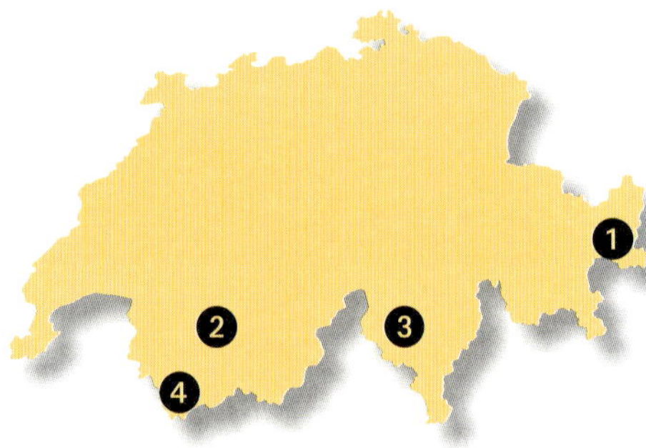

❷ Festung Tourbillon und Burg Valeria Sion

Zwischen Rebhängen und hohen Bergen im schweizerischen Rhônetal liegt die Hauptstadt des Kantons Wallis: Sion, das römische Sedunum, deutsch Sitten, hat aus den alten Zeiten manches bewahrt. Darunter auf einem Doppelfelsen einmal die Burg, andere sagen das Schloss, Valeria (rechts), wo die Bischöfe residierten, bis ihre Macht 1798 gebrochen wurde. Ihre Stiftskirche war Notre-Dame-de-Valère, die im 12./13. Jahrhundert als dreischiffige Basilika entstand und romanische Grundzüge trägt. Es gibt aber auch spätgotischen Zierrat und Schnitzwerk aus der Renaissance. Auf noch höherem Teil des Doppelfelsens thront die zinnenbewehrte Festung Tourbillon (links) aus dem 14. Jahrhundert, die 1788 abbrannte und nur noch als Ruine mahnend Wache hält.

❸ Wallfahrtskirche Madonna del Sasso Locarno

Auf einem Felssporn beim Dorf Orselina steht die wichtigste Sehenswürdigkeit des Schweizer Kurorts Locarno am Nordende des Lago Maggiore: die Wallfahrtskirche Madonna del Sasso. Ihren Namen und ihre Attraktivität für Pilger hat sie von einem spätgotischen Marienbild, das aber beileibe nicht alles ist, was den Besucher hier erwartet: Einmal gibt es mit dem Tafelbild »Die Flucht nach Ägypten« von Bramantino (1465–1530) weitere bedeutende Kunst, dann aber auch einen hoch reizvollen Blick von der Kirchenterrasse aus auf den Ort Locarno mit seinen im Frühling prangenden Gärten, auf das bunte Leben an und auf dem See und in die umliegende Bergwelt.

❹ Der Große Sankt Bernhard Walliser Alpen

Seit 1964 kann man unten durch, früher aber musste immer erst hinauf in 2473 Meter Höhe, wer von der Schweiz über den Sankt-Bernhard-Pass aus dem Schweizer Rhônetal ins italienische Aostatal wollte. Wer die Zeit irgend erübrigen kann, wird aber auch heute den Weg durch die herrliche Bergwelt dem durch die dunkle Röhre vorziehen. Wo schon die Römer eine Straße gebaut hatten, führt die Straße zum Kloster, das der heilige Bernhard von Menthon im 11. Jahrhundert gegründet hat und das später von den Augustiner Chorherren übernommen wurde. In ihrer Klosterkirche ist herrliches Chorgestühl zu besichtigen und ein Museum, das antike Funde zu bieten hat. Gleich daneben der Zwinger mit den hier zu Rettungshunden ausgebildeten Bernhardinern, die zur Enttäuschung mancher Besucher aber kein Rumfässchen um den Hals tragen.

Österreich

❶ Altstadt Salzburg

Ein markanter Schnittpunkt zwischen südlichem und nördlichem Europa bildete sich zwischen Mittelalter und 19. Jahrhundert im österreichischen Salzburg. Lange eine Art Stadtstaat unter einem Erzbischof, gewann die links der Salzach an Mönchs- und Festungsberg gelehnte Altstadt ihr unverwechselbares Gepräge. Im Zentrum steht der Dom aus dem frühen 17. Jahrhundert, hinzu kommen die Residenz aus der gleichen Zeit, der Residenzbrunnen, das so genannte Neugebäude, weitere Kirchen verschiedenen Stils, das Erzbischöfliche Palais, die zum Festspielhaus umgestaltete Reitschule, das Rathaus, die Alte Universität und vor allem das Geburtshaus Mozarts. Alles zusammen UNESCO-Welterbestätte seit 1997.

❷ Festung Hohensalzburg Salzburg

Hier liegt einem die Mozartstadt zu Füßen: Auf dem Festungsberg über Salzburg steht die im 11. Jahrhundert gegründete und seither mehrfach umgebaute und erweiterte Festung Hohensalzburg (Bild oben im Hintergrund). Sie ist eine der wenigen unzerstört erhalten gebliebenen Befestigungsanlagen der lange von Fürsterzbischöfen regierten Stadt. Eine uralte Orgel, Prunksäle, ein Burgmuseum – es gibt viel zu sehen in der Festung, mehr noch aber von ihr aus. Der Blick schweift weit über die Dächer und Kuppeln zum Kapuzinerberg jenseits der Salzach. Die Festung Hohensalzburg ist per Lift zu erreichen; der Fußweg aber lohnt eben wegen der Aussicht.

❸ Kloster Nonnberg

Salzburg

Der Name sagt schon, dass hier das Gegenstück zum Mönchs- und Festungsberg der Salzachstadt zu besichtigen ist. Auf dem Nonnberg bezogen Benediktinerinnen seit 1463 das älteste Frauenkloster im deutschsprachigen Raum. Das Klostergebäude hatte schon vorher bestanden, und auch die Stiftskirche ist wesentlich älter. Fresken aus dem 12. Jahrhundert schmücken den ansonsten einfach-strengen Innenraum.

❹ Dom Salzburg

Weltbekannt ist die Fassade aus Filmen und TV-Sendungen über Hofmannsthals Mysterienspiel »Jedermann«: Vor dem Salzburger Dom nämlich rollt das Schauspiel alljährlich während der seit 1920 stattfindenden Salzburger Festspiele ab. Der frühbarocke Sakralbau (1614–1628) wurde auf älteren Kirchen aus romanischer Zeit errichtet, von denen Reste in der Krypta zu besichtigen sind. Auch das Dommuseum mit Gemälden, Plastiken und Kunsthandwerk sowie die »Wunderkammer« mit nicht etwa wunderlichen, sondern schönen Möbeln, Uhren und anderen Kostbarkeiten aus dem 17. und 18. Jahrhundert lohnen den Besuch.

❺ Eisriesenwelt Tennengebirge

Südöstlich der Mozartstadt Salzburg liegt das Tennengebirge, weder extrem hoch noch sonst äußerlich herausragend. Die Attraktion ist unterirdisch: In 1664 Meter Höhe, per Seilbahn und etwa 15-minütigem Fußaufstieg erreichbar, öffnet sich die Erde und lässt den Besucher in ein bizarres Höhlensystem eintreten. Die Eisriesenwelt ist mit 50 Kilometern Länge die größte Eishöhle der Erde und trotz regen Besucherzustroms immer noch nicht bis in die letzten Winkel erforscht. Die Führung, ohne die man sich durch den kalten und dunklen Eisfigurenpark nicht bewegen darf, zeigt nur einen Bruchteil dieser Unterwelt, aber was für einen: gefrorene Wasserfälle, Eistürme, ein Eistor und viele andere frostige Attraktionen.

❶ Kulturlandschaft Hallstatt-Dachstein

Im österreichischen Salzkammergut zu Füßen der mächtigen bis fast 3000 Meter aufragenden Dachsteingruppe liegt der Ort Hallstatt. Man kennt ihn weniger aus der Geographie als aus der Geschichte, denn nach ihm ist nicht nur der nahe malerische See benannt, sondern eine ganze frühgeschichtliche Kultur. Hier wurde ein Gräberfeld aus der Zeit zwischen 800 und 400 v. Chr. entdeckt. Die Beigaben in den über 2000 Gräbern geben Aufschlüsse über das Leben in der späten Bronzezeit. Auch über die Technik, die hier benötigt wurde für den schon seit dieser Hallstatt-Zeit betriebenen Abbau wertvoller Salze. Das landschaftliche Gesamtbild von Hallstein-Dachstein-Salzkammergut ist UNESCO-Welterbestätte seit 1997.

❷ Benediktinerstift Melk

Schon die Römer schätzten die Donaulandschaft und errichteten da, wo heute die niederösterreichische Bezirkshauptstadt Melk liegt, einen Stützpunkt. Im 10. Jahrhundert stand hier dann schon eine Burg, und hundert Jahre später kamen die Mönche des Benediktinerordens und errichteten über dem Ort ein Kloster. 1702 begann an derselben Stelle erneut emsige Bautätigkeit, als nach den Plänen von Jakob Prandtauer (1660–1726) die mächtige Baugruppe eines neuen Stifts zu entstehen begann. Der Baumeister erlebte die Fertigstellung 1736 nicht mehr. Er hat sich aber mit dieser Anlage, einem der schönsten Barock-Ensembles Europas, ein unvergängliches archtitektonisches und landschaftliches Denkmal gesetzt.

❸ **Hundertwasserhaus** Wien

Fast nichts ist rechtwinklig an dem Gebäude, gerade Linien sind Mangelware, und in den farbigen Wülsten und Wellen der Fassade gerät das Auge in wohltuendes Schwimmen: Man merkt, dass der Erbauer des bunten Wiener Hauses eigentlich Maler und Grafiker war. Friedensreich Hundertwasser (1928–2000), der eigentlich weniger bildhaft Stowasser hieß, konnte mit der geometrischen Architektur und der Kastenbauweise nichts anfangen. Und viele Bürger der österreichischen Hauptstadt waren zunächst von seinem 1983–1986 erbauten heiteren Haus befremdet. Längst aber sind alle versöhnt, ja stolz auf den Blickfang.

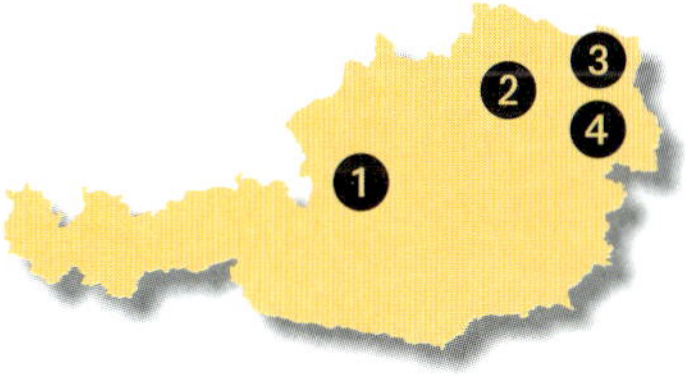

❹ **Karlskirche** Wien

Ein Muss für die Besucher der österreichischen Hauptstadt Wien ist die Karlskirche, die den 4. Bezirk schmückt. Sie wurde zwischen 1716 und 1739 von Vater (1656–1723) und Sohn Fischer von Erlach (1693–1742) in barockem Stil damals noch außerhalb der Stadt am Wienufer erbaut. Neben Schönbrunn gehört dieses Denkmal der Gegenreformation zu den erlesensten Meisterwerken des renommierten Architekten-Gespanns.

❶ Schloss Belvedere Wien

Unweit vom Habsburgerschloss Schönbrunn ließ sich der kaiserliche Feldmarschall Prinz Eugen von Savoyen (1663–1736) vom Hofbaumeister Johann Lukas von Hildebrandt (1668–1745) zwischen 1721 und 1723 das Gartenpalais Belvedere (»schöne Aussicht«) erbauen. Er bescherte damit der österreichischen Hauptstadt ein barockes Schmuckstück, das zu den Hauptattraktionen im Stadtbild gehört.

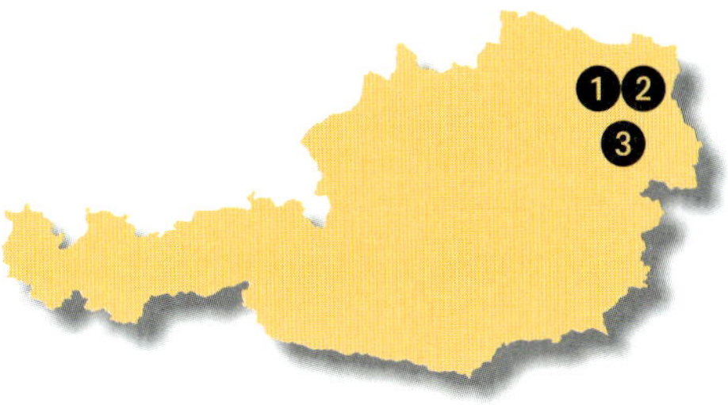

❷ Sankt Peter Wien

Neben Schloss Belvedere gehört zu den meisterlichen Wiener Werken des österreichischen Hofbaumeisters Johann Lukas von Hildebrandt (1668–1745) die barocke Kirche Sankt Peter. Ihre ernste Fassade entfaltet den Reiz ihrer Proportionen besonders nächtlich angestrahlt. Dann leuchtet auch die grüne Kuppel mit der kleinen Kuppel darüber, während die beiden kurzen Ecktürme etwas zurücktreten. Mit dem Schmuck des Portals und der Innendekoration der Kirche setzte Hildebrandt Maßstäbe.

❸ Schloss und Park Schönbrunn

Nach Plänen des Baumeisters Fischer von Erlach (1656–1723) wurde seit 1695 in Schönbrunn in der Nähe von Wien (heute zu Wien gehörend) eine Residenz für die habsburgischen Kaiser errichtet. Erst 1744–1749 erlebten Königin Maria Theresia und ihr Mann Kaiser Franz I. die Fertigstellung des imposanten Bauwerks im frühklassizistischen Stil. Die Innenausstattung erhielt 1765–1780 Rokoko-Charakter. Schon 1705/06 hingegen ist der weitläufige Park angelegt worden, der zum Schönbrunner Berg hinaufreicht, wo man von der 1775 errichteten Gloriette einen herrlichen Rundblick genießen kann. Der im Park schon 1752 eingerichtete Zoo war der erste seiner Art in der Welt. UNESCO-Welterbestätte seit 1997.

❶ Stephansdom Wien

Wahrzeichen der österreichischen Hauptstadt Wien ist der 137 Meter hohe Hauptturm des gotischen Stephansdoms. Die Kathedrale war zunächst in romanischer Bauweise errichtet worden, doch brannte das Gebäude ab, so dass ein Neubau in der jetzigen Form einer dreischiffigen Hallenkirche entstand. Sie ist 108 Meter lang, im Innern 27 Meter hoch und im Kreuzschiff 70 Meter breit. 1469 Bischofssitz und Dompfarre geworden, beherbergt der Dom reiche Kunstschätze, darunter das Grabmal des Minnesängers Neidhart von Reuenthal (um 1245) und das Marmorgrabmal Kaiser Friedrichs III. (1415–1493). Sehenswert auch die zehn Tonnen schwere Glocke im Hauptturm, die 1711 aus türkischen Kanonen gegossen wurde.

❷ Spanische Hofreitschule Wien

Dort, wo sich heute der Josefsplatz befindet, wurde 1572 ein »Reitsaal« gegründet, Ursprung der traditionsreichen Spanischen Reitschule. Sie machte sich die Pflege der hohen Schule der Reitkunst mit Lippizaner-Hengsten zur Aufgabe, höchste Stufe des Dressurreitens. 1735 bezog sie das heutige von Fischer von Erlach (1656–1723) entworfene Gebäude. Hier zeigen noch heute vornehm ausstaffierte Reiter mit Zweispitz und braunem Frack auf ihren schneeweißen Pferden mit dem goldbeschlagenen Zaumzeug Piaffe und Passage, fliegende Galoppwechsel und Sprünge.

❸ Hofburg Wien

»Lieber in der Wüsteneinsamkeit« wollte Kaiser Leopold I. (1658–1705) leben als in seiner Hofburg, die damals noch bei weitem nicht so elegant ausgestattet war wie heute. Sie ist inzwischen ein prachtvoller Bau-Mischling diverser Stile und bedeckt eine Fläche von 240 000 Quadratmetern. Ursprünglich eine armselige Wehranlage des 13. Jahrhunderts, war sie schon zur Zeit des Wiener Kongresses 1815 ein Prunkschloss. Heute ist sie Amtssitz des Bundeskanzlers, dessen 5000 Beamte hier ihre Schreibtische haben. Auch die Nationalbibliothek und einige Museen sind in der Hofburg untergebracht.

❹ Semmeringbahn Ostalpen

1854 wurde ein bemerkenswerter Schienenweg eingeweiht: Die über den 985 Meter hohen Semmering-Pass in den Ostalpen führende 41 Kilometer lange Bahnstrecke war nach 6-jähriger Bauzeit vollendet, eine der staunenswertesten Ingenieurleistungen in dieser Pionierzeit des Eisenbahnwesens. Tunnels, Viadukte und andere flankierende Bauwerke haben sich als so solide erwiesen, dass sie bis heute genutzt werden können. Die Züge fahren vor einem einmaligen Berg-Panorama in einer Landschaft, die durch die Strecke für die meisten Menschen erst erreichbar wurde. Als herausragendes Beispiel für die Lösung technischer Extremprobleme ist sie UNESCO-Welterbestätte seit 1998.

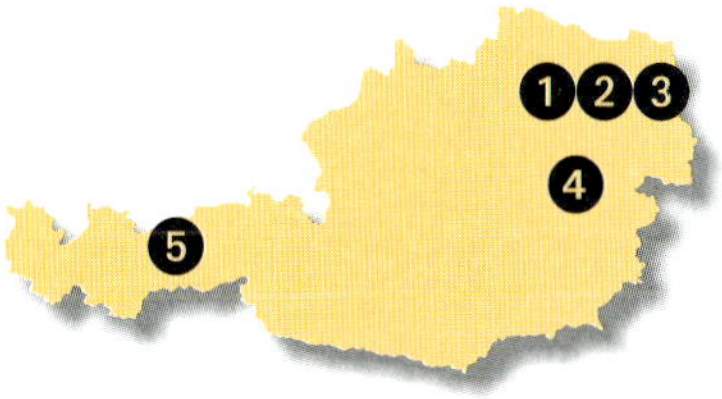

❺ Stift Stams

Das strenge Gemäuer der Zisterzienserabtei im österreichischen Stams (Tirol) schien den Strategen der Gegenreformation nicht mehr in die Zeit zu passen. Außerdem war es zu eng und zu dunkel. Die Brüder ließen die Klosterkirche daher 1729–1732 barock umgestalten und reich mit Stuckaturen von Franz Xaver Feuchtmayer (1705–1764) schmücken. Das Stiftsgebäude, in dem heute ein Internat untergebracht ist, war schon vorher zeitgemäß umgebaut worden.

❶ Nationalpark Hohe Tauern

Eine der reizvollsten Höhenstraßen Europas führt vorüber am höchsten Berg Österreichs, dem Großglockner (3797 Meter, siehe Bild), durch den Nationalpark Hohe Tauern. Von der 1935 fertig gestellten Hochalpenstraße aus, die in 2505 Metern im Hochtor den höchsten Pass erreicht, ist das ganze herrliche Panorama zu besehen. Einen noch besseren Blick auf das Naturwunder bietet sich dem Besucher auf der Edelweißspitze (2577 Meter), die auf einer abzweigenden Strecke vom Fuscher Törl aus zu erreichen ist und ringsum von Dreitausendern überragt wird. Bei klarem Wetter schaut man bis ins Berchtesgadener Land. Dem Giganten Großglockner kommt man auf der Straße auf der Franz-Josephs-Höhe (2362 Meter) am nächsten.

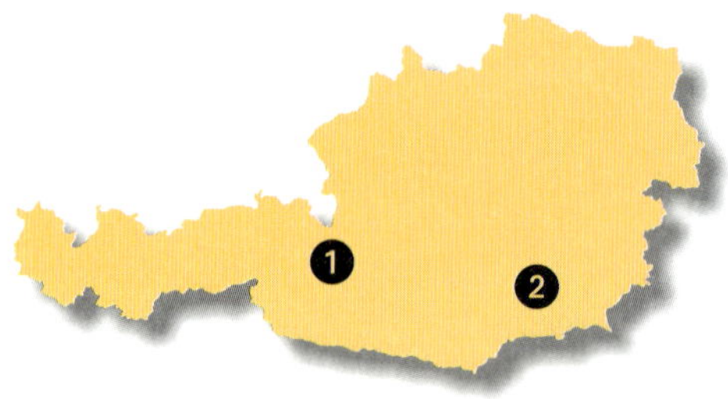

❷ Altstadt Graz

Ein außergewöhnliches Beispiel für gelungene Integration höchst unterschiedlicher Stile ist Graz, die Hauptstadt der Steiermark. Baudenkmäler aus verschiedensten Epochen und geprägt von Einflüssen aus dem Mittelmeerraum wie aus dem deutschen Norden sind in der Altstadt versammelt: die Ende des 13. Jahrhunderts entstandene frühgotische Leechkirche und der spätgotische Dom aus dem 15. Jahrhundert, das Mausoleum Kaiser Ferdinands II. (1614) und der Renaissance-Bau des Landhauses, in dem heute der Landtag zusammenkommt, die Schlösser Eggenberg (1635 fertig gestellt) und Gösting (1728). UNESCO-Welterbestätte seit 1999.

Italien

❶ Felszeichnungen Val Camonica

Besonders eifrige Künstler lebten vor vielen tausend Jahren im Oglio-Tal Camonica in den italienischen Alpen westlich der Felsenburg des 3554 Meter hohen Adamello. In 900 Bildern, die sie in den Fels des »Großen Steins« gravierten oder in Wände von Grotten ritzten, hielten sie Szenen aus dem bäuerlichen Alltag, von ausdauernden Jagden oder von kriegerischen Auseinandersetzungen fest. Die ältesten Bilder aus der jüngeren Altsteinzeit (Jungpaläolithikum) kennen nur Jagdthemen, mit dem Übergang zur mittleren Steinzeit (Mesolithikum) überwanden die Künstler die Strichmännchenmalweise, in der Bronzezeit gelangen ihnen schon geschickte Kompositionen. UNESCO-Welterbestätte seit 1979.

❷ Dom Mailand

Die Lombardei und ihre Metropole Mailand standen viele Jahrhunderte lang unter dem Einfluss der deutschen Kaiser. Dieser Tatsache und der ohnedies großen räumliche Nähe zum nördlichen Europa verdankt die nach Rom zweitgrößte italienische Stadt manches gotische Bauwerk. Wichtigstes ist der Dom Santa Maria Nascente, der im Wesentlichen 1387–1485 entstand, aber erst im 19. Jahrhundert, ja in Teilen sogar erst im 20. gänzlich vollendet war, ohne seinen mittelalterlichen Charakter einzubüßen. Die mächtige Kathedrale misst in der Länge 158, in der Breite 93, in der Höhe 108 Meter und prangt im Schmuck von 2300 Skulpturen und 135 Fialen (Türmchen). Auch das dämmrige Innere des fünfschiffigen Gebäudes zieren Plastiken und wuchtige Bündelpfeiler.

❶ Santa Maria delle Grazie und das »Abendmahl« Mailand

Lange verweilte Goethe auf der Rückreise von Italien 1788 in Mailand vor dem Wandgemälde Leonardo da Vincis (1452–1519) »Das letzte Abendmahl«. Der Dichter glaubte, dass der Künstler den dramatischen Moment festgehalten habe, als Christus seinen Jüngern eröffnete: »Einer ist unter euch, der mich verrät.« Es spricht vieles in der Figurenführung für diese Deutung eines der wichtigsten abendländischen Kunstwerke. Das neun Meter lange und viereinhalb Meter hohe Bild entstand 1495–1497 in der Kirche des Dominikanerkonvents Santa Maria delle Grazie (oben links), wo heute eine sorgfältig restaurierte Version zu besichtigen ist. UNESCO-Welterbestätte seit 1980.

❷ Gallerìa Vittorio Emanuele II. Mailand

Am 15. September 1867 konnte Italiens König Viktor Emanuel II. die nach ihm benannte Galerie zwischen dem Domplatz und der Piazza della Scala im norditalienischen Mailand eröffnen, einen wahren Tempel des bürgerlichen Zeitalters, vom Volksmund »Salotto (Salon) di Milano« genannt. Die kreuzförmig angelegte fünfstöckige Laden-Passage aus zwei 196 und 105 Meter langen Zeilen mit der exakt dem Petersdom nachgebildeten 47 Meter hohen Kuppel darüber schwelgt mit Intarsien im Marmorfußboden der Gänge und des achteckigen Zentrums, das 36 Meter Durchmesser hat. An den Wänden wurde italienische Prominenz verewigt.

❸ Residenzen des Hauses Savoyen Turin und Umgebung

Nicht gerade vom Fließband wie die heute hier gefertigten Autos liefen die Schlösser der Dynastie Savoyen in der norditalienischen Stadt Turin (Piemont) und Umgebung, aber sie entstanden schon in rascher Folge: Palazzo Reale (1646–1668, Bild oben), Palazzo Carignano (1679–1685), Palazzo Madama (1718, Umbau eines mittelalterlichen Kastells, Bild Mitte) und das südwestlich der Stadt gelegene Jagdschloss Stupinigi (nach 1720, Bild unten). Das sind noch nicht einmal alle, doch reicht die Auswahl zum Beleg für den herrscherlich-monumentalen Bauwillen des 17./18. Jahrhunderts, die den Palästen 1997 den Rang einer UNESCO-Welterbestätte eingetragen haben.

❶ Grabtuch Turin

Mehrbändige Werke sind darüber geschrieben worden, letzte Klarheit aber war bisher nicht zu gewinnen: Seit 1578 wird im Dom der norditalienischen Stadt Turin (Piemont) ein 1,10 mal 4,36 Meter großes Tuch aufbewahrt, das schon seit dem 14. Jahrhundert bezeugt ist und als Leichentuch Christi verehrt wird. Für die einen die wertvollste Reliquie der Christenheit, weckt sie bei anderen Zweifel an der Authentizität des Tuches, das den Abdruck eines Gekreuzigten zeigt. Aufschlüsse, die man sich von einer Altersbestimmung versprach, blieben mehrdeutig. Immerhin konnte es 1998 wieder einmal ausgestellt werden, nachdem es im Vorjahr erst in letzter Minute vor einem Brand hatte gerettet werden können.

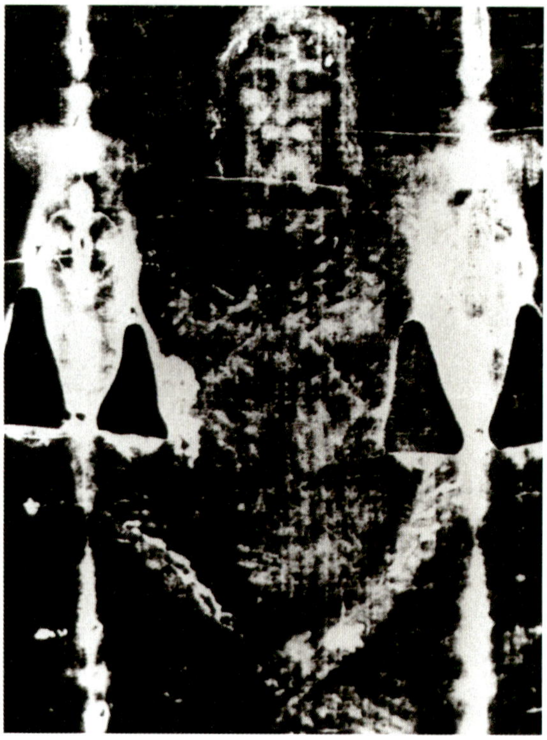

❷ Verona

Am engen Ausgang des Etsch-Tals in die Poebene liegt an beiden Ufern des Flusses das schöne Verona in der Provinz Norditalien. Zu den Schönheiten gehören römische Relikte wie das von Goethe so bewunderte Amphitheater (siehe unten) und die Stadttore, der romanische Dom (siehe links) mit seinem reichen Figurenschmuck, die Piazza dei Signori mit dem romanischen Rathaus (Palazzo del Comune) und zahlreiche Kirchen unterschiedlicher Stilarten. Shakespeare-Fans und Liebende zieht es vor allem zum Wohnhaus der Julia (Casa di Giulietta) mit dem berühmten Balkon, zu dem Romeo hinaufschmachtete.

❸ Römische Relikte und Basilika Aquileia

Ehe die heute kleine, im Isonzodelta gelegene Stadt Aquileia 452 von Attilas Hunnen zerstört wurde, war sie die viertgrößte Italiens. Aus dieser großen Zeit stammen noch viele Relikte: Ruinen von Häusern, Hafenanlagen, Grabbauten, Amphitheater, Forum; kleinere Funde zeigen die Museen der Stadt. Bemerkenswert neben den Zeugnissen aus römischer Zeit ist die dreischiffige Säulenbasilika aus dem 11. Jahrhundert, in der ein 645 Quadratmeter großer frühchristlicher Mosaikfußboden und eine Krypta aus karolingischer Zeit zu besichtigen sind. UNESCO-Welterbestätte seit 1997.

❹ Villen des Palladio

Vicenza

Aus vielen Jahrhunderten stammen die sehenswerten Bauten in Vicenza, der Hauptstadt der italienischen Provinz Venetien am Bacchiglione. Vor allem die früh- und hochmittelalterlichen Kirchen zeugen von einer bedeutenden Vergangenheit. Sie gerann zu besonders eindrucksvoller Kunst in den Palastbauten Andrea Palladios (1508–1580), der mit seinen vom Stilempfinden der Hochrenaissance geprägten Werken das Gesicht der Stadt formte und sie 1994 zu einer UNESCO-Welterbestätte machte. Zu nennen sind etwa die Basilica del Palladio (siehe oben) und die in Stadtnähe liegende Villa Rotonda (1566/67, siehe links), die für lange Zeit stilbildend war.

❶ Venedig und seine Lagune

Von der »wunderbaren Inselstadt« schwärmte Goethe 1786 beim ersten Besuch, ein »Stein- und Wassernest« nannte er die Stadt knapp vier Jahre später beim nächsten Hiersein: Venedig, Norditaliens Perle an der Lagune mit den zahllosen Kanälen und Brücken, lässt die jährlich anderthalb Millionen Besucher nicht gleichgültig. Seine Schauseite ist kunst- und kulturgesättigt von der 1063 begonnenen Markuskirche über den Dogenpalast (12.–15. Jahrhundert), den Renaissancebau der Bibliothek Sansovino und die Kirche San Giorgio Maggiore aus derselben Zeit bis zur Barockkirche S. Maria della Salute und wieder zurück zu der arkadengeschmückten Piazza vor der Markuskirche – auf Schritt und Tritt architektonische Kostbarkeiten, die im Innern weitere Meisterwerke bergen. UNESCO-Welterbestätte seit 1987.

❷ Romanische Kirchen

Genua

Für die vielen kostbaren Bauwerke in der norditalienischen Hafenstadt Genua, der Hauptstadt der Provinz Ligurien, stehen die romanische Kathedrale und das im gleichen Stil ausgeführte San Matteo. Die 1118 geweihte Erzbischofskirche San Lorenzo, eine Säulenbasilika, wurde zwar mehrfach restauriert, doch blieben ihr Kern und die Raumwirkung des dreischiffigen Langhauses erhalten. In der Kapelle Johannes des Täufers werden die von Kreuzrittern mitgebrachten Reliquien des Heiligen aufbewahrt. In kleinerem Maßstab wiederholt die sieben Jahre später gegründete Kirche San Matteo (siehe Bild) das architektonische Erlebnis. Hier ist der genuesische Kondottiere Andrea Doria (1466–1560) beigesetzt.

❸ Kathedrale, Torre Ghirlandina, Piazza Grande

Modena

Der Glockenturm »La Ghirlandina« überragt die Hauptstadt der italienischen Provinz Emilia-Romagna wie ein Ausrufezeichen, das hinweisen will auf eine Perle der italienischen Romanik: die 1184 geweihte Kathedrale San Geminiano an der Piazza Grande in Modena. Die dreischiffige Basilika mit ihrem Figurenschmuck und den beiden kleinen Fassadentürmen besticht durch raffinierte Einfachheit und Würde. Zusammen mit dem Campanile, der seinen Namen von den Steingirlanden unter der Turmspitze hat, und dem Platz als Herz der Erzbischofsstadt am Rand der Poebene ist der Dom UNESCO-Welterbestätte seit 1997.

❶ Altstadt Ferrara

Im 15./16. Jahrhundert blühte unter der Herrschaft der Herzöge aus dem Hause Este das norditalienische Ferrara, Hauptstadt der Provinz Emilia-Romagna. Damals verherrlichten die Dichter Ariost und Tasso die Herrscher, die in dieser Zeit ihr Castello Estense (siehe Bild) ausbauen ließen. Der 1570 in der heutigen Form vollendete, von einem Wassergraben umzogene Bau mit seinen vier Ecktürmen beherrscht die Altstadt mit dem sakralen Gegenpol des 1135 begonnenen romanischen Doms, dessen Campanile unvollendet geblieben ist. Die Adelspaläste im Stil der Renaissance belegen, dass auch auf die vornehmen Familien ein Widerschein des Ruhms der herrschenden Dynastie gefallen ist. UNESCO-Welterbestätte seit 1995.

❷ Portovenere und Cinque Terre Ligurien

Steil fällt die ligurische Küste in Nordwestitalien streckenweise in den Golf von Spezia ab, und steil sind einige dieser Riviera di Levante vorgelagerten Inseln, steil und grün. Erst aus der Nähe wird sichtbar, wie dicht besiedelt dieser Streifen trotzdem ist und wie geschickt sich die »Fünf Flecken« (Cinque Terre) und Portovenere an die Hänge schmiegen. Was sonst in der Fläche einander verdeckt, erhebt sich zeilen- und gebäudeweise, wobei die Kirchen fast zu schweben scheinen. Auf den ersten Blick ist die Verankerung der durchweg mittelalterlichen Gotteshäuser kaum auszumachen. Und doch schlängelt sich noch eine Eisenbahn vor und hinter den Bauten die Küste entlang. Als geglückte Kultivierung von reicher Natur ist die Strecke UNESCO-Welterbestätte seit 1997.

❸ Frühchristliche Baudenkmäler Ravenna

In der Emilia-Romagna lag eine Zeit lang das Machtzentrum des weströmischen Reiches. Ravenna im Podelta war Hauptstadt des Ostgotenreiches und auch in der byzantinischen Zeit. Die Bauten aus beiden Epochen sind Zeugnisse frühchristlicher Kunst: Der Kern des Doms stammt wie das Mausoleum der Galla Placidia aus dem 5. Jahrhundert, das wuchtige, die Romanik ankündigende Grabmal Theoderichs des Großen (um 520, siehe oben), Sant'Apollinare Nuovo (507), die 547 geweihte Kirche San Vitale und Sant'Apollinare in Classe (549, siehe unten) mit dem runden Campanile sind nur wenig jünger. Prachtvolle Mosaiken in den Gotteshäusern spiegeln die Frömmigkeit dieser Umbruchzeit. UNESCO-Welterbestätte seit 1996.

❶ Domplatz Pisa

Als Erstes fällt beim Stichwort Pisa jedem der Schiefe Turm ein, das Wahrzeichen der toskanischen Stadt am Arno. Er gehört aber zu einem ganzen hochmittelalterlichen Bauensemble an der Piazza del Duomo (Domplatz), der wegen seiner architektonischen Einzigartigkeit seit 1987 UNESCO-Welterbestätte ist. Hier steht auf kreuzförmigem Grundriss der Dom Santa Maria Assunta (1063–1118) mit seiner Galerie-Fassade über den drei romanischen Portalen und seiner Vierungskuppel. Vor dem Dom das Baptisterium, die größte Taufkapelle der Welt mit der berühmten Kanzel von Niccolò Pisano aus dem 13. Jahrhundert. Glockenturm (Campanile) der Anlage ist der wegen Einsturzgefahr gesperrte Schiefe Turm.

❷ Historisches Zentrum

Florenz

Wahrzeichen der Hauptstadt der Toskana ist die achteckige, 42 Meter weite Kuppel des Doms Santa Maria del Fiore (1296–1436), mit der Baumeister Brunelleschi (1377–1446) das Bauwerk zum Schluss krönte. Zum Florentiner Dom gehören das achteckige Baptisterium (11. Jahrhundert) mit den drei jüngeren Bronzetüren und der Campanile, den Giotto 1334 entwarf. Von dort aus Richtung Arno reckt sich der Turm des festungsartigen Palazzo Vecchio (1298–1314), wo die Stadtregierung (Signoria) tagte und dessen Säle geschmückt sind mit Plastiken u. a. von Michelangelo, Donatello und Verrocchio. Gleich nebenan sind die knapp zweihundert Jahre jüngeren Uffizien zu besichtigen, die heute eine der wichtigsten Gemäldesammlungen der Welt beherbergen. Wenige Schritte weiter steht man auf der ältesten Brücke der Arno-Stadt, dem überbauten und von Geschäften der Gold- und Silberschmiede gesäumten Ponte Vecchio (1345, Bild rechts unten). Jenseits des Flusses dann der Palazzo Pitti, seit 1558 in der heutigen monumentalen Gestalt. Diese und zahlreiche weitere Sehenswürdigkeiten sind UNESCO-Welterbestätte seit 1982.

❸ Historisches Zentrum

Urbino

Für Liebhaber italienischer Renaissance-Kunst ist hier heiliger Boden: Im Zentrum Urbinos in der italienischen Region Marken stehen das Geburtshaus des Malers Raffael (1483–1520) und diesem größten Sohn der Stadt durchaus an die Seite zu stellende Bauten: Palazzo Ducale (1444–1472, seit 1912 Nationalgalerie), Data (Pferdestall für 300 edle Rösser), Dom (1474–1534) mit Campanile aus dem 18. Jahrhundert, 1365 geweihte Kirche Santo Domenico (im Barock umgestaltet). Urbino ist UNESCO-Welterbestätte seit 1998.

❹ Volterra Toskana

Verschanzt hinter strengen Fassaden mittelalterlicher Paläste verbirgt sich das frühantike Herz der toskanischen Stadt Volterra. Sie wurde im 6. Jahrhundert v. Chr. von den Etruskern gegründet und war so etwas wie eine Metropole des vorrömischen Volkes. Davon zeugen die Porta all'Arco, das sechs Meter hohe Stadttor, und Reste der früheren Schutzmauer. Die reichen Ornamente auf Hunderten von steinernen Urnen, die im Museum von Volterra ausgestellt sind, geben Hinweise auf den Glauben der Etrusker. Sie äscherten ihre Toten ein und statteten sie mit reichen Grabbeigaben aus, die Bezug nahmen auf Vorlieben zu Lebzeiten. Ganze Totenstädte sind gefunden worden und dazu ein großes Amphitheater (Bild unten) aus dem 3. vorchristlichen Jahrhundert, ehe die Etrusker den Römern unterlagen.

❶ Historisches Zentrum San Gimignano

Wie eine mittelalterliche Stadt in Italien ausgesehen hat, davon bekommt man nirgendwo einen besseren Eindruck als in San Gimignano in der Toskana. Schon ihre fremdartige Silhouette mit den 13 ragenden Geschlechtertürmen, von denen es allerdings ursprünglich über 70 gegeben haben soll, macht beim Näherkommen neugierig. Es handelt sich um Wohn- und Wehrtürme der zumeist verfeindeten Adelsfamilien innerhalb der Siedlung. Erhalten sind ferner die Stadtmauer sowie Palast- und Kirchenbauten. Im Dom (12., Umbauten 15. Jahrhundert) befinden sich Werke der toskanischen Frührenaissance, darunter Fresken von Ghirlandaio (1449–1494). Die Altstadt ist UNESCO-Welterbestätte seit 1990.

❷ Etruskerstadt Populonia

Über der kleinen runden Bucht Porto Baratti gegenüber der Insel Elba am Tyrrhenischen Meer erhebt sich ein Hügel und darauf das winzige Nest Populonia. Der Name lässt Altertumsforscher aufhorchen, denn es ist die moderne Abwandlung des etruskischen Pupluna, einer Stadt, die hier vom 7. bis zum 3. Jahrhundert v. Chr. das Umland beherrschte und als Eisenhüttenstadt berühmt war. Die Schlacken ihrer Betriebe überlagerten schließlich sogar einen alten Friedhof, der im 20. Jahrhundert wiederentdeckt und ausgegraben wurde: eine regelrechte Totenstadt. Mächtige Tumuli kamen zu Tage, ganze Familienfestungen, und die Beigaben, die man fand, vermittelten einen guten Eindruck von etruskischen Fertigkeiten und Gebräuchen: Schmuck, Geräte für den Haushalt, Werkzeuge und Waffen sind heute im Museum zu besichtigen.

❸ Historisches Zentrum

Siena

Alles dreht sich buchstäblich um die Piazza del Campo in der italienischen Stadt Siena (Toskana). Der enge muschelförmige Platz ist Austragungsort eines der berühmtesten Pferderennen der Welt, dem seit dem Mittelalter alljährlich abgehaltenen Palio. Am unteren Ende des Campo steht der Palazzo Pubblico, das 1297–1310 errichtete Rathaus mit dem Glockenturm Torre del Mangia (1338–1348). Nichts ist hier weit entfernt, auch nicht das Baujuwel des dreigiebligen aus weißem und schwarzem Marmor erbauten Doms, einem Hauptwerk italienischer Gotik aus dem 12. bis 14. Jahrhundert. Weitere Kirchen und Adelspaläste aus dem 16. Jahrhundert runden das Bild ab, das die Altstadt 1995 zu einer UNESCO-Welterbestätte gemacht hat.

❹ Altstadt Pienza

Das Zentrum der Stadt trägt den Namen dessen, der auch ihr den Namen gegeben hat: die trapezförmige Piazza Pius II. Über den Tälern von Orcia und Asso ließ dieser von hier stammende Papst gleich nach seiner Erhebung auf den Stuhl Petri 1458 das bisherige Dorf Corsignano zur Stadt Pienza in der heutigen Provinz Siena ausgestalten. Er betraute damit den Baumeister und Bildhauer Rossellino (1409–1464), der die erste planmäßige Stadtanlage der Renaissance schuf. Der Dom an der Piazza hat einen Marmoraltar aus der Werkstatt Rossellinos, der zudem den Palazzo Piccolomini (Geburtsname des Papstes) schuf. UNESCO-Welterbestätte seit 1996.

❶ Etruskergrab Cerveteri

Woher sie kamen, ist umstritten. Glaubt man der Sage und zieht man die Ähnlichkeit einiger Wörter ihrer Sprache mit solchen aus dem Hethitischen heran, dann waren die Etrusker versprengte Trojaner. Nach der Niederlage ihrer Stadt gegen die Hellenen hatten sie sich im heute nach ihnen benannten Etrurien in Mittelitalien festgesetzt, was ihnen zwar dank ihrer überlegenen technischen Fertigkeiten gelungen war, aber nicht ausreichte, als Rom begann, ganz Italien zu unterwerfen. Ihm mussten sich auch die Etrusker beugen. Sie wurden im 1. Jahrhundert v. Chr. römische Bürger. Die nachfolgende fast völlige Romanisierung hat ihre Kultur überlagert, von der heute vor allem die typischen Grabbauten zeugen: die so genannten Tumuli, runde, massige Kuppelgräber, die den oder die Verstorbenen wie eine Festung schützten. Ein gut erhaltenes Beispiel findet sich bei Cerveteri, dem antiken Caere.

❷ Perugia Umbrien

Die gotische Kathedrale San Lorenzo und die Kirchen San Pietro de'Cassinesi, San Bernardino, San Severo (mit einem Fresko von Raffael), das gotische Rathaus (Bild: Piazza Reale), das Renaissance-Kastell sowie zahlreiche andere wertvolle Bauten machen die italienische Stadt Perugia in Umbrien zum wichtigsten Kunstzentrum der Region. Auch die noch stehenden Reste des antiken Mauerrings aus etruskischer Zeit haben zu einem Zustrom von Touristen geführt, die das ohnedies rege Treiben in der Universitätsstadt (seit 1276) mit dem Erzbischofssitz zusätzlich ankurbeln.

❸ Castel del Monte

Apulien

Wie eine gemauerte Krone auf einem 540 Meter hohen Hügel sieht von fern das Castel del Monte in der italienischen Provinz Apulien aus. Staufer-Kaiser Friedrich II. (regierte 1212–1225) ließ es sich in seinen letzten zehn Herrscherjahren als monumentales Jagdschloss, aber auch zur weithin sichtbaren Demonstration seiner Macht in freier welliger Landschaft auf achteckigem Grundriss errichten. Es ist mit seinen acht ebenfalls achteckigen Türmen und achteckigen Sälen eines der bedeutendsten Profanbauwerke Süditaliens, das zeitweise als Gefängnis genutzt wurde und seit 1876 in staatlichem Besitz ist. Seit 1996 UNESCO-Welterbestätte.

❹ Hadriansvilla Rom

An den Abhängen der Höhen des Tivoli bei Rom baute sich der römische Kaiser Hadrian (regierte 117–138) einen palastartigen Landsitz. Er ließ in dem weiten Gelände (10 Kilometer rundherum) Nachbildungen bemerkenswerter Bauten aus allen Teilen des Weltreichs aufstellen, das er schon vor der Machtübernahme intensiv bereist hatte und weiter bereiste. Außerdem richtete er eine Akademie ein, ließ Theater und Thermen bauen und schmückte alles mit Skulpturen, Büsten, Reliefs, Wandgemälden, Mosaiken, die teils noch vor Ort, teils in römischen Museen zu besichtigen sind, Zeugnisse imperialen Stolzes. UNESCO-Welterbestätte seit 1999.

❶ Forum Romanum Rom

Am Fuße des Palatins, nicht weit vom Tiberufer entfernt, entdeckt der Besucher der italienischen Hauptstadt auf den ersten Blick nur ein Trümmerfeld: zerbrochene Mauern, umgestürzte oder zu Stümpfen abgebrochene Säulen. Aber: Hier auf dem Forum Romanum schlug in der Antike das Herz des Römischen Weltreichs, hier fanden die Volksversammlungen statt, hier stand der Tempel der Vesta (Göttin des Herdfeuers), hier residierte der oberste Priester (Pontifex maximus). Angelegt im 6. Jahrhundert v. Chr., wurde das Forum in der Kaiserzeit immer prächtiger ausgestaltet. Und aus dieser Zeit stammen auch die meisten Relikte, die seit Beginn des 19. Jahrhunderts freigelegt worden und heute unter kundiger Führung zu besichtigen und zu verstehen sind.

❷ Historisches Zentrum, Vatikan Rom

Schier unmöglich ist die Aufzählung aller antiken Denkmäler in der italienischen Hauptstadt Rom, die einst Hauptstadt der Welt war. Genannt seien nur die Grabanlage des Kaisers Augustus († 14 n. Chr.) und als sichtbarstes Zeichen das im 1. Jahrhundert unter den flavischen Kaisern erbaute Kolosseum (Bild Mitte), das mit 50 000 Plätzen größte Amphitheater der alten Welt, von dem noch eine dreistöckige Fassade und Ruinen der Innenanlagen stehen. Als des Reiches Herrlichkeit zerbrach, trat die Kirche das Erbe an. Allerdings verfiel der äußere Glanz der Stadt zunächst, und erst seit dem Hochmittelalter erholte sie sich wieder. Nun setzten Sakralbauten wie San Paolo fuori le mura (4. Jahrhundert, Bild rechts) oder der aus der neuen Blütezeit in der Renaissance stammende Petersdom (1505–1624 erbaut, Bild unten links) in der Vatikanstadt die Akzente. Antikes und Sakrales im Herzen Roms sind UNESCO-Welterbestätte seit 1980.

❸ Pantheon Rom

Immer üppiger verzweigte sich die Götterfamilie der Römer, so dass die Gläubigen oder Abergläubischen nicht mehr sicher sein konnten, ob sie nicht wichtige Götter beim Kult vergessen hatten. Sicherheitshalber wurde daher zu Beginn des 2. Jahrhunderts n. Chr. ein Tempel für alle Götter, das Pantheon, errichtet und besonders prächtig ausgestaltet. Es ist eine 43,2 Meter und genauso breite Kuppel, die ihr Licht durch eine neun Meter weite Öffnung im Scheitel erhält und durch Säulen und Nischen gegliedert ist, in denen einst die Standbilder der Götter untergebracht waren. Seit 609 zur christlichen Kirche Santa Maria ad Martyres umgeweiht, sind hier unter anderem der Maler Raffael (1483–1520) und einige Mitglieder der früheren italienischen Königsfamilie begraben.

❹ Sixtinische Kapelle Rom

Ein schlichter Hallenbau mit rechteckigem Grundriss, flachem Tonnengewölbe und Rundbogenfenstern wurde zum Gipfel der Renaissancekunst: Für die von Papst Sixtus IV. in Auftrag gegebene, nach ihm benannte und 1473–1481 errichtete Sixtinische Kapelle im Vatikan schufen zahlreiche Künstler Fresken, darunter Botticelli (1445–1510) und vor allem Michelangelo (1475–1564). Geleitet hat sie bei ihren Wandgemälden der Gedanke einer Vorausdeutung des Alten auf das Neue Testament in Szenen aus dem Leben des Moses und aus dem Christi. 1519 erhielt die untere Zone der Längswände eine Verkleidung mit Bildteppichen (Apostelgeschichte) nach Entwürfen von Raffael (1483–1520). Bei einer zweiten Ausmalung 1536–1541 stellte Michelangelo auf der westlichen Altarwand das Jüngste Gericht dar.

❶ Vatikanische Sammlungen Rom

Seit der Renaissance haben Päpste immer wieder dafür gesorgt, dass wichtige Kulturschätze unter kirchlicher Aufsicht gesammelt wurden: Julius II. (1503–1513) stellte antike Statuen auf, darunter die Laokoongruppe, Benedikt XIV. (1740–1758) gründete das Museo Sacro für archäologische und künstlerische Kostbarkeiten christlicher Herkunft. Es folgten Museen für etruskische Altertümer, altägyptische Funde, für Missions- und Völkerkunde. 1932 ließ Pius XI. (1922–1939) eine Pinakothek für die päpstliche Bildersammlung errichten, und 1973 entstand unter Paul VI. (1963–1978) eine Sammlung zeitgenössischer religiöser Kunst. Im weiteren Sinn sind auch die auf das 6. Jahrhundert zurückgehende Vatikanische Bibliothek und das Vatikanische Archiv zu den Sammlungen zu rechnen.

❷ Castel Gandolfo

Das italienische Städtchen Castel Gandolfo in den Albaner Bergen bei Rom verdankt seine Berühmtheit Papst Urban VIII., der den dortigen Sommersitz der Heiligen Väter im frühen 17. Jahrhundert prächtig ausgestalten ließ. Am Westufer des Lago di Albano in über 400 Metern Höhe gelegen, dient die Villa in der Gebirgsfrische der Erholung von der stickigen und hitzebrütenden Ewigen Stadt. Die Landschaft um den 600 Hektar großen See, um gut 500 Meter überragt von erloschenen Vulkangipfeln, hat schon in der Antike reiche Römer hier zum Bau von Landsitzen gereizt. Der päpstliche ist als Teil des Kirchenstaats exterritorial.

❸ Montecassino Latium

Beim Gedanken an ihr letztes Stündlein wandern die Gedanken gläubiger Katholiken hierher: Die Abtei Montecassino im italienischen Latium (Provinz Frosinone) wurde nämlich vom heiligen Benedikt von Nursia gegründet, dem Patron für eine gute Sterbestunde. Im Jahr 529 rief er den nach ihm benannten Orden ins Leben und versammelte seine Anhänger in diesem ersten Kloster Europas auf dem 519 Meter hohen Berg über der Stadt Cassino. Mehrfach zerstört, wurde die Abtei immer wieder neu aufgebaut, zuletzt 1945–1959, nachdem sie in schweren Kämpfen und durch Luftangriffe im Frühjahr 1944 bis auf die Grundmauern vernichtet worden war.

❹ Palazzo Reale, Caserta Vecchia, Aquädukt, San Leucio

Caserta

Der Ehrentitel »italienisches Versailles« ist für die Schloss-Anlage in Caserta nördlich von Neapel nicht übertrieben: Mit 1200 Zimmern ist der Palazzo Reale, für König Karl IV. 1752–1774 errichtet, mit seiner Grundfläche von 44 000 Quadratmetern und dem 1,2 Quadratkilometer großen Park dem französischen Gegenstück durchaus an die Seite zu stellen. Er steht zudem in geschichtsgesättigter Landschaft: Fünf Kilometer nördlich liegen Caserta Vecchia und eine altrömische Wasserleitung (Aquädukt) sowie die Einsiedelei von König Ferdinand IV. – San Leucio mit barocker Kirche Santa Maria delle Grazie. UNESCO-Welterbestätte seit 1997.

❶ Blaue Grotte Capri

Der römische Kaiser Tiberius (42 v. Chr. bis 37 n. Chr.), der das Weltreich seit 14 n. Chr. regierte, tat dies in den letzten Jahren von der Insel Capri. Dort hatte er sich die »Villa Iovis« auf dem heute Monte Tiberio genannten Westgipfel erbauen lassen, der jäh 334 Meter tief zum Meer abfällt. Eine nur ein Meter hohe Öffnung über dem Wasserspiegel ermöglicht dort die Einfahrt mit kleinen Booten in eine 54 Meter lange, 30 Meter breite und 15 Meter hohe Höhle, die weltberühmte Blaue Grotte. Sie verdankt ihre zauberische changierende bläuliche Farbe dem durch das Meerwasser einfallenden Sonnenlicht.

❷ Historisches Zentrum Neapel

Drei mittelalterliche Burgen: Castel dell'Uovo, Castel Nuovo (Bild oben), Castel Capuano; die Sakralbauten: Januarius-Dom (13. Jahrhundert), Dom S. Restituta (7. Jahrhundert), Kirche S. Maria del Carmine mit dem Grab des 1268 enthaupteten letzten Staufers Konradin, Kirche Gesù Nuovo (16. Jahrhundert); der Königspalast aus dem 17. Jahrhundert und das Renaissancetor Porta Capuana; antike Relikte und im Museo Nazionale ausgestellte Funde aus den Vesuv-Städten Pompeji und Herculaneum – das alles und vieles mehr gibt es in der süditalienischen Metropole Neapel (Napoli) zu sehen, deren Altstadt seit 1995 UNESCO-Welterbestätte ist.

❸ Vesuv

Der gleichmäßig ansteigende Kegel des einzigen noch aktiven Schicht-Vulkans auf dem europäischen Festland bietet einen majestätischen Anblick über die Bucht von Neapel hinweg. Aus dem derzeit 1270 Meter hohen und 300 Meter weiten Krater treten immer wieder Wolken aus, die aber gewöhnlich ungefährlich bleiben, die letzten nennenswerten Ausbrüche liegen schon lange zurück (1906 und 1944). Touristen strömen denn auch per Bergbahn und Sessellift bis zum Kraterrand hinauf, in den Bädern zu Füßen des Riesen herrscht reges Treiben, und nur die Grabungsfelder in den Römerstädten Pompeji und Herculaneum, die im Jahr 79 dem Vulkan zum Opfer fielen, sind fesselnde Fragezeichen, ob dem Frieden wohl zu trauen ist.

❹ Pompeji und Herculaneum

»Es ist viel Unheil in der Welt geschehen, aber wenig, das den Nachkommen so viel Freude gemacht hat«, notierte Goethe 1787 beim Anblick der ersten freigelegten Areale der altrömischen Stadt Pompeji bei Neapel. Sie war mit dem benachbarten Herculaneum beim Vesuvausbruch am 24. August 79 verschüttet worden und ist seit der Goethezeit inzwischen fast ganz wieder freigelegt worden. Man kann heute durch die antike Stadt spazieren und dem so plötzlich erloschenen Leben etwa im »Haus des Fauns« oder im »Haus der Vettier« nachspüren. Auch in Herculaneum, wo ebenfalls luxuriöse Häuser stehen und altrömische Thermen zu besichtigen sind. Beide Orte sind UNESCO-Welterbestätte seit 1997.

❶ Küsten-Kulturlandschaft Amalfi

Kultur und Natur in Harmonie: Zwischen den großen süditalienischen Städten Neapel und Salerno ziehen sich an der Felsküste Fischerdörfer und malerische Badeorte wie Amalfi hin. Der Küstenstreifen ist trotz oder gerade wegen der relativ dichten Besiedlung von einem hohen landschaftlichen Reiz, denn die meist urtümlichen Ortschaften passen sich mit manchem Baujuwel optimal ein in das Gesamtbild, wie es der aus dem 11. Jahrhundert stammende Dom von Amalfi zeigt. Auch die landwirtschaftliche Nutzung durch Weinberge oder Obstgärten steigert die Lieblichkeit der Gegend. UNESCO-Welterbestätte seit 1997.

❷ Paestum, Velia, Padula Cilento-e-Vallo-di-Diano-Nationalpark

Ruinen an der Küste des Tyrrhenischen Meeres, herrliche Alburni-Gebirgslandschaft landeinwärts im Parco Nazionale Cilento e Vallo di Diano. Südlich von Salerno liegt die einstige griechische Gründung Poseidonia, die zur Römerzeit Paestum hieß. Dorische Tempel aus der Griechen-Zeit sind erhalten, römische Mauern stehen noch, aus dem Mittelalter stammen Trümmer von Häusern, die nach der Flucht der Bewohner nach Überfällen durch Sarazenen und Normannen verfallen sind. Eine weitere Ruinenstätte unweit davon ist Velia, das antike Elea, berühmt durch die Philosophenschule der Eleaten. Christlicher Herkunft schließlich das Kloster Padula (gegründet 1306) südöstlich von Teggiano. Natur- und Kulturdenkmäler sind UNESCO-Welterbestätte seit 1998.

❸ Trulli Alberobello

Es gibt sie auch anderswo, aber nirgends so dicht wie in der süditalienischen Stadt Alberobello in der Provinz Bari: Hier stehen 1500 so genannte Trulli und bilden ganze Straßenzüge. Es handelt sich um einräumige aus Kalksteinen ohne Mörtel aufgetürmte Häuser mit kegel- oder kuppelförmigen Dächern. Die prähistorisch wirkende Bauweise erstaunt bei den aus dem 14. Jahrhundert stammenden schneeweißen Häusern und gibt den Stadtvierteln Monti und Aja Piccola, wo die Trulli gehäuft stehen, einen märchenhaften Anstrich. UNESCO-Welterbestätte seit 1996.

❹ Sassi di Matera

Aus Tuff bestehen die ältesten Häuser der süditalienischen Stadt Matera (Basilicata). Einige der alleraltesten sind sogar aus dem Tuffgestein herausgehauen und wie Waben über- und ineinander geschachtelt. Die Sassi genannten Wohnhöhlen stammen aus der Zeit, als das Gebiet zum byzantinischen Reich gehörte, und als einstige Höhlenkirchen weisen sie trotz des Alters und der feuchten Nischen frühchristliche Wandmalereien auf. Größtes Gotteshaus der Stadt mit einem hoch ragenden Turm ist die Kirche Santa Lucia. Sie schaut über die alte Stadtanlage, die seit 1993 UNESCO-Welterbestätte ist.

❶ Nuraghen Sardinien

Die großen Mittelmeermächte, Griechen, Etrusker und Phöniker, suchten in der Antike stets nach Möglichkeiten der Expansion. Auf der italienischen Insel Sardinien zeugen davon Bauten, wie es sie nirgends sonst auf der Welt gab und gibt, die Nuraghen. Noch heute sind Baureste von etwa 3000 dieser zumeist aus der ersten Hälfte des 8. Jahrhunderts v. Chr. stammenden erstaunlichen meist auf Höhen errichteten stumpfkegligen Wehr- und Wachtürme sichtbar. Hierher flüchteten sich die um diese wuchtigen Turmburgen wohnenden Menschen, wenn vom Ausguck das Nahen von Fremdlingen gemeldet wurde. Oft an Quellen erbaut, konnten die Bewohner auch Belagerungen eine Weile standhalten. Die Nuraghen von Barumini sind UNESCO-Welterbestätte seit 1996.

❷ Segesta Sizilien

Im Nordwesten der italienischen Insel Sizilien liegt die antike Ruinenstätte Segesta, eine Gründung der Elymer. Dieser Stamm lebte in Feindschaft mit den griechischen Kolonisten, ließ sich aber von ihrer überlegenen Kultur inspirieren: Auf einem Hügel erbauten die Elymer einen, dann allerdings nicht ganz vollendeten, dorischen Tempel, dessen Ruinen bis heute die Landschaft beherrschen. Er steht auf 36 stämmigen, sich nach oben leicht verjüngenden glatten Rundsäulen. Der Bau entstand im 5. Jahrhundert v. Chr., kurz bevor es zu Feindseligkeiten mit dem benachbarten Selinunt kam, die vielleicht zum Abbruch der Bauarbeiten geführt haben.

❸ Ätna Sizilien

Hölle und Paradies direkt nebeneinander – so empfand Goethe auf seiner italienischen Reise den Anblick des Ätna, mit 3323 Metern größter aktiver Vulkan Europas. Wegen der außerordentlichen Fruchtbarkeit der vulkanischen Böden sind die Hänge des Feuer speienden Bergs sehr dicht besiedelt und intensiv bebaut. Eng nebeneinander und stockwerkartig übereinander stehen hier Weizen, Gerste, Frühgemüse, im nächsten Stockwerk Wein, Feigen, Oliven und Mandeln, dann Orangen und Zitronen. Es folgen Kastanien- und Buchenwälder, ehe bei 2000 Metern die Baumgrenze erreicht ist und das Paradies in die Hölle von Lavaschutt übergeht und schließlich in den Kraterschlund mündet. Ausbrüche, vor allem aus den 250 Nebenkratern, ereignen sich immer wieder.

❹ Römische Villa Casale

1950 begannen südwestlich von Piazza Armerina auf Sizilien Ausgrabungen, die einen hoch vornehmen römischen Landsitz aus dem frühen 4. Jahrhundert freilegten. Hier, wo möglicherweise Kaiser Maximian zeitweilig residierte, fanden sich erstaunliche und erstaunlich farbige Mosaiken. Auf über 3000 Quadratmetern Bodenfläche entdeckten die Archäologen Jagdszenen, Wagenrennen, Marktdarstellungen und, von der Presse besonders breit dargestellt, die berühmten »Bikini-Mädchen«, junge Römerinnen in zweiteiligem Badeanzug. UNESCO-Welterbestätte seit 1997.

❶ Archäologische Stätten Agrigent

Im 6. Jahrhundert v. Chr. ließen sich griechische Kolonisten an der Südküste Siziliens nieder und gründeten die Stadt Akragas, das heutige Agrigent. Die Kolonie stieg im Verlauf der folgenden hundert Jahre zu einer führenden Macht auf der Insel auf, sichtbar an den architektonischen Überresten, die von den Archäologen gesichert werden konnten oder ohnedies erhalten geblieben sind. Zu Letzteren zählen mächtige dorische Tempel, wieder freigelegt wurden hingegen Grundrisse von Häusern, Gerätschaften und Einrichtungsgegenstände, die etwas über den altgriechischen Alltag sagen. Die Grabungsstätten sind UNESCO-Welterbestätte seit 1997.

❷ Griechisches Theater Syrakus

Aus der engen Welt der Ägäis drängte es die Griechen seit dem 8. Jahrhundert v. Chr. hinaus. Und wie sie im Osten nach Kleinasien ausgriffen, so wagten kühne Kolonisten auch den Sprung nach Westen, nach Italien und nach Sizilien. Hier auf der Insel vor der italienischen Stiefelspitze entstand das westliche Kulturzentrum des klassischen Griechentums. Und zur Klassik gehört natürlich Theater, das damals kultischen Rang hatte. Daher finden sich unter den griechischen Spuren bis heute neben Tempeln vor alle Amphitheater, die von den Erbauern meist an Hänge gelehnt oder in Mulden geschmiegt wurden und die große Zuschauermengen fassten. Die Römer, die auch hier die Griechen beerbten, übernahmen von ihnen die Theaterbaukunst.

Malta

❶ Valletta

Nach Vertreibung des Johanniterordens von Rhodos durch die Türken gab ihm Kaiser Karl V. auf der Mittelmeerinsel Malta ein neues Domizil, wo 1566 der Großmeister Jean de La Valette die heutige Hauptstadt der Republik gründete. Dazu verlockten ihn auch die Naturhäfen, die zum Aufblühen der im Schnittpunkt vieler mittelmeerischer Handelsrouten liegenden Stadt beitrugen. Von der Ordenszeit zeugen die reich ausgestattete Kathedrale San Giovanni (1573–1577) und zahlreiche Auberges, Ritterlogen und anderen Sakral- wie Profanbauten, die nach den schweren Zerstörungen durch die deutsche Luftwaffe im Zweiten Weltkrieg wieder aufgebaut worden sind. Valletta ist UNESCO-Welterbestätte seit 1980.

❶ **Hypogäum** Hal Saflieni

Fünf Kilometer südöstlich der maltesischen Hauptstadt Valletta befindet sich im Ortsteil Hal Saflieni der Stadt Paola ein unterirdisches Höhlenlabyrinth, Hypogäum genannt. Auf mehreren Ebenen haben in der 35 mal 25 Meter großen Anlage in einem Kalksteinfelsen vor 4000 Jahren Ureinwohner der Mittelmeerinsel ihre Toten beigesetzt, ihnen Schmuck mitgegeben und ihre letzte Ruhestätte mit zum Teil noch sichtbaren Malereien wohnlicher gemacht. Sie wurden erst 1902 bei Arbeiten zu einem Hausbau entdeckt und archäologisch erforscht. UNESCO-Welterbestätte seit 1980.

❷ **Megalith-Kultorte** Gozo und Malta

An mehreren Stellen hat man auf Malta und der zugehörigen Insel Gozo Großstein-Kultbauten entdeckt: in Tarxien südlich von Valletta, in Hagar Qim und Mnajdra an der Südküste von Malta, in Mgarr im Nordwesten der Insel sowie in Gigantija bei Victoria auf Gozo. Es handelt sich um bis zu 6000 Jahre alte ummauerte Tempelanlagen aus gewaltigen Felsblöcken, die zu Kreisen, Häusern, Toren aufgetürmt sind und zum Teil feine Ornamentik aufweisen. In den Jahrtausenden erodiert und eingesunken, wurden die Monumente einer steinzeitlichen Religion seit dem 19. Jahrhundert wieder freigelegt und von der UNESCO 1980 zu einer Welterbestätte erklärt.

Frankreich

❶ Kathedrale Amiens

Eines der bedeutendsten Meisterwerke der gotischen Baukunst steht in der nordwestfranzösischen Stadt Amiens an der Somme: die Kathedrale Notre-Dame, die zwischen 1220 und 1288 entstand und in der zweiten Hälfte des 14. Jahrhunderts endgültig vollendet wurde. Die dreischiffige Basilika mit zwei Stumpftürmen, Lang- und Querhaus gilt als unübertroffenes Musterbeispiel hochmittelalterlicher Raumgestaltung und war Vorbild etwa für die Baumeister des Kölner Doms. Vollkommene Leistungen gotischer Kathedralplastik sind die mit Statuen reich geschmückten Portale der Westfassade, insbesondere die als »Beau Dieu« (Schöner Gott) bezeichnete Christusfigur des Mittelportals. UNESCO-Welterbestätte seit 1981.

❷ Bildteppich Bayeux

Von hier aus gelang es vor fast tausend Jahren letztmalig, England militärisch auf eigenem Boden zu besiegen: 1066 brach der normannische Herzog Wilhelm, der daher später den Beinamen »der Eroberer« erhielt, nach Britannien auf und schwang sich dort nach dem Sieg bei Hastings zum König von England auf. Diese Großtat verherrlicht ein 70 Meter langes und einen halben Meter hohes Kunstwerk in 58 Szenen: der gestickte Bildteppich von Bayeux, genauer der Teppich der Königin Mathilde. Die nordfranzösische Stadt im Calvados zeigt das unschätzbare Stück im Kulturzentrum, in dem früher ein Priesterseminar untergebracht war.

❶ Falaise Normandie

Wie mit Riesenkeilen abgesprengt wirkt die normannische Küste bei Fécamp und Etretat, wo die Klippen Falaise heißen und immer wieder durch Kieseltäler unterbrochen werden. Nähert man sich dem Strand, schwillt ein merkwürdiges Geräusch an wie von vorbeifahrenden Güterzügen. Das hört man lange ehe man sieht, wer oder was diese seltsame Musik hervorbringt. Erst direkt am Meer beim Stolpern durch die Geröllfelder wird klar: Wenn das von der Dünung weit in die Steine vorgetragene Wasser durch sie zurückrauscht, entsteht dieser monotone Lärm durch Steinreibung. Wer nur Sandstrand kennt, kann sich einen solchen Geräuschpegel nicht vorstellen, der zunächst erschreckt, einem dann nach Verlassen des Strandes aber fast ebenso sehr fehlt. Ob die Heimattreue der Normannen auch von diesen Klängen herrührt?

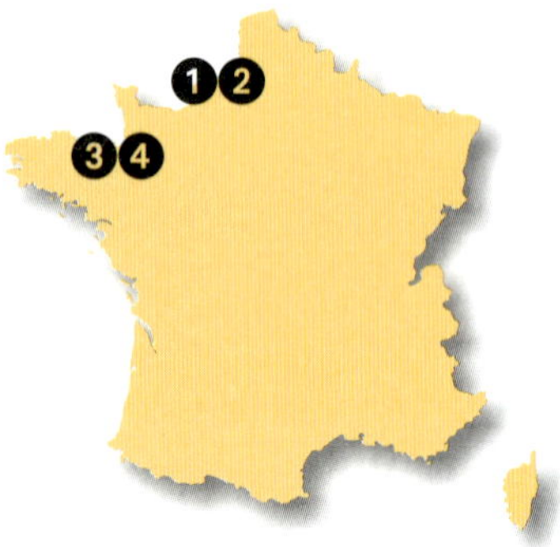

❷ Felsentor Etretat

Als dächte sich die Erosion bei ihrem Verwitterungswerk etwas, so anmutige bis bizarre Formen bringt sie in Jahrmillionen hervor, zerstört sie wieder und erschafft neue. Besonders schätzt sie bei ihrer Steinmetzkunst Sedimentgesteine aus marinen Ablagerungen, wobei sie gern tektonische Hilfen annimmt. Während der Hebung von Küsten oder ganzen Kontinenten kann sie langfristig durch Brandung und Strudel, Frostsprengung und Sandgebläse arbeiten. Da werden aus Quadern Kegel, da öffnen sich Tore in Felswänden, da machen Treppen das Steile begehbar. Hier ein besonders gelungenes Werk bei Etretat an der normannischen Küste in Frankreich.

❸ Gezeitenkraftwerk

Saint-Malo

Das 110 Kilometer lange französische Flüsschen Rance in der Bretagne mündet bei Saint-Malo in den Ärmelkanal. Der Tidenhub beträgt hier 8,5 Meter und erreicht bei Springfluten über 13 Meter. Dieses hohe Gefälle brachte Ingenieure auf die Idee, die trichterförmige Flussmündung durch einen 750 Meter langen Damm mit 24 Rohrturbinen abzusperren. Nach siebenjähriger Bauzeit nahm das Gezeitenkraftwerk 1967 den Betrieb auf. Es hält das einströmende Wasser in Speicherbecken zurück und lässt es durch die Turbinen ausströmen. Damit erzeugt dieses erste von inzwischen weltweit drei Gezeitenkraftwerken 10 Megawatt.

❹ Mont Saint-Michel

Normandie

Eine »englische« Gründung: Mehrmals erschien dem Bischof von Avranches (Normandie) im 8. Jahrhundert der Erzengel Michael und mahnte ihn, in der vorgelagerten Bucht auf einem dort aufragenden Steinsockel eine Kirche zu bauen. Der Bischof selbst kam zwar nicht mehr dazu, aber zweihundert Jahre nach ihm stand eine Benediktinerabtei mitten im Meer. Dieser romanische Bau wurde im 13. Jahrhundert mit einem gotischen überbaut, der sich hoch auftürmt und zu einer der beliebtesten französischen Wallfahrtskirchen wurde, bestaunt als das »Wunder des Westens«. Die Kirche thront über mehreren Klosterstockwerken und beeindruckt nicht nur wegen ihrer Lage, sondern auch durch die Architektur. UNESCO-Welterbestätte seit 1979.

❶ Dinan Bretagne

Das nordfranzösische Flüsschen Rance verdankt seiner langen Trichtermündung nicht nur die Berühmtheit durch das dortige Gezeitenkraftwerk, sondern auch dem am Beginn des Trichters liegenden Städtchen Dinan. Das wacht nämlich höchst malerisch über den früher so wichtigen Hafen, den die Bucht bietet. Über sich selbst wachte es auch, indem es sich eine zweieinhalb Kilometer lange Ringmauer leistete, die heute wegen einer Durchgangsstraße an zwei Stellen durchbrochen ist. Die trutzigen Wehrtürme aber sind weiter auf dem Posten, auch wenn mit feindlicher Annäherung wohl eher nicht mehr zu rechnen ist. Es kommen vielmehr erwünschte Touristen und erfreuen sich am Anblick der spätmittelalterlichen Häuser an der Place des Merciers.

❷ Fougères Bretagne

Hierher haben sich selten Feinde verirrt, selbst die Römer zogen allenfalls mal hindurch. Das lag an der wehrhaften Gesinnung der Bretonen, die sich in den auch deswegen oft sehr gut erhaltenen alten Stadtbildern spiegelt. Ein typisches Beispiel dafür ist die kleine Stadt Fougères nordöstlich von Rennes und südöstlich von Mont-Saint-Michel. Da türmen sich die Wehrtürme und da drohen die Bastionen, dicke Mauern umschließen den alten Ortskern. Was Feinde abwies, zieht heute Besucher an, denn Mittelalter ist schon lange wieder »in«, vielleicht weil der Moderne die Abenteuer abhanden gekommen zu sein scheinen. Sich ein bisschen in eine gefährlichere Zeit hineinzuversetzen, dazu locken ihre trutzigen Requisiten.

❸ **Monets Garten** Giverny

»Impressionisten« nannten die Kritiker verächtlich die Maler um Claude Monet (1840–1926) nach dessen 1872 geschaffenem Gemälde »Impression, soleil levant« von einem Sonnenaufgang. Heute zahlen Liebhaber Millionen für die Bilder, von denen viele im Garten von Monets Haus in Giverny (Département Eure) entstanden sind. Ein verwunschener Garten im Lichtspiel der Kunst des Impressionisten, dem es nie um Konturen ging, sondern darum, auszudrücken, was ihn beeindruckte: Farben und Schatten, Natur in Bewegung und Menschen in der Natur – im Garten schließen sie Freundschaft miteinander.

❹ **Schloss** Chantilly

Ein französischer Feldmarschall ließ sich in Chantilly nördlich von Paris 1527–1532 auf dem ihm schon aus militärischen Gründen sympathischen Gelände einer alten Festung ein Schloss errichten. Eigentlich sind es zwei Schlösser, ein kleines (Petit Château) und ein großes (Grand Château), das im 19. Jahrhundert nach Zerstörung durch die Revolutionäre von 1789 wieder aufgebaut und dabei aus- und umgestaltet wurde. Darin ist heute das Musée Condé untergebracht, in dem es herrliche Gemälde von Tizian, Raffael, Veronese und anderen zu sehen gibt. Prachtstück aber ist die illuminierte Handschrift des Stundenbuches des Herzogs von Berry aus dem 15. Jahrhundert.

❶ **Kathedrale und Palais du Thau** Reims

Hier, in der Hauptstadt der Champagne (Frankreich), soll der heilige Remigius 498 den fränkischen Chlodwig I. katholisch getauft haben. In Erinnerung daran fanden in Reims von 1179 bis 1825 Krönung und Salbung aller französischen Könige statt, zelebriert nach ihrer Gründung im 13. Jahrhundert in der hochgotischen Kathedrale. Ihre Westfassade schmücken 2300 Figuren, ihre in den beiden Weltkriegen schwer beschädigten Glasfenster wurde restauriert und zum Teil modernisiert, unter anderem durch Marc Chagall (1887–1985). In der nahen Residenz des Bischofs, dem Palais du Thau, sind kostbare Kirchenschätze zu besichtigen. Das Gebäude bildet zusammen mit der Kathedrale und der Abteikirche des Klosters Saint-Rémi seit 1991 eine UNESCO-Welterbestätte.

❷ La Défense Paris

»Was gäbe es Verteidigenswerteres als die Wirtschaft eines Landes?«, fragte sich der französische Präsident François Mitterrand und gab die Antwort durch seine Architekten. Sie hatten sich dabei an einem imperialen Denkmal zu orientieren, von dem aus das Ergebnis heute besonders gut zu bestaunen ist: an Napoleons Arc de Triomphe im Herzen der Hauptstadt Paris. Von dort sieht man seit 1990 die Bürotürme von »La Défense« und den dazu gehörigen Grand Arche, das gigantische Tor zur modernen Wirtschaft Frankreichs. Es triumphiert mit seinem 110 Meter hohen Bogen fast doppelt so selbstbewusst wie das des Kaisers. Denn es feiert ja keine militärischen Siege, sondern den der Demokratie und mithin das Verteidigenswerteste überhaupt.

❸ Nationalbibliothek

Paris

Die 80 Meter hohen Türme lassen sich mit einiger Phantasie tatsächlich als riesige aufgeschlagene Bücher auffassen: Die Pariser Bibliothèque Nationale, die seit dem 16. Jahrhundert jede französische Neuerscheinung aufnimmt, platzte aus allen Nähten, so dass der ohnehin bauverliebte Präsident Mitterrand einen Neubau errichten ließ. Die Einweihung 1998 erlebte er zwar nicht mehr, aber der Nachruhm war ihm gewiss. Der litt zunächst unter einigen Pannen, doch inzwischen haben sich Benutzer wie Bibliothekare an den gigantischen Buchstaben-Tempel gewöhnt und möchten ihn nicht mehr missen. Aus dem östlichen Stadtbild von Paris ist er ohnedies nicht mehr wegzudenken.

❶ **Louvre** Paris

*Elemente der Renaissance- und Barockarchitektur sowie klassizistische und moderne Merkmale vereinigt eine der größten Museumsanlagen der Welt: Der Louvre in der französischen Hauptstadt Paris wuchs über die Jahrhunderte und wandelte dabei sein Gesicht. 1546 begonnen als Umgestaltung eines mittelalterlichen Schlosses, war der Louvre zunächst königliche Residenz, wurde unter dem »Sonnenkönig« Ludwig XIV. ausgebaut, geriet dann aber etwas an den Rand durch den Umzug des Hofes nach Versailles. Die Kaiser Napoleon I. und III. bauten im 19. Jahrhundert weiter am Louvre, und 1989 bekam das mit den Tuilerien verbundene Museum mit seinen inzwischen 60 000 Quadratmetern Ausstellungsfläche einen modernen Akzent durch die Glaspyramide des US-Architekten chinesischer Herkunft Ieoh Ming Pei (*1917). Rechts im Bild: Als Beispiel wertvoller Ausstellungsstücke die Stele mit dem Kodex Hammurapi, der wichtigsten Rechtssammlung des Alten Orients (um 1700 v. Chr.).*

❷ **Centre Pompidou** Paris

*Wie am Lloyd's Building in London hat der britische Architekt Richard Rogers (*1933) zusammen mit seinem italienischen Kollegen Renzo Piano (*1937) am Pariser Centre Pompidou das Innere nach außen gekehrt: Versorgungsleitungen, Aufzüge, Treppen strukturieren die dadurch futuristisch wirkende Fassade, während im Inneren eine geräumige Atriumhalle gestaltet werden konnte. Kritiker sprachen vom Beginn einer zweiten (nach der vom Eiffelturm eingeläuteten ersten) Maschinen-Ästhetik. Die Architekten sahen in ihrem Entwurf eher eine Synthese aus Freude und Funktionalität, eine Ansicht, die sich inzwischen durchgesetzt hat.*

❸ Eiffelturm Paris

Einen »schwarzen Schornstein« von »Schwindel erregender Hässlichkeit« befürchteten viele, als der Plan einer 300 Meter hohen Eisenkonstruktion für die Pariser Weltausstellung 1889 bekannt wurde. Heute ist der Turm des Ingenieurs Gustave Eiffel (1832–1923) das Wahrzeichen der französischen Hauptstadt, ja ein Symbol des modernen Frankreichs schlechthin. Die Besucher strömen zu Millionen zum Eiffelturm und drängen sich, mit einem der Fahrstühle höher und höher hinauf zu gelangen, wo ihnen die Seinestadt zu Füßen liegt. Schon ein Jahr nach Fertigstellung hatten die Betreiber mehr Geld eingenommen, als das Bauwerk gekostet hatte. Heute ist es durch eine Fernsehantenne auf 320,75 Meter gewachsen.

❶ Oper Paris

Ein Meisterstück des französischen Neo-Barock ist das Pariser Opernhaus, zwischen 1861 und 1874 vom Architekten Charles Garnier (1825–1898) erbaut. Es gehört zu den Kernstücken des von Kaiser Napoleon III. veranlassten Ausbaus der Hauptstadt. Das üppig geschmückte – Kritiker sagen: überladene – Musikhaus folgt gleichwohl einer strengen Symmetrie und verzichtet im Bühnenbereich völlig auf unfunktionale Elemente. Auch der Zuschauertrakt berücksichtigt seine Hauptfunktion perfekt: Man will in der Oper nur in zweiter Linie sehen, in erster aber gesehen werden: Eine breite Marmortreppe bringen die großen Garderoben zur Geltung, und ein reich ausgestattetes Foyer bietet den vornehmen Herr- und vor allem Damschaften den gewünschten Rahmen für den eigenen Auftritt.

❷ Notre-Dame Paris

Ein Prototyp französischer Gotik steht am Südostufer der Pariser Ile de la Cité in der Seine: die der Muttergottes geweihte Kathedrale Notre Dame. Die fünfschiffige Basilika mit Querhaus, Chorumgang und Seitenkapellen entstand seit 1163 und war um die Mitte des 13. Jahrhunderts weitgehend vollendet. Vor allem die ausgewogene Gliederung der Westfassade mit den beiden stumpfen Türmen und der Königsgalerie, die prachtvolle Rosette, die polygonale Apsis, die reiche Bauplastik an den Portalen und das Maßwerk wurden zum Muster vieler europäischer gotischer Dome in Europa.

❸ Neue Oper Paris

Er verstand es als einen Wink des Schicksals, dass in seine Präsidentschaft der 200. Jahrestag des Sturms auf die Bastille fiel, mit dem 1789 die Große Revolution begann: François Mitterrand ließ schon zehn Jahre zuvor planen, was dann 1989 die Welt beeindrucken sollte. Und der wichtigste Akzent sollte natürlich dort gesetzt werden, wo die »Kinder des Vaterlands« (enfants de la patrie) die erste Bresche in das morsche System des »Ancien Régime« geschlagen hatten. Am Platz, wo einst die Zwingburg Bastille stand, ließ der Präsident eine neue Burg errichten, aber eine, in der einen nicht finstere Kerkermeister, sondern himmlische Töne gefangen nehmen sollen: die neue Oper. Bei der Einweihung präsentierte sie sich als wuchtige moderne Klanghülle, silberhell und glasklar.

❹ Parc de la Vilette Paris

*Dem französischen Präsidenten Mitterrand (von 1981–1995 im Amt) lag nicht nur die Repräsentation im Zentrum seiner Hauptstadt am Herzen. Er kümmerte sich auch um Akzente in den Außenbezirken. Einer der farbigsten und wohltuendsten ist der Parc de la Vilette: Der vom schweizerischen Architekten Bernard Tschumi (*1944) angelegte 35 Hektar große Hightechpark leuchtet nicht nur wegen der Blüten in den diversen Spezialgärten und der bunten Anlagen der Kinderspielplätze, sondern vor allem durch die scharlachroten Pavillons (»Folies«). Mit ihnen hat Tschumi das weite Areal sinnfällig strukturiert und Funktionalität mit Spaß vereint.*

❶ **Seineufer** Paris

Die Kathedrale Notre-Dame, der Louvre und die Tuilerien, die Place de la Concorde, Grand und Petit Palais, der Eiffelturm, das Hôtel des Invalides und der Großboulevard Champs-Elysées – zwischen dem Pont de Sully und dem Pont d'Iéna bietet die französische Hauptstadt Paris mehr historisches und architektonisches Anschauungsmaterial aus diversen Epochen als fast alle anderen Metropolen der Erde. Und das Herz dieser Weltstadt lebt, eingebettet in die große Geschichte. Ihre steingewordenen Zeugen stehen daher als UNESCO-Welterbestätte seit 1991 unter besonderem Schutz.

❷ Schloss und Park Versailles

1624 als Jagdschloss für Ludwig XIII. (König 1610–1643) angelegt, machte dessen Nachfolger »Sonnenkönig« Ludwig XIV. (1643–1705) das in einem herrlichen Park 19 Kilometer westlich von Paris liegende Versailles 1682 zu seiner Residenz. Auch die Nachfolger und Napoleon I. nutzten das laufend erweiterte und ausgebaute Schloss. Berühmtheit erlangte der Spiegelsaal (Bild oben rechts) mit seinen 17 großen Fenstern und der gleichen Anzahl von Spiegeln, weil hier am 18. Januar 1871 das Deutsche Kaiserreich nach dem Krieg gegen Frankreich proklamiert wurde. In Revanche mussten deutsche Emissäre 1919 in Versailles die als hart empfundenen Friedensbedingungen nach dem Ersten Weltkrieg unterschreiben. UNESCO-Welterbestätte seit 1979.

❶ Schloss Fontainebleau

Kaiser Napoleon machte das 62 Kilometer südöstlich von Paris liegende Schloss Fontainebleau zu dem monumentalen Gebäude, das es heute ist. Gegeben hat es das Schloss schon im 12. Jahrhundert, als sich Ludwig VII. (König 1137–1180) hier bei Regierungsantritt einen Jagdsitz erbauen ließ. Später verfielen die Gebäude, und Franz I. (1515–1547) entsann sich der schönen Lage und ließ sie erweitert als Residenz wieder herrichten. Auf diese Zeit gehen die Renaissanceteile der Anlage zurück, zu der in der Kaiserzeit Empire-Elemente traten. Park und Schloss sind UNESCO-Welterbestätte seit 1981.

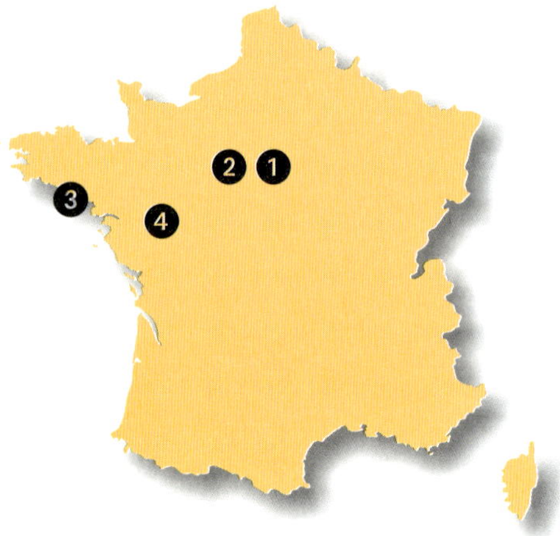

❷ Kathedrale Chartres

Der Bau gelang erst im zweiten Anlauf: 1120 wurde die frühgotische Kathedrale in der südwestlich von Paris liegenden Stadt Chartres geweiht, brannte bald darauf ab und entstand 1194–1260 völlig neu, in der Folgezeit prächtig ausgestattet mit Statuen, Kapellen und Altären. Wallfahrer von weit her strömen an diesen Ort, um die Kunstwerke in der gewaltigen fünfschiffigen Hallenkirche zu bewundern und ihre Andacht im hohen, von prachtvollen Glasfenstern warm erleuchteten Raum zu verrichten. Dabei durchschreiten sie drei mächtige Portale, die mit einer Vielzahl lebensgroßer Herrscher- und Heiligenfiguren geschmückt sind. UNESCO-Welterbestätte seit 1979.

❸ Menhire und Dolmen Carnac

Wie gigantische Satzzeichen, denen die Wörter abhanden gekommen sind, stehen beim französischen Badeort Carnac an der Südküste der Bretagne bis fünf Meter hohe Großsteine in Reihen (Alignements), im Kreis (Cromlechs), einzeln (Menhire) oder auf Gräbern (Dolmen). Bei näherer Bekanntschaft tauchen die Wörter wieder auf und sprechen von einer keltischen Kultur, die hier vor über viertausend Jahren geblüht und dann untergegangen ist. Die Namen der Steinfelder unterstreichen die Fremdartigkeit dieser Megalithkultur: Kerzerho, Locmariaquer, Gavrinis. Ähnliche Monumente gibt es auch in anderen Teilen der Welt, nirgendwo aber sind sie in solcher Fülle vorhanden und so gut erhalten.

❹ Schloss, Kathedrale, Saint-Serge Angers

Eigentlich ist es eher eine Burg als ein Schloss, das da mitten in der französischen Industriestadt Angers an der Maine von vergangenen Zeiten kündet: Umgeben von einer 950 Meter langen, mit 17 massiven Wehrtürmen gespickten Ringmauer liegt da das 1228–1238 errichtete angesichts des Wehraufwands fast unscheinbar wirkende Schloss. Darin bezaubert die Besucher ein Zyklus von 80 Szenen aus der Offenbarung auf dem »Apocalypse d'Angers« genannten Bildteppich, dem ältesten Frankreichs (1375). Er stammt aus der nahen Kathedrale (siehe Bild), einem gotischen Bau des 12./13. Jahrhunderts mit prachtvollen Buntglasfenstern. Aus derselben Zeit stammen die alten Teile der Abteikirche Saint-Serge, die erst im 15. Jahrhundert vollendet wurde.

❶ Schloss Chambord

In einem ausgedehnten Waldgebiet und üppigen Parkgelände südwestlich der zentralfranzösischen Stadt Orléans liegt unweit der Loire das 1519 von König Franz I. in Auftrag gegebene Jagdschloss Chambord. Mit Türmen, Erkern und Kaminen spiegelt sich das monumentale Gebäude in einem eigens dafür umgeleiteten Arm des Flusses. Die verwirrende Vielfalt der Bauteile entwirrt sich nach Ersteigen der vermutlich von Leonardo da Vinci (1452–1519) entworfenen Doppelwendeltreppe im Innenhof durch den Blick von oben zu einem harmonischen Ensemble. Der Bau wurde nie ganz vollendet, weil die Könige den abgelegenen Landsitz so gut wie nicht nutzten. Heute ist er im Staatsbesitz und als UNESCO-Welterbestätte seit 1981 ein Touristenmagnet.

❷ Loire-Schlösser

Sully, Loches, Chinon, Langeais (unten Mitte), Chambord, Blois, Amboise, Chenonceaux (unten rechts), Azay-le-Rideau (unten links) – wie Perlen an der blinkenden Schnur des Flusses Loire reihen sich die Palais-Bauten des französischen Adels und des Königshauses. Sie entstanden als Burganlagen auf Hügeln und als Renaissance-Paläste in Parks vom 12. bis zum 17. Jahrhundert, dienten der Jagd und der feudalen Geselligkeit, waren Liebesnester und Lustschlösser. Heute richten Touristen ihre Reiseroute nach ihnen aus und genießen den reizenden Kultur-Natur-Akkord.

❸ Nancy

Einem gefeuerten König verdankt die lothringische Stadt Nancy, Verwaltungssitz des französischen Départements Meurthe-et-Moselle, die prächtige Rokoko-Ausgestaltung: Stanislaus Leszczynski (1677–1766) konnte sich als polnischer König nicht durchsetzen und wurde von seinem Schwiegersohn König Ludwig XV. 1738 mit dem Herzogtum Lothringen entschädigt. Hier zeigte er in seiner Residenz Nancy Qualitäten eines aufgeklärten Monarchen, indem er die Infrastruktur der Stadt runderneuerte und vor allem mit der Place Stanislas (siehe Bild) einen öffentlichen Raum schuf, der Verwaltungsgebäude und Pavillons harmonisch verbindet. Mit der Place de la Carrière und der Place d'Alliance ist die Place Stanislas UNESCO-Welterbestätte seit 1983.

❶ Altstadt Straßburg

»Wie das festgegründete ungeheure Gebäude sich leicht in die Luft hebt; wie durchbrochen alles, und doch für die Ewigkeit.« So schwärmte der Student Goethe 1770 vom Münster der Stadt Straßburg im Elsass. Das im 12. Jahrhundert begonnene gotische Bauwerk hat nur einen 142 Meter hohen Turm, der 1439 fertig gestellt worden ist. Er überragt die zwischen zwei Armen der Ill gelegene Altstadt »Petite France« mit ihren Fachwerkhäusern und Renaissancebauten, mit dem Schloss Rohan, der Präfektur und dem Rathaus (ehemals Hanauer Hof) aus dem 18. Jahrhundert sowie mit weiteren gotischen Kirchen. Das Ensemble ist UNESCO-Welterbestätte seit 1988.

❷ Zisterzienserabtei

Fontenay

Insgesamt 70 Klostergründungen gehen auf den heiligen Bernhard von Clairvaux (1091–1153) zurück. Eine seiner ersten wurde 1119 die 1147 geweihte Zisterzienserabtei im burgundischen Fontenay nordwestlich von Dijon im französischen Département Côte-d'Or. Die Klosterkirche und die Mönchsbauten mit Refektorium (Speisesaal), Dormitorium (Schlafsaal), Küche, Werkstätten und anderen Wirtschaftsbetrieben sind ein ideales Beispiel für die Selbstgenügsamkeit, das Organisationstalent und die Tüchtigkeit der mittelalterlichen Zisterzienser. UNESCO-Welterbestätte seit 1981.

❸ Magdalenenkirche Vézelay

Welthistorische Berühmtheit erlangte der kleine burgundische Ort Vézelay am nördlichen Fuß des französischen Zentralmassivs 1146, als Bernhard von Clairvaux (1091–1153) hier mit einer flammenden Predigt zum zweiten Kreuzzug aufrief. Die hochromanische Kirche Sainte-Madeleine (Magdalenenkirche) war zu der Zeit bereits ein halbes Jahrhundert im Bau und hatte schon die faszinierende Vorhalle mit den Figurenkapitellen und die reich geschmückten Stufenportale. Als die Truppen des französischen Königs Philipp II. August (1180–1223) und die englischen von Richard Löwenherz (1189–1198) sich hier zum dritten Kreuzzug sammelten, war das unschätzbare Bauwerk mit einem gotischen Chor weitgehend vollendet. Zusammen mit dem malerischen Stadthügel ist die Magdalenenkirche von Vézelay UNESCO-Welterbestätte seit 1979.

❶ Jakobsweg

Zum großen Teil gehört er zu Spanien, wurde aber oft auch »französischer Weg« genannt: Der Pilgerweg zum Grab des Apostels Jakobus d. Ä. in Santiago de Compostela beginnt im mittleren Frankreich, führt an den gewaltigen Kathedralen von Vézelay (siehe Bild), Tours, Limoges, Toulouse vorbei über die Pyrenäen an Roncevalles vorüber durch Burgos und León bis an die äußerste nordwestliche Ecke der Iberischen Halbinsel. Millionen Pilger folgten im Mittelalter der Route, die wegen der an ihr erbauten Andachtsstätten und Herbergen noch heute von hohem Reiz und deswegen seit 1998 UNESCO-Welterbestätte ist.

❷ Notre-Dame-du-Haut Ronchamp

Festungsartig und doch leicht, kleinfenstrig und doch hell, sakral und doch höchst irdisch wirkt die von Le Corbusier (1887–1965) entworfene und 1950–1954 erbaute Wallfahrtskirche Notre-Dame-du-Haut im kleinen Ort Ronchamp nordwestlich von Belfort (Département Haute-Saône). Fassade und Baukörper gehen ineinander über, das geschwungene Dach und der weiße und weich konturierte Turm schmiegen das Gebäude in die Hügellandschaft. Eine Außenkanzel und ein Altar an der Außenmauer betonen den Wallfahrtscharakter und geben der Kirche das Gesicht einer Skulptur. Das Alterswerk spricht zum Betrachter wie ein architektonisches Vermächtnis des eigenwilligen Baumeisters.

❸ Kathedrale Bourges

Als Hauptstadt des Herzogtums Berry erlebte die im mittleren Frankreich gelegene Stadt Bourges eine Zeit höchster Blüte im Hochmittelalter. Die fünfschiffige Kathedrale Saint-Étienne (1195–1280), die über kein Querschiff verfügt, ist Zeugin dafür. Vom Raumeindruck des mächtigen Sakralbaus überwältigt, sollte man nicht versäumen, auch die Details zu bewundern: den reichen Skulpturenschmuck der Westportale, die Buntglasfenster im Chor, die angebauten spätgotischen Seitenkapellen. UNESCO-Welterbestätte seit 1992.

❹ Hospiz Hôtel d-Dieu

Beaune

Beim Gedanken ans Sterben schlug den sonst so forschen Feudalherren doch das Gewissen. So 1443 auch dem burgundischen Kanzler Nicolas Rolin, und er beschloss die Stiftung eines Hospitals in Beaune, damit er vor dem ewigen Richter wenigstens etwas vorzuweisen haben würde. Geht es vor dem Gericht des Allerhöchsten ein wenig nur auch nach ästhetischen Kriterien, dann konnte der Spender mit mildernden Umständen rechnen. Seine Schöpfung besticht durch angemessen ernsten Anblick und mit einem Dach, das den Blick hoffnungsvoll nach oben richtet, so bunt sind die Ziegeln. Auch das Innere birgt ausgewählte Schönheiten, und im Krankensaal für die Armen, wo heute Nachbauten original mittelalterlicher Betten zu sehen sind, mussten die Patienten – damals ein unerhörter Luxus – nur zu zweit auf einer Matratze liegen.

❶ Kloster Cluny

Erst war die Abtei, dann der Ort: Die kleine Stadt Cluny (4400 Einwohner) im französischen Département Saône-et-Loire verdankt ihre Entstehung den Benediktinern, die hier 909 ein Kloster gründeten. Es machte Weltgeschichte durch die nach ihm benannte Kluniazensische Reform, eine Rückbesinnung auf die spirituellen Wurzeln des Christentums, die das gesamte frühmittelalterliche Abendland erfasste. Das drückte sich auch in der fast asketisch zu nennenden Baukunst aus, die sich in der Abteikirche des 10. Jahrhunderts zeigte. Der hundert Jahre später entstandene gewaltige Neubau weist hingegen wieder Prunk-Elemente auf.

❷ Höhlen von Lascaux Vézère-Tal

Am Unterlauf des südwestfranzösischen Flusses Vézère, einem Nebenfluss der Dordogne, stand die Wiege des Europäers. Das ist zugespitzt formuliert, enthält aber mehr als ein Fünkchen Wahrheit: Hier bei Cro-Magnon wurden 1868 erste, rund 35 000 Jahre alte Spuren des Homo sapiens sapiens, unseres direkten Vorfahren, gefunden, hier können in der Höhle von Lascaux steinzeitliche Höhlenzeichnungen von Tieren und Jägern bewundert werden; seit 1963 allerdings nicht mehr die Originale, sondern Nachbildungen, weil die Atemluft der Besucherströme die ursprünglichen Malereien zu zerstören drohten. UNESCO-Welterbestätte seit 1979.

❸ **Beynac** Dordogne

Nationales spielte im Mittelalter kaum eine Rolle, Dynastisches wurde groß geschrieben. So konnte zum Beispiel mitten in Deutschland ein Gebiet schon mal »russisch« sein, und so war auch ein großer Teil Frankreichs lange »englisch«. Wo sich die beiden Herrschaften stießen wie im Périgord, dem heutigen Département Dordogne, da treten alte Wehrbauten gehäuft auf. Gern sicherte man vor allem Flusstäler, die wichtige Transportwege waren, durch Burgen auf den Bergen darüber. Die Burg Beynac stammt aus dieser Phase im 13. bis 14. Jahrhundert, und wer auf der Dordogne an ihr vorbei wollte, stellte sich besser gut mit dem Burgherren, andernfalls er eine geballte Geröllladung von oben gewärtigen musste.

❶ Dune du Pilat Arcachon

Schnurgerade verläuft die Atlantikküste beim französischen Arcachon südwestlich von Bordeaux. Hinter den Küstendünen liegen durch »courants« genannte Wasserläufe verbundene Seen – ein Urlaubsparadies. Es bietet am Cap Ferret eine besondere Attraktion: die Dune du Pilat, größte Wanderdüne Europas. 118 Meter hoch, 500 Meter breit und drei Kilometer lang ist der gewaltige Sandberg, der sich jedes Jahr ein Stück nach Osten verlagert und im flachen Küstenland weite Sicht ermöglicht.

❷ Saint-Émilion

Natur und Kultur gleichermaßen sind im südwestfranzösischen Weinbaugebiet Saint-Émilion am rechten Ufer der Dordogne und im gleichnamigen Ort zu bewundern: Die Hügel sind stellenweise so rund und sanft wie der Rotwein der Gegend östlich von Bordeaux, die Reben wachsen bis an die Stadtmauer des kleinen Ortes. Dort stehen die Besucher staunend vor der Église monolithe, einer in den Felsen gehauenen Kirche. Zunächst nur eine Höhlenkapelle, wuchs das Gotteshaus seit dem 8. Jahrhundert zu einer dreischiffigen Basilika mit einer prachtvollen gotischen Fassade und einem mächtigen Glockenturm heran. Der Bezirk Saint-Émilion ist UNESCO-Welterbestätte seit 1999.

❸ Lyon

Lugdunum hieß die heute zweitgrößte Stadt Frankreichs in der Römerzeit, als sie Hauptstadt der Provinz Gallia Lugdunensis war. Ruinen eines Aquädukts und zweier Theater auf dem einstigen Forum vetus, der heutigen Altstadt Fourvière, zeugen von dieser antiken Vergangenheit, konzentriert zu besichtigen im Archäologischen Museum von Lyon. Hier steht auch das Ensemble mittelalterlicher Bauten mit der Kathedrale und der Kirche Saint-Paul, die beide im 12. Jahrhundert begonnen wurden. Alles überragt allerdings ein wesentlich jüngerer Bau: die Wallfahrtskirche Notre-Dame-de-la-Fourvière (siehe Bild) vom Ende des 19. Jahrhunderts. Auf der schmalen Halbinsel zwischen den Flüssen Rhône und Saône setzen das Rathaus (1646–1655), das Benediktinerkloster Saint-Pierre und spätmittelalterliche Kirchenbauten Akzente. UNESCO-Welterbestätte seit 1998.

❶ Pont du Gard

Was für Baumeister! Zur Zeit des römischen Kaisers Augustus (30 v. Chr. bis 14 n. Chr.) schufen römische Wasserbauer zwischen Nîmes und Avignon eine Brücke über das Tal des Gard, eines rechten Nebenflusses der Rhône. Darüber aber schritten nicht etwa Menschen, allenfalls Ingenieure bei Instandsetzungsarbeiten, sondern darüber verlief eine Wasserleitung, die klares Quellwasser in die Stadt brachte. Insgesamt war die Leitung 50 Kilometer lang, die dreistöckige Bogenbrücke überspannt 245 Meter in 49 Metern Höhe. UNESCO-Welterbestätte seit 1985.

❷ Amphitheater und Triumphbogen Orange

Die tiefe Prägung, die der Süden Frankreichs in den langen Jahrhunderten der römischen Herrschaft erfahren hat, lässt sich in vielen Städten bis heute besichtigen. In Orange, einer Mittelstadt unweit der Rhône im Département Vaucluse, beeindrucken die Reste des antiken Amphitheaters (siehe Bild), das auf seinen halbkreisförmig angeordneten Sitzreihen 10 000 Zuschauern Platz bot. Ein Triumphbogen kündet noch heute von der untergegangenen Macht Roms und die 1208 geweihte Kathedrale davon, dass die Kirche das Erbe des Reiches antrat. Die römischen Relikte sind UNESCO-Welterbestätte seit 1981.

❸ Chauvet-Höhle Vallon-Pont d'Arc

Fast so alt wie die ersten Spuren des Cromagnonmenschen selbst sind die ältesten Zeugnisse der Eiszeitkunst aus der jüngeren Altsteinzeit, und sie wurden 1994 auch in Frankreich gefunden: in einer Tropfsteinhöhle bei Vallon-Pont d'Arc (Département Ardèche). Hatten bis dahin die Felsbilder aus der nahen Grotte Cosquet und aus der Höhle von Lascaux (Vézère-Tal) mit 20 000 bis 25 000 Jahren als die ältesten gegolten, so übertreffen die von Chauvet sie noch um fast zehntausend Jahre. Der Homo sapiens sapiens hat offenbar schon in seinen Anfängen versucht, die Wirklichkeit künstlerisch-magisch zu begreifen.

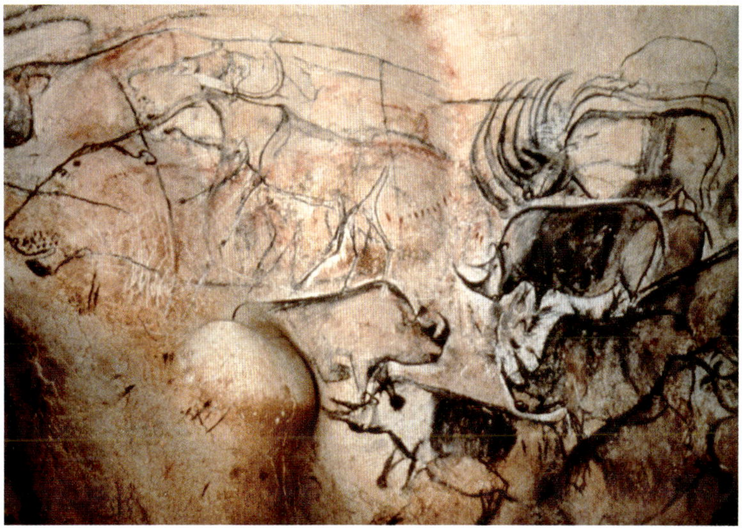

❶ Römische Monumente Nîmes

Der Pont du Gard, 19 Kilometer entfernt, stellt den Rest einer römischen Wasserleitung dar, die zur Versorgung von Nemausus, der heutigen südfranzösischen Stadt Nîmes, zur Römerzeit gebaut wurde. In der Stadt selbst erinnern weitere Monumente an die Herrschaft der Römer: Für die Enkel von Kaiser Augustus (regierte 30 v. Chr. bis 14 n. Chr.) wurde der heute Maison Carée genannte Podiumstempel (siehe Bild) gebaut, der im Lauf der Jahrtausende allerdings seine umgebende Säulenhalle eingebüßt hat. Als Stierkampfarena wird heute der Gladiatorenkampfplatz genutzt, dessen Ränge 24 000 Zuschauern Platz boten. Bemerkenswert auch der Tempel der Diana aus dem 1. Jahrhundert.

❷ Papstpalast und Altstadt Avignon

Alles überragt in der südfranzösischen Stadt Avignon in der Provence der Papstpalast. Im 14. Jahrhundert, als die Heiligen Väter siebzig Jahre lang von hier aus die Kirche regierten, errichteten sie sich diese festungsartige Residenz, derentwegen ein großer Teil der nach Zigtausenden zählenden Touristen alljährlich in die Stadt an der Rhône strömt. Sie können die gotische Architektur, die Fresken in den Kapellen und die Privatgemächer der Päpste besichtigen und im ersten Hof sommers an Aufführungen beim Festival d'Avignon teilnehmen. Ein Abstecher zum Pont d'Avignon, dem vom Tanzlied verherrlichten Brückentorso in der Rhône (12. Jahrhundert), ist ebenso ein Muss wie ein Bummel durch die enge Altstadt.

❸ Carcassonne

Wie gefrorenes Mittelalter wirkt beim ersten Anblick die doppelt ummauerte Oberstadt des südfranzösischen Carcassonne. Die Befestigungen sind ebenso vollständig erhalten und restauriert wie die romanisch-gotische Kathedrale aus dem 13. Jahrhundert und das etwas ältere festungsartige Schloss sowie die 38 Türme, die als Silhouetten-Ensemble wahrzeichenartig emporragen. Das trutzige Aussehen verdankt die Stadt König Ludwig IX., der als Heiliger verehrt wird und fast ein halbes Jahrhundert regierte (1226–1270). Die Wehrhaftigkeit erwies sich allerdings bald als überflüssig, weil das Roussillon endgültig französisch wurde und keine Bedrohung mehr bestand. Wegen der einmaligen Geschlossenheit des Altstadtbildes ist das alte Carcassonne UNESCO-Welterbestätte seit 1997.

❶ Canal du Midi

Für die Entstehungszeit eine erstaunliche technische Leistung: 1666 ließ Frankreichs »Sonnenkönig« Ludwig XIV. das Projekt in Angriff nehmen, Mittelmeer und Atlantik durch einen Wasserweg zu verbinden: Der Canal du Midi wurde von Toulouse an der Garonne über 241 Kilometer durch schwierigstes Gelände der Languedoc nach Sète am Mittelmeer geführt. Von den Problemen, die die französischen Wasserbauer in nicht einmal zwanzig Jahren (1684 Fertigstellung) bewältigten, zeugen die 101 Schleusen unterwegs, die Brücke bei Béziers, auf der der Kanal den Fluß Orb überquert, und weiter südwestlich die Ecluse de Fontséranes, eine Kanaltreppe aus acht Schleusenkammern. UNESCO-Welterbestätte seit 1996.

❷ Römische und romanische Denkmäler Arles

Heute wieder in Betrieb: Das im Mittelalter überbaute Amphitheater der südfranzösischen Stadt Arles (Département Bouches-du-Rhône) aus der Zeit des römischen Diktators Julius Cäsar. Die viel besuchte freigelegte Arena ist nur eines der römischen Relikte, die in Arles zu besichtigen sind, darunter der Circus Maximus vor der Altstadt und die unterirdischen Galerien der Cryptoportica. Die Zeugen aus dem Mittelalter ragen dagegen empor wie die romanische Kirche Saint-Trophime, so genannt wegen des triumphbogenartigen Portals, durch das Kaiser Friedrich Barbarossa 1178 zu seiner Krönung zum König des Arelat (Burgund) schritt. Die Altstadt ist UNESCO-Welterbestätte seit 1981.

❸ Galerie in der Burg Grimaldi

Antibes

An der französischen Côte d'Azur sucht der Reisende Erholung, Abenteuer oder Nervenkitzel im Spielkasino. Auch der Freund von Antiquitäten kommt auf seine Kosten. Doch dass hier auch moderne Kunst zu genießen ist, wissen die wenigsten: Pablo Picasso verbrachte 1946 einige Zeit im Küstenstädtchen Antibes mit der am Meer gelegenen Burg Grimaldi. Bei der Abreise hinterließ der Künstler alle hier geschaffenen Werke der Stadt, die sie in der Festung ausstellt. Sie dokumentieren eine entscheidende Phase im Schaffen Picassos.

❹ Küstenfestung Marseille

Im Louvre hängt ein Gemälde von J. Vernet, das die heute zweitgrößte Stadt Frankreichs und seinen Hafen im 18. Jahrhundert zeigt: links die Mole mit dem Geschützturm, rechts auf der Steilküste die in Terrassen ansteigenden Kasematten der Festung. Nur hier hindurch führte der Weg ins Innere des Hafenbeckens. Wer in feindlicher Absicht kam, durfte eines feurigen Empfangs sicher sein. Heute hat das moderne Marseille im Mündungsgebiet der Rhône die mächtigen Forts etwas in den Hintergrund treten lassen, doch immer noch sind sie Merkzeichen des Selbstbewusstseins dieser schon im 6. Jahrhundert v. Chr. als griechische Kolonie gegründeten Mittelmeermetropole.

❶ Naturpark Scandola Korsika

Eine Halbinsel auf der Insel: Der Westteil der französischen Mittelmeerinsel Korsika ist zerklüftet und bietet an vielen schwer zugänglichen Stellen gefährdeten Pflanzen und Tieren eine Heimat. Hinzu kommt der hohe landschaftliche Reiz dieser noch weitgehend unberührten Küste, die 1975 unter Naturschutz gestellt wurde, so dass Eingriffe nur mit ausdrücklicher Genehmigung des Umweltministers möglich sind. Das gilt für die Ufer wie für das davor liegende Seegebiet. Eine Sonderrolle in diesem Gebiet kommt der etwa 1000 Hektar großen Halbinsel Scandola, einem Porphyr-Felsmassiv im Nordwesten, zu; sie steht mit den Buchten von Girolata und Porto als UNESCO-Welterbestätte seit 1983 unter besonderem Schutz.

Spanien

❶ Altstadt Santiago de Compostela

Endpunkt einer der bedeutendsten Pilgerstraßen der Christenheit war und ist die Stadt Santiago de Compostela in Galicien an der äußersten Nordwestecke der Iberischen Halbinsel. Nachdem hier im Jahr 813 das Grab des Apostels Jakobus entdeckt wurde, machten sich in den folgenden Jahrhunderten Zigtausende auf den Jakobsweg von Frankreich über die Pyrenäen nach Santiago, das daher auch reich geschmückt ist mit Sakralbauten aus vielen Jahrhunderten. An erster Stelle steht die romanische Kathedrale (siehe Bild), die im 18. Jahrhundert eine Fassade im Stil der Churriguerismus, einer spanischen Spielart des Barock, erhielt. Neben weiteren 40 Kirchen sind an Bauten zu erwähnen: der Erzbischofspalast, die Herberge Hostal de los Reyes Católicos (1511) und das Kloster San Martín Pinario. Sie prägen die Altstadt, die seit 1985 UNESCO-Welterbestätte ist.

❷ Jakobsweg

Der Sage nach verschlug es den Apostel und Heiligen Jakobus (spanisch Santiago) im Jahr 44 nach Nordwestspanien, wo er Mission treiben wollte. Nach anderen Berichten gelangten nur die Gebeine des Märtyrers dorthin und wurden in dem nach ihm benannten Santiago de Compostela beigesetzt. Zu diesem erst im 9. Jahrhundert wiederentdeckten Grab machten sich schon im frühen Mittelalter Pilger aus ganz Europa auf den beschwerlichen Jakobsweg, der allein im spanischen Teil über 800 Kilometer führt. Die Tradition hat sich erhalten, und noch heute wird als echter Pilger nur anerkannt, wer mindestens 100 Kilometer zu Fuß oder 200 Kilometer mit dem Fahrrad durch die grandiose nordspanische Landschaft zurückgelegt hat, vorbei und durch Orte wie Logrono, Burgos, Frómista, León, Villafranca del Bierzo. Auch der Weg ist ein Ziel und UNESCO-Welterbestätte seit 1993.

❶ Höhle von Altamira Kantabrien

In mehreren großen Grotten mit einer Gesamtlänge von 280 Metern erstreckt sich das Höhlensystem von Altamira nahe dem spanischen Santillana in Kantabrien. Schon eine solche unterirdische Welt fasziniert. Was aber ein spanischer Forscher dort 1879 entdeckte, ließ ihm den Atem stocken: Die Wände sind bemalt mit zahlreichen Bildern jagdbaren Wilds, vor allem in der Sala de las Pinturas leuchtet diese Pracht in Rot, Braun und Gelb. Die Tiere, ob Bisons, Wildschweine oder Hirsche, sind zum Teil lebensgroß dargestellt und bis in Details genau ausgemalt. Der Entdecker wurde zunächst der Fälschung bezichtigt und erst nach ähnlichen Funden in Frankreich anerkannt. Heute weiß man, dass man hier bis zu 15 000 Jahre alte Werke eiszeitlicher Künstler aus der jüngeren Altsteinzeit (Jungpaläolithikum) vor sich hat. UNESCO-Welterbestätte seit 1985.

❸ Guggenheim-Museum

Bilbao

*In wenigen Tagen, so will es die Genialitäts-Legende, soll der in Kalifornien lebende Architekt Frank Owen Gehry (*1929) den Bau skizziert haben, der heute die Bewunderer in Scharen ins baskische Bilbao lockt: das Guggenheim-Museum, benannt nach dem US-Kunstmäzen Salomon Guggenheim (1861–1949). Gebaut wurde dann doch ein wenig länger an der schiffsartigen Konstruktion am Fluss Nervión, nämlich fast sieben Jahre lang von 1991 bis 1997, und das hat sich gelohnt. Entstanden ist ein titanglänzender Traum, der den kostbaren Kunstsammlungen im Innern den angemessenen baulichen Rahmen bietet.*

❸ Kathedrale und Kloster Burgos

Der spanische Nationalheld Rodrigo (Ruy) Díaz de Vivar, besser bekannt unter seinem maurischen Beinamen El Cid, kam hier zur Welt: in Burgos, einer Provinzhauptstadt im Nordosten der Hochebene Altkastiliens. Hier erhebt sich atemberaubend die fein gegliederte gotische Kathedrale, für die 1221 der Grundstein gelegt wurde. Bis ins 16. Jahrhundert hinein wurde weiter an ihr gebaut, ehe sie die heutige Form hatte. Bekanntestes Detail des Gebäudes ist eine Uhrenfigur, die den Mund weit aufreißt, wenn Glockenschläge ertönen, weswegen sie vom Volk Fliegenfresser (»Papamoscsas«) getauft wurde. Mindestens ebenso sehenswert ist jedoch die Innenausstattung mit ihren Plastiken und Grabmälern, darunter auch das des Cid und seiner Gemahlin Doña Jimena. Neben dieser UNESCO-Welterbestätte (seit 1984) sehenswert ist das Kloster »Las Huelgas Reales« (siehe Bild) aus dem 12. Jahrhundert mit seinem feingliedrigen Kreuzgang der Spätromanik. Der Bau diente einst als Grabstätte kastilischer Könige.

❶ Historisches Zentrum Salamanca

Auf seinem Zug nach Italien kam hier schon der punische Feldherr Hannibal durch, seine römischen Gegner setzten sich bald darauf hier fest und hinterließen eine bis heute erhaltene Brücke über den Rio Tormes (oben rechts). Neben solchen antiken Resten prägen die spanische Stadt Salamanca Klöster und Kirchen sowie das heute von der Päpstlichen Universität genutzte Jesuitenkolleg mit seiner mächtigen barocken Kirche. Andere Sakralbauten stammen aus dem 12. Jahrhundert: die Alte Kathedrale, die Rundkirche San Marcos, San Martín. Pulsierender Mittelpunkt der Stadt wurde die Plaza Mayor (oben links), die im 18. Jahrhundert in churrigueristischer Manier spanisch-barock gestaltet wurde. Die UNESCO erhob dieses Miteinander der Stile 1988 zur Welterbestätte.

❷ Altstadt und Aquädukt Segovia

Tausend Meter hoch am Südrand der Hochebene Altkastiliens liegt die spanische Provinzhauptstadt Segovia. Ein römischer Aquädukt, »El Puente« genannt, der hier auf 29 Meter hohen Stützbogen ein 700 Meter breites Tal überbrückt, zeugt von der Altehrwürdigkeit der Stadt auf dem Bergkamm, deren Silhouette die ragende mittelalterliche Burg Alcázar (Bild unten rechts) sowie zahlreiche Sakralbauten bestimmen, darunter die spätgotische Kathedrale, die im 16. Jahrhundert vollendet wurde. Daneben erscheinen die romanischen Kirchen schlicht, doch macht das 1445 gegründete Kloster San Antonio el Real einigen Eindruck wie auch manche im gotisch-maurischen Mudéjarstil ausgeführten Fassaden von Palästen. Antike und mittelalterliche Relikte sind seit 1985 UNESCO-Welterbestätte.

❸ Schloss La Granja

Kastilien

Im altkastilischen Kernland Spaniens nordwestlich der Hauptstadt Madrid liegt der ehemalige königliche Sommersitz La Granja, wo 1784 eine Königin niederkam und den künftigen Herrscher Ferdinand VII. gebar. Doch entweder war es keine Sternstunde, oder aber der allerhöchste Neugeborene war unempfindlich gegen die Pracht seines Geburtshauses. Jedenfalls brachte beides kein rechtes Glück. Napoleon verjagte den jungen König 1808 vom Thron, und Ferdinand verbitterte nach seiner Wiederkehr 1814 die so genannten Karlisten mit der Einführung der weiblichen Thronfolge, was zu nicht endenden Kämpfen führen sollte. Dabei war das Schloss mit seiner vornehmen barocken Front und den Gartenanlagen wie geschaffen als Wiege für wahre Herrscher. Die Wiege allein aber tut es offenbar nicht.

❹ Altstadt und Kirchen vor den Mauern Ávila

Am Nordrand des Kastilischen Scheidegebirges liegt in über 1100 Metern Höhe die gleichnamige Hauptstadt der Provinz Ávila, die »Stadt der Heiligen und der Steine«. Ersteres bezieht sich vor allem darauf, dass hier 1515 die heilige Teresa geboren wurde, Letzteres meint die Felsenlandschaft, aber auch die Bauwerke, unter denen die drei Meter dicke und 12 Meter hohe Stadtmauer mit ihren 82 Türmen und neun Toren als Erstes auffällt. Sie wurde im 12. Jahrhundert errichtet und umschließt eine Altstadt, die mit der gotischen Kathedrale noch weitgehend mittelalterlich erhalten ist. Mehrere romanische Kirchen blieben außerhalb des Mauerkranzes, gehören aber zum historisch wertvollen Gesamtbild, das Ávila 1985 zu einer UNESCO-Welterbestätte prädestinierte.

❶ Kloster Poblet

Gut 40 Kilometer nordwestlich vom spanischen Tarragona in der gleichnamigen Provinz erhebt sich das festungsartige Kloster Poblet, das im 12. Jahrhundert von Zisterziensern gegründet wurde und ihnen heute in Teilen wieder als Abtei dient. Dieses zu den bedeutendsten Mönchszentren Kataloniens gehörende Königskloster stellt sich mit einem dreifachen Mauerring höchst wehrhaft dar. Zwischen dem ersten und dem zweiten ließen sich Handwerker und Bauern nieder, hinter dem zweiten folgte eine Pilgerherberge und ein Hospital, und ganz innen lebten, beteten und arbeiteten die Mönche in ihren Bauten um die Plaza Mayor. Die romanisch begonnene Anlage wurde gotisch weitergeführt und erlitt 1835 Plünderung und Zerstörung. Erst 1940 wurde sie in der ursprünglichen Form wiederhergestellt und 1991 zu einer UNESCO-Welterbestätte.

❷ Schwarze Madonna

Montserrat

Fünfzig Kilometer nordwestlich vom spanischen Barcelona ragt ein zackiges Bergmassiv des Katalonischen Gebirges 1241 Meter hoch auf. In 720 Metern Höhe liegt vor der bizarren Kalkstein-Kulisse dieses Montserrat (katalanisch »gesägter Berg«) das gleichnamige Benediktinerkloster. Obwohl nur zu Fuß über einen steilen acht Kilometer langen Weg zu erreichen, strömen die Gläubigen und Touristen dorthin, denn hier ist ein einmaliges Bildwerk zu bewundern: die Schwarze Madonna von Montserrat (»La Moreneta«), eine Marienfigur aus dem 12. Jahrhundert, die der Legende nach während der Reconquista gegen die muslimischen Mauren von Einsiedlern in einer Grotte (»Santa Cova«) gefunden worden sein soll. Von der Berührung des Bildes erhoffen sich viele seelische und womöglich auch körperliche Kräftigung.

❸ Palau de la Musica Catalana, Hospital von Sant Pau Barcelona

Die nicht eben abwechslungsarme Architektur der katalanischen Metropole Barcelona erhielt in der Zeit des Jugendstils zwei reizvolle modernistische Akzente durch den Baumeister Lluís Domènech i Montaner: Der einfallsreiche Künstler schuf mit dem Palast der katalanischen Musik (Bild unten) einen prachtvoll geschmückten Bau, der von namhaften Designern weiter ausgestaltet wurde. Mit dem Krankenhaus Sant Pau (Bild links) erbaute er eine ähnlich kühne Anlage, reich verziert und innen wie außen schwungvoll strukturiert; hier aber lässt sich deutlich ablesen, wie sorgfältig der Architekt darauf geachtet hat, allen Funktionen eines solchen Hospitals zu entsprechen. Zweck und Schmuck harmonieren. Das ehrte die UNESCO 1997 durch Erhebung zur Welterbestätte.

❶ Park Güell, Palais Güell und Casa Milá

Barcelona

Märchenhaft in jeder Bedeutung des Wortes sind die Werke, die der spanische Architekt Antoni Gaudí (1852–1926) für die nordspanische Metropole Barcelona schuf: Ein fünfstöckiges Haus wie eine zerklüftete Felswand mit schmiedeeisernen Balkongittern in Blattrankenform, eine Parkbank auf dem Dach – das ist die »Casa Mila« (1905–1910, Bild rechts). Ein Haus wie eine Skulptur mit gewelltem Torbogen in Parabelform, ein Dachgarten darauf mit spitzen Schornsteinen – das ist das Palais Güell (1900–1914). Benannt ist er nach einem Sponsor des Architekten, der ihn auch aufforderte, den Stadtteil Eixample durch Gartenanlagen zu verwandeln, was dieser mit dem Park Güell gründlich tat: Sitzbänke mit prächtigen Mosaiken und Kachelscherben, eine Halle auf hundert Säulen, durch wilde Landschaft gewundene Serpentinen, ein Zaubergarten. UNESCO-Welterbestätte seit 1984.

❷ Kathedrale Sagrada Familia

Barcelona

Eine »Predigt aus Stein« sollte sie werden, die vom spanischen Architekten Antoni Gaudí (1852–1926) entworfene Kathedrale »Sagrada Familia« in Barcelona, der Hauptstadt Kataloniens. Sie wurde zu seinen Lebzeiten nicht mehr fertig, nur die Nordfassade stand und nur einer der 18 geplanten Türme (für die 16 Apostel und Evangelisten sowie für die Muttergottes und ihren Gottessohn). Sie ist bis heute nicht vollendet, obwohl sich eine ganze Reihe von Künstlern darum bemüht haben. Immerhin stehen nun die Türme, der Baukörper ist geschlossen und Gaudís Vision so weit Stein geworden, dass manche schon befürchten, der Naturformen nachempfundene Dom könne tatsächlich fertig werden. Natur nämlich ist nie fertig, und das Unvollendete ist das Grandiose am himmelstrebenden Bau.

❶ El Escorial

207 mal 162 Meter misst das geschlossene Rechteck des mit barocken Elementen gestalteten größten Renaissancebaus der Welt, des als Residenz und als Kloster 1563–1584 angelegten Escorial. Spaniens König Philipp II. hatte ihn erbauen lassen, um von hier aus, das rund 50 Kilometer entfernte Madrid im Blick, zu regieren und eine Grablege für seine Dynastie zu schaffen. Aus der Nähe betrachtet, präsentiert sich dem Besucher ein Gebäudekomplex aus kaltem, grauem Granit von vollkommen gleichmäßiger Struktur, die von Strenge, harter Macht und dogmatischer Religiosität kündet. 2000 Fenster schauen auf 16 Innenhöfe, 15 Kreuzgänge und 88 Brunnen. Die Basilika ist nach dem Vorbild der Peterskirche in Rom ein Zentralbau mit Kuppel. Die Anlage beherbergt eine Bibliothek mit 130 000 Bänden sowie Sammlungen von Gemälden, Gobelins und Handschriften. UNESCO-Welterbestätte seit 1984.

❷ Prado Madrid

Millionenfach strömen alljährlich die Besucher der spanischen Hauptstadt zum Museumsdreieck an der akaziengesäumten Prachtstraße Paseo del Prado, die nach dem daran liegenden Nationalmuseum, dem Prado, so heißt. Der wiederum hat seinen Namen vom Prado de San Jerónimo, einem Park, in dem das Gebäude seit 1785 errichtet und 1819 als königliches Museum für Bildhauerkunst und Malerei eröffnet wurde. Heute umfasst es 120 Säle, in denen 2500 Kunstwerke auf Betrachter warten, die freilich gut daran tun, sich bestimmten im Museumsplan ausgewiesenen Räumen zuzuwenden, je nach Vorliebe. Für jede gibt es in dieser zu den größten Sammlungen der Welt zählenden Großschatzkammer etwas: Tizian, Rubens, El Greco, Velazquez, Goya – unerschöpfliche Reichtümer.

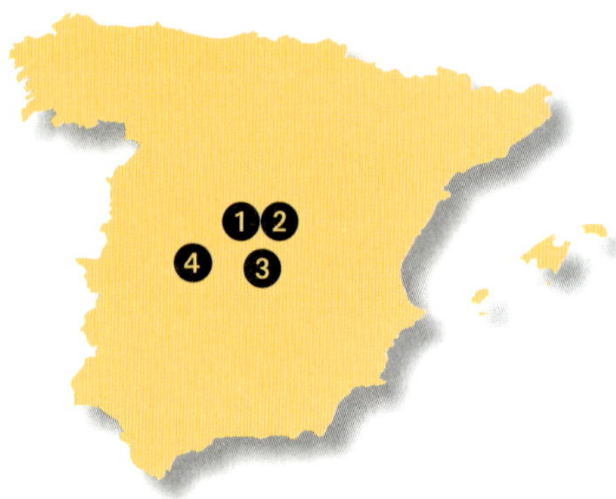

❸ Altstadt Toledo

Schon immer haben die Stadtherren mit Vorliebe Anhöhen zur Errichtung von Festungen genutzt. Die Römer schon hielten das so in Toletum, dem heutigen Toledo in der spanischen Provinz La Mancha: Dort, wo heute das Nationaldenkmal des Alcázar über die Stadt blickt, errichteten sie ein Kastell, von dem noch Reste in der von Karl V. im 16. Jahrhundert errichteten und nach dem Bürgerkrieg 1936–1939 erneuerten Anlage zu finden sind. Sonst prägen Bauten aus maurischer Zeit (712–1085) die »Stadt der drei Religionen« (Muslime, Christen, Juden), denn auch viele christliche Kirchen waren ursprünglich islamische Gebetshäuser und daher im gotisch-maurischen Mudéjarstil gehalten. Wichtigster Sakralbau ist die fünfschiffige gotische Kathedrale San Juan de los Reyes (1226–1493). Die Altstadt ist UNESCO-Welterbestätte seit 1986.

❹ Kloster Santa María de Guadalupe

Beim Weiden ihrer Tiere entdeckten Schäfer im 13. Jahrhundert beim spanischen Guadalupe am gleichnamigen Fluss in der Estremadura ein vergrabenes Marienbild. Bald kam das Gerücht auf, der heilige Lukas habe es geschnitzt, und es entwickelte sich ein reger Pilgerstrom zur kleinen Stadt, wo 1340 das Kloster Nuestra Señora de Guadalupe entstand. Der mächtige Bau mit seinen beiden Kreuzgängen, zum Teil im maurisch-gotischen Mudéjarstil gehalten, wuchs heran zum beliebtesten Marienwallfahrtsort des Landes und zu einem der reichsten Klöster Spaniens. Durch seine von arabischer Wissenschaft inspirierte Medizinschule und seine theologische Bedeutung erwarb es sich den Ruf eines »Vatikan Spaniens« und 1993 Titel und Schutz einer UNESCO-Welterbestätte.

❶ Römische und frühmittelalterliche Bauten Mérida

Das meiste dürfte noch ungehoben im Untergrund schlummern, vieles aber haben entweder die Archäologen wieder freigelegt oder es hat sich nur leicht verwittert an der Oberfläche erhalten: Im spanischen Mérida am Guadiana in der Estremadura gibt es am östlichen Rand der Altstadt eine ganze »zona arqueológica« mit dem römischen Theater (2. Jahrhundert), dem Amphitheater, einer römischen Villa mit gut erhaltenen Mosaiken, einer 792 Meter langen Brücke, Resten einer Wasserleitung sowie einem Museum für römische Kunst, das antike Skulpturen und Gerätschaften ausstellt. Neben diesen Relikten aus der Zeit, als die Stadt noch Emerita Augusta hieß, beeindrucken Kirchen und andere Sakralbauten aus dem frühen Mittelalter. UNESCO-Welterbestätte seit 1993.

❷ Historische Befestigungsanlage Cuenca

Am westlichen Rand der Serrania liegt in 900 Metern Höhe auf einem steilen nackten Felsen die gleichnamige Hauptstadt der spanischen Provinz Cuenca am Zusammenfluss des Júcar und des Huécar, über den die 42 Meter hohe, 1523 erbaute Brücke San Paolo führt. Die mauerumschlossene Stadt hat eine schöne gotische Kathedrale – die erste Spaniens –, viele würdevolle Adelspaläste und die berühmten »hängenden Häuser« (casas colgadas), die vom Felsplateau über den Abgrund ragen. Mancher Besucher fragt sich, warum sie nicht abstürzen. Der Anblick der mittelalterlichen Gebäude und der trutzigen Befestigungsanlagen hat Cuencas Altstadt 1996 zu einer UNESCO-Welterbestätte gemacht.

❸ Moschee-Kathedrale und Judenviertel Córdoba

Zentrum des wohl mächtigsten Kalifats während der maurischen Herrschaft in Spanien war die andalusische Stadt Córdoba. Die dort 785–990 von den Omaijaden errichtete Moschee »La Mezquita« lässt noch heute über die Kunst der arabischen Baumeister staunen: Den Riesenraum tragen 856 Säulen und doppelstöckige Hufeisenbögen aus rot-weißem Marmor. Verschwenderisch verteilt sind zudem Bauelemente aus Jaspis und Granit sowie Mosaiken und fein ziselierte Relief-Ornamente. 1523 wurde der Bau zur Kathedrale umgeweiht. Er ist mit der westlich davon gelegenen Altstadt und ihrem ehemaligen jüdischen Viertel, der Judería, UNESCO-Welterbestätte seit 1984.

❶ Kathedrale, Alcázar und Archivo de Indias Sevilla

Von Phönikern gegründet, von den Römern unterworfen, im 5. Jahrhundert erst von den Wandalen, dann von den Westgoten erobert, stand das andalusische Sevilla, das antike Hispalis, seit 1147 hundert Jahre lang unter maurischer Herrschaft und konnte erst dann im Zuge der Reconquista von den Spaniern zurückgewonnen werden. Die bewegte Geschichte spiegelt sich in der Bausubstanz der Altstadt, die insbesondere von islamischen Elementen, etwa dem Moscheehof Pazio de los Naranjos (oben links) oder dem Alcázar, und von christlichen geprägt ist. Zu Letzteren gehört vor allem die gotische Kathedrale Santa Maria de la Sede (Bild unten), in der Kolumbus seine letzte Ruhe gefunden hat. Wertvolle Zeugnisse der spanischen Kolonialzeit in Amerika bewahrt das Archivo General de Indias auf. UNESCO-Welterbestätte seit 1987.

❷ Doñana-Nationalpark

Auch der Rang einer UNESCO-Welterbestätte (seit 1994) vermag Kultur- und Naturkostbarkeiten nicht immer vor Schaden zu bewahren: 1998 zerstörte der Dammbruch eines zu einer nahen Erzmine gehörenden Abwasserbeckens weite Teile des unersetzlichen spanischen Nationalparks Coto de Doñana im Mündungsgebiet des Guadalquivir. Das mit 75 000 Hektar größte Schutzgebiet des Landes verdankt seine Bedeutung einer einzigartigen Pflanzen- und Tierwelt. Zahlreiche Vogelarten leben im Busch- und Marschland sowie in den Korkeichen- und Pinienwäldern des Doñana-Gebiets: Flamingos, Störche, Löffler, Falken, Gänse. Die Schäden, die es nahm, heilen langsam, dank internationaler Unterstützung aber stetig. Das Bild zeigt den Wallfahrtsort El Rocío am Nordrand des Sumpfgebietes.

❸ Alhambra und Generalife-Palast Granada

Letzter, erst 1492 gefallener Vorposten der Mauren auf der Iberischen Halbinsel war Granada im Andalusischen Bergland. Aus islamischer Zeit stammt dort eines der berühmtesten Gebäude in Spanien: des Sultans »Rote Festung«, die Alhambra auf dem Berg Sabika, an die Kaiser Karl V. anlässlich seiner Hochzeit mit Isabella von Portugal 1526 einen Palast 207 mal 162 Meter mit Säulenhof im Stil der Renaissance anschließen ließ. Prachtstück des maurischen Teils ist der Patio de los Leones (Löwenhof), in dem zwölf Löwenfiguren einen Brunnen stützen. Seitlich davon hinter 124 Säulen die Privatgemächer (Harem). Die Alhambra ist zusammen mit der anderen Perle islamischer Baukunst, dem Generalife-Palast aus dem 13. Jahrhundert, UNESCO-Welterbestätte seit 1984.

❶ Ibiza: Biologische Vielfalt und Kultur Balearen

Ein vorzügliches Beispiel für die Interaktion von marinen und küstenspezifischen Ökosystemen bietet die spanische Baleareninsel Ibiza. Die dichten vorgelagerten Seegraswiesen sichern ein artenreiches Unterwasserleben und eine ebenso differenzierte Fauna und Flora an Land. Dabei ist die Insel seit vorgeschichtlicher Zeit dicht besiedelt und von sich hier kreuzenden Kultureinflüssen geprägt. Die lange Erfahrung und der vorsichtige Umgang mit den Ressourcen hat zu diesem harmonischen Miteinander von Kultur und Natur geführt. Es lässt sich archäologisch bis in die Zeit der Phöniker und Römer zurückverfolgen und hat auch nicht durch den militärischen Ausbau gelitten, für den die Renaissance-Festung in der Alta Vila von Ibiza-Stadt steht. UNESCO-Welterbestätte seit 1999.

Portugal

❶ Historisches Zentrum Porto

Kräftige christliche Akzente setzten die neuen Herren, nachdem sie im Jahr 997 die maurische Herrschaft über Porto, heute Hauptstadt des gleichnamigen portugiesischen Distrikts, beendet hatten: Wichtigster wurde die Kathedrale, die allerdings erst im 12. Jahrhundert fertig und mit einem herrlichen Silberaltar geschmückt wurde. Aus jüngerer Zeit stammen die Kirche São Pedro dos Clérigos (1732–1750) mit dem 75 Meter hohen frei stehenden Glockenturm und der barocke Erzbischofspalast, der über der in Terrassen ansteigenden Stadt am rechten Ufer des Douro thront. Ihr historisches Zentrum ist UNESCO-Welterbestätte seit 1996.

❶ Kloster Batalha

Nach dem portugiesischen König Emanuel I. (regierte 1495–1521) ist ein Baustil benannt, der Elemente der späten Gotik mit nautisch-exotischen verbindet. Paradebeispiel dafür ist das ehemalige Kloster Santa María da Vitória nördlich von Lissabon, errichtet zum stolzen Gedenken an den Sieg Portugals über Kastilien 1385. Die 32 Meter hohe Klosterkirche beeindruckt wie der Königliche Kreuzgang (Claustro Real) mit feinstem Maßwerk. Als Ausdruck eines eigenen portugiesischen Bauwillens ist die Anlage UNESCO-Welterbestätte seit 1993.

❷ Zisterzienserkloster Alcobaça

Auf ewig vereint ruhen hier Dom Pedro von Portugal und seine Geliebte Inês de Castro, die mit Billigung des Königs, Pedros Vater, 1355 ermordet wurde. Pedro ließ sie daraufhin nach der eigenen Machtübernahme zu seiner rechtmäßigen Gemahlin ernennen und in der königlichen Gruft der 1153–1252 erbauten Klosterkirche beisetzen, wo er selbst zwölf Jahre später neben ihr seinen letzten Platz auf Erden fand. Ein würdigerer ist kaum denkbar, denn die Zisterzienser haben in Santa María de Alcobaça (Estremadura) ihre frühgotische Baukunst zu äußerster Meisterschaft gebracht. UNESCO-Welterbestätte seit 1989.

❸ Christuskloster Tomar

Im sechzehneckigen Kirchenbau ein achteckiges Sanctuarium der Templer, das ist der Kern der gewöhnlich nur »O Convento« genannten Klosteranlage des Christusordens im portugiesischen Tomar (Distrikt Santarém). Im 12. Jahrhundert festungsartig errichtet, wurden im 14. Jahrhundert der Kreuzgang der Waschungen (Claustro da Lavagem) und der Friedhofs-Kreuzgang angefügt. Renaissance-Elemente (Großer Kreuzgang) kamen zweihundert Jahre danach hinzu. Das Kloster steht sowohl für die erfolgreiche Reconquista wie für die portugiesische Mission im Zeitalter der Entdeckungen und ist UNESCO-Welterbestätte seit 1983.

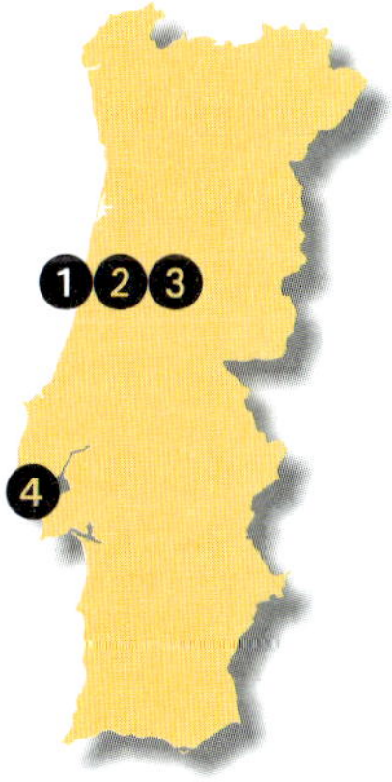

❹ Cabo da Roca Sintra

Die westirische Dingle Peninsula mit der Spitze Slea Head und das mittelportugiesische Cabo da Roca wetteifern um den Rang des westlichsten Punktes Europas. Beiden steht er je nach Perspektive zu: Irland ist gewiss Teil Europas und ragt im genannten Punkt klar weiter nach Westen als der südliche Konkurrent. Der aber kann seine festländische Lage ins Feld führen und damit als kontinentaler Westrekord gelten. Reize haben sie beide, raue die irische Spitze, sonnige die portugiesische Felsnase, die als letzte hinter dem Horizont versank, wenn die kühnen Entdecker von Lissabon die Segel Richtung Neue Welt gesetzt hatten.

❶ Sintra und Sintragebirge

Dass Landschaft Bauherren inspiriert und dass sie ihrerseits Landschaft prägen, machen Stadt, Schloss und Höhen von Sintra nordwestlich von Lissabon am Hang der Sierra de Sintra augenfällig: Die Ortschaft klettert den Hügel empor und gipfelt in zwei seltsamen weißen Kegeln: Küchenschornsteine des königlichen Palastes, der lange Sommersitz der Monarchen war. Außerhalb des Ortes ein Traumschloss à la Disney, das Prinzregent Ferdinand Mitte des 19. Jahrhunderts auf der Ruine eines Hieronymitenklosters errichten ließ (Bild oben). Auf dem Gipfel gegenüber zwei gedrungene Wehrtürme aus islamischer Zeit, das Castelo dos Mouros. Der neugotische Montserrat-Palast komplettiert diese romantische UNESCO-Welterbestätte (1995).

❷ Altstadt (Alfama) Lissabon

Dem sechsjährigen Goethe kamen Zweifel an der Güte Gottes, als 1755 die Nachricht vom verheerenden Erdbeben in Lissabon bekannt wurde. Es hat den Kern der portugiesischen Hauptstadt geteilt in die danach völlig neu aufgebaute Unterstadt Cidade Baixa und in die nur beschädigte alte Altstadt Alfama. Hier stehen unterhalb des aus maurischer Zeit stammenden Kastells São Jorge noch einige sehr wertvolle mittelalterliche Gebäude wie die Kathedrale Sé Patriarcal aus dem 12. Jahrhundert, die nur repariert werden musste, die Kirche São Vicente de Fora aus der Spätrenaissance und das etwas jüngere Pantheon – ein schöner Kontrapunkt zur neuen Altstadt.

❶ Tejo-Brücke Lissabon

Der längste Fluss auf der Iberischen Halbinsel, der mit seinem letzten, 179 Kilometer langen Stück quer durchs mittlere Portugal fließt, erweitert sich in Lissabon zu einem breiten Trichter – für den Hafen sehr günstig, für die Überbrückung ein Problem. Zur Weltausstellung 1998 griff der Staat tief in die Taschen und ließ für 1,8 Milliarden Mark eine 17,2 Kilometer lange Brücke über den Strom bauen, die damit die längste in ganz Europa und mit ihren Pylonen und Trossen auch eine der prächtigsten ist. Sie wurde nach dem großen Entdecker Vasco da Gama (um 1469–1524) benannt, der von hier aus 1497 aufbrach und als erster Europäer das Kap der Guten Hoffnung auf dem Weg nach Indien umrundete.

❷ Hieronymitenkloster und Turm von Belém

Lissabon

In der Mündung des Tejo vor der portugiesischen Hauptstadt Lissabon steht im Wasser, aber heute mit Landverbindung einer der berühmtesten Türme Europas, der Torre de Belém (Bild oben). Er erinnert an die kühnen Seefahrer, die im 14. und 15. Jahrhundert von hier den Seeweg nach Indien und die Routen in die Neue Welt befuhren. Sie taten das stets mit dem Segen der an Machtgewinn ebenso interessierten Kirche, die im Stadtteil Belém mit einem noch weit prächtigeren Gebäude vertreten ist: Das 1572 geweihte Hieronymitenkloster (Bild unten) hat eine fast überladen geschmückte Fassade und eine herrliche Klosterkirche, in deren Kreuzgang sich die Heiratswilligen drängeln. Beide Bauten sind UNESCO-Welterbestätte seit 1983.

❶ Historisches Zentrum Évora

Ohne Fahrstuhl kommt man in Évora in der portugiesischen Provinz Alentejo in die Römerzeit: Die Ruinen römischer Bauten, insbesondere die eines Diana-Tempels mit 14 korinthischen Säulen aus dem 2. Jahrhundert liegen zu Tage. Vollständig erhalten und noch »in Betrieb« präsentieren sich die mittelalterlichen Sakralbauten: die Kathedrale im frühgotischen Stil des 12. Jahrhunderts, die massive dreihundert Jahre jüngere Kirche São Brás, der Bau des einstigen Lóios-Klosters im exotisch angehauchten Emanuelstil. 450 Jahre alt ist die Alte Universität, die ebenfalls dieses Architektur-Schaufenster schmückt. UNESCO-Welterbestätte seit 1986.

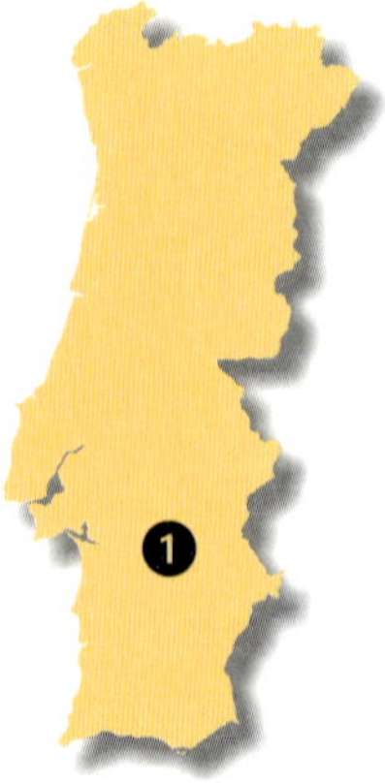

Russland (Europa)

❶ Kirchen Kischi Pogost

Ein sakrales Museum ohnegleichen: Auf der russischen Kischi-Insel im Onega-See (Südkarelien) nordöstlich von Petrosawodsk glaubt man zu träumen beim Anblick der 1714 erbauten Preobraschenskij- oder Verklärungskirche in Kischi Pogost, ein Holzbau mit 22 kreuzgekrönten Schindelkuppelchen, die silbern in der Sonne erstrahlen. Im Innern mahnt eine Pracht-Wand mit über hundert Ikonen zur Andacht. Die Insel bietet zudem die fünfzig Jahre jüngere Kirche zu Mariä Schutz und Fürbitte, die nicht ganz so kuppelreich ist, dafür aber über eine große, 27 Meter hohe Zentralkuppel verfügt. Als Meisterwerk russischer Blockbauweise und Denkmal der Volksfrömmigkeit ist Kischi Pogost UNESCO-Welterbestätte seit 1990.

❷ Ladogasee Nordrussland

Ganz Schleswig-Holstein hätte bequem in ihm Platz: Der 18 135 Quadratkilometer große Ladogasee in Nordrussland ist der größte Binnensee Europas. Er beherbergt 600 Inseln, wird von vier Flüssen gespeist (Wolchow, Swir, Vuoksi und Sjas) und entwässert durch die Newa Richtung Sankt Petersburg. Als Teil des Wolga-Ostsee-Wasserwegs wirtschaftlich von erheblicher Bedeutung, bietet er auch Fischern eine Lebensgrundlage. Dass das seinerzeitige Leningrad 1941–1944 während der deutschen Belagerung nicht völlig aushungerte, verdankte die Stadt auch gelegentlicher Versorgung über den See per Schiff oder winters mit Schlittengespannen.

❶ Historisches Zentrum

Sankt Petersburg

Eine recht junge Stadt unter den altehrwürdigen russischen Metropolen: Wie der Name schon sagt, schuf Zar Peter (I.) der Große (regierte 1682–1725) das »Venedig des Nordens«, wie Sankt Petersburg wegen seiner vielen Kanäle und der malerischen Lage am Fluss Newa, aber auch wegen der Ausgestaltung der Stadt durch italienische Architekten genannt wird. Wohin man im Stadtkern schaut, Baumeisterwerke allenthalben: die beschwingte Eremitage (1764–1767, Bild oben) mit ihrem überwältigenden Treppenhaus, der Winterpalast (1754–1762, Bild Mitte), der Gründungsbau der Peter-und-Pauls-Festung (1703) mit der gleichnamigen Kathedrale (1712–1732, im oberen Bild links im Hintergrund), die Sankt-Isaaks-Kathedrale (1818, Bild unten) mit der Prachtkuppel – eine Symphonie in Barock und Klassizismus, die wie wenige den Ehrenrang einer UNESCO-Welterbestätte (seit 1990) verdient.

❷ Auferstehungskirche

Sankt Petersburg

Curd Jürgens – jeder Zoll ein Zar; Romy Schneider – die schöne trauernde Geliebte in dem Spielfilm »Katja, die ungekrönte Kaiserin«. Sie hatten das Drama filmisch nachgespielt, das Zar Alexander II. 1881 bei einem Attentat das Leben kostete. Dort, wo die Bombe getroffen hatte, errichtete die russische Kirche Ende des 19. Jahrhunderts die Auferstehungskirche »Auf dem Blute« in einer Pracht, die ans Überladene grenzt, zumal wenn sie sich im Wasser des Gribojedow-Kanals spiegelt. Es ist an nichts gespart, nicht an Farbe, Gold, Türmchen, Ornamenten, Bildern. Könnte man das Himmelreich herbeischmücken, hier wäre es gelungen.

❸ Schlösser Petrodworez

Manche russischen Zaren regierten nicht lange genug, um alle ihre Sommerresidenzen bei der damaligen Hauptstadt Sankt Petersburg auszuprobieren. Neben den Schlössern Pawlowsk und Puschkin verfügten sie auch über das Palast-Ensemble von Petrodworez, deutsch Peterhof, das schon Peter (I.) der Große (regierte 1682–1725) seit 1714 aufzubauen begann und das die Nachfolger durch Bartolomeo Francesco Graf Rastrelli (1700–1771) ausgestalten ließen, so dass schließlich zur Verfügung standen: das Große Schloss (siehe Bild), die Wasserschlösser Eremitage und Marly, das Schlösschen Monplaisir und dazu ein Park mit reizenden Wasserspielen.

❶ Katharinenpalais Puschkin

Anfang Oktober 1941 im russischen Puschkin, südlich vom damaligen Leningrad (Sankt Petersburg): Die 3. Kompanie des deutschen Nachschubbataillons 553 montiert im Katharinenpalais, einer weitläufigen Schlossanlage, das 1755 hier als Geschenk des preußischen Königs eingebaute kostbare Bernsteinzimmer ab und verlädt es nach Königsberg, von wo es 1945 spurlos verschwindet. Dieses Schmuckstück ist hier also nicht mehr zu besichtigen, und dennoch lohnt der Besuch schon wegen der barocken (unter anderem von Rastrelli) und klassizistischen Bauten (unter anderem Alexanderpalais von Quarenghi) im Alten Garten mit der Palastkirche und der Orangerie.

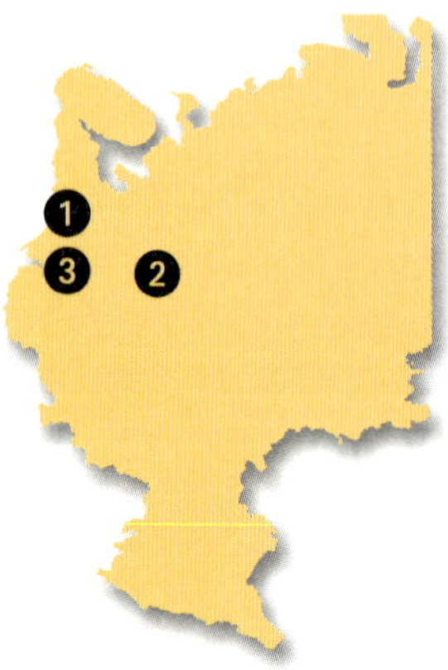

❷ Jaroslawl

Benannt nach ihrem Gründer Jaroslaw dem Weisen, Großfürst von Kiew 1019 bis 1054, entstand die Stadt an der Wolga schon 1024, erlangte aber erst in späteren Jahrhunderten größere Bedeutung. Davon zeugen die zahlreichen Klosteranlagen und Kirchen aus dem 16. bis 18. Jahrhundert, unter denen zwei besondere Erwähnung verdienen: die in nur drei Jahren 1647 bis 1650 errichtete Eliaskirche mit ihrer glanzvoll-kostbaren Innenausstattung und die nur wenig jüngere, im Vorort Korowniki aufragende Kirche Johannes des Täufers (1671–1687) mit ihren 15 Kuppeln. Wichtig auch das 1750 erbaute barocke Theater, das älteste des ganzen Landes.

❸ Baudenkmäler Nowgorod und Umgebung

Gesonderte Erwähnung verdient selbst in dieser Überfülle bemerkenswerter Bauten die fünfschiffige Sophienkathedrale (1045–1050, Bild unten rechts) im Kreml mit ihrer romanischen Bronzetür, das älteste Bauwerk der ersten Hauptstadt Russlands. Sonst muss eine Aufzählung von Beispielen reichen: der Kreml mit der 1385 Meter langen Mauer (Bild unten links), Hofkirche im Jaroslawhof (1113–1136), Christi-Verklärungs-Kirche an der Iljastraße (1374) mit Wandgemälden von Theophanes dem Griechen, Kirche Fjodor Stratilat (ebenfalls 14. Jahrhundert) und vor der Stadt: Jurjewkloster, Antoniuskloster, Erlöserkirche (12./13. Jahrhundert), Christi-Verklärungs-Kirche von Kowalewo (seit 1345), Kirche Mariä Himmelfahrt (1363 geweiht). Diese architektonische Perlensammlung ist seit 1992 UNESCO-Welterbestätte.

❶ Klöster und Kirchen

Susdal und Kidekscha

In der ehemaligen Residenzstadt Susdal der Fürsten von Wladimir-Susdal zeugen von der Blütezeit im Hochmittelalter zahlreiche Sakralbauten wie die Roschdestwenski-Kathedrale, die im 13. Jahrhundert über früheren Kirchen errichtet wurde, das 1352 geweihte Spasso-Jefimi-Kloster, das zwölf Jahre später gegründete Pokrowski-Kloster und das, allerdings wesentlich jüngere, Rispoloschenski-Kloster, das im 16. Jahrhundert entstand. Die Fürsten unterhielten auch im nahen Kidekscha eine Residenz, in der noch die Boris-und-Gleb-Kathedrale aus dem 12. Jahrhundert, barockisiert im 18. Jahrhundert, zu besichtigen ist. Beide Orte sind gemeinsam UNESCO-Welterbestätte seit 1992.

❷ Kloster Sergijew Possad

Das Dreifaltigkeits-Kloster des Heiligen Sergius von Radonesch in der nach ihm benannten russischen Stadt Sergijew Possad im Gebiet Moskau entwickelte sich bald nach der Gründung um 1340 zum russischen Nationalheiligtum. Insbesondere Zar Boris Godunow (1598–1605) förderte es nach der Lösung der russischen Nationalkirche von Konstantinopel und der Bestellung eines Moskauer Patriarchen, der nomineller Abt des Klosters mit seinen vielen Zweiggründungen war und wieder ist. Die im 16. Jahrhundert befestigte Anlage mit mehreren Kirchen, darunter die Uspenskikathedrale (siehe Bild) aus dem 16./17. Jahrhundert mit dem Grab des Zaren, ist als Musterbeispiel für ein orthodoxes Wehrkloster UNESCO-Welterbestätte seit 1993.

❸ Kathedrale und historisches Zentrum

Wladimir

Eine der ältesten Städte Russlands ist das an der Kljasma liegende Wladimir, das 1108 zur Grenzsicherung gegründet und befestigt wurde. Hierher verlegten wenig später die Großfürsten des mächtigsten russischen Gebiets ihre Hauptstadt und statteten sie standesgemäß aus. Geblieben davon sind unter anderem das Goldene Tor als Rest der Stadtmauer, die Uspenskikathedrale, in der die Fürsten gekrönt wurden, mit Fresken des berühmten Andreij Rubljow und die durch Steinmetzarbeiten bemerkenswerte Demetriuskathedrale – eine Bautenfamilie, die seit 1992 UNESCO-Welterbestätte ist.

❶ Kreml und Roter Platz Moskau

Wer das Herz Moskaus noch nicht aus Büchern oder Filmen kannte, erlebte es spätestens in jenem dramatischen Moment, als der deutsche Amateur-Flieger Mathias Rust 1987 mit einer Sportmaschine auf dem Roten Platz vor dem Kreml landete. Das zeigte zum einen die Größe dieses Schau-Platzes der russischen Macht (die nun blamiert war), zum anderen das darum gruppierte prachtvolle Bauensemble, zu dem die Basiliuskathedrale aus dem 16. Jahrhundert ebenso gehört wie die zahlreichen Sakral- und Profanbauten in der von goldenen Zwiebeltürmen überragten Burg der russischen Hauptstadt, dem Kreml im Westen des Platzes – Inbegriff der russischen Politik und ihres Herrschaftsanspruchs über das größte Land der Erde. Platz und Bauten sind UNESCO-Welterbestätte seit 1990.

❷ Weißes Haus Moskau

Eigentlich ist es das Duma-Gebäude, der Sitz des russischen Parlaments in Moskau, doch der weithin strahlende helle Bau inspirierte Journalisten wie Volksmund zur Parallelisierung mit dem berühmtesten Politikgebäude in Washington, so dass der Name »Weißes Haus« aufkam. Die Russen benutzen ihn nicht ohne Stolz. Ihr Weißes Haus ist viel größer als das amerikanische, in dem nur der Präsident regiert, während hier das Volk das Sagen hat. Und mindestens einmal hat der Riesenbau eine Feuertaufe überstanden: Im Jahre 1991 zum Beispiel verteidigte hier Boris Jelzin für den abwesenden Michail Gorbatschow die Reformpolitik gegen die Putschisten.

❸ Lomonossow-Universität Moskau

»Morgendliche Reflexionen über die Majestät Gottes« nannte der russische Gelehrte Lomonossow (1711–1765) einen seiner Essays. Der Chemiker, Mathematiker und Philologe war eines der letzten Universalgenies und so geachtet, dass selbst die Kommunisten die von ihm gegründete Moskauer Universität nicht umbenannten, als sie 1953 im gigantischen Neubau auf dem Leninhügel nach dem Zweiten Weltkrieg neu eröffnet wurde. Vermutlich hätte sich Lomonossow unter »Majestät« etwas anderes vorgestellt, doch die Dimensionen und der an altrussische Bauschmuck-Traditionen anknüpfende so genannte sowjetische Zuckerbäckerstil hätten sicher auch ihn beeindruckt.

❹ Kaufhaus GUM Moskau

Wohin das Auge auf dem Moskauer Roten Platz schweift: Zinnen, Türme, Kathedralen. Und selbst das mächtige dreistöckige Haus an der Ostseite des Platzes erweist sich bei näherem Hinsehen als Sakralbau, allerdings als ein höchst profaner: Es handelt sich um den Konsumtempel GUM, Abkürzung für »Gosudarstwennij Uniwersalnij Magazin« (»Staatliches Universalkaufhaus«). Im Angebot vermochte das GUM mit Kaufhäusern wie dem Londoner Harrod's oder dem Berliner KdW lange Zeit nicht mitzuhalten, im Flair aber allemal. Die 90 Meter breite und 250 Meter lange Basilika der Warenwelt, Ende des 19. Jahrhunderts errichtet, bietet ein einmaliges Kauferlebnis.

❶ Auferstehungskirche Kolomenskoje

Eine außergewöhnliche Kirche wurde zur Feier der Geburt eines später außergewöhnlich harten Herrschers errichtet: Der russische Zar Wassilij III. ordnete 1532 den Bau der Christi-Himmelfahrts- oder Auferstehungskirche in Kolomenskoje, heute ein Stadtteil von Moskau, an, als sein Sohn Iwan das Licht der Welt erblickte, die ihn als Iwan IV., den Schrecklichen, fürchten lernen sollte. Die Kirche dagegen ist höchst anziehend mit ihrer für russische Sakralbauten einmaligen Zeltdachbauweise auf kreuzförmigem Grundriss. UNESCO-Welterbestätte seit 1994.

❷ Westlicher Kaukasus

Das Gebiet der Ausläufer des äußersten westlichen Kaukasus in Südrussland, etwa 50 Kilometer nordöstlich des Schwarzen Meeres, gehört zu den wenigen großen Gebirgsregionen, die von menschlichen Eingriffen noch weitgehend unverändert sind. Das seit 1999 als UNESCO-Welterbestätte geschützte Vorland des Hochgebirges umfasst 2750 Quadratkilometer und bietet vom Grasland in den Niederungen bis zum unberührten Gebirgswald in der subalpinen Zone einzigartige Landschaften. In diesem intakten Ökosystem existieren manche nur noch hier heimische Pflanzen- und Tierarten, wofür die Gebirgsunterart des Wisents nur ein Beispiel ist.

Estland

❶ **Altstadt** Tallinn

Erst kamen die Dänen, dann die Deutschen, die Schweden, die Russen, schließlich wieder die Deutschen und dann nochmals die Russen. Erst seit 1991 dürfen die Esten ihre Geschicke von der Haupt- und Hafenstadt Tallinn, dem einstigen Reval, am Finnischen Meerbusen aus endlich selbst bestimmen. Sie ist geprägt von der wechselhaften Geschichte durch die Alexander-Newski-Kathedrale als Symbol der Russifizierung, durch den gotischen Dom und die ebenfalls im 13. Jahrhundert geschaffenen Befestigungsanlagen aus deutscher Zeit und zahlreiche mittelalterliche Bauten, die zum Domberg hinaufstreben und dem Stadtbild etwas buchstäblich Erhabenes geben. UNESCO-Welterbestätte seit 1997.

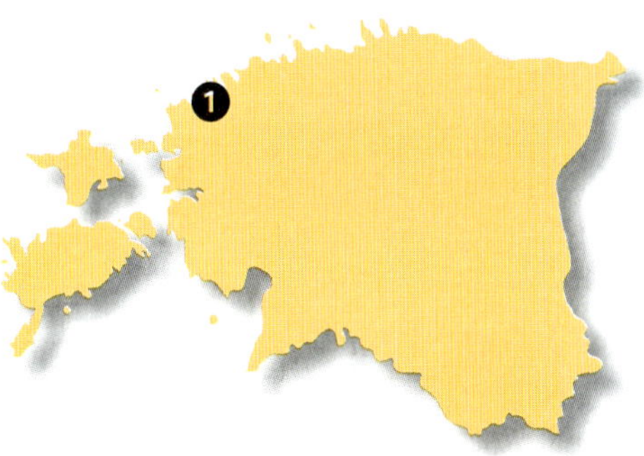

Lettland

❶ Historischer Stadtkern Riga

Wie die anderen baltischen Metropolen hat die lettische Hauptstadt Riga an der Mündung der Düna in die Ostsee im Zweiten Weltkrieg schwer gelitten. Inzwischen konnte der historische Kern an der rechten Seite des Flusses weitgehend wiederhergestellt werden und bietet: den 1215 begonnenen Marien-Dom in spätromanischer Bauweise, das mittelalterliche »Schwarzhäupterhaus«, das später im Renaissancestil umgestaltet worden ist, das ebenfalls mehrfach umgebaute Schloss des Deutschen Ordens, eine Reihe von anmutigen Barock-Gebäuden, das Schwedentor als letztes erhaltenes der Rigaer Stadttore. Die erneuerte alte Pracht ist UNESCO-Welterbestätte seit 1997.

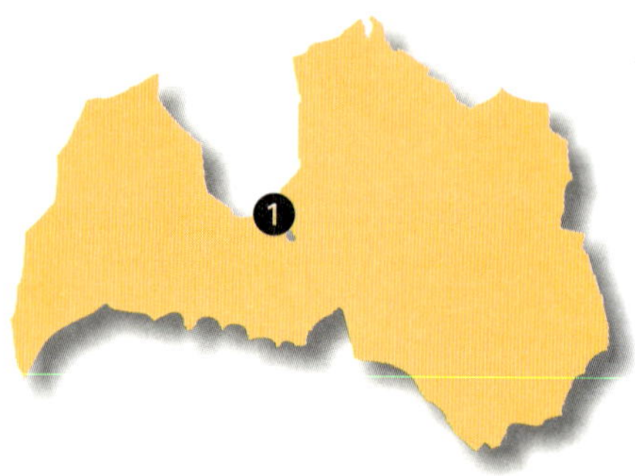

Litauen

❶ Kurische Nehrung

Im Norden des heute russischen Ostpreußens und in Litauen trennt ein schmaler Dünenstreifen die offene Ostsee vom 1613 Quadratkilometer umfassenden großen, aber flachen Strandsee, dem Kurischen Haff. Der zwischen 400 Meter und 4 Kilometer breite und 98 Kilometer lange Sandstreifen heißt entsprechend Kurische Nehrung und reicht vom einstigen Seebad Cranz bis Memel (Klaipeda), wo die Nehrung vor der schmalen Öffnung des Memeler Tiefs endet. Bis zu 70 Meter hohe Wanderdünen ziehen sich an der Haffseite hin und schaffen mit den Wäldchen auf der Nehrung ein Naturparadies, wo die Forschungsstation Rossitten arbeitet.

❷ Altstadt Vilnius

Ein Strauß herrlicher Gebäude kündet von der Blütezeit der litauischen Hauptstadt Vilnius (Wilna) im Mittelalter und in der frühen Neuzeit: die im backsteingotischen Stil erbauten Kirchen Sankt Anna (1580 vollendet, Bild rechts) und Sankt Bernhard (1513 fertig gestellt), die Michaeliskirche (1594–1625 erbaut) und die mit 2000 Statuen dekorierte Peter-und-Paul-Kirche (1668–1676). Sie prägten die baltische Gotik und den so genannten Wilnaer Barock (Kasimirkirche Bild unten links). Auch spätmittelalterliche Befestigungsreste wie der Gediminturm sind erhalten, und das klassizistische Rathaus sowie die russisch-orthodoxe Maria-Himmelfahrt-Kirche (Bild unten rechts) lohnen ebenfalls einen langen Blick. UNESCO-Welterbestätte seit 1994.

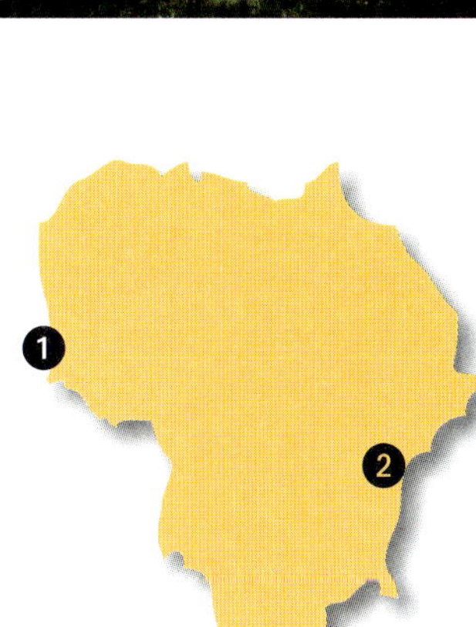

Weißrussland

❶ Pripjet-Sümpfe

Moore und moorige Gebiete sind unerhört reiche Lebensräume für feuchtigkeitsliebende Pflanzen, Vögel aller Art und für Amphibien. Größtes Sumpfland der Welt ist das Einzugsgebiet des Pripjet, eines 775 Kilometer langen Nebenflusses des Dnjeprs. Der größte Teil der Sümpfe liegt in der Landschaft Polesien im südlichen Weißrussland und umfasst fast 100 000 Quadratkilometer. Obwohl einige Gebiete inzwischen unter ungeheurem Aufwand haben trockengelegt werden können, ist der Löwenanteil weiterhin unzugängliches Moor. Die Natur hat sich durch buchstäbliche Bodenlosigkeit hier selber unter Schutz gestellt, und die Menschen profitieren von der riesigen Lunge der weiten, nur stellenweise bewaldeten grünen Einöde.

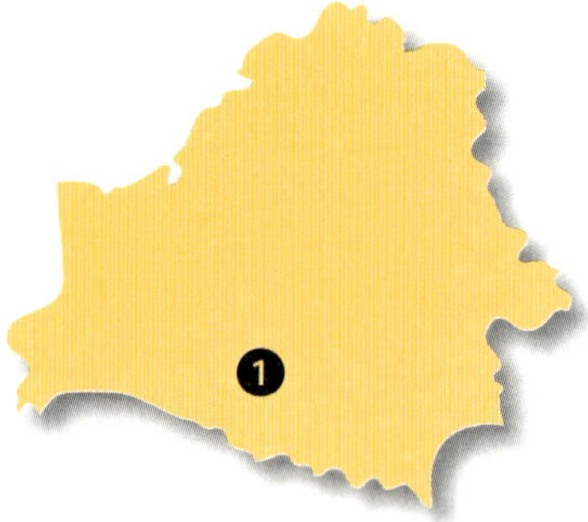

Ukraine

❶ Historisches Zentrum Lwów

(Lemberg)

Das lange zur österreichisch-ungarischen Doppelmonarchie gehörende Lemberg, dann polnische Lwów und heute ukrainische Lwiw hat trotz seiner bewegten Geschichte allerlei Kostbarkeiten retten können. Zur UNESCO-Welterbestätte seit 1998 gehören: hochmittelalterliche Befestigungsreste, der Pulverturm (um 1550), die spätgotische Bischofskirche, die später barock umgestaltet wurde, die armenische Kathedrale aus dem 14. Jahrhundert, deren Fassade 1908 erneuert wurde, die Uspenskikathedrale aus dem frühen 17. Jahrhundert, die barocke Kirche Sankt Georg und die etwa gleich alte Dominikanerkirche sowie das Landtagsgebäude, in dem heute die Universität untergebracht ist, und das Rathaus, beide im 19. Jahrhundert unter österreichischer Herrschaft erbaut. (Bild: Maria-Himmelfahrts-Kathedrale)

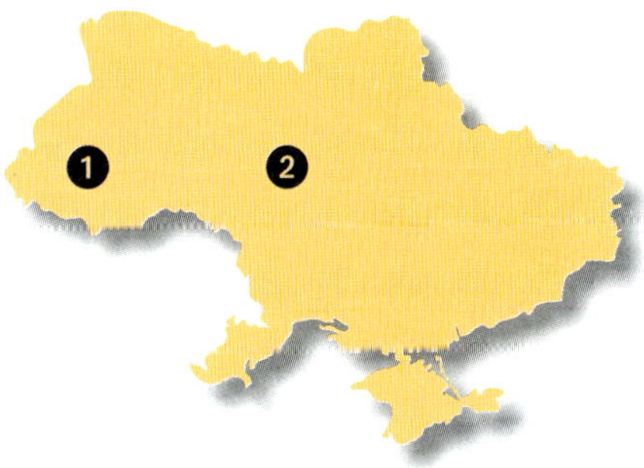

❷ Höhlenkloster Petscherskaja

Kiew

Die Gebäude in der ältesten russischen Klosteranlage in der ukrainischen Hauptstadt Kiew sind Prachtstücke, und doch zieht die Besucher eine andere Sehenswürdigkeit noch mehr an: Entstanden nämlich ist diese Kiewo-Petscherskaja-Lawra aus Höhlen, in denen sich Mönche im 11. Jahrhundert über dem steilen Dnjepr-Ufer ansiedelten. Erst später entstanden die verschiedenen Kirchen und Wohntrakte darüber, und die einstigen Höhlen, ein ganzes unterirdisches Labyrinth, dienten als Grablege für die verstorbenen Brüder. Ihre mumifizierten Leichname sind im Dämmerlicht der Kerzen stellenweise noch zu sehen. Mit der Sophienkathedrale in der Stadt sind die Höhlen UNESCO-Welterbestätte seit 1990.

❶ Sankt-Andreas-Kirche Kiew

Auf dem höchsten Punkt der Altstadt der ukrainischen Metropole Kiew wurde 1744 im Beisein der Zarin Elisabeth eine Kirche dem heiligen Apostel Andreas geweiht, der nach der Überlieferung Konstantinopel und Russland missioniert haben soll. Unverkennbar russisch-orthodox im Stil, ist ebenso wenig der Einfluss des westeuropäischen Barock zu übersehen, dem das Gotteshaus die Zentralbauweise, den reichen Dekor und die helle Farbigkeit verdankt. Mit der zentralen von einer kleinen Zwiebelkuppel gekrönten Kuppel signalisiert der Bau das auf der tiefen Volksfrömmigkeit ruhende Selbstvertrauen der russischen Kirche, die sich zudem im Bündnis mit dem Staat einer später nie wieder erreichten Machtfülle erfreuen durfte.

❷ Sophienkathedrale

Kiew

Im Jahre 988 schickte Großfürst Wladimir von Kiew Emissäre aus, denn er wollte sich und sein Volk taufen lassen, wusste aber nicht, nach welchem Ritus. Die Räte berichteten von »üblem Geruch« bei den Bulgaren und »Freudlosigkeit« bei den Deutschen. »Bei den Griechen aber«, fuhren sie fort, »wussten wir nicht, ob wir im Himmel waren oder auf der Erde. Diese Schönheit können wir nie mehr vergessen, denn jeder Mensch, der das Süße verkostet, nimmt nachher nichts Bitteres mehr.« So wurde das Großfürstentum nach Auskunft der ältesten russischen Chronik griechisch-orthodox, und die seit 1037 errichtete Sophienkathedrale in Kiew belegt, dass Wladimirs Baumeister ihre Schönheitslektion gelernt hatten. Sie wurden 1990 von der UNESCO mit dem Titel »Welterbestätte« belohnt.

Polen

❶ Malbork (Marienburg)

Als Sitz des Konvents vom Deutschen Orden im 13. Jahrhundert erbaut, entwickelte sich um die am rechten Ufer der Nogat gelegene und von Anfang an so benannte Marienburg ein gleichnamiger Ort, der heute zu Nordpolen gehört und Malbork heißt. Die mächtige Befestigungsanlage aus Backstein, verdoppelt durch die Spiegelung in den Fluten des Flusses, ist nur noch in einigen Teilen erhalten, alles andere wurde nach dem Krieg wieder aufgebaut: Konventshaus (Hochburg), Wehrturm, Marien- und Annenkapelle, Mittelschloss (Hochmeisterpalast) und Vorburg. UNESCO-Welterbestätte seit 1997.

❷ Masurische Seenplatte

In der Erinnerung an das alte Ostpreußen spielt oft eine Landschaft die Hauptrolle: Masuren, heute in Polen Mazury genannt, und seine Seenplatte haben auch die Hymne Ostpreußens geprägt: »Land der dunklen Wälder und kristallner Seen …« Es gehört zum Baltischen Höhenrücken und hat seine größten Wasserflächen im Spirdingsee mit 122 und im Mauersee mit 104 Quadratkilometern. Wunderschön ist es dort, und die Touristen kommen in Scharen. Die Bauern aber, die früher vom Ertrag des Bodens leben mussten, hatten nur ein karges Auskommen, denn die Äcker tragen wenig und die reichen Wälder gehörten gewöhnlich Großgrundbesitzern.

❶ Toruń

Er ist zwar nicht so prächtig wie der in Pisa, aber auch ganz schön geneigt: der Schiefe Turm von Toruń, bis 1945 Thorn. Die Stadt in der polnischen Woiwodschaft Kujawien-Pommern an der Weichsel hat noch so viel alte Bausubstanz, dass die UNESCO ihren Kern 1997 zur Welterbestätte erklärte. Besonders erwähnenswert sind: das gotische Rathaus (heute Landesmuseum), die mittelalterliche Stadtbefestigung, die gotischen Kirchen Sankt Jakob, Sankt Johannes und Sankt Marien (mit Wandgemälden aus dem 14. Jahrhundert, Bild oben links), die barocke Heiliggeistkirche (1735–1756), der einstige Bischofspalast (1693), das klassizistische Zeughaus (1824) und das Jugendstil-Theater. 1473 ist hier der Astronom Kopernikus zur Welt gekommen, ein Denkmal (1853, Bild oben rechts) und ein Museum erinnern daran.

❷ Nationalpark Puszcza Bialowieska

Deutsch heißt die schon seit 1947 unter Naturschutz stehende Landschaft Belowescher Heide, polnisch Puszcza Bialowieska und russisch Belowetskaja Puschtscha. Sie ist nämlich eine grenzüberschreitende Kostbarkeit in Nordostpolen und im mittleren Weißrussland, wobei sich beide Staaten etwa je zur Hälfte die 1250 Quadratkilometer teilen. Sumpfig sind sie auf weite Strecken und stark bewaldet. Wisente, Wölfe und Wildpferde haben hier ebenso ihre geschützte Heimat wie Uhu, Seeadler und Weißstorch, und das Gleiche gilt für die Flora des ungestörten Paradieses. Es erhielt von der UNESCO 1992 den Rang einer Welterbestätte.

❸ Altstadt Warschau

Die polnische Hauptstadt war im Zweiten Weltkrieg die erste europäische Metropole, die geballte Luftschläge erlitt und der dann beim Warschauer Aufstand 1944 erneut schwere Zerstörungen zugefügt wurden. Umso mehr staunen die Besucher darüber, dass sie dennoch die alte Pracht der auf dem Westufer der Weichsel liegenden Altstadt heute wieder vorfinden. Die Restauratoren haben ganze Arbeit geleistet: Schloss und Stadtmauern, die zum Teil sogar den Krieg überdauert haben, stehen ebenso wieder wie die farbigen Barock- und Renaissancehäuser am Alten Markt (siehe Bild) und die zahlreichen Kirchen und Klöster aus dem Mittelalter oder aus der frühen Neuzeit. Auch die unvergleichlichen Adelspaläste, heute natürlich anderen Zwecken dienend, haben sich aus der Asche wieder erhoben. UNESCO-Welterbestätte seit 1980.

❹ Barbakane Warschau

Brückenköpfe und Vorwerke von Befestigungsanlagen im Mittelalter wurden mit dem italienischen Wort »Barbakane« bezeichnet. Wo eine Bastion so mächtig und massig ist wie die am Eingang zur Warschauer Altstadt, wird der Begriff bereits als Name empfunden. Die Barbakane im Nordosten des Stadtkerns thront mit zwei dicken Rundtürmen zinnenbewehrt über einem Backsteintor und erinnert an die Kreuzfahrerzeit, als diese Art der Stadtmaueröffnung und gleichzeitig Sicherung von arabischen Festungsbauern übernommen wurde. Vergleichbar gewaltige Anlagen finden sich nur noch in Krakau und in einigen französischen Städten.

❶ Kathedrale Sankt Johannes

Warschau

Nur eine Straße vom Altstädtischen Markt, dem Herzen der polnischen Hauptstadt, entfernt erhebt sich die Bischofskirche Sankt Johannes. Sie übertrifft all die zahlreichen Kirchen Warschaus an Würde, Größe und Ausstattung. Der gotische Bau mit einem zur Andacht mahnenden Sterngewölbe ist Grablege bedeutender kirchlicher und weltlicher Würdenträger, darunter Henry Sienkiewicz, der Dichter des Romans »Quo vadis?«. Darin erscheint Jesus während der Christenverfolgungen dem fliehenden Petrus vor Rom und antwortet auf die Frage des Geblendeten »Wohin gehst du, Herr?«: »Da du meine Herde verlässest, gehe ich nach Rom, mich ein zweites Mal kreuzigen zu lassen« – eine unübertreffliche Parabel für das Martyrium der polnischen Kirche, die zu ihrer Herde auch in schwersten Zeiten gestanden hat, zuletzt unter der kommunistischen Herrschaft.

❷ Königsschloss Warschau

Der Entschluss, das alte Warschau wieder aufzubauen, fiel schon bald nach dem Zweiten Weltkrieg. Nur mit dem Königsschloss (Bild unten) am Südrand der Altstadt taten sich die kommunistischen Machthaber etwas schwer. 1971 rangen sie sich dann aber doch dazu durch, diese Lücke zu schließen, und scheuten keinen Aufwand, eine minutiös genaue Rekonstruktion schaffen zu lassen. Dabei halfen ihnen ein Kunstschatz des Bauwerks, der den Krieg ausgelagert überstanden hatte: Veduten des italienischen Malers Canaletto (1720–1780), der zwölf Jahre in Polen verbracht hatte und dem heute ein ganzer Saal im wieder erbauten Prachtbau aus dem 16. Jahrhundert gewidmet ist.

❸ Schlossplatz Warschau

So wirken, wie sie sollen, nämlich repräsentativ und möglichst beeindruckend, können Schlösser nur mit entsprechendem Platz davor. Dafür ist in Warschau gesorgt und auch dafür, dass die Touristen ihr Fotomotiv bekommen: Mitten auf dem Platz erhebt sich eine barocke Säule, von deren Spitze anscheinend eine Heiligen- oder Bischofsfigur segnend winkt. So denken viele jedenfalls, weil die Figur ein übergroßes Kreuz in der Linken hält. Sie stellt aber den polnischen König Sigismund III. Wasa (regierte 1587–1632) dar, der mit seinem katholischen Glaubenseifer ein Übergreifen der Reformation auf Polen verhinderte. Politisch operierte der Herrscher sonst eher glücklos (Verlust Livlands an Schweden und von Küstenstädten an Preußen).

❹ Sakramentinerinnen- und Marienkirche

Warschau

Im Norden der alten Altstadt liegt in Warschau die alte Neustadt, und darin findet der Findige zwei kleine, aber feine Gotteshäuser. Die Sakramentinerinnen-Kirche (siehe Bild) von Tylman van Gameren, dem niederländischen Meister des polnischen Barock entworfen, ist ein Zentralbau mit Klosteranlage. Einen Steinwurf weiter Richtung Weichsel reckt sich der Glockenturm der gotischen Marienkirche. Von ihrer Terrasse aus hat man einen unverbauten Blick über Grünanlagen und den breiten Fluss hinweg auf die am östlichen Ufer liegende Vorstadt Praga.

❺ Königsweg Warschau

Vom Schloss führt aus der Altstadt ein gerader Boulevard durch die Marienstadt hinaus nach Süden, der nicht nur deswegen Königsweg heißt, sondern auch wegen einiger baulicher Perlen: Gleich hinter der Stadtmauer die Sankt Annenkirche (siehe Bild), ein spätgotischer Bau mit klassizistisch umgestalteter Fassade, dann das Denkmal des polnischen Nationaldichters Mickiewicz (1798–1855) und das Palais Radzwill, in dem heute der Staatspräsident residiert. Vorüber an der üppigen spätbarocken Visitantinnenkirche erreicht man linker Hand das weite Gelände der Universität und kommt schließlich zum Denkmal des Kopernikus (1473–1543), um den ein deutsch-polnischer Nationalitätenstreit geführt worden ist, dabei schrieb der große Astronom lateinisch und gehörte mit Haut und Haar seiner Wissenschaft.

❻ Schloss Wilanów Warschau

In gedachter Verlängerung des Königswegs von Warschau nach Süden steht erneut Königliches: das 1677–1696 erbaute Schloss Wilanów, eine der schönsten Barockanlagen des ganzen Landes. Das gilt für den geschmackvoll geschmückten Bau des eigentlichen Schlosses wie der Nebengebäude und vor allem auch für den Park. Es ist, als wandele hier noch der einstige Hausherr der Sommerresidenz König Jan III. Sobieski, der Sieger in der Schlacht am Kahlenberg vor Wien, das er 1683 von der türkischen Belagerung befreite. Ein Besuch empfiehlt sich auch in der ehemaligen Reitschule, denn dort ist heute ein Plakatmuseum untergebracht.

❶ Gotisches Rathaus Breslau

Obwohl Schlesien außer Reichweite der alliierten Bomber lag, blieb von der Hauptstadt Breslau, polnisch Wroclaw, wegen des erbittert geführten Kampfs im Frühjahr 1945 nur ein Trümmerhaufen übrig. Die deutsche Bevölkerung wurde vertrieben, als Neubürger kamen vor allem ihrerseits aus Ostpolen von den Russen vertriebene Polen. Sie haben den alten Kern der Stadt weitgehend wiederhergestellt, insbesondere das Wahrzeichen: das im 13. Jahrhundert begonnene und in über zweihundertjähriger Bauzeit vollendete, unvergleichlich schöne gotische Rathaus (auf dem rechten Bild in der Mitte zu sehen; Bild unten: Innenraum). Es steht auf dem Altstadtmarkt, der mit seinen barocken Häusern und Renaissance-Palästen einen würdigen Rahmen abgibt.

❷ Tuchhallen Krakau

Riesig ist der Marktplatz in der Altstadt des südwestpolnischen Krakau, und mitten darauf steht ein imposantes Denkmal alter Handelsmacht: die Tuchhallen (Bild oben: Innen-, Bild unten: Außenansicht), ein Zweckbau, der uns heute als ein architektonisches Juwel erscheint. Der Komplex mit dem langen Arkadengang an der Frontseite entstand im 14. Jahrhundert, wurde aber wenig später im Stil der Renaissance kostbar umgestaltet. Das macht es schwer, an den Ständen, die in den Hallen immer noch ihre Waren feilbieten, nichts zu kaufen, denn selten steht man in so vornehmer Atmosphäre einem so lockenden Angebot gegenüber.

❸ Altstadt Krakau

Über vierhundert Jahre lang wurden hier die polnischen Könige gekrönt: Das Stadtbild der südwestpolnischen Stadt Krakau an der Weichsel hat mit entsprechenden Glanzpunkten aufzuwarten. Überragt wird sie im Süden durch den Wawel, den Burgberg mit Schloss, wo die besagten Könige bis 1596 residierten, und Kathedrale, wo ihre Grablege war. Weitere Sakralbauten mit ihren Türmen dominieren die Silhouette und ziehen mit ihren Kunstschätzen die Besucher an. Von der wirtschaftlichen Bedeutung der an sich kreuzenden Handelsstraßen liegenden Stadt zeugen die Tuchhallen und die Pracht der Handelshäuser. UNESCO-Welterbestätte seit 1978.

❹ Adalbertkirche Krakau

Bescheiden in einer Ecke des von den Tuchhallen dominierten großen Marktplatzes in Krakau am Unterlauf der Weichsel hat sich ein Kirchlein gedrückt, das eigentlich mehr als eine solche Randexistenz verdient: Die Adalbertkirche nämlich ist viel älter als alles ringsherum, stammt sie doch schon zum Teil aus dem 10. Jahrhundert, als es hier zwar auch schon einen Markt gab, aber nicht den jetzt so prunkenden. Dass man nicht auf den ersten Blick die Altehrwürdigkeit des Gotteshauses erkennt, liegt an teilweiser barocker Umgestaltung im 17. Jahrhundert. Über die Geschichte von Markt und Kirche informiert im Innern eine Ausstellung.

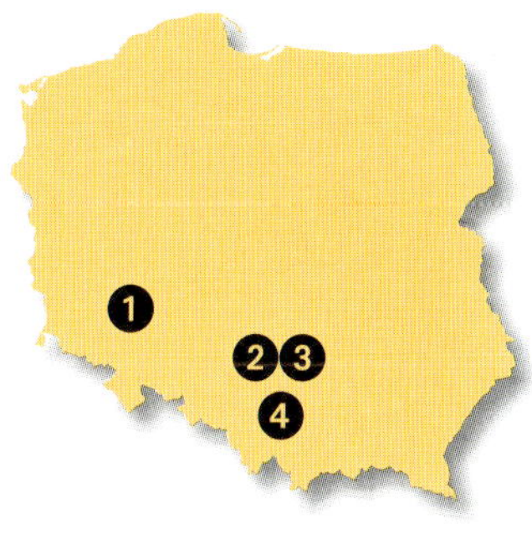

❶ Rathausturm Krakau

Regiert würde heute ohnedies woanders, doch dass das alte Rathaus von Krakau einfach verschwunden ist, bedauert der Besucher des Großen Marktes der Stadt schon. Dort steht nämlich noch einsam und verlassen der Turm des Gebäudes und zeigt mit seiner gotischen Gestaltung, was mit dem Rathaus an architektonischem Wert wohl untergegangen sein mag. Nach einem Brand im 19. Jahrhundert scheuten die Krakauer Ratsherren die Ausgaben für die Wiederherstellung ihres Amtssitzes oder wollten vielleicht auch nur einen neuen. Jedenfalls wurde die Ruine abgerissen. Der Turm verwaiste.

❷ Marienkirche Krakau

Kirchtürme dienten im Mittelalter durchaus auch als Ausguck bei Kriegsgefahr oder zur Früherkennung von Bränden. Dafür eignet sich an der gotischen Krakauer Marienkirche der in Frontansicht linke besser, denn er ist deutlich höher als der Kollege und obendrein schöner. Hier verkündete einst auch ein Trompetensignal, dass Mongolen nahten. Der Türmer muss geschlafen haben, denn ein paar der schnellen Bogenschützen waren schon heran, und einer ihrer Pfeile durchbohrte den Warnbläser, so dass das Signal jäh erstarb. Zur Erinnerung daran erschallt noch heute stündlich ein abrupt abbrechendes Fanfarengeschmetter zur vollen Stunde vom Turm. Geschichten religiöser Art erzählt hingegen im dreischiffigen Gotteshaus der Hauptaltar des Nürnberger Schnitzkünstlers Veit Stoß, mit 13 Metern Höhe der größte mittelalterliche Altar überhaupt.

❸ Barbakane und Florianstor

Krakau

Die Stadtmauer haben die Stadträte im 19. Jahrhundert leider abreißen lassen. Sie störte die planmäßige Erweiterung des Stadtkerns von Krakau und wich daher einem Grüngürtel (Planty), der natürlich viel hübscher ist und nicht so martialisch wirkt. Wie wehrhaft die alte Befestigung ausgeschaut haben muss, davon künden noch die aus dem 15. Jahrhundert stammende Barbakane, ein gewaltiges Außenfort mit Turmbollwerk und Durchlass, und dahinter das Florianstor (siehe Bild), das noch ein paar Mauerreste fortsetzen. Sie haben allerdings an Respekt eingebüßt, denn hier tummelt sich ein buntes Künstlervölkchen und bietet seine Bilder zum Verkauf an.

❹ Der Wawel Krakau

Hier oben auf dem Burgberg, dem Wawel, residierten lange die polnischen Könige und schauten herab auf ihre vom Unterlauf der Weichsel durchschlängelte Hauptstadt Krakau. Damit sie nicht ganz abhoben, mahnte der Dom neben ihrem Schloss zur Einsicht, dass alles Irdische eitel ist. Bei der Krönung in dem gotischen Gotteshaus wussten sie die Krypta nicht weit, wo ihre Vorgänger ruhten und sie dereinst auch für immer still werden würden. Manche Kapelle stifteten sie dem Dom (siehe Bild), so die wohl prachtvollste von allen, die Sigismund-Kapelle mit der goldenen Kuppel. Zurückgekehrt in ihre Residenz erfreuten sie sich an Kunstwerken, von denen noch und wieder viele zu besichtigen sind, obwohl der deutsche Generalgouverneur im Zweiten Weltkrieg alles geplündert hat, was ihm irgend wertvoll erschien.

❶ Kalwaria Zebrzydowska

Etwa 20 Kilometer südlich von Krakau und rund 15 östlich von Wadowice, dem Geburtsort Papst Johannes Pauls II., ruft ein in die südwestpolnische Landschaft gebetteter Kreuzweg die katholischen Gläubigen zum Gedenken an die Passion Christi: Kalwaria Zebrzydowska ist seit dem 17. Jahrhundert ein Wallfahrtsziel, und die Kreuzwegstationen vom Haus des Pilatus, der den Heiland zum Tod verurteilte, bis zum Kalvarienberg (lateinisch »calvaria« = Schädel) Golgatha mit den Kreuzen Jesu und der beiden Schächer sind seitdem kaum verändert worden. UNESCO-Welterbestätte seit 1999.

❷ Salzbergwerk Wieliczka

Eine Urkunde aus dem Jahr 1119 erwähnt erstmals den Namen Wielika Sol für eine Abbaustätte von Salz im südpolnischen Karpatenvorland. Heute heißt der Ort Wieliczka und kann auf ein Dreivierteljahrtausend Salzbergbau zurückblicken. Das können auch die Besucher, die hier 2100 teils öffentlich zugängliche Kammern und bis zu 342 Meter tiefe Schächte aus dieser langen Betriebszeit vorfinden. In 130 Metern Tiefe wartet ein Salinenmuseum auf Touristen und in 211 Metern Tiefe ein Kurzentrum auf Patienten mit Atemwegserkrankungen, die hier Linderung finden. UNESCO-Welterbestätte seit 1978.

Tschechien

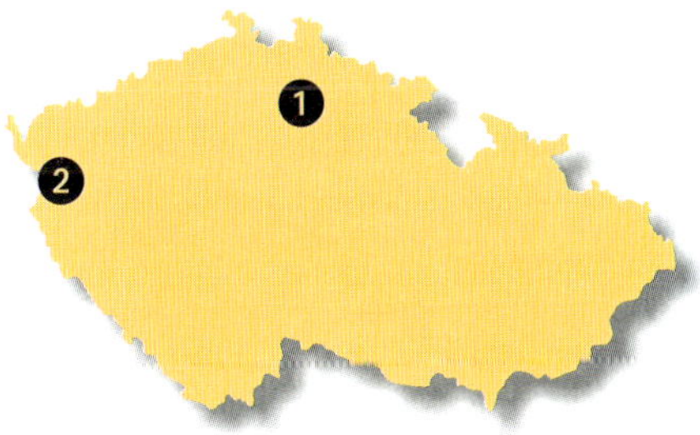

❶ Ceský ráj Turnov

Was den Sachsen ihr Elbsandsteingebirge, ist den Tschechen Ceský ráj, das »Böhmische Paradies« südlich der Stadt Turnov. Jahrhunderttausende haben hier ein Sandsteinplateau bizarr geformt: Säulen und Klüfte, schroffe Wände, tiefe Einschnitte bilden eine Steinlandschaft von hohem Reiz. Im frühen 19. Jahrhundert entdeckten die romantischen Dichter den Felsengarten und besangen ihn. Heute ist er eines der beliebtesten Ausflugsziele für die nur eine Autostunde entfernten Prager, deren Besuch auch den malerischen Burgen der Gegend gilt, darunter das Schloss Waldstein von Generalissimus Wallenstein, dem Feldherrn des Kaisers im Dreißigjährigen Krieg.

❷ Cheb

Erst einmal etwas zum Gruseln: Als der nordwesttschechische Kurort Cheb noch auf Deutsch Eger hieß, kam es hier am 25. Februar 1634 zu einer weltgeschichtlichen Bluttat: Feldherr Wallenstein fiel einem Mordkomplott zum Opfer. Wie, das ist am Tatort, dem einstigen Stadthaus und heutigen Museum, anschaulich dargestellt. Anzuschauen lohnen sich aber auch erfreulichere Sachen wie die in Teilen rekonstruierte Kaiserburg, die gotische Hallenkirche Sankt Nikolaus und Elisabeth, das »Stöckl« genannte Viertel mit elf mittelalterlichen Häusern im ehemaligen Franziskanerkloster. Vor dem »Grünerschen Haus« mit der Erinnerungstafel empfiehlt sich kurzes Gedenken an den berühmtesten Badegast des Ortes: Goethe hat ihn viele Male besucht und in der Gegend geologische Forschungen betrieben.

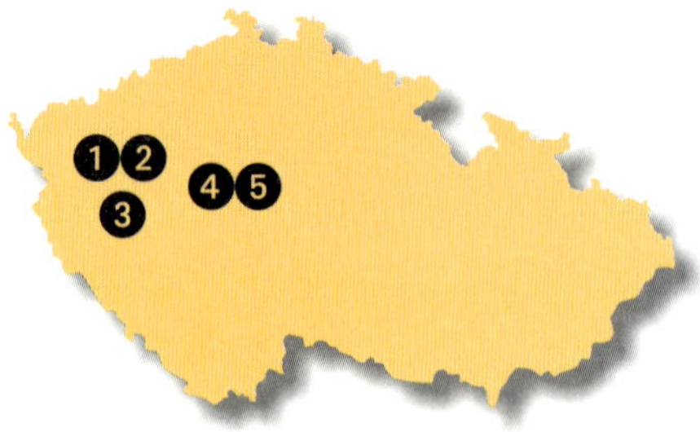

❶ Karlsbad
❷ Marienbad
❸ Franzensbad

Heute heißen die drei nordwesttschechischen Bäder-Perlen Karlovy Vary, Mariánské Lázne und Frantiskovy Lázne. In der kommunistischen Zeit zu Randexistenzen geworden, sind die Kurorte inzwischen wieder »in«. Schon die Goethe-Touristen stellen eine beachtliche Besucherzahl. Sie wollen verweilen, wo der Dichter 1786 bei Nacht und Nebel nach Italien floh: im größten der drei, in Karlsbad (Bild unten rechts). Sie wollen der Liebe des 74-jährigen Weltweisen zur 19-jährigen Ulrike nachspüren am Ort, der dem wohl schönsten Entsagungsgedicht den Namen gab: in Marienbad (Bild unten links). Und sie wollen die fantastisch bemalte Fachwerkfassade des Gasthofs »Zu den drei Lilien« bestaunen, in dem Goethe im kleinen Franzensbad (Bild oben links) abstieg. Viele aber kommen ganz einfach wegen des pulsierenden Kurbetriebs und wegen des heilkräftigen nordböhmischen Wassers.

❺ Karlsbrücke Prag

Viele Brücken führen in der tschechischen Hauptstadt Prag über die Moldau, doch keine erreicht den ästhetischen Rang der nach Kaiser Karl IV. (1355–1378) benannten 515 Meter langen Karlsbrücke. Seit 1357 von Peter Parler im Auftrag des Kaisers erbaut, erhielt die Steinbrücke prächtige gotische Brückentürme. Die Fassade des westlichen zieren Skulpturen des Kaisers und seines Sohnes und Nachfolgers Wenzel, der zur Brücke in ganz eigener Beziehung steht: Er ließ den Priester Johannes von Nepomuk 1393 von ihr in die Moldau werfen, weil sich der fromme Mann weigerte, das Beichtgeheimnis zu brechen. Die Statue des 1729 heilig gesprochenen Predigers schmückt nun die mit weiteren barocken Plastiken dekorierte Karlsbrücke, und am 16. Mai wird er in ganz Europa als Brückenheiliger gefeiert.

❹ Historischer Stadtkern Prag

»Am Grunde der Moldau wandern die Steine./ Es liegen drei Kaiser begraben in Prag./ Das Große bleibt groß nicht und klein nicht das Kleine./ Die Nacht hat zwölf Stunden, dann kommt schon der Tag.« Was Bertolt Brecht mit diesen Versen ausdrücken wollte, bestätigt und widerlegt die darin besungene Stadt. Groß geblieben sind die Denkmäler, geschwunden sind Macht und oft auch Ruhm derer, die sie hinterlassen und damit eine Altstadt geprägt haben, die zu den geschichtsträchtigsten des Kontinents gehört. »Stadtmarken« sind dort: das Altstädter Rathaus aus dem 14. Jahrhundert am Altstädter Ring, die Teynkirche mit den vieltürmigen Türmen gegenüber, das Karolinum als Sitz der ersten mitteleuropäischen Universität (1348), die wieder aufgebaute gotische Bethlehems-Kapelle, wo der Reformator Jan Hus gepredigt hat, das Jesuitenkolleg Klementinum und das barocke Clam-Gallas-Palais. UNESCO-Welterbestätte seit 1992.

❶ Kleinseite Prag

Am Fuße des Hradschin (oben links im Bild) erstreckt sich in der Hauptstadt der Tschechischen Republik bis zur Moldau das »Kleinseite« (Malá Strana) genannte Viertel. Hier paradieren die Adelspaläste aus feudalen Zeiten. Wichtigster ist der des kaiserlichen Feldherrn Wallenstein, der für den Bau der »Waldstein-Palais« genannten Anlage im Schutz der mächtigen Prager Burg zwanzig Häuser abreißen ließ. Zentrum und Blickfang dieser Unterstadt ist die barocke Sankt-Niklas-Kirche mit der mächtigen grünen Kuppel, erbaut seit 1703 von Vater Christoph (1655–1722) und Sohn Kilian Ignaz Dientzenhofer (1689–1751). Über die Karlsbrücke erreicht man von der Kleinseite aus die Altstadt am anderen Ufer des Flusses.

❷ Hradschin Prag

Dort oben, hoch über der tschechischen Hauptstadt Prag, haben die Böhmen 1618 zwei kaiserliche Räte aus dem Fenster geworfen und damit das Signal zum Dreißigjährigen Krieg gegeben: Die Prager Burg oder der Hradschin, dessen Grundmauern noch aus dem ersten Jahrtausend stammen, hat in der Geschichte oft eine Schlüsselrolle gespielt. Ihn krönt der gotische Sankt-Veits-Dom (Bild links, oben), der erst im 20. Jahrhundert wirklich vollendet werden konnte; er erhielt sein Gesicht aber schon durch Peter Parler im 14. Jahrhundert. Der gewaltige Komplex umfasst weiter: den alten Palast mit schönen Renaissance-Sälen im Ludwigsflügel und das Georgskloster mit seiner romanischen Basilika. Außerhalb der Anlage stehen mehrere Paläste, darunter das barocke Sternberg-Palais, in dem heute die Nationalgalerie untergebracht ist.

❸ Pulverturm Prag

An der Grenze zwischen der Altstadt (Staré mesto) im Westen am rechten Ufer der Moldau in Prag und der, freilich auch schon ein paar Jahrhunderte alten, Neustadt (Nové mesto) im Osten steht ein Turm (1475–1500). Ursprünglich als Pulverlager gedacht und im 19. Jahrhundert mit Walmdach und Umgang ausgestattet, wäre er in der vieltürmigen Stadt nicht der Rede wert, hätte man von ihm aus nicht einen so schönen, weiten Blick in die Ferne über das Häusermeer hinweg und auf die unmittelbare Nähe, das Repräsentationshaus. Aus der Vogelperspektive nimmt sich dieser wohl schönste Jugendstilpalast weit und breit besonders exotisch aus in der sonst so altehrwürdigen Bausubstanz.

❹ Belvedere Prag

Als bedeutendster Renaissancebau in Böhmen gilt das Lustschloss der Königin Anna in Prag, Belvedere (schöne Aussicht) geheißen. Errichtet zwischen 1536 und 1558, liegt es vom Nordtor des Hradschin aus gesehen Richtung Staubbrücke in den einstigen Königlichen Gärten. Trotz der Beteiligung von einer ganzen Reihe von Baumeistern am Entwurf und an der Bauausführung gelang ein vornehm-einheitliches Gebäude mit einem seltsamen Dach: Es liegt mit seiner bergenden Wölbung wie eine Besänftigung auf dem herrschaftlichen Haus.

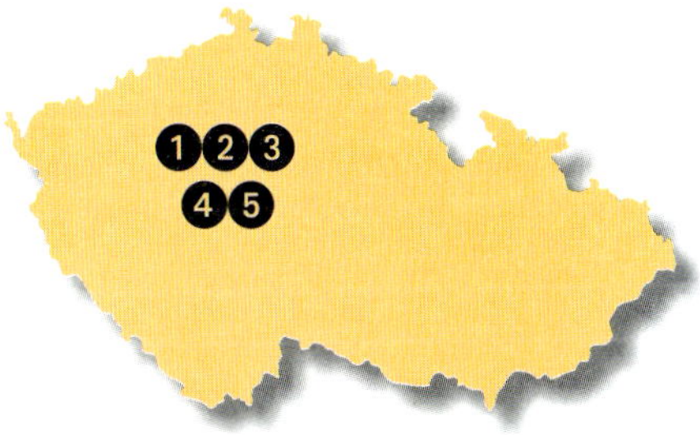

❺ Goldenes Gässchen

Prag

Liegt nach Rilke auf den »Stirnen stiller Paläste« in Prag das Licht »glänzender Namen«, so haben wir hier die Behausungen von Leuten vor uns, deren Namen niemand mehr nennt. Das »Goldene Gässchen« heißt nicht so wegen irgendwelchen edelmetallenen Prunks an den Häusern aus dem 16. Jahrhundert, sondern wegen der Profession der einst in den bunten Bauten Tätigen: Für Kaiser Rudolf II. (1576–1612), der zum Spintisieren neigte, sollten hier Alchimisten Gold machen und damit seine Macht mehren, die in der Rivalität zu seinem Bruder Matthias (Kaiser 1612–1619) abbröckelte.

❶ Kloster Strahov Prag

Eine Bibliothek, in der man vor lauter Schauen zunächst kaum zum Lesen kommt: 1148 wurde in Prag das Kloster Strahov der Prämonstratenser geweiht. Im 16./17. Jahrhundert aus- und umgestaltet, erhielt es hundert Jahre später sein heutiges barockes Gesicht und den Philosophischen Bibliothekssaal in einem eigenen zweistöckigen Gebäude. Über den Vitrinen und Bücherregalen wölbt sich hier ein Deckengemälde von Franz Anton Maulpertsch, des berühmtesten österreichischen Barockmalers, in solcher Pracht, dass die Besucher lange statt auf das Lesepult nach oben starren. Auch die anderen Säle sind von namhaften Künstlern geschmückt worden.

❷ Wenzelsplatz Prag

Unter einem Platz stellen sich die meisten etwas Rundes bis Ovales oder etwas Quadratisches bis Rechteckiges vor. In Tschechiens Hauptstadt müssen sie das angesichts ihres Hauptplatzes revidieren. Der nach dem heiligen Herzog Wenzel I. (921–929), Christianisierer und Schutzpatron Böhmens, benannte Platz ist ein 750 Meter langer und 60 Meter breiter Doppelboulevard. Hier geben sich alle die ein Stelldichein, die sehen und gesehen werden möchten, und auch die vornehmen Gernkäufer, die am Wenzelsplatz Geschäfte aller Art finden. Bekannt ist er auch aus der Politik: Hier blockierte ein Student 1968 sowjetische Panzer mit bloßer Brust, die den »Prager Frühling« niederwalzten, und hier verbrannte sich Jan Palach 1969 aus Protest gegen diese brutale Unterdrückung.

❸ Astronomische Uhr Prag

Dass so etwas schon 1490 gebaut werden konnte, darüber staunen täglich neu die Prag-Besucher: Am Altstädter Rathaus zeigt die astronomische Uhr Jahr, Monat, Tag, Stunde, Minute, Mondphase, Stellung der Planeten, Tierkreiszeichen mit Zeigern und Bildern exakt und höchst bildhaft an. Und zu jeder vollen Stunde wächst die Zuschauerschar, weil sich dann die Fenster über der Uhrenscheibe öffnen und jeweils sechs der zwölf Apostel vorüberziehen lassen. Dann schließen sie sich wieder, der Hahn lässt ein scheppperndes Krähen vernehmen, Gevatter Tod dreht die Sanduhr um, und die Totenglocke läutet, mahnend, dass uns jede Minute dem Ende näher bringt.

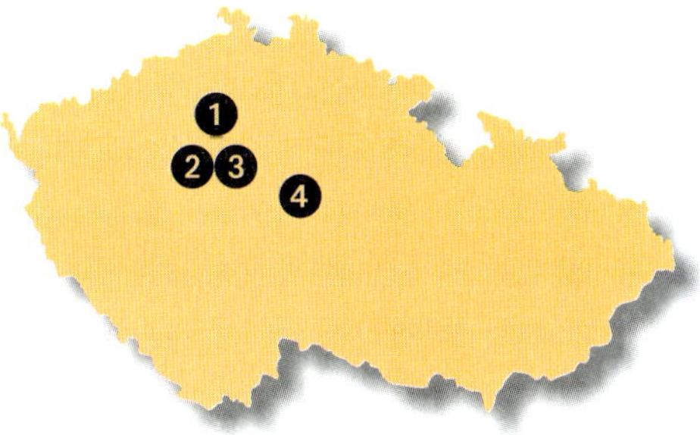

❹ Historisches Zentrum

Kutná Hora

Schon in der Bronzezeit wurde hier Bergbau betrieben, der Kuttenberg in Mittelböhmen, heute Kutná Hora, im Mittelalter zu einer florierenden Stadt machte. Die erhaltenen kostbaren Bauten im historischen Kern sprechen lebhaft davon: Da ist ganz obenan die fünfschiffige spätgotische Barbarakirche mit den drei Zeltdachkonstruktionen über dem feinen Maßwerk als Blickfang (siehe Bild). Sie wurde 1388 von Peter Parler (1330–1399) begonnen, aber erst 1565 fertig. Bedeutend auch die beiden Profanbauten: die als das »Welsche Haus« bekannte alte Münzstätte aus dem 14. und das für den Rat der Stadt erbaute »Steinerne Haus« aus dem 15. Jahrhundert. UNESCO-Welterbestätte seit 1995.

❶ Schloss Litomysl (Leitomischl)

In der Stadt ist Musik, und zwar in zweierlei Sinn: Zum einen ergeben die Prunkbauten im tschechischen Litomysl (Ostböhmen) einen herrlichen architektonischen Akkord, zum anderen findet hier für den größten Sohn der Stadt, den Komponisten Smetana (1824–1884), alljährlich ein Festival statt. Den Bau-Ton gibt eindeutig das Renaissance-Schloss an, dessen Sgraffito-Fassaden im großen Schlosshof schon für sich beschwingt machen. Unterstützen lässt sich dieses Gefühl in der Schlossbrauerei aus der gleichen Zeit oder im etwas jüngeren barocken Schlosstheater. Zu nennen auch das »Haus zum Ritter«, eine besonders schöne Konstruktion.

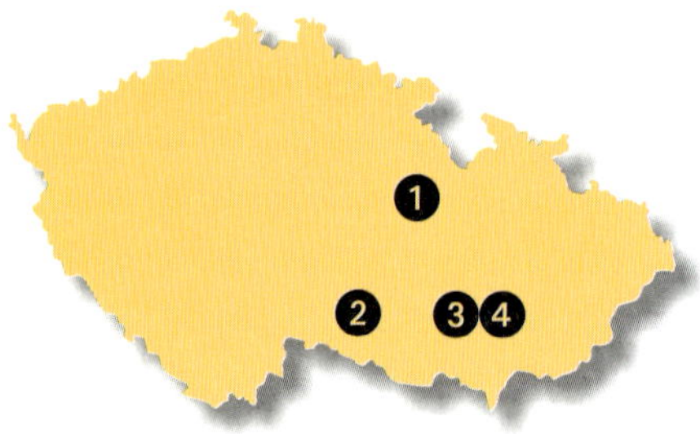

❷ Historisches Zentrum

Telc

Am Brunnen mitten in der Stadt versammelt sich die Jugend des tschechischen Telc im südwestmährischen Gebiet, und auch für die Touristen ist er ein Magnet: Im Zentrum des Wasserkunstwerks erhebt sich eine sich nach oben verjüngende fantasievolle barocke Skulpturensäule, ein schwungvolles Bild vor der Kulisse ernsterer Bürgerhäuser um den Marktplatz herum. Ihretwegen heißt die Stadt auch »weiße Perle« an der »Straße der tschechischen Renaissance«. Schloss, Rathaus und Heiliggeistkirche stammen ebenfalls aus dieser Stilepoche und haben Telc 1992 den Rang einer UNESCO-Welterbestätte eingetragen.

❸ Altstadt Brno (Brünn)

»Was wir sind, werdet ihr werden«, steht als »Memento mori« auf einer Tafel in der Kapuzinergruft des gleichnamigen Klosters am gleichnamigen Platz im tschechischen Brno, deutsch Brünn. Die Mahnung der hier beigesetzten Mönche, dass unsere Erdentage gezählt sind, schmerzt besonders, denn in der Hauptstadt des südmährischen Gebiets kann man sich kaum satt sehen an der schönen Lage inmitten von Hügeln, ebenso wenig wie an den Baudenkmälern: Über der Stadt wacht die Zitadelle auf dem Spielberg (Špilberk). Der barock umgestaltete Dom (Bildmitte) aus dem 15. Jahrhundert dominiert die Altstadt, wo gotische und barocke Kirchen, das genannte Kloster und seine Gruft, Altes und Neues Rathaus, Paläste und Reste der Stadtbefestigung den Besuch lohnen.

❹ Austerlitz

Auf den Tag genau ein Jahr nach seiner Selbstkrönung zum Kaiser der Franzosen »begegnete« Napoleon I. am 2. Dezember 1805 zwei »Kollegen« nahe der heutigen tschechischen Stadt Slavkov u Brna in Westmähren, die damals Austerlitz hieß. Sie ging wegen der Begegnung in die Weltgeschichte ein, denn es war ein höchst bleihaltiges Treffen, in dem der kleine Korse einen großen Sieg über den österreichischen und den russischen Kaiser davontrug, weswegen die Bataille auch Dreikaiserschlacht genannt wird. Dass dabei 7000 Franzosen sowie 27 000 Russen und Österreicher ihr Leben lassen mussten, daran erinnert ein Mahnmal auf dem Friedenshügel zehn Kilometer westlich von Austerlitz.

❶ Schloss und Park Kromeríz

Was in Deutschland die Frankfurter Paulskirche ist, nämlich Symbol gescheiterter demokratischer Hoffnungen während der Revolution von 1848/49, das ist in Österreich der heute tschechische Ort Kromeríz, das damalige Kremsier. Hierher zog sich der österreichische Reichstag zur Beratung einer Verfassung auf föderalistischer Basis für den Vielvölkerstaat der Donaumonarchie zurück. Die Abgeordneten scheiterten im mit Goldstuck geschmückten Festsaal des herrlichen Schlosses von Kremsier (UNESCO-Welterbestätte seit 1998), und Spaziergänge im nicht minder wunderbaren Park mit seinen 233 Meter langen Kolonnaden im Blumengarten werden sie über ihre Machtlosigkeit angesichts der bewaffneten Gegenrevolution kaum hinweggetröstet haben. Im Bild ist einer der Schätze, die im Schloss ausgestellt sind, zu sehen: »Die Schindung des Marsyas« von Tizian (um 1490–1576).

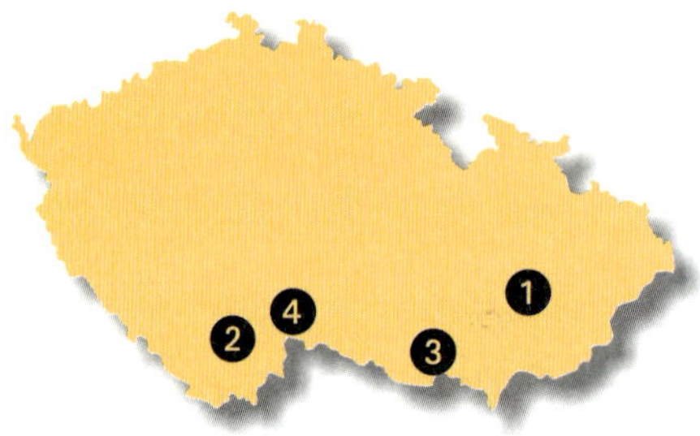

❷ Historisches Zentrum

Ceský Krumlov

Möglich sind zwei Erklärungen für die Entstehung des früheren deutschen Namens der tschechischen Stadt Ceský Krumlov südwestlich von Budweis: In zwei Bögen der Moldau sind ihre Viertel untergebracht, liegen also in einer »krummen Au«, daher Böhmisch Krumau. Andererseits: Der Ort ist Veranstalter eines traditionellen alljährlichen Bierfestes, und danach erscheint vielen bisher Gerades durchaus als krumm. Das kann man so oder so sehen, den besten Blick jedenfalls hat man vom wunderbar geformten und bemalten Maselniceturm des Schlosses auf die schachbrettartig angelegte Stadt mit dem Renaissance-Rathaus und der gotischen Sankt-Veit-Kirche. Und den Blick erfreuen auch Bilder des Malers Egon Schiele (1890–1918) im nach ihm benannten Kulturzentrum. UNESCO-Welterbestätte seit 1992.

❸ Kulturlandschaft Lednice und Valtice

Das Schöne an englischen Gärten ist, dass sich die menschliche Prägung der Landschaft erst auf den zweiten Blick erschließt. Ist die Landschaft so weit wie die um die durch eine herrliche Allee verbundenen tschechischen Orte Valtice (Feldsberg) und Lednice (Eisgrub) südlich von Brünn, nämlich ganze 160 Quadratkilometer, dann verschwimmen die Grenzen von Kultur und Natur zu einem wohltuenden Miteinander. Anlegen ließen diesen schier unendlichen Park die Fürsten von Liechtenstein zu Beginn des 17. Jahrhunderts. Barocke, klassizistische und neugotische Bauten betteten ihre Architekten nach und nach ins weite Grün und schufen so eine Perle der Romantik, als es den Begriff noch gar nicht gab. UNESCO-Welterbestätte seit 1996.

❹ Holasovicé

Auf mittelalterlichem Grundriss stehen im tschechischen Dorf Holasovicé westlich von Budweis Häuser aus dem 18. und 19. Jahrhundert, als sei die Zeit angehalten worden. Ihre Fassaden prangen in geometrischen Ornamenten und Blumenbildern wie zur Bauzeit – herrlichster südböhmischer Bauernbarock. Liebevoll restauriert und heute als Freilichtmuseum zu besichtigen, gruppieren sich die soliden Gehöfte mit Stallungen und Wohntrakten um stille Innenhöfe und vermitteln das Bild einer agrarischen Epoche, als Maschinen in der Landwirtschaft noch weitgehend unbekannt waren. UNESCO-Welterbestätte seit 1998.

Slowakei

❶ Hohe Tatra

Ja, unergründlich sehen sie aus, die im Volksmund Meeraugen genannten Seen im Hochgebirgszug der Hohen Tatra, schaut man von den Gipfeln herab. Sie sind keineswegs die einzigen Herrlichkeiten in dieser faszinierenden Höhenlandschaft, die steil, ja schroff aus dem Zipser Becken im Süden und aus dem Neumarkter Becken im Norden aufsteigt, in der Gerlsdorfer Spitze in 2655 Meter Höhe den Gipfel erreicht und im Norden der Slowakei die Grenze zu Polen markiert. Das granitene Massiv zeigt Spuren einstiger Vergletscherung und heute auch solche des zunehmenden Fremdenverkehrs, denn Ski und Rodel sind in günstigen Lagen so gut, dass Sessellifte und Hotels sich schnell vermehren. Einige Gebiete wurden daher bereits unter Naturschutz gestellt.

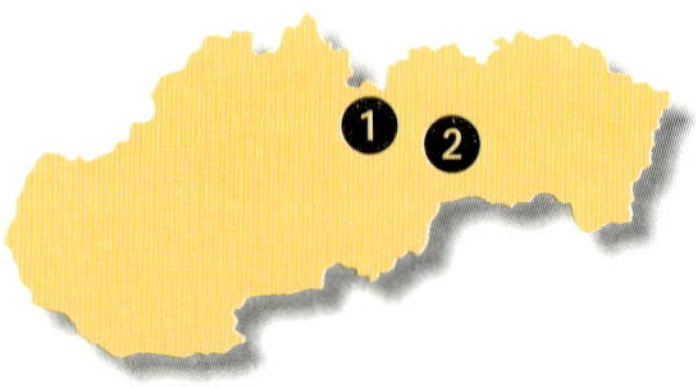

❷ Kulturdenkmäler Spisský hrad

Der gläubige Blick der Menschen in der nordslowakischen Landschaft Spis (deutsch Zips) ging immer nach Nordwesten empor zu den Gipfeln der Hohen Tatra. Ein argwöhnisches Auge aber blickte auch stets in die Gegenrichtung, von wo Gefahr drohen konnte. Für den Glauben war und ist die dreischiffige romanische Domkirche Sankt Martin (siehe Bild) in Spisske Podhradie gedacht, vor Gefahren sollte die Bewohner die Anlage Spisský hrad (Zipser Burg) bewahren. Von ihr stehen nur noch ein Rundturm aus dem 13. Jahrhundert, noch ältere Mauerreste, massive Befestigungen aus der Zeit der Hussitenkriege und die Elisabethkapelle, denn auch Krieg ließ sich nicht ohne Beistand des Höchsten führen. UNESCO-Welterbestätte seit 1993.

Ungarn

❶ Aggtelek-Höhlen und Slowakischer Karst

Naturschönheiten kümmern sich nicht um Staatsgrenzen: Das Slowakische Erzgebirge heißt so, obwohl es nach Nordungarn hineinreicht und hier wie dort im Karst Höhlen bildet, deren schönste und größte auf ungarischem Gebiet bei Aggtelek liegt: Die Baradlahöhle ist 22 Kilometer lang, etwa sieben Kilometer des Hauptgangs sind zu besichtigen mit seinen bizarren Felsformationen, unterirdischen Flüssen und Seen. Mit acht Kilometern deutlich kleiner, aber womöglich noch faszinierender ist die Eishöhle von Dobschau, in der ein 13 Meter hoher gefrorener Wasserfall in allen Farben blinkt. Höhlen, Flora und Fauna des Aggtelek-Nationalparks sind seit 1995 UNESCO-Welterbestätte.

❷ Hollókö

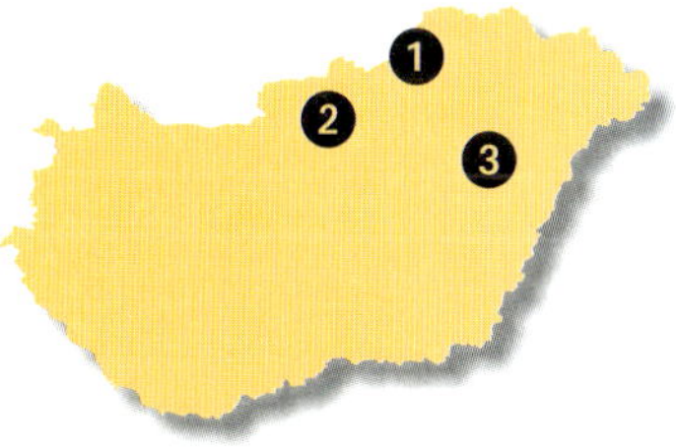

Klein, aber wirklich fein: Im nördlichen Teil des Ungarischen Mittelgebirges liegt das Dorf Hollókö (deutsch Rabenstein), dessen mittelalterliche bis frühneuzeitliche geduckte Häuser mit abgeschopften Walmdächern und geschnitzten Holzlauben malerisch an den Hang gebaut sind. Trotz der bewegten Zeiten und dem Kommen und Gehen von Eroberern hat der abgelegene Ort, in dem heute 500 Menschen leben, sein Gepräge unversehrt erhalten können. Inzwischen ein touristischer Geheimtipp, erträgt Hollókö den Besucherstrom mit Gelassenheit. Ernst schaut dem Treiben die Ruine einer alten Festung zu, die auf einen schroffen Felsen gebaut ist. UNESCO-Welterbestätte seit 1987.

❸ Hortobágy-Nationalpark

Wer kennt nicht die blutvolle Liebesgeschichte »Ich denke oft an Piroschka«? Sie spielt in einer unendlichen, fast völlig baumlosen Steppe in sommerflirrender Luft, und die Sehnsucht, die im Titel mitschwingt, gilt mindestens so sehr auch dem weiten ungarischen Tiefland, der Puszta und ihrem hohen Himmel, über den des Nachts die Rosse König Árpáds sprengen. Viel von ihr ist nicht mehr übrig, der wirtschaftliche Druck hat aus den meisten Flächen riesige Monokulturen gemacht. Nur die westlich Debrecen gelegene Hortobágy, ein Nationalpark von 30 000 Hektar, bietet noch Puszta der ganz ursprünglichen Art und ist daher seit 1999 UNESCO-Welterbestätte.

❶ Burgviertel Buda

Budapest

An der schönen, inzwischen auch wieder etwas blaueren Donau, und zwar am rechten Ufer, geht es in der ungarischen Hauptstadt Budapest 150 Meter steil empor zum Burgberg, der so heißt, eben weil dort die alte Burg (um 1250) des einst Ofen genannten Stadtteils steht. Noch eindrucksvoller als das mächtige Gebäude, das Nationalgalerie, Historisches Museum und Nationalbibliothek beherbergt, ist der Blick von hier auf die ganze Stadt und auch auf die romanisch-gotische Matthias-Kirche (1255–1269), wo die ungarischen Könige gekrönt wurden. Daneben, ebenfalls auf dem Burgberg, die neuromanische Fischerbastei (1901–1905, siehe Bild) und nicht weit davon das alte Rathaus. Dieser historische Kern von Budapest ist zusammen mit dem Donauufer UNESCO-Welterbestätte seit 1987.

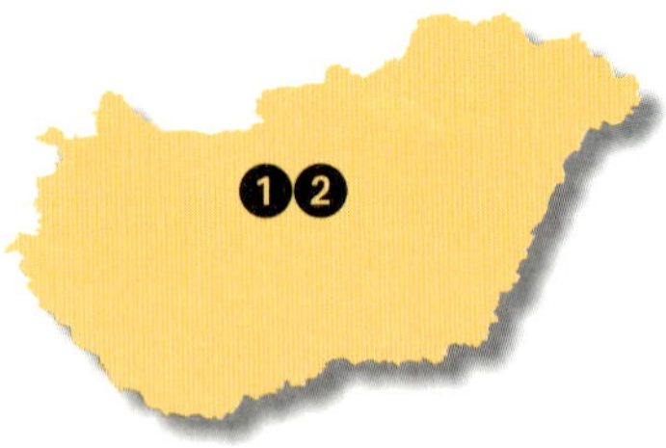

❷ Donauufer und Parlament Budapest

Über die Kettenbrücke gelangt man in der ungarischen Hauptstadt vom rechten Stadtteil Buda über die hier rund 600 Meter breite Donau hinüber nach Pest. Die dortige Uferstraße Dunakorzó säumen Stadtpaläste des einstigen Adels und andere inzwischen vielfach umfunktionierte Prachtbauten, unter denen das nach dem Muster der Londoner Houses of Parliament 1885–1902 errichtete Parlament den beherrschenden Akzent setzt. Dieser Korso war vor dem Krieg Flaniermeile und entwickelte sich nach dem Zusammenbruch der kommunistischen Herrschaft 1989/90 wieder zum »Man-sieht-sich« der Reichen und Schönen. Das Ufer und der Burgberg in Buda sind gemeinsam UNESCO-Welterbestätte seit 1987.

Slowenien

❶ Altstadt und Schloss Ljubljana

Schon in der Römerzeit stand an der Stelle der slowenischen Hauptstadt eine beachtliche Siedlung, Emona genannt. Davon zeugt noch eine Wasserleitung, die sogar bis ins 19. Jahrhundert einen Teil der Versorgung der Stadt gewährleistete. Im 12. Jahrhundert ist dann erstmals von Laibach oder slowenisch von Ljubljana in den Quellen die Rede. Das heutige sympathische Aussehen rührt her von der netten Gruppierung der Stadtviertel um den 77 Meter hohen Schlossberg, so bezeichnet wegen der Burg (12. Jahrhundert) darauf. Von den öffentlichen Gebäuden, meist im 17. und 18. Jahrhundert entstanden, sind besonders die Domkirche Sankt Nikolaus mit ihren schönen Fresken und Stuckornamenten, die Franziskanerkirche bei den Drei Brücken (siehe Bild), das Renaissance-Rathaus und der Bischofshof zu nennen.

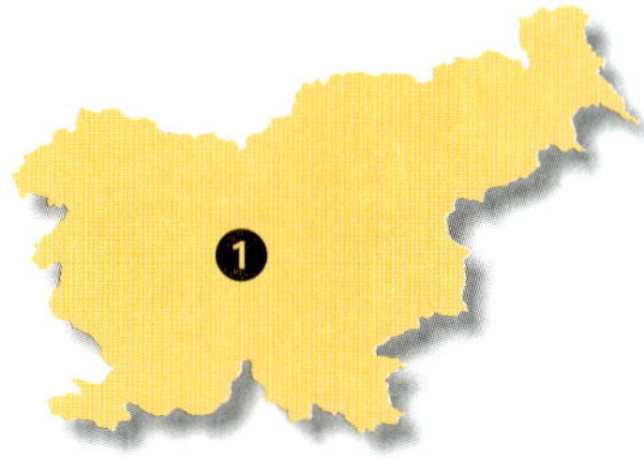

❶ Grotten Adelsberg

Eine Stadt mit einem seltsamen Wappentier: Das slowenische Postojna, deutsch: Adelsberg, präsentiert sich mit einem Proteus anguineus, dem Grottenolm. Das bleiche Tier ist zu diesen heraldischen Ehren gekommen, weil Exemplare davon in der Hauptsehenswürdigkeit der Gegend vorkommen: im Tropfsteinparadies »Postojna Jama«, hierzulande bekannter als die Adelsberger Grotten. Sie wurden vom unterirdischen Poikbach (Pivna) ausgewaschen und bieten einen zauberischen Irrgarten von Stalagmiten (stehenden) und Stalagtiten (hängenden Kalkzapfen). Heute ist das Höhlensystem per Grubenbahn erschlossen und wird sogar kulturell genutzt: In einem der natürlichen Steindome ist ein Konzertsaal eingerichtet worden, dessen Aussehen und Akustik unvergessliche Hörerlebnisse garantieren.

❷ Höhlen Skocjan

»Großer Saal«, »Paradies«, »Saal der Sinterwannen«, »Stille Höhle« – ein paar idyllische Namen aus dem fünf Kilometer langen Höhlensystem beim slowenischen Skocjan östlich von Triest. »Anheimelnd« freilich ist vielleicht nicht der richtige Ausdruck für die Gefühle, die den Besucher in der zerklüfteten Unterwelt anwandeln. Da geht es über Brücken 45 Meter hoch über den durch das System brausenden Fluss Reka, der an anderen Stellen in Kaskaden herniederstürzt. Gewaltige Kessel betritt man nach engen Durchlässen, etwa die Höhle Martelova dvorana, die 308 mal 123 mal 146 Meter misst. In dem äußeren Bereich fanden sich Spuren frühgeschichtlicher Besiedlung der schützenden Felswohnungen, in denen heute Fledermäuse hausen. UNESCO-Welterbestätte seit 1986.

Kroatien

❶ Altstadt Porec

Überall in Dalmatien finden sich Spuren aus römischer Zeit, als das Gebiet des heutigen Kroatien zur Provinz Illyrien gehörte. Von hier stammte etwa der römische Kaiser Diokletian (um 245–313, regierte 284–305), und viele Relikte stammen aus dieser Epoche. Sehr schöne Tempel und das Forum in Porec, einer Stadt auf einer Halbinsel an der Westküste Istriens (Hafen siehe Bild) sind Beispiele, zu denen sich spätere christliche Gebäude gesellt haben, allen voran die Euphrasius-Basilika aus dem 6. Jahrhundert, in der Reliquien Sankt Mauros', des Stadtheiligen, aufbewahrt werden. Mit weiteren Sakral- und Profanbauten ist die Altstadt UNESCO-Welterbestätte seit 1997.

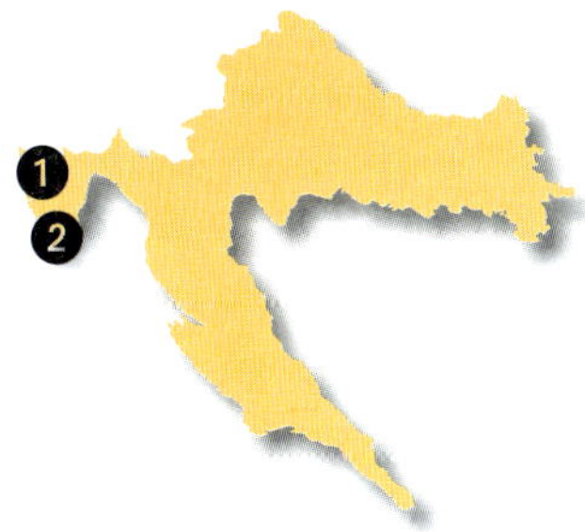

❷ Amphitheater Pula

Bis zu 5000 Menschen drängen sich noch heute bei Freilichtaufführungen im Amphitheater der kroatischen Stadt Pula nahe der Südspitze von Istrien. Es stammt aus der Zeit des Kaisers Augustus (30 v. Chr. bis 14 n. Chr.) und hat die beiden seitdem verflossenen Jahrtausende gut überstanden. Ruinen, aber zauberhafte, sind dagegen der ebenfalls um die Zeitenwende erbaute Tempel und die Porta Aurea (Goldenes Tor). Reste des römischen Militärlagers Pietas Iulia, so der damalige Name, bezeugen die große strategische Bedeutung, die das Weltreich diesem vorgeschobenen Posten in der Adria zumaß.

❶ Nationalpark Plitvicer Seen

Südlich von Karlovac im Grenzgebiet zu Bosnien-Herzegowina liegt das kroatische Hochland von Plitvice, durchschnitten vom Fluss Korana. Kalk- und Dolomitformationen machen das Gelände streckenweise schwer passierbar und lassen nur einen kargen Mischwald vornehmlich aus Birken und Kiefern zu. Zwar kümmerte sich der Krieg nicht darum, dass die UNESCO das von 16 Seen malerisch unterbrochene 192 Quadratkilometer große Gebiet 1979 zu einer Welterbestätte erklärt hatte, doch blieb es so weit von Kampfhandlungen verschont, dass die Bestände der in Europa selten gewordenen Braunbären und Wölfe nicht in Gefahr gerieten. Auch der Uhu nistet hier und mit ihm 126 weitere Vogelarten.

❷ Kirche des heiligen Donat Zadar

Das kroatische Zadar, eine Hafenstadt an der Adriaküste, entwickelte sich aus einer römischen Gründung des 1. vorchristlichen Jahrhunderts. Die Legende will es, dass sich auch ihr ältester Kirchenbau aus einem römischen Tempel entwickelt haben soll. Im 9. Jahrhundert hätten Mönche das einstige Juno-Heiligtum mit einem Gotteshaus überbaut, um so ein Zeichen gegen das Heidentum zu setzen. Für diese Version spricht einiges, denn der Zentralbau wirkt eher römisch-martialisch denn christlich-sakral. Zusammengefügt aus hohen Halbrundbauten, die wie Bastionen wirken, und nur mit wenigen kleinen Fenstern ausgestattet, hat das helle Gotteshaus etwas von der »festen Burg«, die Luther Jahrhunderte später besang.

❸ Historische Stadt Trogir

Dalmatien, das klassische Durchzugsland, weist vor allem an der Küste Spuren vieler Kulturen auf. Die kroatische Stadt Trogir macht da keine Ausnahme: Von den Griechen als Traugurion gegründet, wurde sie 56 v. Chr. römisch und war im katholischen Kroatien 1062 bis 1822 Bischofssitz. Natürlich haben sich aus der letzteren Epoche die meisten Kulturdenkmäler in Form von Sakral- und Profanbauten erhalten, als da sind: der Dom (im 13. Jahrhundert begonnen, erst im 16. fertig gestellt), die kleinere, aber schon aus dem 9. Jahrhundert stammende Barbarakirche, dazu weitere Kirchen und Adelspaläste des 14. bis 17. Jahrhunderts sowie zwei Kastelle aus dem späten Mittelalter. UNESCO-Welterbestätte seit 1997.

❹ Altstadt und Kaiserpalast Split

Nach zehn Kaiserjahren begann sich Diokletian im Jahr 395 nach einem Altersruhesitz umzusehen und fand eine geeignete Stelle dafür in Aspalatos oder lateinisch Spalatum, dem heutigen Split, auf einer Halbinsel an der kroatischen Küste. Auf einem 215 mal 180 Meter großen Areal ließ er in zehnjähriger Bauzeit eine Palastanlage schaffen, deren zwei Meter dicke Ummauerung dem Anwesen Festungscharakter verlieh und noch heute Respekt gebietend wirkt. Ehrfurcht anderer Art weckt ein Sakralbau aus der Zeit nach dem Sieg des Christentums, das der Kaiser so gnadenlos hatte verfolgen lassen: der aus dem kaiserlichen Mausoleum entwickelte Dom, der im Krieg gegen Serbien 1990/91 leider schwere Schäden erlitt. UNESCO-Welterbestätte seit 1979.

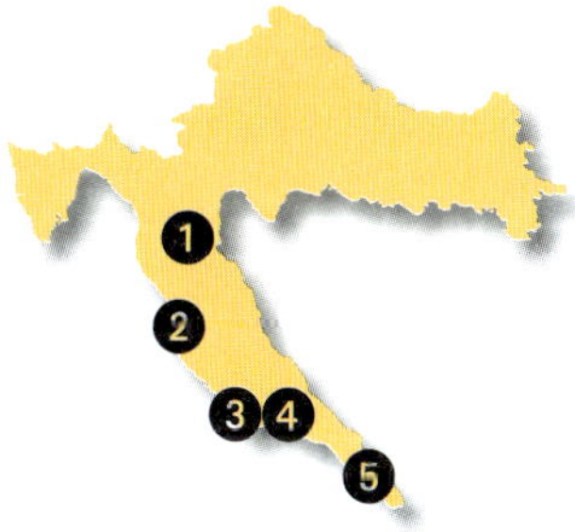

❺ Altstadt Dubrovnik

Als »Königin der Adria« gepriesen, konkurrierte das heute kroatische Dubrovnik (italienisch Ragusa) lange mit der Großmacht Venedig. Die Stadt liegt herrlich am Fuß des Sergiusberges auf einer Landzunge an der Adria, damit leider auch günstig für Artilleriebeschuss von oben, der im Krieg gegen Serbien 1990/91 zu schweren Zerstörungen im bis dahin nahezu unveränderten mittelalterlichen Stadtbild anrichtete. Vieles ist wieder geheilt, die sechs Meter dicken und bis 25 Meter hohen Stadtmauern, die Türme und Bastionen stehen noch oder doch wieder, die Klöster, der Dom und andere Kirchen aus gotischer bis barocker Zeit sind repariert und restauriert worden. Die UNESCO hatte Dubrovnik 1979 als Welterbestätte anerkannt und bekräftigte diesen Schutz 1994.

Jugoslawien

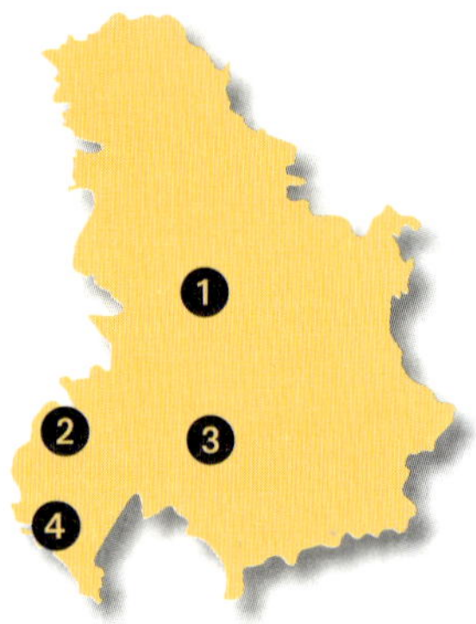

❶ Kloster Studenica Kraljevo

Mit Blick auf sein ewiges Seelenheil gründete der serbische König Stefan Nemanja um 1190 das Kloster Studenica bei Kraljevo im heutigen Jugoslawien, wohin er sich 1196 zurückzog und wo er schließlich auch beigesetzt wurde. Seine Grablege befindet sich in der dortigen noch zu seinen Lebzeiten fertig gestellten Gottesmutterkirche (Bild oben rechts), der im 13. Jahrhundert der Bau der Nikolauskirche und hundert Jahre später die Errichtung der Königskirche folgten, die eigentlich Sankt-Joachim-und-Anna-Kirche heißt. Der ummauerte Komplex mit weiteren Wirtschafts- und Wohngebäuden bildet das größte und am reichsten ausgestattete (unter anderem byzantinische Wandmalereien, »Kreuzigung« aus dem Jahre 1209: Bild oben links) Kloster Serbiens und ist seit 1986 UNESCO-Welterbestätte.

❷ Durmitor-Nationalpark Montenegro

Im Hochland von Montenegro ist 1952 ein 320 Quadratkilometer großes Gebiet Jugoslawiens unter Naturschutz gestellt worden. Dieser Durmitor-Nationalpark erhielt 1980 internationalen Schutz durch die Ernennung zu einer UNESCO-Welterbestätte. Er steigt von 450 auf 2522 Meter im Bobotov kuk an und ist bis zur Baumgrenze bewaldet; in der Tara-Schlucht stürzt das Gelände 1300 Meter tief ab, 16 Seen und die Tara mit ihren Nebenflüssen bieten Bachforellen und Huchen Lebensraum. Seltene Alpenpflanzen wie eine Enzianart gedeihen hier, und bedrohte Tiere wie Braunbär, Wolf und Wildkatze durchstreifen das Gebiet.

❸ Stari Ras und Kloster Sopocani Serbien

In der Dreifaltigkeitskirche von Stari Ras, einer alten verfallenen Stadt an der Raška westlich von Novi Pazar in Serbien, gibt es die ältesten byzantinischen Fresken (12./13. Jahrhundert) zu sehen: Eines, das die »Geburt der Gottesmutter« darstellt, wirkt besonders eindringlich (Ausschnitt siehe Bild). Unweit davon steht die noch ältere Peterskirche, und die Reste der mittelalterlichen Burg ragen darüber hinaus. Noch etwas weiter westlich erreichen Besucher das Kloster Sopocani, das als Grablege König Uroš I. (regierte 1243–1276) am »Schnittpunkt von West- und Ostkirche« gegründet wurde und ebenfalls mit kunstvollen Fresken altserbischer Maler geschmückt ist. UNESCO-Welterbestätte seit 1979.

❹ Bucht und Region Kotor

Ein Erdbeben zerstörte 1979 ein Kulturparadies, das mitten in einem Naturparadies liegt. Die jugoslawische Stadt Kotor an einer 28 Kilometer weit ins Land reichenden Bucht der montenegrinischen Küste ist eine griechische Gründung, die 168 v. Chr. römisch wurde, im Mittelalter unter wechselnden Oberhoheiten zeitweilig selbstständiger Stadtstaat und wegen seiner geschützten Lage beliebter Hafen war. Der dadurch erreichte Wohlstand spiegelt sich in den wieder errichteten Gebäuden wie der Kathedrale oder der Kirche »Unsere Liebe Frau auf dem Fels« vom Anfang des 17. Jahrhunderts. Umgeben von Bergketten, ist Kotor UNESCO-Welterbestätte seit Beginn des Wiederaufbaus 1979.

Rumänien

❶ Moldauklöster

Humor, Moldovita, Arbore, Probota, Sucevita, Voronet – klangvolle und doch wenig bekannte Namen. Dabei stehen sie für architektonische Raritäten erster Ordnung: Klosterbauten, deren Kirchen schon wegen der Integration byzantinischer und gotischer Elemente Aufmerksamkeit verdienen und mit ihren reich bemalten Fassaden bestechen. Es sind im 15. und 16. Jahrhundert errichtete Anlagen im rumänischen Teil der Bukowina (Buchenland), die Zeugnis geben von der ländlichen Frömmigkeit in diesem abgelegenen Gebiet. Die UNESCO erhob die Bauten mit ihren ausladenden Satteldächern 1993 zu einer Welterbestätte.

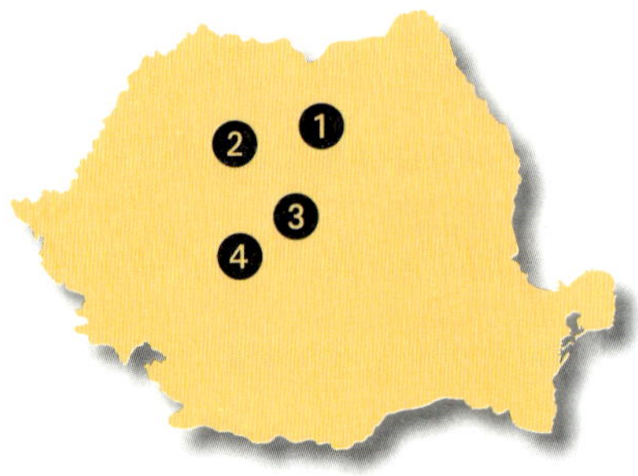

❷ Holzkirchen

Maramures (Marmarosch)

Acht Kirchen, acht verschiedene architektonische Antworten auf holzbauliche Fragen: In der rumänischen Beckenlandschaft Maramures zwischen Waldkarpaten und Rodnaer Gebirge haben sich Meisterwerke der Holzbaukunst aus mehreren Epochen erhalten. Sie vermitteln ein lebendiges Bild von den Gestaltungsmöglichkeiten des Materials und den Fertigkeiten der Handwerker, die sich auf schlanken hohen Turmbau ebenso verstanden wie auf die Konstruktion stabiler Schindeldächer. Als typische Beispiele bodenständiger Kulturdenkmäler sind sie UNESCO-Welterbestätte seit 1999.

❸ Historisches Zentrum

Sighisoara (Schäßburg)

Seit der Öffnung der osteuropäischen Staaten zieht es viele Bewohner des armen Rumäniens in den Westen. Insbesondere die deutschen Siedler, die hier seit dem hohen Mittelalter eine blühende Kultur aufgebaut hatten und als Siebenbürger Sachsen bekannt sind, kehren dem Land den Rücken. Es besteht die Gefahr, dass ihre kulturelle Hinterlassenschaft verfällt. Deswegen hat die UNESCO die Stadt Sighisoara (deutsch Schäßburg) an der Großen Kokel in Siebenbürgen (Transsilvania), ein besonders gelungenes Ensemble aus Denkmälern der deutschen Zeit wie dem Stundturm (siehe Bild), Marien- und Bergkirche, alle im späten Mittelalter erbaut, als Welterbestätte 1999 unter Schutz gestellt.

❹ Wehrkirchen

Transsilvania

Nur noch klein ist die Gemeinde Biertan, Kreis Sibiu (Hermannstadt), in der rumänischen Landschaft Transsilvania, dem früheren Siebenbürgen. Die deutschen Bewohner nämlich haben von ihm und vom Land in Scharen Abschied genommen. Als der Ort noch Birthälm hieß und fast nur von Siebenbürger Sachsen bewohnt war, entstand hier zu Beginn des 16. Jahrhunderts über dem Dorf auf dem Kirchenhügel eine Wehrkirche, in deren Schutz sich Birthälm als evangelischer Bischofssitz (1572–1867) etablierte. Als typisches Beispiel befestigter Siebenbürger Kirchen (Bild: Kirchenburg Cinezoy) wurde das wehrhafte Gotteshaus 1993 UNESCO-Welterbestätte.

❶ Bergfestung der Daker Orastie

Ähnlich zähen Widerstand wie die germanischen Stämme leisteten die Daker im heutigen Rumänien gegen die römische Expansion um die Zeitenwende. Sie legten keinen Wert auf Errungenschaften der römischen Zivilisation, waren sie doch in manchem weiter als das Weltreich (Bild: verzierter Kesselwagen aus Bronze, 8. Jahrhundert v. Chr.). Das galt bis zu einem gewissen Grad auch für technische Belange, wie die Ruinen der dakischen Festungen im Orastie-Bergland (Westrumänien) es belegen, die zur Abwehr römischer Angriffe erbaut worden waren. Erst Kaiser Trajan (98–117) gelang es, die Daker zu unterwerfen und Teile ihres Landes zu einer römischen Provinz zu machen. Als Denkmal ihres zähen Widerstands und einer wehrhaften Kultur sind die dakischen Befestigungsanlagen UNESCO-Welterbestätte seit 1999.

❷ Königsschloss Sinaia

Könige und Vampire haben offenbar eine seltsame Schwäche füreinander. Warum verlegte der Fürst der Walachei im heutigen Rumänien sonst seine Sommerresidenz in das vom Prahowafluss wild durchtoste Tal in den Südkarpaten, und warum lockte er bei der Errichtung des Neubaus von Schloss Peles 1875–1883 die Blutsauger noch durch herrliches Fachwerk im Innenhof an? Mögen sie kein blaues Blut? Vielleicht aber wollte er durch die reizende Ausschmückung des Gemäuers auch nur ihren Durst auf Fremde ablenken und sich ihnen nachhaltig empfehlen. Auf Dauer scheint das nicht geglückt zu sein, denn mit der Monarchie nahm es ein blutiges Ende. Nur so schön in die Landschaft gesetzte Perlen wie das Schloss von Sinaia blieben von ihrer Krone.

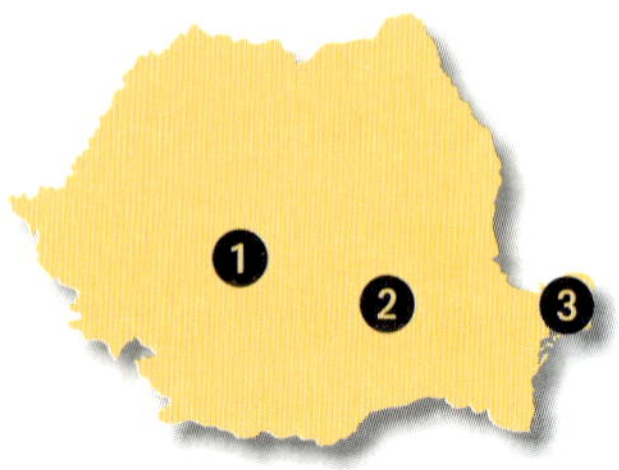

❸ Biosphärenreservat

Donaudelta

Im Frühjahr 2000 erlitten Naturfreunde einen Schock, als das Rückhaltebecken einer rumänischen Goldmine brach und sich sein Gift in die Theiß und weiter in die Donau ergoss. Und doch hatte man Glück im Unglück: Es kam nur noch so verdünnt im rumänischen Mündungsdelta des Stromes an, dass es das dort geschaffene Biosphärenreservat nur noch leicht beeinträchtigte. Hier nämlich liegt das mit 1700 Quadratkilometern größte Schilf- und Röhrichtgebiet der Welt mit einem unvergleichlichen Reichtum an Pflanzen- und Tierarten vom Rosa Pelikan bis zum Wels, von der Schwarzpappel bis zum wilden Hopfen. UNESCO-Welterbestätte seit 1991.

Bulgarien

❶ Srebarna-Biosphärenreservat

Nur sechs Quadratkilometer klein ist der Srebarna-See bei der gleichnamigen bulgarischen Stadt und mit zwei Metern Tiefe auch nicht gerade bodenlos. Das eben aber macht seine Bedeutung aus: Der Großtümpel an der Donau, mit der er durch einen Kanal verbunden ist, bietet auf Grund seiner zu den Rändern hin zunehmenden Verlandung beste Voraussetzungen für Sumpf- und Wasservogelarten. Krauskopfpelikane sammeln sich hier zum Flug nach Süden, Silberreiher nisten im weiten Ried, der Braune Sichler segelt überm Schilf, Löffler und diverse Entenarten brüten in geschützten Ecken, und im Winter schauen Blaukehlchen und Rothalsgänse vorbei. Das kleine Paradies ist UNESCO-Welterbestätte seit 1983.

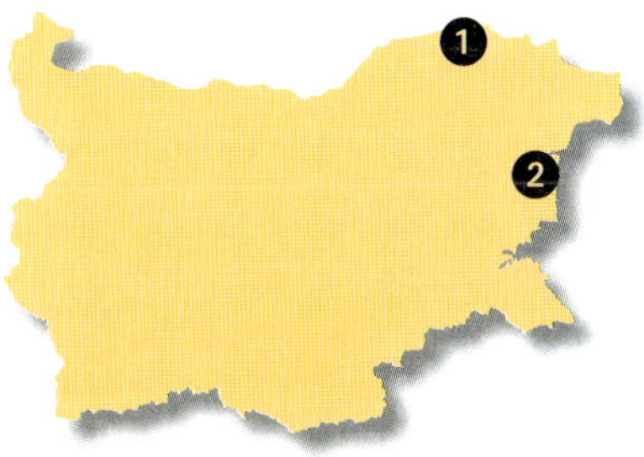

❷ Altstadt Nessebar

Wo sich im Sommer Touristen aus allen europäischen Ländern am Strand des Schwarzen Meeres braun braten lassen, liegt südlich vom bulgarischen Varna auf einer winzigen Halbinsel ein mittelalterliches Kirchen- und neuzeitliches Wohnstädtchen: Nessebar, schon seit Urzeiten besiedelt, bietet auf engstem Raum Anschauungsunterricht in byzantinischem Sakralbau und in Profanbau des 19. Jahrhunderts. Überreich mit religiösen Fresken ausgestattete Kirchengebäude wie die des heiligen Stephan oder aus verschiedenfarbigen Steinschichten errichtete massive Bauten wie die Pantokratorkirche aus dem 13. bis 16. Jahrhundert sowie erkerreiche, romantische Häuser mit breiten Dachgesimsen ergeben zusammen einen ganz eigenen städtebaulichen Akkord: UNESCO-Welterbestätte seit 1983.

❶ Kirche von Bojana

Sofia

In einem an das Vitoscha-Vorgebirge angelehnten Vorort der bulgarischen Hauptstadt Sofia zeigen angebaute Kapellen mittelalterliche Wandmalereien von ungewöhnlich lebhafter Zeichnung und vitaler Farbigkeit. Die im 13. Jahrhundert geschaffenen Kunstwerke stellen insgesamt 89 Szenen aus dem Leben Jesu dar, wobei Figuren nach bedeutenden Personen der Entstehungszeit gestaltet worden sind. So lassen sich Porträts des damaligen Zaren Konstantin Assen und seiner Gemahlin Irina ausmachen. UNESCO-Welterbestätte seit 1979.

❷ Alexander-Newski-Kathedrale

Sofia

Bulgarien schaut nach Osten. Das gilt und galt auch kirchlich, sofern kirchliches Leben möglich war. Bis 1878 nämlich gehörte das Land zum Osmanischen Reich und konnte seine orthodoxe Kirchlichkeit nur beschränkt entfalten. Dann aber gelang dank russischer Hilfe die Befreiung von der Fremdherrschaft, und ein neuer religiöser Aufschwung setzte ein. Nach langen Planungen begann 1904 der Bau einer Bischofskirche, die 1912 bei der Weihe den Namen des russischen Nationalheiligen Alexander Newski aus dem 13. Jahrhundert erhielt. Man ist versucht, den Stil des Zentralbaus mit der goldenen Hauptkuppel und der ebenfalls goldglänzenden Turmkuppel als bulgarischen Barock zu bezeichnen, so prall, rund und wuchtig steht er da.

❸ Kloster Rila

Vor tausend Jahren gründete der Mönch Iwan Rilski, auch genannt Johannes von Rila, in einem Tal des Rila-Gebirges südlich von Sofia ein Kloster. Von den ursprünglichen Bauten steht nichts mehr, und im Gros erhielt die Anlage ihr heutiges Gesicht erst im 19. Jahrhundert. Einige Wandmalereien in der Kirche Mariä Geburt aber und Handschriften, die in der Klosterbibliothek aufbewahrt werden, reichen weiter zurück. Wichtiger war der geistige Einfluss, der von hier ausging und zur Ausbildung eines bulgarischen Traditions- und Nationalgefühls beitrug. Der von Kuppeln gekrönte Komplex ist seit 1983 UNESCO-Welterbestätte.

❹ Pirin-Nationalpark

Ein 400 Quadratkilometer großer Teil des nördlichen Berglandes von Pirin in Südwestbulgarien ist schon 1963 unter Naturschutz gestellt worden. Es steigt im Wichren (Vihren) auf 2915 Meter an, wird von den Flüssen Mesta und Struma durchzogen und weist eine reiche alpine Flora auf. Stark bewaldet, bietet der Nationalpark Grauwolf, Wildkatze, Braunbär, Otter, Marder und Iltis eine Heimat und einen mit Beutetieren reich gedeckten Tisch. Auch gefährdete Vogelarten wie Uhu und Steinadler finden hier Schutz, zumal seit 1983 die UNESCO die Gebirgslandschaft zu einer Welterbestätte ernannt hat.

Albanien

❶ Straße von Otranto

Kann eine Meerenge ein Kulturdenkmal sein? Nicht als solche vielleicht, aber als Reiz zum Brückenschlag. Der ist zwar zwischen dem albanischen Durrës (siehe Bild) und Italien an der Straße von Otranto, der Stadt in Apulien, architektonisch kaum zu schaffen, wären doch 70 Kilometer zu überbrücken. Doch nautisch ist hier die Ost-West-Verbindung im Mittelmeer am einfachsten. Die Ströme gegenseitiger Beeinflussung verliefen denn auch zur Zeit der antiken griechischen Kolonisierung Italiens ebenso über die Meerenge – Otranto selbst war griechische Kolonie – wie in umgekehrter Richtung beim Ausgreifen Roms nach Osten. Für die normannische Ostexpansion galt das im Mittelalter ebenfalls und für die späteren türkischen Vorstöße nach Westen auch.

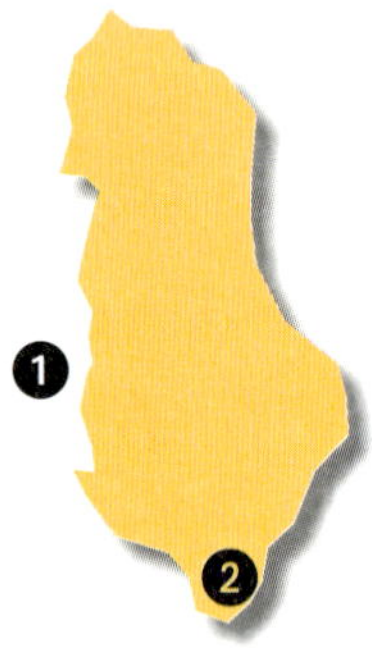

❷ Butrint

Auf einer kleinen Halbinsel im Süden Albaniens an der Straße von Korfu liegt das schon in vorgeschichtlicher Zeit besiedelte Butrint in der später griechischen und dann römischen Provinz Epirus. Es folgte byzantinische und venezianische Herrschaft, ehe der Ort im späten Mittelalter aufgegeben wurde. Die heute von Archäologen erforschte Ruinenstätte zeigt klar die verschiedenen Schichten und damit sozusagen im Zeitraffer die Entwicklung über Jahrtausende. Nicht nur die ummauerte, nur 16 Hektar umfassende antike Stadt Buthroton ist daher seit 1999 UNESCO-Welterbestätte, sondern auch die weitere Umgebung mit Spuren aus den verschiedenen Epochen.

Mazedonien

❶ Ohrid
❷ Ohrid-See

Besiedlung lässt sich für die Stelle, an der heute die Stadt Ohrid am gleichnamigen See in Mazedonien liegt, schon für das 6. vorchristliche Jahrtausend nachweisen. Im 4. Jahrhundert v. Chr. eignete sich der makedonische König Philipp II. das Gebiet an. Es folgten römische, byzantinische und osmanische Herrschaft. Aus all diesen Epochen finden sich Relikte, wobei die byzantinischen einen besonderen Reiz haben wegen der Ursprünglichkeit der Frömmigkeit, die aus ihnen spricht. Kostbare Ikonen und Fresken (Bild links: »Christus im Garten Gethsemane«, 14. Jahrhundert) sind etwa in der Erzengelkirche eines ehemaligen Klosters zu sehen. Es steht am Südufer des Sees, der seinerseits ein Naturwunder ist: 22 Meter tief dringt der Blick in das kristallklare Wasser, in dem 17 Fischarten heimisch sind. UNESCO-Welterbestätte seit 1979.

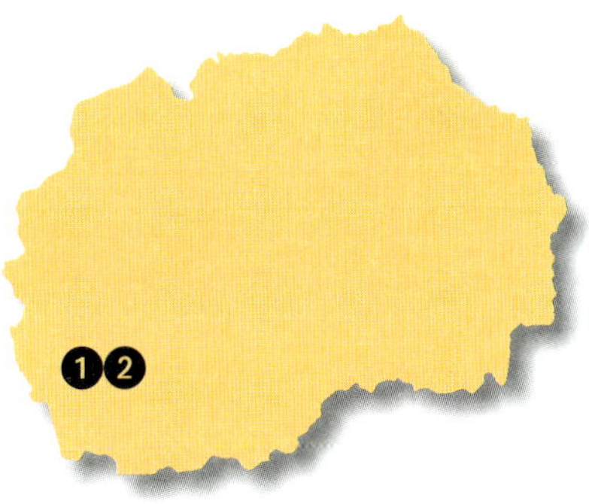

Griechenland

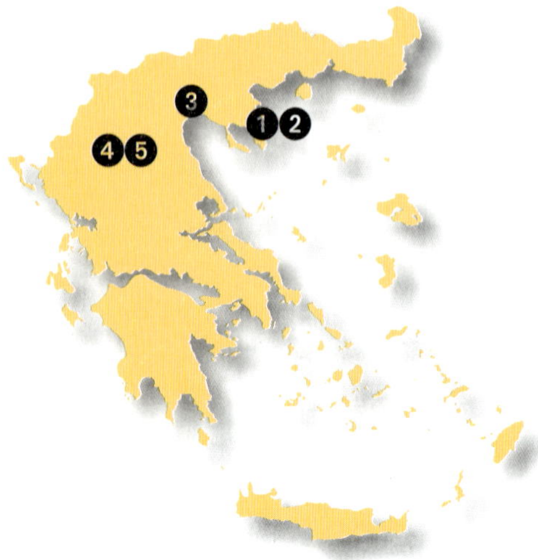

❶ Klöster Athos
❷ Berg Athos

Einzigartig in der Welt ist der Staat im Staat Griechenland auf der 50 Kilometer langen und 10 Kilometer breiten östlichsten Halbinsel der Chalkidhiki: Zwanzig Großklöster mit kleinen Siedlungen bilden die 336 Quadratkilometer große und von 1500 Männern bewohnte Mönchsrepublik von Athos. Besucher, ausschließlich männliche, sind nur nach strenger Prüfung zugelassen. Sie bekommen aber altehrwürdige und höchst malerische Klosteranlagen mit reichen Kunstschätzen und wertvollen Handschriften- und Ikonensammlungen zu sehen. Die Klöster liegen in teils wildem Gelände der an der Südspitze mit dem Berg Athos 2033 Meter aufragenden Halbinsel. Sie ist als Kultur- wie Naturdenkmal UNESCO-Welterbestätte seit 1988.

❸ Frühchristliche und byzantinische Denkmäler Saloniki

Zwischen dem Ionischen Meer und dem Fluss Evros liegt Saloniki (griechisch Thessalonike), zweitgrößte Stadt Griechenlands. Sie ist eine Gründung des 4. vorchristlichen Jahrhunderts und im historischen Kern geprägt von antiken Denkmälern. Besonders wertvoll sind die Zeugnisse aus den ersten christlichen Jahrhunderten und aus byzantinischer Zeit. Unter den reich ausgestatteten Sakralbauten ist insbesondere die Kirche Ossios David wegen ihrer prachtvollen Mosaike zu erwähnen. Bemerkenswert auch die Rotónda, ein römisches Mausoleum, das im 4. Jahrhundert zur Kirche umgewandelt wurde (Bild: Demetrioskirche). UNESCO-Welterbestätte seit 1988.

❹ Meteóra-Klöster ❺ Felsen Pindiós-Tal

Eremiten entdeckten sie schon früh als optimale Orte für einen Rückzug aus der schnöden Welt, die wie riesige Finger im mittelgriechischen Pindiós-Tal bis 300 Meter aufragenden Felsen. Im 14. Jahrhundert begann die Besiedlung der Gipfel. In schwindelnder Höhe erbauten Mönche Klosteranlagen, für die sie jeden Stein und jeden Balken über halsbrecherische Pfade oder schwankende Strickleitern nach oben schaffen mussten. Sie machten aus den abweisenden Riesentürmen »Säulen des Himmels«, weithin sichtbare Mahnungen zu frommem Leben. Von den ursprünglich zwei Dutzend dieser Abteien sind nur noch sechs bewirtschaftet und wahre Touristenmagneten, nichts allerdings für Menschen mit Höhenangst. UNESCO-Welterbestätte seit 1988.

❶ Apollontempel Delphi
❷ Tholos Athena Delphi

Schon im 9./8. Jahrhundert v. Chr. lässt sich der Apollontempel (Bild oben links) in der altgriechischen Stadt Delphi in der Landschaft Phokis nachweisen. Seit 1832 wird hier mit Unterbrechungen gegraben, wobei die Reste des Heiligtums zu Tage kamen. Wir können uns nun plastisch vorstellen, wie hier am »Nabel der Welt« die Priesterin Pythia mit einer Schale in der Hand saß und allmonatlich einmal in kunstvollen Orakelsprüchen kundtat, was ihr der Gott nach ihrem Bad in der Kastalia-Quelle über die Zukunft geoffenbart hatte. Zu besichtigen auch die Tholos im Heiligtum der Athena Pronaia am Südhang des Parnass (Bild oben rechts). UNESCO-Welterbestätte seit 1987.

❸ Erechtheion Athen

Auf dem Burgberg der griechischen Hauptstadt Athen steht der attisch-ionische Bau des Erechtheions, das der Stadtgöttin Athena und dem Gott Poseidon Erechthus 421–406 v. Chr. errichtet wurde. Auffallend sind die drei Säulenreihen, die Fenster auf beiden Seiten des Ostportals und die Karyatiden, Mädchenfiguren, die statt der sonst üblichen Säulen das Dach der Korenhalle tragen. Die Last aber nimmt ihnen nichts von ihrer Anmut. Das Erechtheion ist zusammen mit den anderen Bauten auf der Akropolis UNESCO-Welterbestätte seit 1987.

❹ Mykene
❺ Tiryns

Auf der Peloponnes nordöstlich von Argos lag vor mehreren tausend Jahren und lange vor Sparta das Machtzentrum der Fastinsel: In Mykene errichteten die Achäer im 19. vorchristlichen Jahrhundert eine Burg, die Mittelpunkt eines Kulturkreises wurde (Heimat der Artridensage) und die um 1100 v. Chr. unterging. Das antike Mykene wurde zum Teil 1874–1876 von Heinrich Schliemann ausgegraben, wobei zyklopische Befestigungen, das wuchtige Löwentor (Bild links) und reich ausgestattete Gräber freigelegt wurden. Ein zweites Zentrum der Kultur lag in geringer Entfernung von hier bei Tiryns, dessen Burg schon 1200 v. Chr. einem Erdbeben zum Opfer fiel und ebenfalls teilweise von Schliemann ausgegraben wurde. Beide Grabungsgebiete sind UNESCO-Welterbestätte seit 1999.

❻ Akropolis Athen

Selbst heutige Hochbauten werden von der Akropolis, dem Burgberg der griechischen Hauptstadt Athen, und von den darauf im klassischen Altertum erbauten Tempeln überragt. Dort stehen: der Parthenon (447–432 v. Chr.), Kultstätte für die Göttin Athena Parthenos; die Propyläen (438–432 v. Chr.), durch die man zu den Heiligtümern schritt; das Erechtheion; der kleine Niketempel auf einer Bastion neben den Propyläen. Die fast alle unter Aufsicht von Phidias, dem wohl berühmtesten Bildhauer der Antike, entstandenen Bauten sind einzeln wie als Ensemble Meisterwerke altgriechischer Kunst und UNESCO-Welterbestätte seit 1987.

❶ Antike Ruinen Olympia

Hochberühmt bis heute wegen der 776 v. Chr. bis 393 n. Chr. und wieder seit 1896 ausgetragenen Olympischen Spiele ist die antike griechische Stadt Olympia 18 Kilometer von der Küste der Landschaft Elis entfernt. Sie war Zentrum des Zeus-Kultes und entsprechend reich an wertvollen Bauten, unter denen das Nymphäum (Brunnenanlage) einen besonderen Rang einnahm. Mit seiner Verkleidung aus blendend weißem pentelischem Marmor bot es vor dem grünen Hintergrund des Kronoshügels einen imposanten Anblick. Zeus-Tempel, Stadion (120 mal 220 Meter) und Badeanlagen stehen ihm nicht nach. Das Ausgrabungsgelände ist UNESCO-Welterbestätte seit 1989.

❷ Epidauros Peloponnes

Auf der Peloponnes in der Landschaft Argolis am Saronischen Golf lag in der Antike ein religiöses Zentrum: Epidauros mit der Kultstätte für den Heilgott Asklepios, dem Asklepieion. Es war zugleich Kurort und Behandlungszentrum, denn die Priester des Heiligtums waren zugleich Ärzte, die mit Orakelsprüchen wie schulmedizinisch die Gesundheit der Patienten wiederherzustellen suchten. Dazu trug auch das riesige Amphitheater bei, das 14 000 Zuschauern Platz bot und heute wieder in Betrieb ist. Es ist wie die Bauten des Asklepieions (Bad, Stadion, Tempel, Heiliger Hain) UNESCO-Welterbestätte seit 1988.

❸ **Mystras** Peloponnes

Hervorragende Beispiele für die mittel- und spätbyzantinische Baukunst finden sich in dem einstigen griechischen Ort Mystras fünf Kilometer nordwestlich von Sparta auf der Peloponnes. Er wurde 1249 von Kreuzfahrern gegründet und mit Kirchen und Klöstern ausgestaltet. Darunter sind besonders zu nennen die Hagii Theodori (Ende 13. Jahrhundert), die dreischiffige Basilika des heiligen Demetrios mit ihren vortrefflichen Wandbildern, die Hagia Sophia mit bemerkenswerten Fresken »Tod Mariä« und »Auferstehung«. Über dem Ort thront in 600 Metern Höhe die »Frankenfestung«. UNESCO-Welterbestätte seit 1989.

❹ **Apollontempel** Bassae

Auch er in Arkadien: Auf der westlichen Peloponnes existierte in der Antike das Bergdorf Bassai, dem die Bewohner des nahen Ortes Phigaleia im 5. Jahrhundert v. Chr. einen Tempel für den Gott Apollo, zuständig für Sonne und Heilkunst, stifteten. Die klassisch dorische Gestaltung macht die Ruinen in der abgelegenen Bergwelt hochreizvoll. Ungewöhnlich ist die Nordausrichtung der Kultstätte, da sonst fast nur nach Osten schauende Tempel aus dieser Zeit bekannt sind. Der Cella-Fries des Gebäudes wurde 1811 ins Britische Museum verbracht. UNESCO-Welterbestätte seit 1986.

❶ Aphaia-Tempel Ägina

Viel ist vom einstigen Heiligtum nicht übrig, das wenige aber äußerst kostbar: Im Nordosten der griechischen Insel Ägina im Saronischen Golf existierte in der Antike ein Tempel für die ursprünglich kretische Göttin Aphaia, die hier Zuflucht gesucht haben soll. 1811 wurden zwei kunstvolle Giebelfigurengruppen des Gebäudes gefunden, die so genannten Ägineten aus dem beginnenden 5. vorchristlichen Jahrhundert. Die Szenen stellen Kämpfe griechischer Helden im Zusammenhang mit dem Trojanischen Krieg dar. In der Münchener Gyptothek haben die plastischen Kunstwerke eine neue Heimat gefunden.

❷ Daphní ❸ Néa Moni ❹ Hósios Lukás

Drei bedeutende byzantinische Klöster gibt es in Griechenland zu bewundern: Daphní (Bild unten links) westlich von Athen aus dem 5. Jahrhundert, das heute Museum vor allem für die um 1100 entstandenen Mosaiken ist. Néa Moni (»Neues Kloster«), 1050 auf Chios gegründet, wo ebenfalls Mosaiken zum Thema »Verrat des Judas« zu sehen sind. Hósios Lukás (Bild oben) südwestlich von Levadia (Mittelgriechenland) mit einer Kreuzkuppelkirche (10. Jahrhundert) und marmornen Wandverkleidungen (Bild rechts). Alle drei sind als Beispiele der Baukunst im »Zweiten goldenen Zeitalter von Byzanz« UNESCO-Welterbestätte seit 1990.

❺ Pythagoreion Samos
❻ Heraion Samos

Richtig berühmt wurde die griechische Insel Samos vor der Westküste Kleinasiens durch Schillers Ballade vom »Ring des Polykrates«, des bedeutendsten Herrschers über die Insel im 6. vorchristlichen Jahrhundert. In dieser Zeit entstand auch das 102 mal 52 Meter Fläche bedeckende Heiligtum für Hera, die Gattin des Göttervaters Zeus. Diese größte Kultanlage (Heraion) der klassischen Epoche und Reste einer Mole des Polykrates sowie der Befestigung (Stadtmauer) und einer Wasserleitung fanden sich in der antiken Hafenstadt Pythagoreion. UNESCO-Welterbestätte seit 1992.

❼ Chorá, Kloster Patmos
❽ Höhle der Apokalypse Patmos

Auf die 34 Quadratkilometer große griechische Insel Patmos (Dodekanes) soll der Evangelist Johannes, nach kirchlicher Überlieferung zugleich Verfasser der Apokalypse, verbannt worden sein. Hier soll er seine neutestamentlichen Schriften verfasst und die »Offenbarung« über den apokalyptischen Untergang der Welt beim Jüngsten Gericht erlebt haben. Ein dem »Lieblingsjünger« Jesu geweihtes Kloster (siehe Bild) entstand hier im 10. Jahrhundert verbunden mit der alten Römer-Siedlung Chorá nahe jener Höhle, wo dem Johannes der Engel mit der göttlichen Botschaft erschienen sein soll. UNESCO-Welterbestätte seit 1999.

❶ Mittelalterliche Stadt

Rhodos

Nicht nur die bedeutenden antiken Relikte machen griechische Orte und Inseln sehenswert. Die Stadt Rhodos (Bild unten) auf der gleichnamigen größten Insel des Dodekanes ist geprägt von den dort seit der Kreuzfahrerzeit bis 1522 residierenden Johannitern: Der Großmeisterpalast, die Kreuzritterherberge, die dreischiffige Marien-Basilika und die Stadtmauer, an der 150 Wappen der Ordens-Großmeister prangen. In der Verbindung mit der späteren osmanischen Bausubstanz liegt der Reiz des mittelalterlichen Stadtbilds. UNESCO-Welterbestätte seit 1988.

❷ Delos

Einen viel kleineren Geburtsort hätte sich der altgriechische Lichtgott Apollon nicht aussuchen können: Er soll auf der kahlen griechischen Kykladeninsel Delos zur Welt gekommen sein, die denn auch jahrhundertelang ein Zentrum der Apollonverehrung war. Davon zeugen heute Ausgrabungen auf dem nicht mehr bewohnten 3,4 Quadratkilometer kleinen Eiland (Bild oben). Vier große Kultbauten für den Gott wurden dabei freigelegt, darunter der Sieben-Statuen-Tempel und eine Prozessionsstraße. Auch ein Theater und eine antike Wohnstadt fanden sich. Die Grabung ist Touristenmagnet und UNESCO-Welterbestätte seit 1990.

❸ Santorin

Wie ein geborstener Ring sieht die südlichste griechische Kykladen-Insel Santorin aus der Vogelperspektive aus. Das kommt daher, weil sie vor dem Jahr 1628 v. Chr. rund und schön war. Schön ist sie immer noch, aber die Mitte fehlt. Sie flog damals samt dem zentralen Vulkankegel bei einer gigantischen Explosion in die Luft, so dass sich eine Flutwelle durch das Mittelmeer ausbreitete, die ringsum in der Inselwelt an den Ufern Verwüstungen anrichtete. Santorin selbst blieb als durchbrochener Ring aus dem größeren Teil Thera und dem kleineren Stück Therasia übrig, zwischen die das Meer in den einstigen Krater (Caldera) geströmt war, um zwei kleine Inselchen, Nea und Paläa Kaimeni, herum. Charakteristisch für die Orte auf der »Trümmer«-Insel sind die weißen Bauten mit ihren blauen Kuppeln.

❹ Knossos Kreta

Etwa vier Kilometer landeinwärts liegt an der Nordküste der griechischen Insel Kreta die antike Palastanlage Knossos. Ihre Ursprünge reichen bis ins 6. Jahrtausend v. Chr. zurück. Der Hauptbau (Großer Palast) ist allerdings viertausend Jahre jünger und bedeckt ein Areal von 150 mal 200 Metern, allein der Innenhof umfasst 1500 Quadratmeter. Es lassen sich Kult- und Repräsentationsräume, Wohntrakte und Werkstätten, Bäder und Magazine ausmachen. Die dicken Außenmauern haben Festungscharakter, obwohl die damals herrschende minoische Kultur bei ihrer relativ sicheren Insellage friedlich war. Um 1450 v. Chr. wurde Knossos Opfer einer Naturkatastrophe.

❺ Odeion Gortyn auf Kreta

Amphitheater haben sich aus griechischer und römischer Zeit viele erhalten. Es gab aber in der Antike auch Theater in unserem Sinn als Gebäude, in denen musikalische oder dramatische Aufführungen stattfanden. Davon sind nur wenige Beispiele auf uns gekommen. Eines steht in der Ruinenstätte von Gortyn an der Südküste Kretas. Der Grabungsort ist jedoch noch bekanner durch die Inschrift des »Rechts von Gortyn«, die 1884 gefunden wurde und wertvolle Informationen zum griechischen Sklaven-, Familien- und Strafrecht des 5. Jahrhunderts v. Chr. lieferte.

Türkei

❷ Safranbolu Anatolien
Anatolien ist seit Jahrtausenden Kulturland, und auch der Norden und nordöstlich von Karabük gelegene Ort Safranoglu, der allerdings erst seit 1940 so heißt, war schon zur Hethiter-Zeit besiedelt. Davon ist wenig geblieben, mehr schon aus der römischen Zeit, als hier eine Thermenanlage stand. Das meiste aber, was heute den Reiz der Stadt ausmacht, ist islamischer Herkunft wie die zahlreichen Sakralbauten, darunter die Suleiman-Pascha-Medrese und die Alte Moschee aus dem 14. Jahrhundert. Im Marktviertel hat sich der Charakter einer Handelsstadt aus der Karawanenzeit erhalten. UNESCO-Welterbestätte seit 1994.

❶ Selim-Moschee Edirne
Wo die Türkei am weitesten nach Europa hineinragt, liegt die Stadt Edirne, das antike Adrianopel. Sie trägt selbstbewusst orientalische Züge und setzt den gewichtigsten Akzent mit einer Moschee des Reichsbaumeisters Sinan (um 1490–1588), die dieser erst im hohen Alter 1575 vollendete und die nach Sultan Selim II. benannt wurde. Ihre vier 80 Meter hohen Minarette überragen alles in der Stadt, und die mächtige 42 Meter hohe Zentralkuppel scheint wie in Vorahnung des Berstschutzes eines Kernkraftwerks gebaut. Gewaltige, mit Zierrat geschmückte Pfeiler und Rundbogen im Innern tragen sie und gliedern den in andächtiges Dämmerlicht getauchten Raum.

❸ Hagia Sophia Istanbul
Kirche der »Heiligen Weisheit« heißt zu Deutsch das mächtige Gotteshaus in Istanbul, das nach einem Brand im Jahr 404 von Kaiser Justinian I. (527–565) in einer Bauzeit von nur fünf Jahren in Byzanz in seiner heutigen Gestalt wieder errichtet wurde. Über einem monumentalen Unterbau wölbt sich eine weit gespannte Kuppel von 32 Metern Durchmesser, ein Wunderwerk damaliger Architektur. Das Innere barg einen unvergleichlichen Reichtum an Farbe und Form, der den gewaltigen Raumeindruck vermehrte: marmorverkleidete Säulen und Wände, Mosaikböden, Teppiche, Seidenvorhänge und kostbare liturgische Geräte. Schon am Tag nach der Eroberung Konstantinopels durch die Türken wurde die Hagia Sophia in eine Moschee umgewandelt; seit 1934 ist sie Museum.

❶ Historische Bereiche Istanbul

Eine Stadt auf zwei Kontinenten: Der europäische Teil der größten türkischen Stadt, Istanbul, wird durch das Goldene Horn, einen Nebenarm des Bosporus, geteilt. Auf der Nordseite liegen die ehemaligen Europäerstädte, von wo aus Brücken in die eigentliche Altstadt auf dem Südufer führen. Hier finden sich die berühmten Bauten aus byzantinischer und osmanischer Zeit wie der ehemalige Sultanspalast Topkapi-Serail und die Hagia Sophia – beide Weltwunder für sich –, die Sultan-Ahmet- oder Blaue Moschee, die einstige Moschee der Eunuchen, die Alte Universität, die oströmische Landmauer, der Valens-Aquädukt aus dem 4. Jahrhundert. Das Nach- und Miteinander der Kulturen auf dieser pulsierenden Halbinsel prämierte die UNESCO 1985 mit dem Titel einer Welterbestätte.

❷ Blaue Moschee Istanbul

Zum Ensemble der UNESCO-Welterbestätte Istanbuler Altstadt gehört die Sultan-Ahmet-Moschee (Bild rechts), die eine Einzelerwähnung wert ist. Nur einen Steinwurf von der Hagia Sophia entfernt, konkurriert sie mit dieser um den Rang des Wahrzeichens der Stadt, wobei ihr die gewaltige 24 Meter spannende Kuppel und die Fliesen aus Iznik helfen, die ihr den volkstümlichen Namen »Blaue Moschee« eingetragen haben. Ungewöhnlicherweise hat sie zudem sechs statt der üblichen vier schlanken Minarette, die auf sie aufmerksam machen. Erbaut 1609 bis 1616 vom namengebenden Sultan, ist sie die letzte der großen Gebetshäuser, mit denen die Herrscher ihre Residenzstadt auszeichneten.

❸ Hängebrücken Istanbul
❹ Üsküdar Istanbul

Heute erreicht man den asiatischen Teil der türkischen Metropole Istanbul am schnellsten (ohne Stau) über zwei jeweils über einen Kilometer lange Hängebrücken. Schön ist auch das Übersetzen mit der Fähre wegen der vom Wasser aus höheren, allmählich näher kommenden Silhouette von Üsküdar, dem früheren Skutari, vor dem im Bosporus als Erstes der Leanderturm steht, von den Türken galanter Mädchenturm genannt. Hier nämlich soll Nacht für Nacht die Aphrodite-Priesterin Hero auf ihren Geliebten, Leander, gewartet haben, der über den damals Hellespont genannten Meeresarm zu ihr schwamm. Als er im Sturm ertrank, stürzte sich auch Hero in die Fluten. Der Besucher aber landet und taucht ein in die winkligen Gassen zwischen den malerischen Holzhäusern und ist jetzt erst wirklich im Orient angekommen.

❺ Topkapi-Serail Istanbul

Gleich hinter der Hagia Sophia liegt in der Istanbuler Altstadt, vom Bosporus nur durch einen Gleiskörper getrennt, die gewaltige Anlage des Topkapi-Serails, der einstige Palast des Sultans (Bilder oben). Er ist 1465, also unmittelbar nach der Einnahme von Konstantinopel durch die Türken, begonnen worden und hat allerlei An- und Umbauten erlebt, so dass er sich heute als regelrechte Palast-Stadt präsentiert. Die Ausmaße werden deutlich im Serailhof, den rechts die Küchengebäude mit ihren zehn Schornsteinen (heute Porzellansammlung), links die Stallungen und davor der Haremstrakt begrenzen. Wohn- und Staatsgebäude, Gärten mit Teichen, Sakralbauten und viele andere Einrichtungen geben einen Eindruck von Macht und Glanz am Sultanshof.

❻ Suleiman-Moschee

Istanbul

Der türkische Sultan Suleiman, im 16. Jahrhundert Gegenspieler Kaiser Karls V., trug den Beinamen »der Prächtige«. Dazu passt auch die nach ihm benannte und für ihn 1550–1557 erbaute Moschee in der Altstadt von Istanbul. Sie kann als die künstlerisch gelungenste der Bosporus-Stadt gelten. Ihre 53 Meter hohe und mit 26,50 Meter genau halb so weite Kuppel erreicht fast die Maße der Hagia Sophia, ihre 136 Fenster machen sie zu einer »Moschee des Lichts«, das der Marmor des Innenraums reflektiert. Mit den Nebengebäuden für Bäder, Unterrichtseinrichtungen, Küchen und Büchereien hat sie sich zu einem sakralen Komplex, ja zu einem ganzen städtischen Viertel entwickelt.

❶ Hattusa

1834 entdeckte ein französischer Reisender in der Nähe des türkischen Dorfes Bogazkale, 200 Kilometer östlich von Ankara, Ruinen. Er hielt sie für römische Relikte, doch ergaben seit 1907 betriebene Ausgrabungen, dass es sich um Reste von Hattusa, der Hauptstadt des um 1200 v. Chr. untergegangenen Reiches der Hethiter handelt. Kleinere Funde sind seit 1966 in einem Museum ausgestellt, die größeren lassen sich nach der Freilegung begehen. Die Stadt umschloss ein Hochplateau und mehrere felsige Hügel. Über allem thronte die 250 Meter lange Anlage der Königsburg, deren mächtiges Mauerwerk mit Türmen, Kasematten, reliefgeschmückten Toren, breiten und steilen Treppenaufgängen eine hoch entwickelte Baukunst bezeugen. Als noch bedeutsamer sind die aufgefundenen Keilschrift-Archive zu bewerten. UNESCO-Welterbestätte seit 1986.

❷ Göreme-Nationalpark

Als ob die Erinnerung an die Zeit, da wir in Höhlen hausten, die Menschen nicht loslässt: Rund 150 Kilometer südöstlich der türkischen Hauptstadt Ankara hat Erosion ein Tuffsteinplateau zu bizarren Formen ausgewaschen. Insbesondere so entstandene große Kegel haben byzantinische Baumeister und Künstler dazu gereizt, Wohnungen, Häuser, ja mehrschiffige Kirchen aus dem Gestein zu schälen und ihre Wände und Gewölbe mit Fresken zu verzieren. Obwohl statisch natürlich nirgendwo erforderlich, sind Stützpfeiler und tragende Säulen nachgeahmt. Möbelstücke und Altäre aus Stein finden sich, und manche Berge sehen aus, als sei eine Herde Maulwürfe über sie hergefallen. Die fantastischen Denkmäler aus dem frühen und hohen Mittelalter sind UNESCO-Welterbestätte seit 1985.

❸ Felsendenkmäler Ürgüp

Schön kühl ist es drinnen, während die Sonne gnadenlos auf die inneranatolische Steinlandschaft brennt: In Ürgüp, 40 Kilometer Luftlinie und 60 Kilometer Straße westlich vom türkischen Kayseri, haben sich im Göremetal die ältesten Höhlenwohnungen und Höhlenkirchen Kappadokiens erhalten. Sie entwickelten sich seit dem 4. Jahrhundert aus Einsiedeleien in natürlichen Höhlen des verkarsteten Gebiets. Die frommen Männer, die sich hierher aus der Welt zurückgezogen hatten, wollten ihrem Gott Häuser der Anbetung schaffen und nutzten das weiche Tuffgestein zum Auskernen ganzer Berge, die heute zum Teil zerbrochen sind und das Innenleben der liebevoll gemeißelten Behausungen zeigen.

❹ Ruinenstätte Nemrut Dagi

Der Hellenismus, also die Kultur, die sich in den von Alexander dem Großen eroberten Reichen im Orient aus persischen und griechischen Komponenten entwickelte, blühte auch in Anatolien. Eines der sehenswertesten Zeugnisse dafür findet sich in der südöstlichen Türkei bei Malatya, höchst abgelegen in 2150 Metern Höhe auf dem Gebirgsstock Nemrut Dagi. Hier hatte sich König Antiochos I. von Kommegene (69–34 v. Chr.) ein Mausoleum errichten lassen, zu dem zwei Kultterrassen hinaufführen. Den Prozessionsweg säumen Kolossalfiguren wie die des bärtigen Zeus mit persischem Helm, vermutlich eine Vergöttlichung des Königs, und zahlreiche andere Skulpturen. Die UNESCO ernannte die Ruinen 1987 zu einer Welterbestätte.

❺ Heiligkreuzkirche Insel Ahtamar im Van-See

Schon tausend Jahre vor der Zeitenwende blühte hier das Reich Urartu, das dank der abgeschiedenen Lage lange überdauerte: Das Land am und um den 1650 Meter hoch gelegenen osttürkischen Van-See wurde nur gelegentlich durch Kriege beunruhigt. Und so hielt sich hier auch zweitausend Jahre später das armenische Königreich Waspurakan von 908 bis 1026. In dieser Zeit entstand die Heiligkreuzkirche auf der Insel Ahtamar, einst Residenz der Könige, im südlichen Teil des Sees. Sie ist ein Kleinod armenischer Baukunst der Zeit: Schier überreiche Außenreliefs gestalten nicht nur religiöse Themen, sondern zeigen auch etwas vom Alltag der Menschen.

❶ Archäologische Stätte Troja

Von den griechischen Sagen hatte der kleine Kaufmannsgehilfe Heinrich Schliemann in der Schule gehört und träumte viel von der Heldenwelt Homers und davon, dereinst auf ihren Spuren wandeln zu können. Mit ungeheurer Energie brachte er sich selbst Griechisch bei und es mit derselben Energie zum Multimillionär. Mit der Entschlossenheit des Selfmademans nahm er Homer beim Wort und ließ an der Stelle graben, die der Dichter beschrieben hatte: am Ruinenhügel von Hissarlik an der türkischen Nordwestspitze Kleinasiens. Trotz aller Unkenrufe fand er seine gelobte Stadt, allerdings in vielen Schichten, die erst in jahrzehntelanger Forschung zu identifizieren waren. Die Stadt aus der Zeit des Trojanischen Krieges dürfte eine Fläche von 2000 Hektar bedeckt haben. Der historische Nationalpark Troja ist UNESCO-Welterbestätte seit 1998.

❷ Antike Hafenstadt

Ephesos

Ionische Griechen siedelten schon im 10. vorchristlichen Jahrhundert an der kleinasiatischen Küste, unter anderem in Ephesos, einer rasch aufblühenden Hafenstadt an der Mündung des Kaystros. Die Perser, die hier bis ins 4. Jahrhundert die Herrschaft hatten, rührten nicht an der profitablen griechischen Selbstständigkeit, und auch als Alexander der Große die Macht übernahm und nach ihm die Seleukiden, blieb Ephesos eine boomende Handelsmetropole und Zentrum des Artemis-(Diana-)Kultes. Erst das aufsteigende Konstantinopel und die allmähliche Verlandung des Hafens brachen in der Römerzeit die Vitalität der reich geschmückten Stadt. Ihre großartigen Relikte von der Prachtstraße bis zum Heiligtum der Göttin bewundern alljährlich Zigtausende von Touristen.

❸ Antike Stadt Hierapolis
❹ Pamukkale

Was soll man mehr bewundern, die imposanten Kultur-Ruinen oder das Naturwunder nahebei? Die Ruinenstätte Hierapolis in Westanatolien, südlich vom türkischen Denizli, muss mit den Kalksteinterrassen Pamukkale konkurrieren, die auf Türkisch viel bildhafter »Baumwollschloss« heißen. Das Wasser warmer Quellen fließt hier auf 2700 Meter Länge und 300 Meter Breite über Stufen wie in einem gigantischen römischen Brunnen zu Tal und hat durch Kalkausscheidungen Becken mit weißen Tropfsteinrändern gebildet, die wie Baumwollzöpfe aussehen. Wirklich römisch sind die Reste der antiken Stadt: Thermen, Theater für 12 000 Zuschauer, Gräberfeld, Tempel. Die Zeugnisse ewiger Natur und untergegangener Kultur sind UNESCO-Welterbestätte seit 1988.

❺ Ruinen und Heiligtum der Latona Xanthos

Wie muss man sich eine Titanen-Tochter vorstellen, die sich dem Göttervater Zeus hingibt und durch ihn Göttermutter des Apoll und der Artemis wird? Die Bewohner von Xanthos, der einst größten Stadt Lykiens am gleichnamigen Fluss (heute Koçaçay), 120 Kilometer südwestlich vom türkischen Antalya, versuchten das wohl gar nicht erst, widmeten der mächtigen Leto (römisch Latona) aber ein prachtvolles Heiligtum, von dem seit der Zerstörung im römischen Bürgerkrieg 42 v. Chr. nur noch Reste übrig sind. Von anderen Monumenten sind die Reliefs ins Britische Museum gebracht worden. Die Nachbildungen am Schauplatz sind aber durchaus gleichwertig, und er selbst ist seit 1988 UNESCO-Welterbestätte.

Zypern (Türkei)

❶ Salamis

Man kennt den Namen aus den Perserkriegen von Athen und Sparta, und von dorther soll er auch stammen: Ein Grieche von der Insel Salamis im Saronischen Golf zwischen Attika und der Peloponnes, wo sich die persische Flotte 480 v. Chr. eine blutige Nase holte, wird als Gründer des gleichnamigen zypriotischen Ortes genannt, der heute im türkischen Teil der Insel zehn Kilometer nördlich von Famagusta liegt. Es war sowohl zu griechischer wie zu römischer Zeit eine wohlhabende Stadt, die vom Kupferhandel (Cuprum = Kupfer, daher der Inselname) profitierte. Dennoch musste Salamis wegen schwerer Erdbeben und arabischer Überfälle in byzantinischer Zeit aufgegeben werden. Heute zeugt nur noch eine Ausgrabungsstätte, die größte der Insel, von der reichen antiken Vergangenheit.

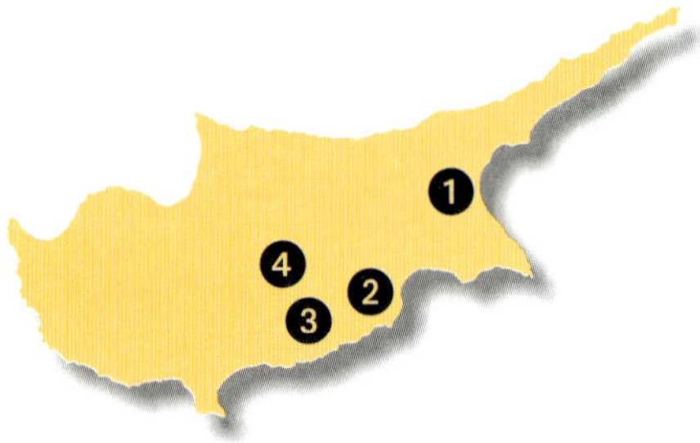

Zypern (Griechenland)

❷ Kloster Stavrovouni

Schon aus der Ferne sieht der Reisende bei der Fahrt von Nikosia nach Limassol das älteste der zahlreichen Klöster Zyperns: Stavrovouni, dessen Gründung auf das Jahr 327 zurückgeht. Diese lässt sich so genau datieren, weil die heilige Helena, Mutter Kaiser Konstantins des Großen, die Gründerin war, die in diesem Jahr auf Zypern (Cyprus) weilte. Sie kam von der Reise, auf der sie das Kreuz Christi in Jerusalem entdeckt haben soll und einen Splitter davon als Reliquie für das Kloster zur Verfügung stellte, dessen Name zu deutsch »Berg des Kreuzes« bedeutet. Damit ist auch das Kreuz gemeint, in das die Reliquie eingelegt wurde und das auf wundersame Weise arabischen wie türkischen Brandschatzungen angeblich entgangen ist.

❸ Archäologische Stätte Choirokhoitia

In die vorschriftliche Zeit weisen die Funde zurück, die Archäologen an der Südküste der Mittelmeerinsel Zypern beim Ort Choirokhoitia gemacht haben. Die Gegend zwischen Larnaka und Limassol war schon seit dem 7. Jahrtausend v. Chr. besiedelt, wovon so genannte Tholoi zeugen, Reste von Rundhäusern. In ihrer Nähe entdeckten die Forscher auch ein Gräberfeld und konnten sich anhand der Grabbeigaben wie Obsidianklingen, Halsschmuck, Vorratsgefäße ein Bild von Sitten und Alltag der vorantiken Bewohner machen. Dabei ließ sich vorderasiatischer Einfluss feststellen. Das Grabungsfeld ist seit 1998 UNESCO-Welterbestätte.

❹ Kloster Macheras

Zwei Eremiten waren im Sommer 1152 im östlichen Tróodos-Gebirge auf Zypern unterwegs. Der eine verletzte sich bei einem Sturz, trank aus einer nahen, mit einer Ikone geschmückten Quelle und ward sofort geheilt. Dieses Erlebnis soll der Legende nach Gründung und Ort des Klosters Macheras bestimmt haben. Ob dort solche Wunder noch heute zu vermelden sind, bleibe dahingestellt. Gewiss ist, dass die 1892 restaurierte Anlage selbst ein Wunder ist, ein seelisches der Geborgenheit und ein architektonisches der geglückten Lösung: Umgeben von den Wohn- und Wirtschaftstrakten wie von einer Wehrmauer, steht die Kirche im Hof, den sie mit ihrer Vieldächerkonstruktion und dem achteckigen Zentralturm fast ganz ausfüllt.

❶ Byzantinische Kirchen

Tróodos-Gebirge

Neun Kirchen im byzantinischen Stil verstecken sich im Tróodos-Gebirge im Südwesten von Zypern. Besonders die Gotteshäuser von Lagoudera, Platanistasa, Kalopanagiotis und Asinin, des Klosters Kykko und Sankt Nikolaus vom Dach bei Kakopetria zeichnen sich innen durch leuchtende Farbigkeit aus. Die zumeist aus dem 11. und 12. Jahrhundert stammenden Fresken zeigen überwiegend neutestamentliche Szenen wie »Drei Engel beim Abendmahl« oder »Die Auferweckung des Lazarus«. Als Zeugnisse byzantinischer Wandmalerei sind die Kirchen UNESCO-Welterbestätte seit 1985.

❷ Kloster Khrysorroyiatissa

Meditieren muss man nicht gelernt haben, der Ort bringt es einem ganz von selbst bei: Bei Paphos im Süden von Zypern liegt der Ort Pano Panayia. Er lohnt vor der inneren Einkehr deswegen einen kurzen Stopp, weil hier Erzbischof Makarios geboren worden ist, der Zypern 1960 in die Unabhängigkeit führte. Dann noch drei Kilometer nach Süden, und das Kloster Khrysorroyiatissa ist erreicht. Es soll im 15. Jahrhundert an der Stelle gegründet worden sein, wo einst der Evangelist Lukas der Legende nach eine Marienkrone an die Felswand gemalt hat. Die Kirche der Abtei steht in einem schiefwinkligen Innenhof, dessen förmlich sichtbare Stille die Eiligen innehalten lässt.

❸ Ruinen Paphos

Der Dichter zupft die Lyra zu seinem Liebeslied, die Schöne neigt ihr Ohr ihm zu, vernehmlich bläst der Faun auf seiner Flöte, der Becher kreist: Szenen von römischen Mosaiken, wie sie sich so farbig und vollendet allenfalls noch in Pompeji gefunden haben. In den Ruinen von Paphos auf Südwestzypern unterscheiden die Archäologen zwischen der griechischen Prägung durch den hier blühenden Kult der Aphrodite in Altpaphos (Palaipaphos) und den Resten der Bauten der Römer, die im Jahre 58 v. Chr. die griechische Epoche ablösten und das neue Paphos (Neapaphos) zur Hauptstadt der Provinz machten. Die Vermählung der beiden antiken Kulturen prämierte die UNESCO 1980 durch Ernennung des Ruinenfelds von Paphos zu einer Welterbestätte.

❹ Pissouri-Bucht

Touristen haben die Neigung, sich zusammenzutun. So kommt es, dass selbst auf völlig überlaufenen Inseln und neben überfüllten Stränden schon nach wenigen Kilometern Stille einkehrt und Natur in ihr Recht tritt. So auch beim zypriotischen Limassol. Eine kurze Strecke östlich der Ferienhochburg könnte die griechische Göttin der Schönheit ihrem berühmten Beinamen unbeobachtet Ehre machen: In der stillen Bucht von Pissouri würde sich die »anadyomene« (die aus dem Schaum der Wogen aufgestiegene) auch heute noch kaum hinter den Felsen mitten im Wasser verstecken müssen. Irgendjemand aber muss sie doch irgendwann gesehen haben, denn die schönen Wellenbrecher im Meeresblau heißen »Felsen der Aphrodite«.

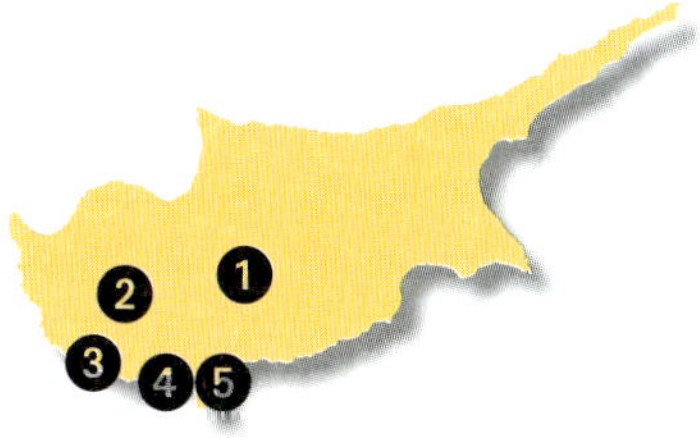

❺ Kourion

Knapp zwanzig Kilometer westlich von Limassol stößt der Zypern-Reisende auf ein Ruinenfeld, das auf hohen Klippen über der Episcopi-Bucht liegt. Es handelt sich vornehmlich um römische Reste, obwohl Kourion schon seit der Jungsteinzeit besiedelt gewesen ist. Die Fülle dessen, was sich hier präsentiert, erlaubt nur beispielsweise Nennung: Das Haus mit dem Achillesmosaik sei Kunst- und Mythenfreunden empfohlen; der Aquädukt, die Bäder und das Quellhaus werden technikgeschichtlich Interessierte anziehen; das für 6000 Zuschauer gedachte Stadion an der Straße nach Paphos lohnt einen architektonischen Kennerblick; das noch etwas weiter entfernte Apollonheiligtum ist das älteste auf der ganzen Insel.

Asien

Dem Himmel am nächsten

Asien, der größte der Kontinente, zieht sich von Ostsibirien bis zum Bosporus fast um die halbe Welt und reicht vom Riesenschlund der Ob-Mündung am Nördlichen Polarmeer bis zum Äquator und in den Sundainseln sogar noch bis auf die Südhalbkugel. Alle denkbaren Landschaftsformen kommen vor und alle Klimazonen sind vertreten. In Asien erreicht das Land die bei weitem höchsten Höhen im Himalaja und das Meer die tiefsten Tiefen im Marianengraben. Menschenleere Wüsten glühen im Innern, und Bevölkerungsballungen von bis zu 6000 Menschen pro Quadratkilometer finden sich in Räumen wie Hongkong oder Tokio. Über die Hälfte der Menschheit lebt auf diesem Drittel allen festen Landes, was große soziale Probleme bereitet, aber auch eine kulturelle Vielfalt hervorgebracht hat, die der des Abendlands in nichts nachsteht.

Nicht von ungefähr wussten schon die alten Römer: ex oriente lux – aus dem Osten kommt das Licht, nicht bloß weil dort der Tag heraufdämmert, sondern weil im Zweistromland, am Indus und in China erste Hochkulturen erblühten. Kein Zufall daher, dass die Wiege aller Weltreligionen in Asien stand, wo die Menschen dem Himmel offenbar nicht nur räumlich näher sind. Buddha und Konfuzius lehrten hier, Moses empfing die Gesetze Jahwes am Sinai, der Stern leuchtete über Bethlehem, und Allah offenbarte sich dem Propheten in der Arabischen Wüste. Diese Impulse verbreiteten sich um den Globus und zogen und ziehen die Menschen in den Bann. Die fernöstliche Weisheit, von der die Tempel künden, und die Schönheit der von der aufgehenden Sonne gefärbten Gestade Asiens werden immer Sehnsuchtsziele sein.

Workuta
Ob-Mündung
Jenissei
Borealer Primärwald
Archangelsk
FINNLAND
Ob
RUSSISCHE FÖDERATION
Jekaterinburg
Transsibirische Eisenbahn
Nishnij Nowgorod
Omsk
Nowosibirsk
Samara
Irtysch
BELARUS
POLEN
Semipalatinsk
Altai-Gebirge
Wolga
KASACHSTAN
UKRAINE
RUM.
Almaty
USBEKIST.
Bischkek
BULG.
Taschkent
KIRGIS.
Bezeklik
Turfan
Goacheng
Kutaisi
GEORG.
Mzcheta
ASERB.
Baku
Buchara
TURKMENISTAN
Samarkand
TADSCHIK.
ARM.
TÜRKEI
Kaspisches Meer
Merw
Duschanbe
Aschchabad
Aleppo
SYRIEN
Hatra
Nanga Parbat
Skardu
Teheran
Takht-e-Bahi
Siachen
Wadi Qadisha
Baalbek
Anjar
Kabul
Indus
LIBANON
Byblos
Palmyra
Isfahan
Taxila
Tyros
Damaskus
Euphrat
ISRAEL
Haifa
Bosra
Bagdad
Tschoga Zanbil
IRAN
AFGHANISTAN
Amritsar
Jericho
Amman
Lahore
Jerusalem
IRAK
Chandigarh
Bethlehem
Qusair Amra
Persepolis
Masada
Petra
Ur
PAKISTAN
JORDANIEN
Kuwait
Delhi
Mohenjo-Daro
New Delhi
Fatehpur Sikri
Sikand
Agra
LIBYEN
ÄGYPTEN
SAUDI-
BAHRAIN
Jodhpur
Al Manamah
KATAR
Jaisalmer
Jaipur
Nationalpark Keoladeo
Riad
Doha
Abu Dhabi
Chitorgarh
Medina
Karachi
Udaipur
Sanchi
Nakhl
Maskat
V.A.E.
Ahmadabad
Nil
Mekka
Al-Ayn
ARABIEN
Ajanta
OMAN
Ellora
Aurangaba
Mumbay (Bombay)
Jiddat al Harasis
Wadi Hadramaut
Tarim
Goa
ERITREA
JEMEN
Hampi
Sanaa
Shibam
TSCHAD
SUDAN
Marib
Zabid
Aden
DJIBOUTI
Coimbatore
SOMALIA
ÄTHIOPIEN
ZENTRALAFRIK. REP.
Male
MALEDIVEN
UGANDA
KENIA
INDISCHE
DEM. REP.
RUANDA
BURUNDI
KONGO
TANSANIA
Tschagos-In.
SEYCHELLEN
SAMBIA
MALAWI
0
250
500
750
km

RUSSISCHE FÖDERATION
Lena
Baikal-
see
Irkutsk
Tschita
Amur
Sachalin
Kamtschatka
Tataren-
sund
Ulan-Bator
MONGOLEI
Harbin
Hokkaido
Sapporo
Wladiwostok
Transsibirische Eisenbahn
Chang-chun
Große
Mauer
Shen-yang
Fu-shun
Shirakami
Chengde
Beijing
(Peking)
Pjöngjang
NORD
KOREA
SÜD
JAPAN
Honshu
Shirakawa
Nikko
Tokyo
Fudschijama
Matsumoto
Kyoto
Nara
Seoul
Pulguksa
Haeinsa
Hiroshima
Himeji
Hsukushima
enstraße
Mogao
Jiayuguan
Zhoukoudian
Tientsien
Tai-yuan
Bergregion
Taishan
Qufu
Huanghe
Xi-an
Luoyang
Jiuzhaigou-Tal
Huanglong
Kitakyushu
Yakushima
Riukiu-
In.
Nanking
Shanghai
Suzhou
Wu-han
Hangzhou
(Kaiserkanal)
Huangshan
Cheng-du
Leshan
Lhasa
Jangtsekiang
Wulingyuan
V R CHINA
ationalpark
agarmatha
Gyangzé
Wildschutzgeb.
Manas
Nationalpark
Kaziranga
Kathmandu
Darjeeling
Lijiang
Taipeh
Taiwan
Tsoying
Vulkan-In.
P A Z I F I S C H E R
Ganges
Paharpur
B.D.
Delta
Kalkutta
Mekong
Kanton
Hongkong
Nationalpark
Sundarbans
Mandalay
Amarapura
Hanoi
Ha-Long-Bucht
Marianen
paneswar
Konarak
Pagan
Inlesee
Luang Prabang
MYANMAR
Chiang Mai
Lamphun
Vientiane
Ifugao
Bergland
Yangon
Sukhothai
Phitsanulok
LAOS
Hué
Quang Nam
Da Nang
Hoi An
Luzon
Thung Yai
Ayutthaya
Bang Pa In
Nakhon Pathom
Bangkok
Khone-Fälle
Angkor
VIETNAM
Manila
Guam
PHILIPPINEN
puram
KAMB.
Tay Ninh
Phnom Penh
Ho-Chi-Minh-Stadt
(Saigon)
Puerto Princesa
Nationalpark
Tubbataha
O Z E A N
RI LANKA
hapura
ija
onnaruva
y
aja Forest
THAILAND
Mindanao
MIKRONESIEN
BRUNEI
PALAU
Kuala Lumpur
MALAYSIA
SINGAPUR
Sumatra
Borneo
Celebes
INDONESIEN
Jakarta
Nationalpark
Ujung Kulon
Sangiran
Borobudur
Surabaya
Prambanan
Java
Nationalpark
Komodo
Neuguinea
PAPUA-
NEUGUINEA
Port Moresby
O Z E A N
Kokos-In.

Russland (Asien)

❶ Borealer Primärwald Komi

Am Übergang Europas zu Asien liegt am Fuße des Westhangs des Ural eine Naturlandschaft, wie sie für diese kargen Breiten typisch ist: 32 000 Quadratkilometer Tundra und Gebirgstundra. Sie sind unter Naturschutz gestellt worden und reichen bis in die Gletscherregionen des Gebirges. In den tieferen Gebieten dominieren Moore mit der entsprechenden Fauna und Flora: Wolf, Braunbär, Otter, Elch und Marder hausen hier und finden trotz des rauen Klimas gutes Auskommen. Weiden gedeihen in den Überflutungsflächen ebenso wie Ebereschen. Der boreale Naturwald besteht aus Kiefern, Fichten und Sibirischen Lärchen. UNESCO-Welterbestätte seit 1995.

❷ Flussmündung des Ob

Ob der Ob, der zusammen mit seinem Nebenfluss Irtysch in Westsibirien das gigantische Flusssystem mit 3 Millionen Quadratkilometer Einzugsgebiet bildet, schon unterhalb Salechard in eine Bucht der Kara-See mündet oder ob der Ob-Busen noch zum Fluss zu rechnen ist, ist ein Streit um des Kaisers Bart. Klar ist, dass die Bucht, die 885 Kilometer ins Land ragt, anfangs noch so viel Wasser aus dem Fluss bekommt, dass der Salzgehalt noch deutlich unter Weltmeerniveau liegt. An der Öffnung östlich der Weißen Insel dann ist dieses längst erreicht. Wo Mündung aufhört und Meer anfängt, darf nach Gusto beantwortet werden. Keine zwei Meinungen aber dürfte es über die Großartigkeit der unendlichen Tundra-Landschaft geben, durch die der Unterlauf des Ob sein Ziel erreicht.

❸ Goldenes Gebirge

Altai

Zwischen Irtysch im Westen, Westlichem Sajan im Osten und dem Westsibirischen Tiefland erhebt sich in Südsibirien das Massiv des Russischen Altai, der sich nach Südosten im Mongolischen und schließlich im Gobi-Altai fortsetzt und im Bjelucha auf 4506 Meter ansteigt. 16 000 Quadratkilometer des russischen Teils stehen unter Naturschutz, so dass sich eine reiche Gebirgsflora mit 212 nur hier noch heimischen Pflanzenarten hat halten können. Auch die Tierwelt blieb weitgehend intakt: Der sehr selten gewordene Schneeleopard und 71 weitere Säugetierarten sind anzutreffen. Aus der Vogelwelt sind vor allem der Kaiseradler und der Altaifalke zu nennen. Internationaler Schutz kam 1998 hinzu durch die Ernennung des Naturparadieses zu einer UNESCO-Welterbestätte.

❹ Baikalsee

Eingebettet zwischen hohe bewaldete Gebirge erstreckt sich der mit bis zu 1637 Metern tiefste See der Erde im russischen Südsibirien, der 20 Prozent allen ungefrorenen Süßwassers enthält. Mit 48 Kilometern Breite und 636 Kilometern Länge bedeckt er eine Fläche von 31 500 Quadratkilometern (etwa dem Land Nordrhein-Westfalen entsprechend). Mit über 50 000 Quadratkilometer Umland steht das klare (Sichttiefe bis 40 Meter) Binnenmeer seit 1996 als UNESCO-Welterbestätte unter Schutz, da die Industrialisierung der Region seine einzigartige Lebensvielfalt zu gefährden begann. Viele Arten wie die Baikal-Ringelrobbe oder der Flohkrebs sind nur hier zu Hause. Das gilt auch für die Landtiere wie den Pfeifhasen oder den Sibirischen Rothirsch und für Vogelarten wie die Sperbereule.

❶ Tatarensund

Fast tausend Kilometer lang erstreckt sich die Pazifikinsel Sachalin fast parallel zur Ostküste von Russisch-Sibirien. Entsprechend lang ist die Meerenge zwischen dem Ochotskischen Meer im Norden und dem Japanischen Meer im Süden, nämlich mit 633 Kilometern die längste der Welt. Misst diese Tatarischer oder Tatarensund genannte Durchfahrt am Südausgang 324 Kilometer Breite, so nähern sich Insel und asiatisches Festland im Newelskojstraße genannten Abschnitt auf 7,3 Kilometer, um dann nach Norden relativ rasch wieder auseinander zu treten.

❷ Transsibirische Eisenbahn

Von Wladiwostok am südöstlichsten Ende Russisch-Sibiriens über Chabarowsk, Tschita und dann weiter elektrifiziert über Ulan-Ude, Irkutsk am Baikalsee, Krasnojarsk, Nowosibirsk und Omsk führt der 7512 Kilometer lange Schienenstrang der Transsibirischen Eisenbahn nach Tscheljabinsk am Osthang des Urals; mit Fortsetzung bis Moskau ist die Bahnlinie sogar 9289 Kilometer lang. Erbaut zwischen 1891 und 1916, 1938 zweigleisig ausgebaut, ist sie eine für den wirtschaftlichen, menschlichen und politischen Zusammenhalt des russischen Riesenreichs unentbehrliche Magistrale und inzwischen auch für Touristen der ideale Kennenlernweg durch das unendliche südliche Sibirien.

❸ Vulkane Kamtschatka

Größer als ganz Deutschland ist mit 370 000 Quadratkilometern die Halbinsel Kamtschatka am nordöstlichen Ende von Russland, die das Ochotskische vom Beringmeer trennt. Von den dort aufragenden rund 160 Vulkanen sind noch 28 aktiv; der höchste Kegel, Kljutschewskaja Sopka, erreicht 4835 Meter (zum Vergleich: Montblanc 4807 Meter). Aufgrund der Abgeschiedenheit sind die menschlichen Eingriffe in Ökosysteme und Landschaft der Halbinsel gering geblieben, und damit das so bleibt, sind riesige Gebiete unter Naturschutz gestellt worden, insbesondere Süd-Kamtschatka mit den zehn aktivsten Vulkanen. Vor ihrer Kulisse entfaltet sich ein reiches Tier- und Pflanzenleben, das 1996 zur Aufnahme der Halbinsel in die Liste der UNESCO-Welterbestätten geführt hat.

Georgien

❶ Kathedrale von Bagrati, Kloster von Gelati Kutaisi

Am Rioni, nordwestlich von Tiflis in Georgien, liegt Kutaisi, die im 10. Jahrhundert gegründete Stadt und einstige Residenz der Fürsten. Aus der Gründungszeit stammen die Ruinen der Bagratikirche, benannt nach Bagrat III. (973–1014). Sie wurde 1003 der Muttergottes geweiht und heißt auch Kathedrale Maria Entschlafen. Rund hundert Jahre jünger ist der nahe gelegene Klosterkomplex von Gelati, der wie die Kirche im 16./17. Jahrhundert von den Türken zerstört wurde. Die Reste beeindrucken aber noch heute so als Zeugnisse der Blütezeit georgischer Baukunst, dass sie 1994 zu einer UNESCO-Welterbestätte erhoben wurden (Bild: Fresko).

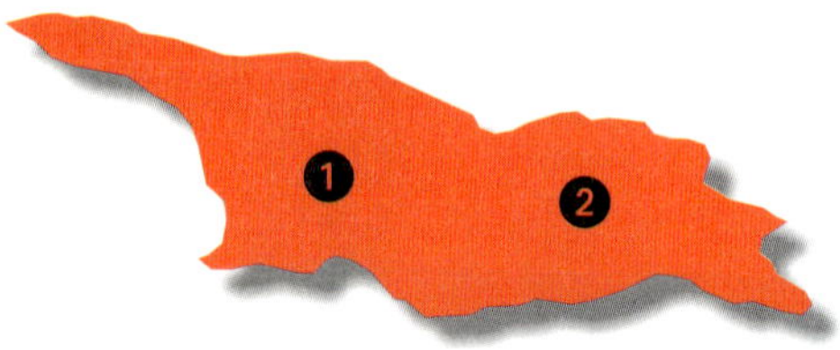

❷ Historische Kirchen

Mzcheta

Nördlich der georgischen Hauptstadt Tiflis residierten die Könige des kaukasischen Landes zeitweilig in Mzcheta und schmückten es mit Sakralbauten aus. Besonders zu nennen sind die Kreuz- oder Dschwari-Kirche aus dem 6./7. Jahrhundert, die vierhundert Jahre jüngere Samtawro-Kirche und die etwa aus derselben Zeit wie diese stammende Kathedrale, die für die georgischen Christen so wichtig ist wie für die Katholiken der Petersdom. Bei Ausgrabungen darin stießen Archäologen auf eine Vorkirche, eine Pfeilerbasilika, die in byzantinischer Zeit im 5. Jahrhundert hier gestanden hatte. Das religiöse Zentrum von Mzcheta ist UNESCO-Welterbestätte seit 1994.

Syrien

❶ Altstadt Aleppo

Geschichtsgesättigt sind die Städte im Vorderen Orient, und Aleppo im nördlichen Syrien ist es in besonderer Weise. Die Stadt gab es schon im Reich der Hethiter Anfang des 2. Jahrtausends v. Chr. Sie verlor zeitweilig an Bedeutung und erstand neu in hellenistischer Zeit. Die eigentliche Blüte kam mit dem Islam, als Aleppo im 13./14. Jahrhundert die Abraham-Moschee, die Große Moschee und vor allem Palast und Zitadelle auf dem Burgberg (oben rechts) bekam. Dort oben erglänzen ein Thronsaal von 700 Quadratmetern Größe und ein kostbares Bad in aller Pracht, deren arabische Künstler fähig sind. Die Altstadt ist mit diesen Bauten und dem 12 Kilometer langen Basar (oben links) seit 1988 UNESCO-Welterbestätte.

❷ Ruinen Palmyra

Als hätten Götter gekegelt, aber nicht sonderlich gut getroffen, denn viele herrliche Kegel, sprich: Säulen, der altrömischen Stadt Palmyra im Norden der Syrischen Wüste stehen noch. Sie gehörten zu Tempeln, Thermen oder anderen öffentlichen Gebäuden und dehnen sich über ein Areal von zehn Quadratkilometern aus. Hauptattraktion ist der gewaltige 200 mal 200 Meter große Baal-Tempel (siehe Bild), den Kaiser Hadrian bei seinem Besuch im Jahr 129 schon hat bewundern können. Knapp anderthalb Jahrhunderte später erhoben sich der hiesige Provinzfürst Odaenathus und seine Frau Zenobia gegen Rom, so dass Kaiser Aurelian die Stadt 273 zerstören ließ und damit das Ruinenfeld begründete, das seit 1980 UNESCO-Welterbestätte ist.

❶ Altstadt Damaskus

Die syrische Hauptstadt Damaskus frisst sich mit ihren zwei Millionen Einwohnern immer weiter in die Landschaft am Osthang des Antilibanon hinein. Der historische Kern der uralten Metropole aber hat sich seit Jahrhunderten kaum noch verändert. Die Ringmauer, an der römische Teile wie solche aus arabischer und türkischer Zeit zu erkennen sind, ist erhalten, 75 Moscheen, darunter die berühmte Omaijaden-Moschee (8. Jahrhundert) und die Sultan-Selim-Moschee, sind Zeugnis dafür, dass hier schon in der islamischen Frühzeit ein religiöses Zentrum lag; die Medrese Zahiriye ist bis heute eine berühmte theologische Lehrstätte. UNESCO-Welterbestätte seit 1979.

❷ Altstadt Bosra

Antik-römische, frühchristlich-byzantinische und arabisch-islamische Elemente prägen das Bild des südsyrischen Städtchens Bosra im Westen des Djebel Drus. Heute leben hier, wo einst 80 000 Menschen Markt und Straßen der Hauptstadt der römischen Provinz Arabia bevölkerten, nur noch 1000 Einwohner. Dass es dennoch lebhaft zugeht, liegt an den zahlreichen Touristen, die sich für das antike Amphitheater mit seinen 15 000 Plätzen, die Ruine der römischen Großthermen, die byzantinische Kathedrale und die Al-Khider-Moschee interessieren und begeistert sind vom Hauch der vielfältigen Geschichte, die das alte Bosra 1980 zu einer UNESCO-Welterbestätte hat avancieren lassen.

Libanon

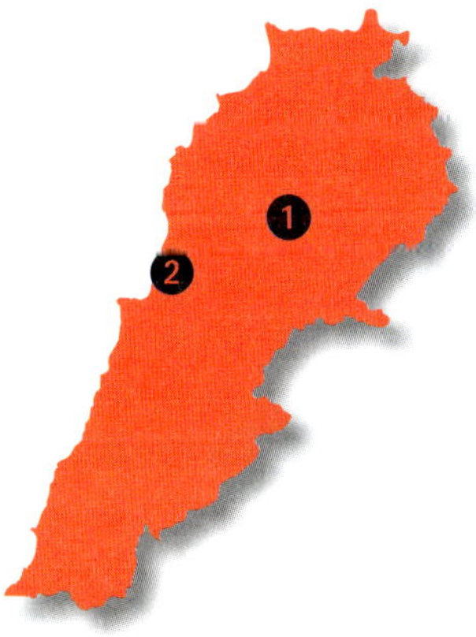

❶ Zedernwald Wadi Qadisha

Frühe Mönchsansiedlungen, aus denen zum Teil ganze Klöster wurden, haben dem Wadi Qadisha im Libanon-Gebirge den Beinamen »Heiliges Tal« eingetragen. Die Brüder und Einsiedler aber trugen mit dem Bau von Kirchen und Kapellen andererseits dazu bei, den einst über den ganzen Höhenzug verbreiteten Wald aus Libanonzedern zu dezimieren, denn deren Holz galt bei den Baumeistern als optimal für massige Sakralbauten. Welch herrliche Natur damit verloren ging, davon zeugen gerade hier im Wadi noch Restbestände mit über tausend Jahre alten Bäumen, die das Gehölz »Die Zedern des Herrn« (Arz el-Rab) bilden, in dem ebenfalls eine Kapelle steht. Als Denkmal der Frömmigkeit und des schon in der Bibel erwähnten Waldes ist das Tal UNESCO-Welterbestätte seit 1998.

❷ Ruinen Byblos

Die Schrift ist menschheitsgeschichtlich eine recht junge Errungenschaft, und unsere Schrift sogar noch jünger. Während die Ägypter schon um 3000 v. Chr. ihre Hieroglyphen malten und die Sumerer zur selben Zeit Tontafeln mit Keilschriftzeichen bedeckten, entwickelten die Phöniker erst ein Jahrtausend später ein Alphabet. Diese Konsonantenschrift aber prägte die griechische und damit die lateinische, also die unsere, maßgeblich. Darüber wissen wir einiges auch aus Byblos, der wohl ältesten Stadt des Libanon, nördlich von Beirut. Hier wurde in phönikischen Ruinen eine Inschrift aus dem 13. Jahrhundert v. Chr. mit diesen Buchstaben gefunden. Sie und die Bauten aus dem Altertum machten Byblos 1984 zu einer UNESCO-Welterbestätte.

❶ Ruinen der Omaijaden-Stadt

Anjar

Im Stil des griechischen Städtebauers Hippodamos von Milet (5. Jahrhundert v. Chr.) legten die arabischen Gründer im Jahr 705 die südlich von Baalbek gelegene Stadt Anjar im Libanon an: schachbrettartig mit rechtwinkligen Straßenzügen. Sie diente den Kalifen aus der Dynastie der Omaijaden wenige Jahrzehnte lang als Sommerresidenz, denn schon seit etwa 750 verfiel Anjar nach einer Niederlage des Herrschers. Die Ruinen auf dem 12 Hektar großen Gelände lassen noch das höfische Leben in der prunkvoll ausgebauten, vom Palast dominierten Stadt ahnen und rechtfertigen die Ernennung (1984) zu einer UNESCO-Welterbestätte.

❷ Ruinen Baalbek

Im Jahre 47 v. Chr. wurde das einstige Sonnenheiligtum Baalbek, nordöstlich von Beirut, römische Garnison. Davon sind nur Ruinen geblieben, aber was für welche! Es handelt sich vor allem um die Reste von Bauten aus dem 1. bis 3. Jahrhundert, deren Säulen heute im gleißenden Licht von vergangener Größe zeugen. Insbesondere die fast zwanzig Meter hohen des Jupiter-Tempels (siehe Bild), zu dem seinerzeit die Pilger in Scharen strömten. Heute strömt es wieder, denn Baalbek ist wegen der antiken Sehenswürdigkeiten ein Muss für den Orientreisenden und eine UNESCO-Welterbestätte seit 1984.

❸ Ruinen Tyros

In der ersten Hälfte des 1. Jahrtausends v. Chr. gehörte das Volk der Phöniker zu den Großmächten der Mittelmeerwelt. Ihre Hauptstadt Tyros (heute Sur im mittleren Libanon) kam um 950 v. Chr. zu hoher Blüte: Ihren Schiffbauern verdankte sie ihren Reichtum aus dem Handel mit Purpur und Zedernholz über das gesamte Mittelmeer hinweg, und ihre Sicherheit beruhte auf der Lage auf einer Felsinsel vor der libanesischen Küste. Hier stehen noch Reste der phönikischen Stadtmauer, der Hadriansbogen, der den römischen Sieg über die Rivalen dokumentiert, Thermen- und Tempelruinen. Das gegen Ende der Kreuzfahrerzeit untergegangene Tyros ist UNESCO-Welterbestätte seit 1984.

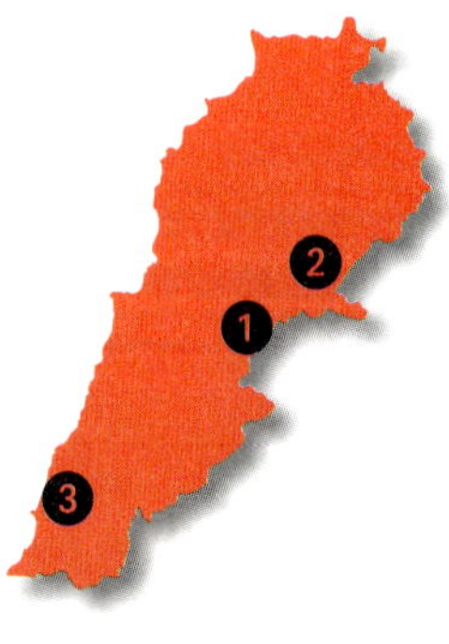

Israel

❶ Golanhöhen

Ein Zankapfel der Weltgeschichte: Wer die Hochebene südlich des Hermongebirges über dem Jordan beherrscht, kontrolliert auch das Tal. Diese strategisch wichtigen Golanhöhen konnte Israel im Sechstagekrieg 1967 Syrien entreißen, nachdem die jüdischen Siedlungen vorher ständig syrische Feuerüberfälle von den Höhen aus fürchten mussten. Im Krieg 1973 behauptete die israelische Armee das Gebiet in schweren Kämpfen, wo inzwischen jüdische Siedler Fuß gefasst haben. Dauerhaften Frieden aber wird es nicht geben, wenn sich Syrer und Israelis nicht einigen. Der Friedensprozess im Nahen Osten entscheidet sich hier.

❷ Bahai-Tempel Haifa

Die nordisraelische Hafenstadt Haifa klettert stufenweise den Berg Karmel empor, von dem die christlichen Karmeliter ihren Namen haben. Doch auch den anderen großen Mittelmeerreligionen, Islam und Judentum, bedeuten Berg und Stadt viel. Auch die Drusen und eine islamische Sekte profitieren von diesem Nebeneinander: Die Toleranz predigenden Bahais, die verschiedene Elemente der anderen Glaubensrichtungen verbinden, konnten am Karmel 1953 ihr zentrales Heiligtum in Moschee-Bauweise errichten, sichtbares Zeichen dafür, dass im Heiligen Land verschiedene Wege zu Gott führen.

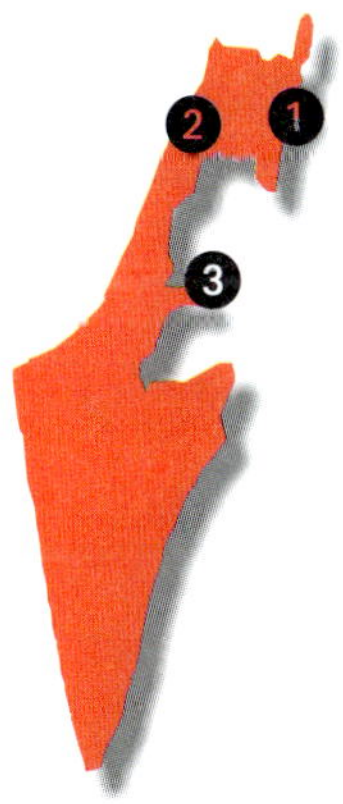

❸ Jericho

Im heißen Jordangraben, 300 Meter unter Meereshöhe, liegt nordwestlich vom Toten Meer die uralte Stadt Jericho. Schon in grauer Vorzeit gegründet, wurde sie mehrfach zerstört, einmal der Bibel nach sogar durch Posaunenschall, und stets von neuem aufgebaut. Grabungen auf dem Tell es-Sultan haben hier die »älteste Stadt der Welt« aufgedeckt (etwa 6500 v. Chr.), andere archäologische Untersuchungen sicherten Funde der noch keramiklosen Jungsteinzeit und solche aus der um 3000 v. Chr. im Orient einsetzenden Bronzezeit. Erst um die Zeitenwende, als König Herodes hier seinen Winterpalast (70 n. Chr. von Kaiser Titus zerstört) bauen ließ, erlangte Jericho erneut Bedeutung. Heute ist es Vorreiter im israelisch-palästinensischen Friedensprozess (Abkommen 13. September 1993).

❶ Al-Aksa-Moschee Jerusalem

»Fernster Punkt« heißt übersetzt die nach dem Felsendom wichtigste Kultstätte der Muslime in der allen drei großen Mittelmeerreligionen heiligen Stadt Jerusalem: Die riesige siebenschiffige Al-Aksa-Moschee, einst als Marienkirche von Kaiser Justinian im 6. Jahrhundert gegründet, markiert den Punkt, an dem sich der Prophet Mohammed am weitesten von Mekka entfernt hatte. Kirche und spätere Moschee sind auf den Trümmern des jüdischen Tempelberges errichtet und vereinen so baulich alle drei Religionen.

❷ Felsendom Jerusalem

Seine goldene Kuppel ist das Wahrzeichen der im christlichen, jüdischen wie muslimischen Sinne heiligen Stadt Jerusalem. In der israelischen Hauptstadt haben diese Weltreligionen ihren Schnittpunkt im Tempelbezirk, wo einst der Tempel Salomos stand. Von dessen Felsen aus soll der Prophet Mohammed gen Himmel gefahren sein, wobei sein feuriges Ross Spuren im Stein hinterließ, über denen auf achteckigem Grundriss zwischen 669 und 692 Kalif Abd al-Malik den Felsendom errichten ließ. Er wurde später im Innern mit kostbaren Marmorverkleidungen, Mosaiken und reichen farbenfrohen Ornamenten ausgestattet, während das Äußere im 16. Jahrhundert Fliesenschmuck erhielt. Der Felsendom bildet mit den anderen Bauten der Altstadt seit 1981 eine UNESCO-Welterbestätte.

❸ Klagemauer Jerusalem

Heiligste Stätte des Judentums im Tempelbezirk der israelischen Hauptstadt Jerusalem sind die Reste des Tempels, der hier zur Zeit des Königs Herodes um Christi Geburt stand. Die typischen Gebetsgesten der ihre Andacht verrichtenden Juden haben den Begriff »Klagemauer« für den Teil der erhaltenen westlichen Umfassungsmauer allgemein üblich gemacht. Mit den Moscheen der Muslime und der christlichen Grabeskirche bildet sie eine Art heiliges Ensemble, das seit 1981 als Teil der Jerusalemer Altstadt UNESCO-Welterbestätte ist.

❹ Grabeskirche Jerusalem

Wo Jesus gekreuzigt worden sein soll, stiftete Kaiser Konstantin der Große 326–335 eine Kirche, die später mehrfach zerstört, neu erbaut, verändert und ausgeschmückt wurde. Darin spiegelt sich das wechselvolle Schicksal der heutigen israelischen Hauptstadt Jerusalem, wo die Grabeskirche als wichtigstes christliches Heiligtum gemeinsam mit den islamischen Kultstätten und der jüdischen Klagemauer das Zentrum des Heiligen Landes bildet. Seit 1852 ist sie im Besitz von sechs christlichen Konfessionen, die hier die äußere Toleranz der drei Weltreligionen intern fortsetzen. Sie gehört mit anderen Bauten der Jerusalemer Altstadt seit 1981 zu einer UNESCO-Welterbestätte.

❶ Totes Meer

Brustschwimmen ist hier kaum möglich, weil die Beine immer aus dem Wasser ragen. Der Auftrieb in den Fluten des Toten Meeres im Jordangraben zwischen Israel und Jordanien ist wegen des hohen Salzgehalts (26 Prozent) so hoch, dass selbst über der mit fünfhundert Metern tiefsten Stelle Nichtschwimmer nicht in Gefahr geraten würden. Dabei schwimmen sie dort schon fast 400 Meter unter dem Meeresspiegel, so tief hat sich der Fluss und der Meer genannte 80 Kilometer lange und 18 Kilometer breite See eingegraben. Er ist abflusslos und wegen der hohen Verdunstung in der heißen Wüstengegend so salzig und so »tot«. Sein Wasser aber hat heilende Wirkung: Menschen mit Schuppenflechte finden hier Linderung.

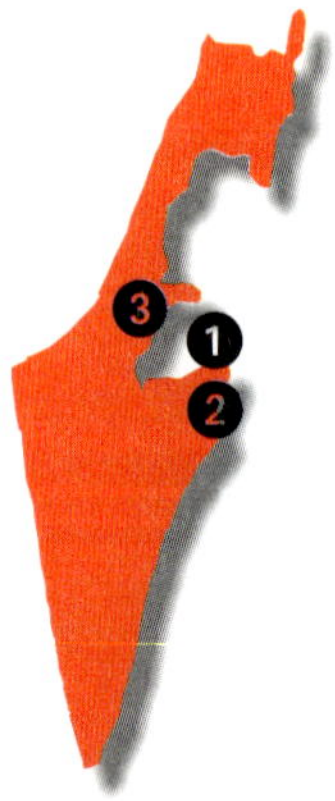

❷ Masada

Auf einem allseits schroff abfallenden Bergblock am rechten Hochufer des Toten Meeres errichtete der jüdische König Herodes der Große um 30 v. Chr. seine von einer über fünf Meter hohen weißen Mauer gesicherte Bergfeste Masada. Das ummauerte Areal maß 630 mal 130 bis 230 Meter, Unterstände und 37 hohe Türme dienten ebenfalls der Sicherung. Der königliche Palast war »hängend« angebracht an der Nordspitze der schiffsartigen Plattform und mithin weder von unten noch seitlich, sondern nur von oben her erreichbar. Erst nach monatelanger Belagerung konnten die Römer 73 n. Chr. Masada nehmen. Heute pilgern die Juden auf den Berg mit den sprechenden Ruinen und schwören dort: »Masada wird nicht wieder fallen.«

❸ Bethlehem

Jesus von Nazareth, Stifter des Christentums, wurde nach neutestamentlicher Überlieferung im heute israelischen Bethlehem (Bait Lahm) im Westjordanland geboren, weil Kaiser Augustus zur Volkszählung alle Bewohner seines Reiches zur Rückkehr in den Geburtsort befohlen hatte. Da, wo die Krippe stand, in die Maria ihr Kind legen musste, ließ Kaiser Konstantin der Große im Jahr 326 eine fünfschiffige Basilika errichten. Sie bildet den Kern der heutigen Marienkirche, die, zwischen einem lateinischen, einem armenischen und einem griechischen Kloster gelegen, im Besitz aller drei Konfessionen ist. Sie haben jede ihren eigenen Eingang zu der Geburtsgrotte unter dem Hauptaltar; ein silberner Stern bezeichnet die Geburtsstelle. Im Osten der Stadt liegt das Feld, wo den Hirten die Geburt des Heilands verkündet worden sein soll.

Jordanien

❶ Wüstenschloss Qusair Amra

Ob ihn sich ein Kalif gebaut hat oder nur ein sehr reicher Adliger des Omaijadenreiches, lässt sich nicht mit Bestimmtheit sagen. Dass es in Jordanien aber bestimmt keinen prächtigeren Landsitz aus der Zeit (8. Jahrhundert) gibt, dürfte unstrittig sein: Qusair Amra ist eine Palastanlage mit dreischiffiger Audienzhalle und angeschlossenen Thermen (Badehaus) östlich von Amman mitten in der Wüste. In der Halle finden sich Fresken, unter denen die Darstellung der »Großen Badenden« besonders besticht: eine schöne junge Frau, geschmückt mit Diadem, Halskette und Armreifen, dekorativ platziert vor Arkaden. Das Lustschloss ist seit 1985 UNESCO-Welterbestätte.

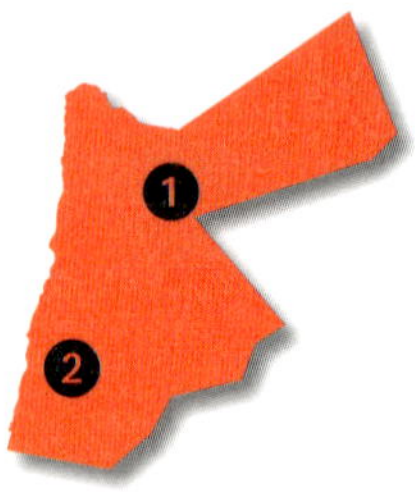

❷ Ruinen Petra

Der Nabatäer-König Aretas IV. regierte 9 v. Chr. bis 40 n. Chr. ein mächtiges Reich. Die Ruinen seiner Hauptstadt Petra im südlichen Jordanien sind heute ein Touristenmagnet. Das liegt daran, dass es staunenswerte Anlagen zu besichtigen gibt wie die zehn birnenförmigen Wasserkammern, die von den Bewohnern aus dem Berg mit dem heutigen Namen Umm el-Biyara (»Mutter der Zisternen«) geschlagen wurden, oder den Heiligtümern, darunter der Grabtempel ad-Deir mit seiner 42 Meter hohen Fassade im römisch-hellenistischen Stil, und besonders auch an den Pferdeställen. Die zur Kühlung dick ummauerten Ställe mit dem Wartungs- und Vorratsraum in der Mitte sind vorbildlich eingerichtet. Die Ruinenstätte ist UNESCO-Welterbestätte seit 1985.

Irak

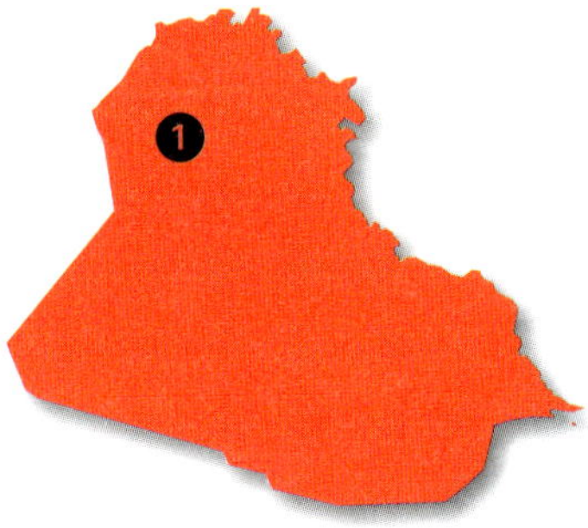

❶ Ruinen der Partherstadt Hatra

Die Römer bissen sich an ihr die Zähne aus: Die parthische Stadt Hatra etwa hundert Kilometer südwestlich vom heutigen Mosul im Irak widerstand im Jahr 116 der Belagerung durch ein Heer des sonst erfolgreichsten Kaisers Trajan (regierte 98–117) ebenso wie drei Eroberungsversuchen durch Kaiser Septimius Severus (193–211). Erst im Jahr 240 erlag Hatra den persischen Sassaniden. Die runden Stadtmauern verfielen, der parthische Palast wurde zur Ruine, die Tempel stürzten zusammen. Erst im 20. Jahrhundert legten Archäologen vieles wieder frei, darunter auch mehrere hundert Statuen aus Marmor und Kalkstein, wie die Bauten wichtige Zeugnisse hellenistisch-orientalischer Kunst. UNESCO-Welterbestätte seit 1985.

❶ Königsgräber Ur

Unter dem Ruinenhügel Tell Mukajir im südlichen Zweistromland (heute Irak) liegt Ur, eine Metropole Babyloniens und Heimat des biblischen Stammvaters Abraham. Vor gut viertausend Jahren war die Stadt maßgebliches Zentrum einer bereits hoch entwickelten Kultur. Das wissen wir durch die umfassenden Ausgrabungen im 19./20. Jahrhundert, bei denen aufwändige Tempelanlagen und der so genannte Königsfriedhof zu Tage kamen. Der in den Gräbern der Herrscher gefundene Schmuck aus Edelmetall und kostbaren Steinen spricht für das große handwerkliche Geschick der babylonischen Juweliere und für den erlesenen Geschmack ihrer Kunden.

❷ Mosaikstandarte Ur

Geblieben ist nur der Ruinenhügel Tell Mukajir im südlichen Irak, wo einst im 3. Jahrtausend v. Chr. eine der mächtigsten Städte des Zweistromlands stand: Ur in Chaldäa war eine so pulsierende Metropole im sumerischen Reich, dass es im Gilgamesch-Epos von ihr heißt: »Enlil hörte das Getöse und sagte zu den Göttern im Rat: ›Dieser Tumult der Menschheit ist unerträglich, und es ist nicht mehr möglich zu schlafen.‹ Und so wurden die Götter bewegt, die Flut zu schicken.« Das war der erste Untergang der Stadt, die mehrmals wieder auferstand und erneut viel von sich reden machte – etwa durch Kunstwerke, von denen einige wie die so genannte Mosaikstandarte überliefert sind: herrliche Einlegearbeit aus Lapislazuli, Muscheln und Kalkstein auf Holz (um 2500 v. Chr.).

Iran

❶ Kaspisches Meer

Das größte Binnengewässer der Welt ist das rund 400 000 Quadratkilometer bedeckende Kaspische Meer mit den Anrainerstaaten Aserbaidschan, Russland, Kasachstan, Turkmenistan und Iran, auf den 15 Prozent der Küste im Süden entfallen. Besonders reizvoll entfaltet sich Landschaft dort, wo der Kaukasus bei Baku zum Meer hin abstürzt, und am iranischen Ufer, das vom Elbursgebirge umfasst wird. Aus 5671 Metern Höhe schaut hier der höchste Gipfel Demawend hinunter auf das Meer, an dem Städte wie Rescht, Bender Ansali und Babol liegen. Die Kaspisee, wie manche das Riesengewässer kurz nennen, war lange in Gefahr der Verlandung, neuerdings aber hebt sich der Wasserspiegel aufgrund geologischer Veränderungen wieder.

❷ Königsplatz Meidan-e Schah Isfahan

Dass hier anderthalb Jahrhunderte das Herz Persiens schlug, lässt sich am besten auf dem Fest- oder Königsplatz Meidan-e Schah im südwestiranischen Isfahan nachspüren, das 1598 bis zur Mitte des 18. Jahrhunderts Hauptstadt des Landes war. Umgeben von verschwenderisch geschmückten Moscheen, die in allen Farben erstrahlen, bietet der Platz einen beliebten Treffpunkt für die Gläubigen und die Touristen. Prachtstück unter den islamischen Gotteshäusern ist die mit zahllosen Fayence-Kacheln prangende Schah-Moschee (heute Masdjed-e Imam), die Abbas der Große zu Beginn des 17. Jahrhunderts errichten ließ. UNESCO-Welterbestätte seit 1979.

❶ Ruinenstätte Tschoga Zanbil

Im 13. Jahrhundert v. Chr. blühte im östlichen Zweistromland das altorientalische Reich Elam (heute Südwestiran). In dieser Zeit entstand die Stadt Dur-Untasch nahe dem heutigen Tschoga Zanbil nördlich von Abadan. Der einen Quadratkilometer große ummauerte Ort gehörte zu einem Heiligtum, dessen jetzt noch 25 Meter hoher Turm bei iranisch-französischen Ausgrabungen wieder freigelegt wurde. Er war anders als die babylonischen Zikkurats durch Treppen im Innern begehbar. Zusammen mit drei Palastruinen bildet er seit 1979 eine UNESCO-Welterbestätte.

❷ Antike Ruinen Persepolis

Rund 80 Kilometer nordöstlich vom südwestiranischen Schiras stoßen Reisende auf eine Ruinenstätte, die noch im Verfall von einstiger Macht der hier sommers residierenden altpersischen Herrscher der Achämeniden-Dynastie zeugt. Dareios I. der Große (550–486 v. Chr.) begann mit der Ausgestaltung der Stadt durch einen Thronsaal. Dazu gehörte u. a. der steinerne Pferdekopf (siehe Bild). Bemerkenswert ist auch die zu diesem Raum führende Treppe mit Reliefs von den Huldigungen unterworfener Völker seines Großreichs. Sein Nachfolger Xerxes I. (486–465) steuerte die »Halle der hundert Säulen« bei. Die in den 1930er Jahren ausgegrabene Stadt ist UNESCO-Welterbestätte seit 1979.

Turkmenistan

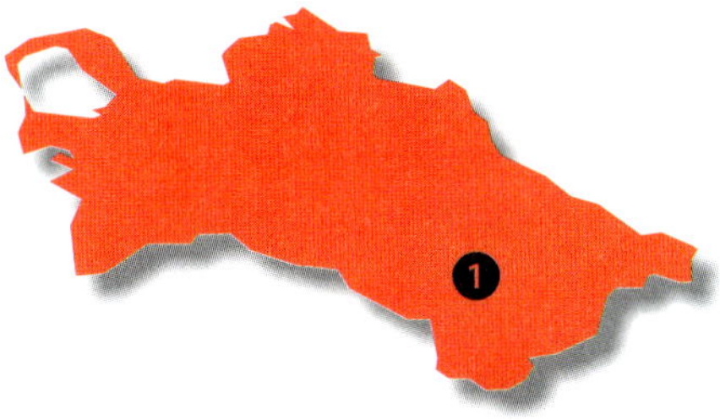

❶ Ruinen der alten Stadt Merw Mary

Groß müssen die Profite gewesen sein, denn die Strapazen waren erheblich. Antike und mittelalterliche Kaufleute, die Waren von Fernost zu zahlungskräftigen Kunden im Mittelmeerraum bringen wollten, mussten sich durch Gebirge und unwirtliche Steppen quälen. Die alte Oasenstadt Merw, heute Mary, in der turkmenischen Wüste Karakum war einer der wenigen Erholungsorte auf der von China bis nach Mitteleuropa führenden zentralasiatischen Seidenstraße. Ruinen von Bauten aus der Zeit, als Merw zum Reich der Parther (2. Jahrhundert v. Chr. bis 3. Jahrhundert n. Chr.) gehörte, sind ebenso erhalten wie spätere Reste aus sassanidischer, arabischer und mongolischer Zeit. UNESCO-Welterbestätte seit 1999.

Usbekistan

❶ Historisches Zentrum Buchara

Meisterwerke islamischer Baukunst haben der usbekischen Stadt Buchara am Serawschan in einer Oase der Wüste Kysylkum 1993 die Ernennung zu einer UNESCO-Welterbestätte eingetragen. Zu nennen sind die Zitadelle mit den Respekt gebietenden Rundtürmen am Tor, das über tausend Jahre alte kleine, kompakte Ismail-Samani-Mausoleum, die Koranschule Mir-i-Arab aus dem 16. Jahrhundert, die Große Moschee mit dem 46 Meter hohen, wehrturmartigen Minarett, die 1514 vollendet wurde. Nach dem Ende der Sowjetunion 1991 konnte sich das religiöse Leben in der islamischen Metropole wieder entfalten.

❷ Samarkand

Rückwärts an bedeutenden Bauten entlang erschließt sich die Altstadt des usbekischen Samarkand am Fluss Serawschan: relativ »jung« die Koranschule Tillja-Kari (1646–1660) und die Medrese Schir-Dor (1619–1636), deutlich betagter die Ulug-Beg-Medrese (1417–1420), die Bibi-Chanym-Moschee (1399–1404) und das Gur-Emir-Mausoleum, das nach langer Bauzeit als Grablege der Herrscher aus der Dynastie Timuriden 1404/05 fertig gestellt wurde. Die Medresen (theologische Schulen) mit ihren mosaik- und fayencengeschmückten Prachttoren liegen am Registan, dem zentralen Platz von Samarkand, wo der Großbasar abgehalten wurde und wo noch heute jede Erkundungstour durch das »Paradies des Ostens« beginnt.

Saudi-Arabien

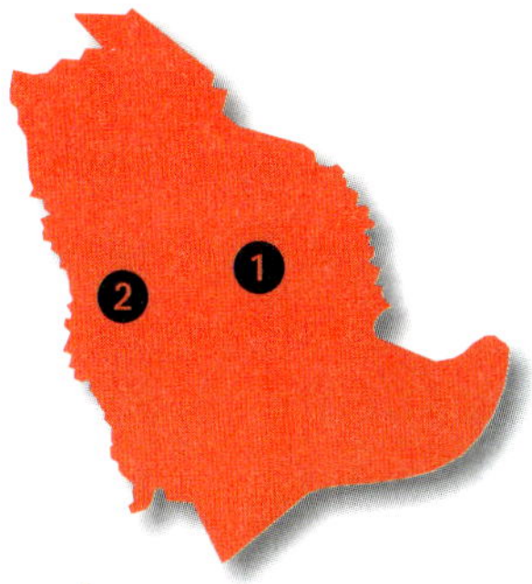

❶ Königspalast Riad

Mitten im Nichts sozusagen, nämlich in der tiefsten Wüste der Arabischen Halbinsel, liegt Riad, die Hauptstadt Saudi-Arabiens. Schon Mitte des 18. Jahrhunderts entstanden, wurde sie 1824 Stammsitz der Familie Ibn Sauds und hundert Jahre später nach Begründung des Königreichs Saudi-Arabien daher dessen Zentrum, das heute zwei Millionen Einwohner hat. Der Palast der Sauds, eine gewaltige festungsartige Anlage mit zinnenbewehrten Mauern, eigener Moschee und Wohntrakten der großen königlichen Familie und der Bediensteten, genügte in der altertümlichen Form bald nicht mehr den Ansprüchen und dem Selbstverständnis einer trotz aller Tradition modernen Monarchie. Ende der 1970er Jahre wurde er in großen Teilen abgerissen und alles andere einer gründlichen Um- und Neugestaltung unterzogen.

❷ Große Moschee Medina

Zentrum des Islam ist Mekka mit der Kaaba, doch zieht es manche Pilger mindestens so sehr nach Medina im Hedschas (West-Saudi-Arabien), wo in der unvergleichlichen Großen Moschee El-Haram (»Das Heiligtum«) der Prophet Mohammed beigesetzt ist. Auch seine jüngste Tochter Fatima ruht hier, die in der islamischen Tradition einen hohen Stellenwert hat und den Schiiten sogar als Mitglied der »Heiligen Familie« gilt. Mohammed selbst hatte es Ende September 622 hierher gezogen, als er aus seiner Geburtsstadt Mekka fliehen musste und auf dieser Hedschra (»Ausreise«) in Medina eine neue Heimat und Anerkennung fand. Die islamische Zeitrechnung beginnt mit der Hedschra.

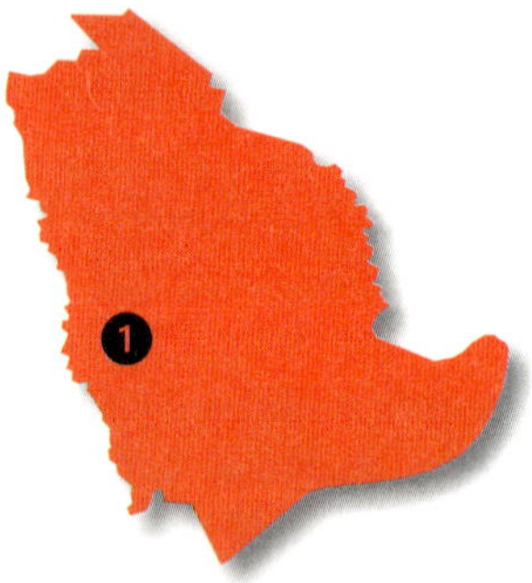

❶ Mekka

Jeder Muslim, der gesundheitlich und wirtschaftlich dazu in der Lage ist, hat die Pflicht, mindestens einmal im Leben eine Pilgerfahrt (»Hadsch«) nach Mekka zu den heiligen Stätten des Islam zu unternehmen. Die Geburtsstadt des Propheten Mohammed in West-Saudi-Arabien am Rand des mittelarabischen Hochlands beherbergt im Hof der Hauptmoschee mit ihren sieben Minaretten die Kaaba (»Würfel«), ein Gebäude, in das der Meteorit Hadschar al-Aswad (»Schwarzer Stein«) eingelassen ist und das auch »Haus Gottes« genannt wird. Dieses Hauptheiligtum und eine Vielzahl von Koranschulen (Medresen) und Moscheen haben aus Mekka die »Heilige Stadt« gemacht, nach der sich die Gläubigen bei jeder Andacht ausrichten.

Jemen

❶ Medina Zabid

Im Unterschied zu den Europäervierteln nennt man die alten Zentren arabischer Städte Medina, was so viel heißt wie Stadt. Die Medina von Zabid am Ostrand der Küstenlandschaft Tihama im Jemen entstand zum Teil schon im 9. Jahrhundert und hat die alte Bausubstanz in bewunderungswürdiger Weise bewahrt. Als religiöses Zentrum beeindrucken die Große Moschee und die auf ovalem Grundriss ruhende Moschee Ashair. Tief in Arabien taucht man ein in die verwinkelten Gassen und bewundert die Stuckverzierungen sogar an einfachen alten Wohnhäusern. Erst im 15. Jahrhundert überflügelte die nordöstlich gelegene heutige Hauptstadt Sanaa die Rivalin Zabid, deren Schönheit 1993 mit dem Rang einer UNESCO-Welterbestätte prämiert wurde.

❷ Altstadt Sanaa

Solche Pracht im Wüstenstaat! Jemens Hauptstadt Sanaa, in einem fruchtbaren Hochtal 2350 Meter hoch gelegen, bietet schon beim ersten Anblick mit der fast vollständig erhaltenen roten Stadtmauer und den bunten Fassaden einen schier märchenhaften Anblick. Die hohen fünf- bis neungeschossigen wohnturmartigen Häuser, aus deren Meer die Minarette von über 100 Moscheen emporspitzen, sind aus Steinquadern oder Lehmziegeln errichtet und fantasievoll mit gemalten Ornamenten oder Stuckschmuck verziert. Die Altstadt mit ihrer vornehmlich aus dem 18./19. Jahrhundert stammenden Bausubstanz ist UNESCO-Welterbestätte seit 1988.

❶ Marib-Staudamm

Märchenhaft reich »wie die Königin von Saba«, ein geflügeltes Wort. Doch wo lag Saba? Dort, wo heute der Wüstenstaat Jemen seine Bevölkerung karg ernährt, blühte es, und mit ihm die Metropole Marib. Den Reichtum hatte ein als »achtes Weltwunder« bestaunter Staudamm gebracht, dessen gewaltige Reste noch zu sehen sind: Ende des 5. vorchristlichen Jahrhunderts scheint er seine endgültige befestigte Form bekommen zu haben: 600 Meter lang mit 15 Meter hoher Staumauer sperrte er das heutige Wadi Dana. Er hatte an den Bergflanken Schleusen. Ihre regelmäßige Öffnung ermöglichte die ganzjährige Sturzbewässerung des fruchtbaren, aber eben zu trockenen Umlands von Marib. Weihrauchbäume wuchsen nun dort und begehrte »Spezereien«, wie sie die Königin als Gastgeschenke für Salomo mitgebracht haben soll.

❷ Altstadt Shibam

Ein halbes Tausend Häuser drängen sich auf engstem Raum innerhalb des fast unversehrt erhaltenen sechs bis neun Meter hohen Mauerrings der jemenitischen Stadt Shibam im Wadi Hadramaut. Das Areal ist nur 400 mal 500 Meter groß, so dass vereinzelt Hochbauten bis zu 30 Metern nötig sind, die etwa 8000 Einwohner zu fassen. Mit ihren fast einfarbigen gelblich-bräunlichen kleinfenstrigen Fassaden und den flachen Dächern geben die schlanken Gebäude der Skyline von Shibam etwas von einem Mini-Manhattan. UNESCO-Welterbestätte seit 1982.

❸ Friedhof der Sieben Gräber Inat/Hadramaut

Bescheiden, ja karg ist das Leben in der Landschaft Hadramaut im Osten des Jemen. Selbst Scheichs und Fürsten leben hier nicht wie solche, aber sie sterben so. Für das Jenseits ist nichts zu schade, und selbst in der Wüste bei Inat leuchten auf dem Friedhof der Sieben Gräber die Mausoleen der vornehmen Familien in würdigem Weiß. Sie ähneln in ihrer Kuppelbauweise und mit ihren schönen Portalen kleinen Moscheen, während für das einfache Volk nur schlichte Grabstellen vorgesehen sind. Selbst der Tod ebnet die gesellschaftlichen Unterschiede nicht ein.

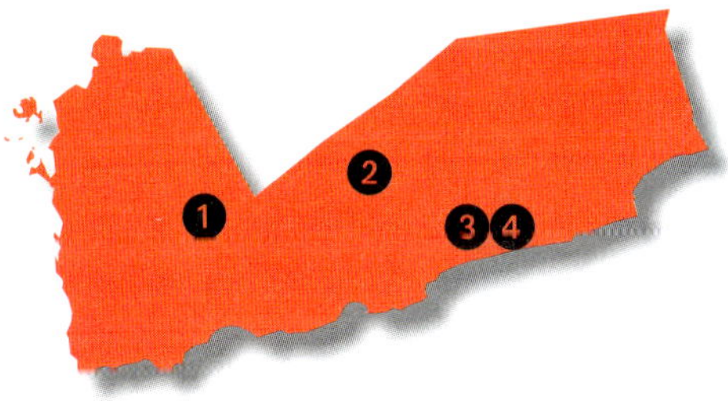

❹ Al-Midhar-Moschee

Tarim/Hadramaut

Viel wächst nicht im Hochland von Hadramaut nördlich von Al Mukalla im Ostjemen. Die Minarette der Moscheen aber wachsen umso höher in den Himmel, denn sie sind Zeichen der Hoffnung, und dieses Prinzip muss den Menschen vieles an irdischen Gütern ersetzen, meistens sogar bis ans Ende, das für gläubige Muslime wie Christen erst der wahre Anfang ist. Auch darauf zeigen die hohen Ausrufezeichen wie dieses an der Al-Midhar-Moschee in Tarim, wenige Kilometer nordöstlich von Saywun. Der helle zweistöckige Sandsteinbau mit dem siebengeschossigen Turm ist ein gelungenes Beispiel für die von der Sonne mitgeprägte Architektur der Wüste.

Oman

❶ Ruinen von Jissa Maskat

Schon zur Römerzeit war mindestens der Saum der Arabischen Halbinsel fortlaufend besiedelt. Bis ins 20. Jahrhundert aber lag die Region des heutigen Oman am Ostzipfel abseits des Weltinteresses, woran erst das Öl etwas änderte. Doch nicht nur Nomaden bevölkerten die Gegend, sondern auch sesshafte Menschen, die sich vor den kriegerischen Wüstenstämmen zu schützen suchten wie die Bewohner von Jissa in der Nähe der Hauptstadt Maskat an einer schönen Bucht des Golfes von Oman. Die wehrhaften Bauten sind nur noch als Ruinen erhalten, zeigen aber etwas von der Härte des Wüsten-Alltags vergangener Zeiten, als das schwarze Gold noch ungehoben in der Erde lagerte.

❷ Fort Nakhl

Erst seit den Kreuzzügen, als die Ritter aus jenen Gegenden wiedergekommen waren, in denen es nach der Ballade »viel Steine gab und wenig Brot«, entstanden in Europa Burgen, die den Namen verdienen. Die Festungsbauer hatten im Vorderen Orient von den Arabern gelernt, und wie gut diese ihr fortifikatorisches Handwerk beherrschen, zeigen noch jüngere Bauten wie das Fort Nakhl (Nakhal) vor dem Al-Hajar-Gebirge in Oman an der Ostecke der Arabischen Halbinsel. Die wundervoll erhaltene und noch immer genutzte Anlage scheint stilbildend auch auf die zivile Architektur gewirkt zu haben, denn sie dient nicht nur der Abwehr menschlicher Feinde, sondern auch dem Schutz vor der gnadenlos niederbrennenden Sonne.

❸ Wildschutzgebiet in der Wüste von Oman

Dass die Wüste lebt, wissen wir spätestens seit dem berühmten Disney-Film der 1950er-Jahre. Dass auch dieses Leben in der kaum zugänglichen Landschaft Schutz braucht, haben die Verantwortlichen im Wüstenstaat Oman im Süden der Arabischen Halbinsel erkannt und eine 27 000 Quadratkilometer große Fläche der Wüstenregion Jiddat al Harasis zum Nationalpark erklärt. Der Schutz ist vor allem für die einzige noch frei lebende Herde Weißer Onyx, eine Unterart der Spießböcke, gedacht, ihn genießen aber auch so seltene Tiere wie der Arabische Wolf, der Honigdachs, die Rennmaus sowie 168 Vogelarten. Die UNESCO unterstützt Oman in seinem Bemühen durch Ernennung des Gebiets zu einer Welterbestätte (1994).

Pakistan

❶ Karakorum-Massiv

Das pakistanische Karakorum kann zwar nur mit dem zweithöchsten Berg der Welt, dem K2 (Mount Goodwin-Austen), aufwarten. Doch dafür hat dieser Gipfel ein Jahr länger als der höchste, der Mount Everest, menschlichen Kletterkünsten widerstanden. Erst am 31. Juli 1954 gelang einem italienischen Team die Erstbesteigung. Drei weitere Achttausender ragen hier buchstäblich in den Himmel und machen das Karakorum zu einem Rekordgebirge. Dazu trägt auch ein Gletscher bei: Der Siachen ist der längste Einzeleisfluss der Welt und wälzt sich über 76 Kilometer aus Himmelhöhen ins Tal, das immer noch höher liegt als unsere Alpengipfel.

❷ Buddhistische Felsreliefs Skardu

»Klein-Tibet« heißt die Hochgebirgslandschaft Baltistan in Nord-Pakistan wegen ihrer Lage zwischen Himalaja und Karakorum und wegen der vielen heiligen Stätten des Buddhismus. Eine liegt auf dem Weg vom Hauptort Skardu zum Satpara-See bei Manthal: Eine Felswand strebt dort senkrecht in den Himmel und hat offenbar Künstler-Mönche dazu inspiriert, eine Buddha-Huldigung in das Gestein zu meißeln. »Der Erleuchtete« thront inmitten von kleineren Figuren versunken in Betrachtung hoch über der Welt. Ist schon die künstlerische Linienführung bewunderswert, so verblüfft fast mehr noch die Kletterleistung, die zur Ausführung des Reliefs erforderlich gewesen sein muss.

❶ Nanga Parbat

Er ist zwar über 700 Meter niedriger als der Mount Everest, wurde aber erst sechs Wochen später erstbestiegen: Der Gipfel des Nanga Parbat, mit 8125 Metern höchster Berg im westlichen Himalaja, sah den ersten Menschen am 3. Juli 1953 in Gestalt des österreichischen Bergsteigers Hermann Buhl (1924–1957). Vorher waren bei sieben gescheiterten Unternehmen 31 Menschen ums Leben gekommen. Das im pakistanischen Teil von Kaschmir liegende Nanga-Parbat-Gebiet gehört zu den am besten erforschten Himalajaregionen. Das aus Gneisen aufgebaute Bergmassiv ist auf der Nordseite stark gegliedert, während es im Süden steil ins Rupal-Tal abfällt.

❷ Buddhistische Ruinen Takht-e Bahi

Dreißig Kilometer östlich vom pakistanischen Peshawar liegen auf einem Felsvorsprung die Ruinen der buddhistischen Klosteranlage Takht-e Bahi (Bild: Sitzender Buddha, 2./3. Jahrhundert n. Chr.) und der alten Festungsstadt Sahr-e Bahlol, zu der ebenfalls Klosterbauten gehören. Die Gründung geht zurück bis ins 1. vorchristliche Jahrhundert und wurde in der Folgezeit mit dem Hauptstupa und weiteren Stupas in mehreren Höfen ausgebaut. Sie verfielen dann und gerieten in Vergessenheit, bis sie in der britischen Kolonialzeit von Reisenden 1836 wieder entdeckt und später von Archäologen genauer untersucht wurden. In den 1920er-Jahren restauriert, sind die Reste seit 1980 UNESCO-Welterbestätte.

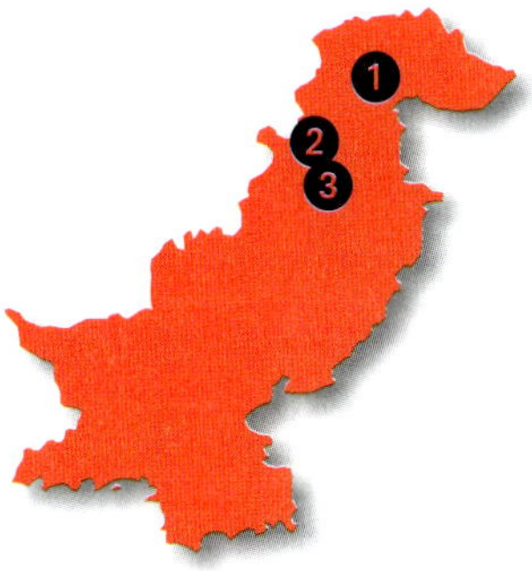

❸ Ruinenstadt Taxila

So tief nach Asien vorgedrungen sind nach ihm erst wieder die britischen Kolonialoffiziere des 19. Jahrhunderts: Alexander der Große eroberte 329 v. Chr. Baktrien (Nordafghanistan) und war zwei Jahre später auch hier in Taxila in Nordostpakistan, 30 Kilometer entfernt von Rawalpindi. Die Griechen, die in dem Gebiet zurückblieben, gründeten die Stadt Sirkap, deren Ruinen wie die des zweihundert Jahre älteren Bhir Mound und die der Parthergründung Sirsukh aus dem 2. Jahrhundert n. Chr. inzwischen archäologisch erforscht worden sind, wobei in der griechischen Gründung unter anderem der Königspalast, ein Schrein und ein Tempel freigelegt worden sind. Das Ruinenfeld ist UNESCO-Welterbestätte seit 1980.

❶ Festung und Shalimar-Gärten Lahore

Der Moloch der Drei-Millionen-Stadt hat sie nicht verschlingen können, die beiden Glanzstücke des alten Lahore, heute Hauptstadt der pakistanischen Provinz Punjab nahe der indischen Grenze: Im Nordwesten der Altstadt ließ Akbar der Große (1556–1605) eine Festungsstadt errichten, deren militärische Funktion in der Pracht der Moschee- und Palast-Bauten fast verschwindet. Es ging dem Herrscher und seinen Nachfolgern wohl eher um Repräsentation und politische Wirkung durch Aufwand. Sein Sohn Dschahangir fügte denn auch der Anlage 1641/42 die Shalimar-Gärten hinzu, ein landschaftliches Meisterwerk auf 16 Hektar und drei Terrassen mit Bädern, Teichen und Pavillons von erlesenem Geschmack. UNESCO-Welterbestätte seit 1981.

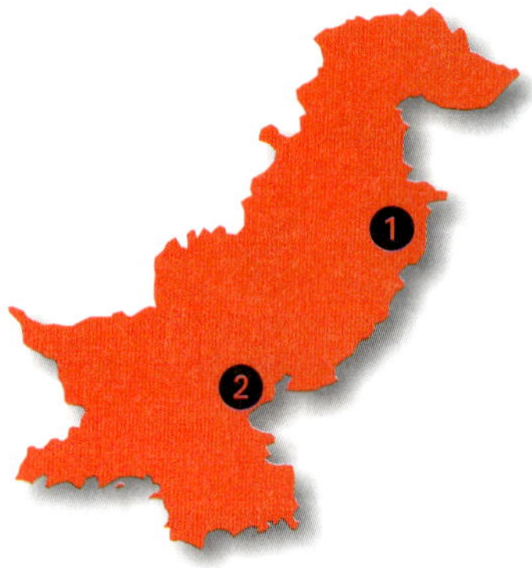

❷ Mohenjo-Daro

Im pakistanischen Indus-Tal haben Archäologen seit den 1920er-Jahren uralte Städte der so genannten Harappa-Kultur ausgegraben, die so für diese Frühzeit anderswo nicht zu finden sind, darunter als wichtigste Mohenjo-Daro. Dort haben die Stadtplaner schon zu Beginn des 3. Jahrtausends v. Chr. ein unvergleichliches Kanalisationsnetz geschaffen, das natürliche Fließgewässer ausnutzte. Brunnen und Bäder, dazu ein großes öffentliches Freibad, zeugen von einem hoch entwickelten Hygienebewusstsein. Die aus sauber geformten und sorgfältig gebrannten Ziegeln erbauten zwei- bis dreistöckigen Häuser der rund 30 000 Einwohner waren rechteckig angeordnet, ihre Räume von einem Innenhof aus erreichbar. Das Zeugnis einer untergegangen Kultur ist UNESCO-Welterbestätte seit 1980.

Indien

❶ Goldener Tempel Amritsar

Rund 30 Kilometer vor der Grenze zu Pakistan liegt Amritsar im indischen Bundesstaat Punjab (Fünfstromland). Prunkstück unter den Bauten der Altstadt ist der Goldene Tempel mit dem Heiligen See (16. Jahrhundert), dem Hauptheiligtum der Sikhs. Sie sind Anhänger einer von Islam und Hinduismus beeinflussten Religionsgemeinschaft, die dennoch oder deswegen mit beiden nicht harmoniert. Die Sikhs forderten nach der Bildung von Pakistan und Indien einen eigenen Staat Khalistan, stießen damit aber auf Ablehnung in New Delhi. Der Konflikt eskalierte bis zur Erstürmung des Goldenen Tempels 1984 durch indische Truppen, wobei der Granth, das Original des Heiligen Buches der Sikhs, verbrannte. Fanatische Sikhs ermordeten daraufhin die Ministerpräsidentin Indira Ghandi.

❷ Chandigarh Punjab

Eine Stadt aus Meisterhand: Der Architekt Le Corbusier (1887–1965) entwarf 1950/51 die Pläne für die nordwestindische Stadt Chandigarh, die Hauptstadt des Punjab, die bis 1965 fertig gestellt war. Die Verwaltungs-, Gerichts- (High Court), Universitäts- und Parlamentsgebäude wirken repräsentativ und funktional. Die Wucht und gleichzeitige Leichtigkeit ist typisch für die Bauweise aus nacktem Beton. Überstehende Dächer und Schattenspender dienen dem Schutz gegen die Monsunwinde wie gegen die sommers brütende Hitze. Viele indische Architekten haben sich bewusst ein Beispiel an Le Corbusier genommen. Im Bild die 26 Meter hohe »Offene Hand«, Wahrzeichen der Stadt.

❶ Nanda Devi-Nationalpark

Um den 7816 Meter aufragenden Nanda Devi, zweithöchster Berg Indiens, in der Himalaja-Region von Uttar Pradesh haben die indischen Behörden 1939 ein Wildschutzgebiet und 1980 einen 630 Quadratkilometer großen Nationalpark eingerichtet. Eine Kette von schneebedeckten Gipfeln überragt die unwegsame »Urlandschaft«, durch die noch Schneeleoparden in großer Zahl streifen. Auch Braun- und Schwarzbären, Schlankaffen und Blauschafe, Moschusrinder, Gebirgsziegen und Waldziegenantilopen haben hier ein ebenso sicheres Rückzugsgebiet wie 27 Schmetterlings- und 620 Pflanzenarten. UNESCO-Welterbestätte seit 1988.

❷ Grabmal des Kaiser Humayun Delhi

Auf achteckigem Grundriss ließ im 16. Jahrhundert Haji Begum, die Witwe des Kaisers Humayun, am Südostrand des nordindischen Delhi ein Mausoleum für ihren Mann errichten. Es gilt als einer der ersten Höhepunkte der Architektur der frühen Mogulzeit (1526–1828) und beeinflusste den knapp hundert Jahre jüngeren Bau des Tadsch Mahal von Agra. Aus rotem Marmor erbaut, in Teilen auch mit schwarzem und weißem, präsentiert sich der massige Kuppeltempel mit seinem langen Säulengang an der Front vor einem künstlichen See, in dem er sich majestätisch spiegelt.

❸ Rote Burg Delhi

»Stadt der sieben Städte«: So wird zuweilen die Hauptstadt Indiens genannt, denn Regierungssitz ist nur der südliche Stadtteil New Delhi, während die anderen Bezirke der Sieben-Millionen-Metropole auf älteren Siedlungen stehen. Insgesamt siebenmal soll hier eine Stadt errichtet worden sein. Die wievielte Alt-Delhi mit den bedeutenden Bauten aus der Zeit des Mogulreiches (1526–1828) ist, hängt von der Art der Zählung ab. In jedem Fall beeindruckt sie am meisten, und das liegt nicht zuletzt an der Roten Burg, die unter Shah Jahan zwischen 1636 und 1648 erbaut worden ist: Ein gewaltiger Komplex mit türmebewehrten Außenmauern aus rotem Sandstein und zahlreichen Palästen, Marmorbauten und Moscheen im Innern.

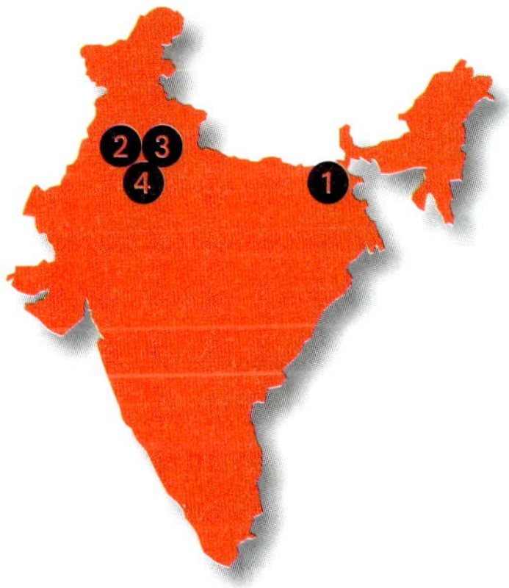

❹ Kutub Minar Delhi

Ein 73 Meter hoher Siegesturm wurde nach Beginn der islamischen Herrschaft über Nordindien im 12. Jahrhundert 15 Kilometer von Delhi entfernt errichtet. Der Kutub (Qutab) Minar genannte fünfstöckige Turm verjüngt sich von 15 Metern Dicke am Fuß auf 2,5 Meter an der Spitze, die früher ein Kuppeldach krönte. Unter Verwendung von rotem Sandstein und Marmor aus alten hinduistischen Heiligtümern entstand zudem die Moschee Kuwwat-ut-Islam (»Macht des Islam«) und um sie herum eine Hofanlage sowie Grabbauten für die Herrscher. Als wertvolles Beispiel für die frühe indomuslimische Architektur ist die Anlage UNESCO-Welterbestätte seit 1993.

❶ Havelis Jaisalmer

Eine Wasser spendende Oase in der Wüste Thar im äußersten Westen des indischen Radschasthan machte Jaisalmer einst zu einer der reichsten Städte der Region. Daran erinnern das mächtige rote Sandstein-Fort auf dem Burgberg und die zahlreichen Havelis, die Jaisalmer zur »Goldenen Stadt« gemacht haben. So heißen die Paläste der reichen Handelsdynastien aus hellgelb leuchtendem Stein mit ihrer verschwenderischen Ornamentik, Balkonen und Erkern, Türmchen, Schmuckbogen und Säulenportalen, Geländern und Rankenwerk.

❷ Palast Umaid Bhavan

Jodhpur

Lebensfeindlich ist die Wüste Thar im Nordwesten Indiens, und das mag ein Grund dafür sein, dass sich die Städte an ihrem Rand wie in einer Aufwallung von Vitalität glanzvoll schmücken. Eine davon ist Jodhpur im Südosten. Sie wird überragt von einer so hohen Festung, dass nur schwach der Lärm der Stadt heraufdringt: »Göttergeflüster« nennen die Bewohner den Effekt. Göttlich fürwahr sind die Palastbauten und darunter besonders der aus Rotsandstein errichtete Umaid Bhavan (18. Jahrhundert). Eine Zitadelle und ein Schloss zugleich, mit einer himmelhohen Zentralkuppel und mit kantigen Türmen. Nächtlich angestrahlt, entfaltet er besonderen Zauber.

❸ Palast der Winde Jaipur

Eine Stadt nach Plan: Das im indischen Radschasthan im 18. Jahrhundert mitten in der Wüste entstandene Jaipur am Aravalligebirge zeichnet sich durch ein schachbrettartiges Straßennetz aus und durch einige bemerkenswerte Bauten aus der Frühzeit. Neben der Sternwarte ist das vor allem der Palast der Winde (1799, siehe Bild). Durch insgesamt 953 Erkerfenster konnten die Hofdamen des hier residierenden Maharadschas aus den fünf Stockwerken des roten Sandsteinbaus das Treiben vor dem Palast beobachten, ohne selbst gesehen zu werden. In Waben türmen sich die fein geschmückten »Augen« des massigen Bauwerks übereinander, das wie einem Märchen entstiegen wirkt.

❹ Keoladeo-Nationalpark

Wenn der Maharadscha von Bharatpur zum Jagen blasen ließ, ging es in das Keoladeo-Gebiet in Radschasthan südlich der heutigen Hauptstadt Delhi. Heute fällt hier kein Schuss mehr, denn das 29 Quadratkilometer große Areal, davon ein Drittel Feuchtgebiet, ist seit 1982 Nationalpark und Vogelschutzgebiet, Heimat von 364 Vogelarten: Nonnenkranich, Indischer Nimmersatt, Purpurreiher, Löffler, Krauskopfpelikan, Spießente, Halsbandsittich – sie und viele mehr sind hier anzutreffen, und es rasten dazu zahlreiche durchziehende Arten im üppig grünenden Park. UNESCO-Welterbestätte seit 1985.

❶ Fatehpur-Sikri

Ohne Wasser erreichen auch die größten Großmogule nichts: 1569 gründete Akbar der Große (1542–1605) westlich vom nordwestindischen Agra die Stadt Fatehpur-Sikri, die seine Residenz werden sollte. Drei Jahre später entstand die Freitagsmoschee, ein langer Prachtbau mit Säulengang an der Front und zinnenartig aufgereihten Kuppelbaldachinen auf dem First. Anderthalb Jahrzehnte darauf musste der Ort aufgegeben werden, weil die Wasserversorgung nicht zu gewährleisten war. Palastbauten, weitere Moscheen, Juwelenhaus und viele andere bemerkenswerte Bauwerke blieben zurück. Ungestört überdauerten sie Jahrhunderte und sind heute (seit 1986) als UNESCO-Welterbestätte Touristenattraktion.

❷ Rotes Fort Agra

Akbar der Große (1542–1605) baute die zerstörte Stadt Agra im heutigen indischen Bundesstaat Uttar Pradesh wieder auf und machte sie zur Residenz seines Mogulreiches, die er prachtvoll ausgestaltete und massiv sicherte: 1566 stand das Rote Fort, eine Festungsanlage aus rotem Sandstein mit zweieinhalb Kilometer langer Ummauerung und einem zehn Meter breiten Burggraben. Sein Nachnachfolger Shah Jahan (1628–1658) steuerte weitere Bauten bei wie die Perlmoschee (1653 vollendet) und die Audienzhalle Diwan-i-Khas (1636/37). Das Ensemble ist UNESCO-Welterbestätte seit 1983.

❸ Tadsch Mahal Agra

Außerhalb der Roten Festung des indischen Agra liegt das wohl bekannteste Bauwerk des Subkontinents: das Marmor-Mausoleum für die 1631 bei der Geburt ihres 14. Kindes verstorbene Lieblingsfrau des Mogulherrschers Shah Jahan, das schneeweiße Tadsch Mahal. Das 73 Meter hohe, mit einer zwiebelförmigen Riesenkuppel überwölbte und von vier 41 Meter spitz aufragenden Minaretten flankierte Gebäude gilt als vollkommenes Beispiel islamischer Baukunst, wozu die davor liegende 300 Meter breite Gartenanlage mit dem großen zentralen Wasserbecken entscheidend beiträgt. UNESCO-Welterbestätte seit 1983.

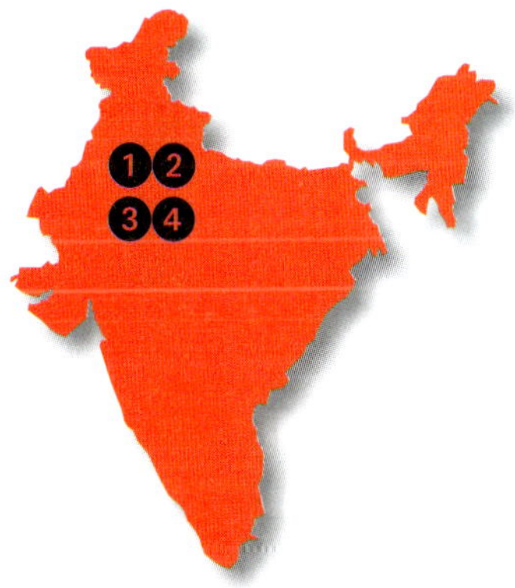

❹ Akbar-Mausoleum Sikandra

Der Nachwelt ist hinsichtlich des eigenen Ruhms nicht zu trauen. Könige und andere Potentaten haben daher stets für entsprechende Gedächtnisorte gesorgt. Einer der ersten war Mausolos von Karien im 4. Jahrhundert v. Chr., der sich ein prächtiges Grabmal setzen ließ. Deswegen heißen heute diese Tempel des Nachruhms alle Mausoleen. Ein solches ließ sich auch der indische Großmogul Akbar der Große (1542–1605, regierte seit 1556) in Sikandra unweit von seiner Residenz Agra errichten. Es weist Elemente mehrerer Religionen auf und sollte damit die Toleranz, die Akbar seine Untertanen gelehrt hatte, unterstreichen. Der Sohn und Nachfolger aber setzte dreistöckige Minarette aus rotem Sandstein an die vier Ecken und gab dem Mausoleum damit vorrangig islamischen Charakter.

❶ Himalajabahn Darjeeling

Was für die Schweiz der Glacier-Express ist, das wurde für Indien die Himalajabahn, die ihren Endpunkt 1881 im nordostindischen Darjeeling (West-Bengal, siehe Bild) in 2185 Meter Höhe erreichte. Sie nimmt ihre Passagiere wie das Schweizer Pendant mit durch eine atemberaubend prachtvolle Hochgebirgslandschaft, doch dominiert hier nicht so sehr der touristische Aspekt als der Nutzeffekt. Straßen nämlich sind rar und Karawanen nicht nur langsam, sondern von höchst begrenzter Transportkapazität. Die Bahn brachte für die abgelegene Region einen erheblichen Entwicklungsschub. Noch heute voll funktionsfähig, ist sie UNESCO-Welterbestätte seit 1999.

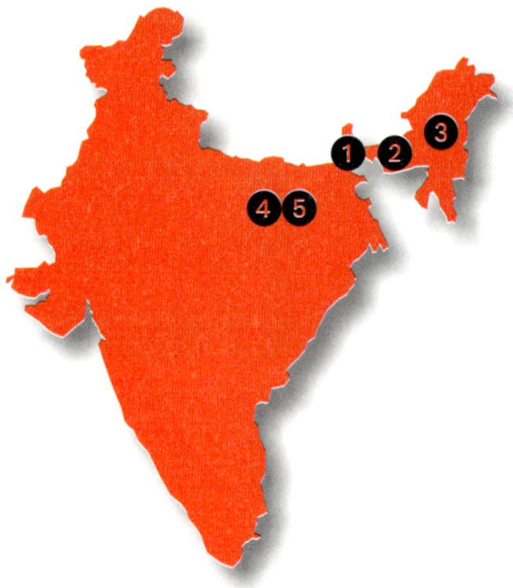

❷ Manas-Wildschutzgebiet

Das Tiger-Schutzgebiet am Manas, einem Nebenfluss des Brahmaputra im nordindischen Assam südlich des Kleinstaats Bhutan, umfasst über 2800 Quadratkilometer (etwas mehr als das Saarland). Darin nimmt der eigentliche Nationalpark eine Fläche von rund 300 Quadratkilometern ein. Hier sollen bedrohte Tiere wie Bengal-Tiger, Panzernashörner, Goldlanguren (eine Baumaffenart), Nebelparder, Schleichkatzen und viele mehr ein sicheres Rückzugsgebiet haben. Bürgerkriegsunruhen haben jedoch trotz der Erhebung des Manas-Nationalparks zu einer UNESCO-Welterbestätte (1985) seit 1990 zu erheblicher Wilderei geführt. Dennoch hält sich hier ein erfreulicher Artenreichtum im Übergang von tropischem Regenwald zu Vorgebirgssteppe.

❸ Kaziranga-Nationalpark

Hier sagen sich Panzernashorn und Schweinshirsch gute Nacht: Im nordostindischen Bundesstaat Assam erstreckt sich über eine Fläche von 430 Quadratkilometern eines der letzten fast gänzlich unberührten Naturparadiese des Subkontinents: der Kaziranga-Nationalpark. Regelmäßig in weiten Teilen vom Brahmaputra überflutet, bietet das Sumpfgebiet ebenso vorzügliche Lebensbedingungen für bedrohte Tier- und Pflanzenarten wie die trockeneren Teile, wo Elefanten durch das gleichnamige mannshohe Gras ziehen. Leoparden und Tiger sind hier zu Hause, Lippenbären trinken aus dem Fluss, in dem sich die selten gewordenen Ganges-Delphine tummeln und über den Großstörche hinwegfliegen.
UNESCO-Welterbestätte seit 1985.

❹ Observatorium Varanasi

Die indische Sage erzählt, einst hätten die Götter den Himmel und alle Gestirne in die eine und die heilige Stadt Varanasi (Benares) in die andere Waagschale getan. Da habe die Stadt des Lichts das Übergewicht bekommen und sei auf die Erde gefallen. Und deswegen suchen die Gläubigen hier die Verbindung zum Himmel. Nicht nur sie, sondern wie so oft in sakralen Bezirken auch die Astronomen. Wie in vielen anderen Hochkulturen war hier Sternbeobachtung und -deutung Sache der Priester, weswegen das Observatorium von Varanasi wie ein Tempel und auch mit so massivem Mauerwerk errichtet wurde.

❺ Varanasi Uttar Pradesh

Der wichtigste Pilgerort der indischen Hindus liegt am Ganges im Bundesstaat Uttar Pradesh: Varanasi, das frühere Benares. Zur Millionenstadt herangewachsen, finden sich in der Altstadt mehr als 1500 Tempel. Doch nicht sie sind die eigentliche Attraktion, sondern das sechs Kilometer lange heilige Ufer des Flusses, zu dem 47 Treppen von je hundert Stufen hinabführen. Dorthin strömen die Gläubigen zu Millionen vor allem am Kumb Mela, dem Fest der Unsterblichkeit, um ihr rituelles Bad zu nehmen, Ganges-Wasser zu trinken oder gar um im heiligen Strom zu sterben. Ernst schauen die Tempelbauten herab auf das fromme Treiben.

❶ Mausoleum Aurangabad

Indien war lange das Land der Witwenverbrennungen, aber auch das der Witwerverzweiflung, wovon herrliche Mausoleen zeugen, die von den Herrschern für ihre verstorbenen Lieblingsfrauen errichtet wurden. Das Tadsch Mahal ist nur das berühmteste. Daneben gibt es eine ganze Reihe ähnlicher Denkmäler der Liebe über den Tod hinaus. In Aurangabad im Bundesstaat Maharashtra steht die Grabanlage für die große Liebe des Großmoguls Auranseb (1618–1707, regierte seit 1658): Eine breite Promenade mit Wassergraben führt auf den zentralen Kuppelbau zu, den vier ebenfalls mit Kuppeln gedeckte Minarette flankieren.

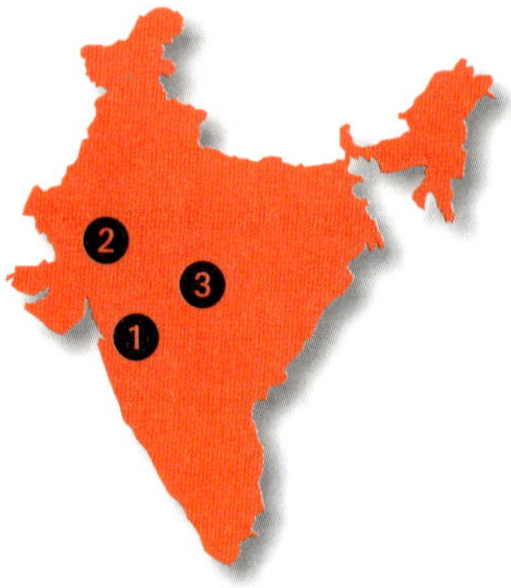

❷ Maharadscha-Residenz Udaipur

Wegen seiner reizvollen Lage zwischen bewaldeten Hängen zählt das im südwestlichen Radschasthan liegende Udaipur im Aravalligebirge zu den romantischen Perlen Indiens. An natürlichen und künstlichen Seen stehen Paläste, deren prächtigster der des Maharadschas Udai Singh ist, der 1567 Udaipur gründete. Das riesige, vieltürmige und vielstöckige Gebäude entspricht dem Selbstverständnis der unermesslich reichen Herrscherfamilie der Maharana, die das Bild vom Luxusleben der Maharadschas prägte. Die Kehrseite: Die Bevölkerung von Radschasthan gehört im armen Indien zu den ärmsten.

❸ Tempelbezirk Khajuraho
Gut, dass die Darstellungen so alt und mithin ehrwürdig sind, sie riefen sonst womöglich Sittenrichter auf den Plan: Im 10./11. Jahrhundert gestalteten indische Künstler in der Nähe des heutigen Dorfes Khajuraho (Bundesstaat Madhya Pradesh) südöstlich von Agra 80 Tempel, von denen noch 23 mit 872 Skulpturen erhalten sind (Bild oben). Es handelt sich zu einem Teil um Figuren in eindeutigen sexuellen Posen, die dem Tempelbezirk die Bezeichnung »Kamasutra aus Stein« eingebracht haben (Bild links). Die Bejahung der Leiblichkeit des Menschen durch den Hinduismus kommt selten so unverhüllt zum Ausdruck. UNESCO-Welterbestätte seit 1986.

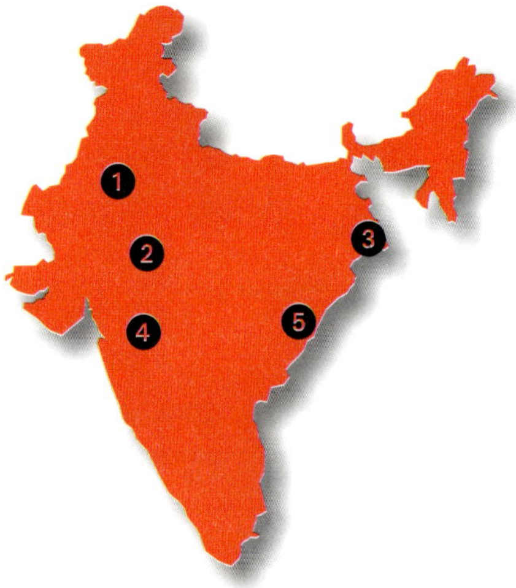

❶ Chitorgarh

Etwa hundert Kilometer nordöstlich von Udaipur im indischen Radschasthan liegt das martialisch befestigte Chitorgarh, ein Denkmal des Widerstands der Radschputen gegen die islamischen Eroberer. Dreimal in ihrer Geschichte musste sich die Stadt geschlagen geben und dreimal begingen die Verteidiger Jauhar, eine Art indisches Harakiri. Dabei ritten die Männer in roten Roben in den Tod, die Frauen verbrannten sich zusammen mit ihren Kindern. Heute umschließen die kräftigen alten Mauern eine Geisterstadt.

❷ Buddhistisches Heiligtum Sanchi

Im indischen Bundesstaat Madhya Pradesh liegt auf einem Hügel nordöstlich von Bhopal die frühbuddhistische Kultstätte Sanchi. Sie geht zurück auf eine Gründung durch den König Ashoka im 3. vorchristlichen Jahrhundert. Aus dieser Zeit stammt die älteste Stupa, die ursprünglich 17 Meter hoch und am Fuß 37 Meter breit gewesen ist. Weitere Stupas und Reliefs mit Szenen aus dem Leben und von früheren Inkarnationen Buddhas, spätere Kloster- und Tempelbauten ergeben ein religiöses Zentrum von besonderer Eindringlichkeit. UNESCO-Welterbestätte seit 1989.

❸ Sundarbans-Nationalpark

Im amphibischen Deltagebiet von Ganges, Brahmaputra und Meghua in Bengalen, das etwa 80 000 Quadratkilometer umfasst, bedecken allein Mangrovenwälder ein geschlossenes Areal von 2300 Quadratkilometern. Es wurde einschließlich angrenzender Gebiete 1973 Tiger-Schutzreservat und 1984 Nationalpark, in dem noch etwa 250 Bengalische Königstiger leben. Reich ist auch die sonstige Fauna mit Ganges-Delphinen, Fischottern, Krokodilen, Pythons und Makaken, dazu über 260 Vogelarten und eine Flora, die womöglich noch vielfältiger ist. Vor allem seltene Salzpflanzen gedeihen durch die ständige Überflutung vom Meer her, durch die auch ideale Laichplätze für viele Fischarten gegeben sind. UNESCO-Welterbestätte seit 1987.

❹ Felsentempel Ajanta

Fünf Tempel und vierundzwanzig Klöster für die Ewigkeit aus Felsen herausgehauen: Unwillkürlich stellt sich die Vokabel »bombensicher« beim Anblick der Kultstätten im nordindischen Ajanta (Bundesstaat Maharashtra) ein. Und der Wunsch nach solcher Geborgenheit wird es auch gewesen sein, der zur aufwändigen Bauweise geführt hat. Die in einem Fall sogar mehrgeschossige buddhistische Anlage zeichnet sich durch Säulen in den Höhlen aus und durch Wandmalereien. Sie stammen in den ältesten Teilen aus dem 2. Jahrhundert v. Chr. und in den jüngsten aus dem 7. Jahrhundert n. Chr. Dann geriet Ajanta in Vergessenheit und wurde erst 1819 von britischen Jägern wieder entdeckt. UNESCO-Welterbestätte seit 1983.

❺ Lingaraja-Tempel Bhubaneswar

Wie gigantische Bienenkörbe stülpen sich im nordostindischen Bhubaneswar (Bundesstaat Orissa) Hindutempel dicht an dicht aus dem Boden. Sie stammen aus der späten Gupta-Zeit (8. Jahrhundert) und sind umgeben von späteren Kultbauten (bis 15. Jahrhundert). Diese Tempelstadt Lingaraja umfasst hunderte von Hindu-Schreinen und ist Wallfahrts- und Touristenziel. Herausragend der 55 Meter hohe maiskolbenfömige Heilige Turm Shikhara, dessen gerippte Flachkuppel und Figurenspitze von Löwenplastiken getragen wird.

❶ Sonnentempel Konarak

»Ort der Sonne« heißt wörtlich übersetzt der Name des nordostindischen Dorfes Konarak im Bundesstaat Orissa 30 Kilometer entfernt von Puri. Hierher zieht es hinduistische Pilger und Touristen aus aller Welt wegen der »Schwarzen Pagode«, wie der von Elefanten flankierte steinerne Prozessionswagen des Sonnengottes wegen der dunklen Färbung genannt wird. Das Heiligtum hat 24 bis zu drei Meter hohe achtspeichige Wagenräder aus Stein und dient als Sockelschmuck des Surya-Tempels aus dem 13. Jahrhundert. Als Höhepunkt der Tempelkunst von Orissa ist er UNESCO-Welterbestätte seit 1984.

❷ Höhlentempel Ellora

Nordwestlich von Aurangabad im indischen Bundesstaat Maharashtra beim Dorf Ellora haben sich in frommer Eintracht Heiligtümer gleich dreier Religionsgemeinschaften gebildet. 17 hinduistische, 12 buddhistische und 5 jainistische Tempel und Klöster sind hier über zwei Kilometer Länge aus Basaltklippen gehauen. Die ältesten sind buddhistischer Provenienz und stammen aus dem 7./8. Jahrhundert, die hinduistischen, darunter der berühmte Shiva-Tempel Kailasanatha, und die jainistischen entstanden um 1000. Dieses »Ensemble der Toleranz« steht als UNESCO-Welterbestätte seit 1983 unter internationalem Schutz.

❸ Hauptbahnhof Bombay

Die zweitgrößte Stadt und die größte Hafenstadt Indiens ist Bombay mit seinen zehn Millionen Einwohnern. Kommt man auf dem Schienenweg dorthin, empfängt einen das Gebäude des Hauptbahnhofs in einer Pracht, die alle vergleichbaren europäischen Bauten in den Schatten stellt. Und dennoch liegt das an der europäischen Prägung und ihrer Mischung mit indischer Ornamentik, die eine Art von morgenländischem Barock hervorgebracht hat: Kuppeln und Türme, Zierrat und Laubengänge putzen den Zweckbau aus der britischen Kolonialzeit buchstäblich märchenhaft auf.

❹ Kirchen und Klöster Goa

Fast ein halbes Jahrtausend (seit 1510) hielten die portugiesischen Kolonialherren das Gebiet Goa im gleichnamigen heutigen indischen Bundesstaat an der Westküste besetzt. Daran erinnern vor allem Sakralbauten aus der Frühzeit in Alt-Goa (Velha Goa), der einstigen Hauptstadt östlich von der heutigen Panaji. Die Kirchen und Klöster sind nur zum Teil unversehrt erhalten, zeugen aber von der intensiven Christianisierung durch die europäischen Eroberer und sind Vorposten ihres barocken Baustils, der mit dem bodenständigen kontrastiert. UNESCO-Welterbestätte seit 1983.

❶ Tempelbezirk Hampi

Die südindische »Stadt des Sieges« Vijayanagar ging unter nach der verheerenden Niederlage des gleichnamigen Reiches 1565 gegen die zentralindischen Sultanate. Von der Blütezeit berichten die seit 1981 systematisch durchforschten und freigelegten Ruinenfelder beim heutigen Dorf Hampi (Bundesstaat Karnataka) am rechten Ufer der Tungabhadra. Dort stehen Tempel mit kunstvollen Skulpturen, eine beeindruckende Palastanlage, Torbauten, das »Badehaus der Königinnen« sowie Stallgebäude für die Elefanten des Herrschers, deren Gewölbe bereits islamischen Einfluss verraten. UNESCO-Welterbestätte seit 1986.

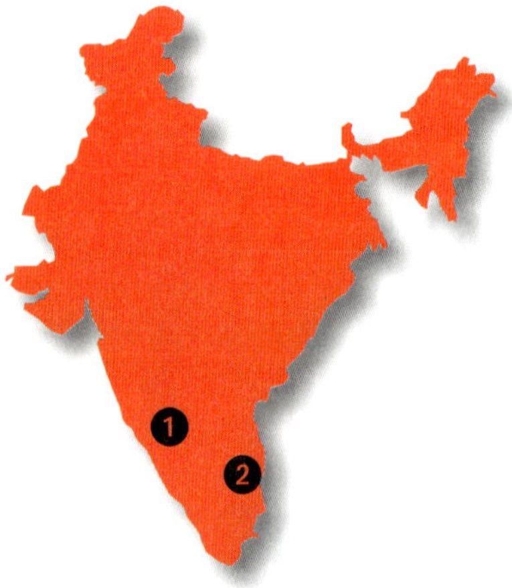

❷ Tempelbezirk Mahabalipuram

Pallavakönig Narasimharvarman I. Mahamalla (um 630–668) gründete an der Koromandelküste im heutigen indischen Bundesstaat Tamil Nadu 60 Kilometer südlich von Madras die Stadt Mahabalipuram. Die Nachfolger statteten ihre Residenz mit diversen Tempelbauten (zum Teil aus dem Fels gehauen) aus, deren Skulpturen bemerkenswerte Zeugnisse der religiösen indischen Kunst des 8. Jahrhunderts sind. Insbesondere das Relief »Buße des Arjuna« zieht schon wegen seiner Ausmaße die Blicke der Pilger und Reisenden auf sich: 32 mal 14 Meter groß, schildert es in Bildern die Mythologie des Flusses Ganges. UNESCO-Welterbestätte seit 1984.

Sri Lanka

❶ Heilige Stadt Anuradhapura

Von hier aus wurde Ceylon, heute Sri Lanka, über tausend Jahre, vom 3. vorchristlichen bis zum 8. nachchristlichen Jahrhundert, von insgesamt 119 singhalesischen Königen regiert: Die alte Stadt Anuradhapura ist heute ein weitläufiges Ruinenfeld, auf dem sich einige buddhistische Heiligtümer, Paläste und das Almosenhaus erhalten haben. Letzteres ist bemerkenswert wegen einer acht Meter langen Steinwanne, dem so genannten Reisboot, in dem Reis für 6000 Hungrige vorgehalten wurde. Was spätestens im 12. Jahrhundert zur Aufgabe der Stadt geführt hat, lässt sich nur mutmaßen. Sie verfiel jedenfalls und verschwand im Dschungel, bis eine britische Expedition sie 1820 wieder entdeckte und später archäologische Studien begannen. Die Heilige Stadt der Singhalesen ist UNESCO-Welterbestätte seit 1982.

❷ Ruinenstadt Polonnaruva

Einige Forscher datieren den Aufstieg der nordöstlich von Colombo gelegenen Stadt Polonnaruva zur einer königlichen Residenz der Singhalesen auf das 8. Jahrhundert, andere nehmen einen wesentlich späteren Zeitpunkt an. Sicher ist, dass die Stadt die monarchische Rolle bis ins 13. Jahrhundert spielte, entsprechend ausgestattet und dann verlassen wurde. Von der alten Pracht zeugen noch zahlreiche Ruinen, die seit etwa 1900 im Dschungel wieder zugänglich gemacht worden sind: das Haus des Buddha-Bildnisses, das Kloster »beim Verbrennungsplatz«, das Haus der sechzig Reliquien und der einst siebenstöckige Königspalast mit der Ratshalle des Herrschers, alle geschmückt mit Meisterwerken singhalesischer Bildhauerkunst. UNESCO-Welterbestätte seit 1982.

❶ Ruinenstadt Sigirija

Mädchen in durchschimmernden Oberkleidern, aus Wolken emportauchend, bringen Blumen: Auf einer verputzten, überhängenden Felswand des 200 Meter hohen Granitbuckels Sigirija mitten in der Landschaft 90 Kilometer nördlich von Kandy auf Sri Lanka haben singhalesische Künstler des 5. Jahrhunderts dieses zauberische Bild gemalt. Damals stand hier die »Himmelsfestung« eines Königs, deren Ruinen auf dem 12 Hektar großen Gelände noch heute machtbewusst von oben übers Land schauen. Das reizende Nebeneinander von feinster Kunst und repräsentativen Mauern führte 1982 zur Erhebung des Ortes zu einer UNESCO-Welterbestätte.

❷ Goldener Felsentempel Dambulla

Einsiedler fliehen die Welt offenbar gern durch Rückzug in die Erde: Für das im Zentrum Sri Lankas liegende Dambulla lässt sich der Beginn von Klosterhöhlen schon vor der Zeitenwende nachweisen. Sie entwickelten sich in den nachfolgenden Jahrhunderten zu regelrechten Höhlenklöstern, fünf an der Zahl. In welchen Raum man auch tritt, überall Buddhastatuen, meistens in unerschütterlicher Gelassenheit sitzend, in einer Höhle aber auch liegend. Der Raum ist 15 Meter lang und wird von der ganz mit Gold überzogenen Figur vollständig ausgefüllt, so wie der achtfache Pfad zur Tugend die Anhänger des Buddha ganz erfüllen soll. Auch die herrliche weiße Fassade der Anlage und die kostbaren Wandmalereien machen den Rang dieser UNESCO-Welterbestätte aus (seit 1991).

❸ Heilige Stadt Kandy

Einem Zahn Buddhas verdankt die im inneren Bergland von Sri Lanka liegende Stadt Kandy den Ehrenzusatz »die Heilige«. Er wird im knapp dreihundert Jahre alten Tempel Dalada Maligava aufbewahrt und ist Pilgerziel zahlloser Buddhisten. Sie zieht es auch zum nahen Höhlentempel Degaldoruva, der ebenfalls im 18. Jahrhundert aus dem Fels gehauen und reich geschmückt wurde. Damals war Kandy Residenz singhalesischer Könige und konnte seine Selbstständigkeit wegen seiner Abgeschiedenheit bis 1815 bewahren, ehe englische Truppen hierher vordrangen. UNESCO-Welterbestätte seit 1988.

❶ Naturschutzgebiet Sinharaja Forest

Im Südwesten von Sri Lanka haben die Behörden ein 89 Quadratkilometer großes Gebiet des zwischen 500 und 1170 Meter hohen Berglands von Sabaragamuva unter Naturschutz gestellt. Dieser Sinharaja Forest ist als Biosphärenreservat ausgewiesen, weil es darum geht, die sehr seltenen, vielfach nur noch hier heimischen Baum- und Orchideenarten zu erhalten. Das Gebiet, in dem jährlich zwischen fünf und sechs Meter Niederschlag fallen, gehört zu den letzten ursprünglichen tropischen Bergregenwaldregionen, in denen noch Leoparden und indische Elefanten anzutreffen sind. Auch wegen des reichen Bestands an endemischen Vogelarten ist das Waldschutzgebiet UNESCO-Welterbestätte seit 1988.

❷ Altstadt und Festungswerke Galle

Ceylon, der Tropfen am indischen Subkontinent, liegt so verlockend auf allen Handelsrouten nach Fernost, dass Begehrlichkeiten der europäischen Kolonialmächte nicht ausbleiben konnten. Schon 1505 landeten die Portugiesen, setzten sich im heute Galle genannten Hafen, südlich von Colombo, fest, bauten eine Stadt auf, mussten aber 1640 den Holländern weichen, die wiederum 1796 von britischen Kolonialtruppen verdrängt wurden. Alle drei Besatzer prägten die Hafenstadt mit eigenen Bauten, die Engländer natürlich am nachhaltigsten. Sie ist damit ein typisches Denkmal für eine befestigte Europäergründung auf Sri Lanka, woran die Erhebung zur UNESCO-Welterbestätte seit 1988 erinnern will.

Malediven

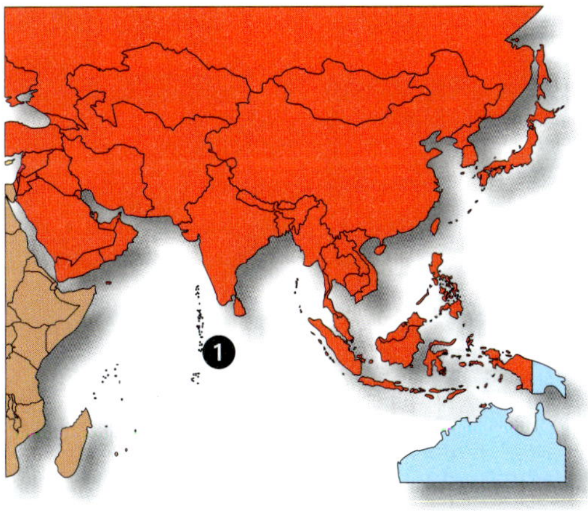

❶ Malediven

Die Ausdehnung von 760 mal 130 Kilometern würde die Republik Malediven durchaus unter die Mittelstaaten der Welt einreihen. Die betretbare Fläche aber beträgt nur knapp 300 Quadratkilometer, und damit ist das aus 19 Atollen und 2000 Koralleninseln bestehende Reich nur ein Zwergstaat. Hier aber gilt: Klein ist fein. Beim Anblick der palmenbewachsenen, von weißem Strand gesäumten Inseln wird verständlich, warum alljährlich 300 000 Touristen zu den 250 000 Einwohnern zu Besuch kommen. Es wären sicher noch mehr, wenn die teure Flugreise nicht wäre. Doch anders sind die kleinen Paradiese nur zu erreichen, wenn man genügend Zeit für eine Seereise hat.

Nepal

❶ Mount Everest Sagarmatha-Nationalpark

Nirgendwo sonst lässt sich das Gesetz der Massenanziehung so augenfällig demonstrieren: Ein Pendel weicht hier messbar von der Senkrechten ab, weil das gewaltige Mount-Everest-Massiv darauf wirkt. Das nepalesische Sagarmatha genannte Gebiet hätte deswegen gewiss nicht unter Naturschutz gestellt werden müssen, das machte erst seine touristische Anziehung nötig. Trekking-Touren und Abholzen der Bergwälder haben das ökologische Gleichgewicht in der zwischen 2845 bis 8848 Meter hohen, 1150 Quadratkilometer umfassenden Region empfindlich gestört. Das bessert sich seit der Ernennung des Sagarmatha zu einem Nationalpark und zu einer UNESCO-Welterbestätte seit 1979 allmählich.

❷ Tempel von Bhadgaon Kathmandu

Kein Land ist so arm, dass nicht wenigstens seine Sakralbauten in üppigem Schmuck prangten. So auch das Himalaja-Königreich Nepal und seine Hauptstadt Kathmandu: Was irgend zu erübrigen war, haben die Menschen in ihr Heil investiert, das die Mönche und Priester in den wunderschönen Tempeln hüten. Ein besonders faszinierender ist der von Bhadgaon, der in der typischen roten Ziegelbauweise der Stadt errichtet wurde, aber durch überstehende Vordächer auffällt und dadurch, dass die sie tragenden Balken mit farbigen Figuren fantasievoll bemalt sind: blaue oder gelbe Gestalten mit gekreuzten Beinen und seltsamen Kronen sind zu sehen. Die übrige Fassade zieren schwarze Reliefschnitzereien, die auch Türen und Fenster umrahmen.

❸ Talregion Kathmandu

Rund dreißig Kilometer lang und zwanzig Kilometer breit ist das Tal, in dem die nepalesische Hauptstadt Kathmandu liegt. Ihr im Gros aus dem 16. bis 18. Jahrhundert stammendes Stadtbild, geprägt von roten Ziegelbauten, ist gesprenkelt mit sakraler Architektur, die ein friedliches Miteinander hinduistischer und buddhistischer Elemente zeigt. Die ältesten Bauwerke sind der Königspalast mit den Haupttempeln Taleju und Degutale. Unweit der Stadt finden sich buddhistische Klöster, darunter das von Bodnath mit dem strahlend weißen kuppelförmigen Stupa und der goldenen Spitze. Krischna- und Schiwa-Heiligtümer runden den geistlich geprägten Kultureindruck des über 1300 Meter hoch liegenden Tals im Herzen des Landes ab. UNESCO-Welterbestätte seit 1979.

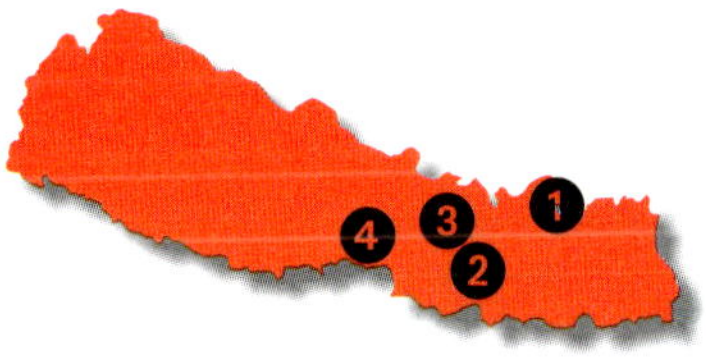

❹ Nationalpark Chitwan

Über hundert Jahre jagten in diesem nepalesisch-indischen Grenzgebiet die Könige des Himalaja-Staates, ehe es 1962 unter Naturschutz gestellt und 1973 zum Nationalpark erklärt wurde. Er umfasst 932 Quadratkilometer, und es gedeihen in seinem subtropischen Klima Mischwälder aus Salbaum, Palisander und Chirkiefer sowie üppiges Grasland, im dem die bedrohten Panzernashörner und auch andere selten gewordene Tiere wie Lippenbär, Buntmarder, Schlankaffen, Tigerpython und Sumpfkrokodil eine Heimat haben. Von den 489 Vogelarten sind einige ebenfalls anderswo kaum noch zu finden. Die UNESCO unterstützt die nepalesischen Bemühungen, indem sie den Park 1984 zu einer Welterbestätte ernannte.

Bangladesh

❶ Ruinen des buddhistischen Klosters Paharpur

Achtzig Meter steigt im westlichen Bangladesh nordöstlich von Rajshahi eine buddhistische Klosteranlage über Terrassen himmelan. Sie bedeckt 90 Hektar und hielt für 177 Mönche Zellen bereit. Der »Großes Mondstadt-Kloster« genannte Komplex wurde um 800 in Ziegelbauweise errichtet und mit Terrakotta geschmückt. Mit 273 Meter Seitenlänge ist er der größte Klosterbau südlich des Himalaja, der im 12. Jahrhundert vermutlich wegen einer verheerenden Flut verlassen wurde. Mit Hilfe der UNESCO ist er seit 1979 wieder restauriert und von ihr als Denkmal der Blütezeit des Mahajana-Buddhismus auch zu einer Welterbestätte (1985) ernannt worden.

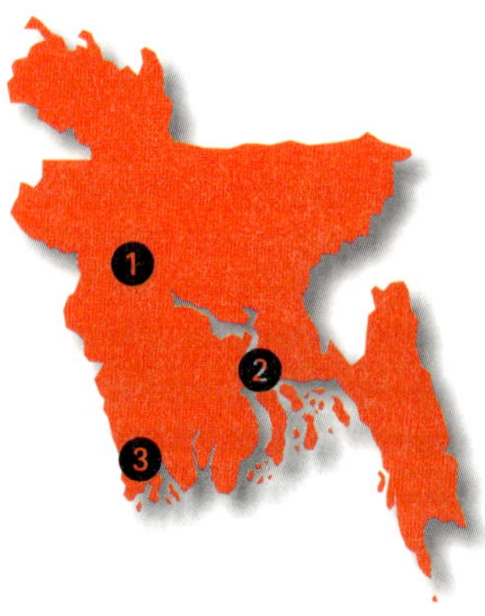

❷ Delta-Mündung des Brahmaputra

Nach 2900 Kilometern erreicht der aus dem nördlichen Himalaja kommende Strom Brahmaputra (»Sohn des Brahma«) das Tiefland von Bangladesh und verzweigt sich zu einem gigantischen Delta. Hauptarm ist der Yamuna, der sich bei Goalundo mit dem Ganges zum Padma vereinigt und sich in einem breiten, vielarmigen Ästuar (Mündungstrichter) in den Golf von Bengalen ergießt. Beim Eintritt in die Ebene etwa einen Kilometer breit, weitet er sich bald auf acht Kilometer und transportiert bis zu 15 000 Kubikmeter in der Sekunde nach Süden. Das fruchtbare, aber standig von Überflutungen bedrohte Ganges-Brahmaputra-Delta ist das größte der Welt und umfasst 80 000 Quadratkilometer.

❸ Mangrovenwälder

Sundarbans

Südlich vom indischen Kalkutta beginnen sie, überschreiten dann die Grenze zu Bangladesh und reichen bis zu den Mündungstrichtern des Ganges/Brahmaputra. Die Sundarbans sind eine einzigartige Feucht-, ja Nass-Landschaft und stehen im Staatsgebiet von Bangladesh unter Naturschutz. Diese rund 6000 Quadratkilometer sind weitgehend Mangrovenwald, der mit dem undurchdringlichen Luftwurzelgestrüpp als Schlickfänger wirkt und amphibischem Leben optimale Bedingungen bietet. Nach Norden zu ist das Land allmählich etwas weniger durchwässert, so dass hier auch 350 indische Tiger Schutz gefunden haben, dazu Schweinshirsche und Rohkatzen. In den zahllosen Gewässern tummeln sich Ganges-Delphine, in der Luft kreisen Seeadler. UNESCO-Welterbestätte seit 1997.

Myanmar (Birma)

❶ Kutho-Daw-Pagode, Mausoleum des Königs Mandalay

Strahlend weiß der Baukörper, goldene Kuppel und Turm: Wahrzeichen der 1857 gegründeten zentralbirmanischen Stadt Mandalay am Irawadi ist die Kutho-Daw-Pagode. Sie leuchtet weit und verkündet, dass Buddha persönlich hier die Errichtung eines Heiligtums gewünscht habe. Daher strahlen nun in der Nähe um das ragende Zentrum herum 729 weitere kleine weiße Pagoden. Auf diesen Andachtsräumen sind fortlaufend die heiligen Schriften des Buddhismus eingraviert und ergeben damit zusammen sozusagen das größte Buch der Welt. Geschmückt von zahllosen Ornamenten, Giebeln, Dächern und einem vielgeschossigen Turm nicht minder prächtig: das Mausoleum von König Mindon, dem Gründer der Stadt.

❷ Arakan-Pagode

Mandalay

Natürlich nicht ganz so hoch wie das namengebende Gebirge des birmanischen Arakan, das immerhin 3053 Meter erreicht, aber himmelhoch ebenfalls: die Arakan-Pagode in Mandalay im Herzen des Landes. Der zentrale Turm des im 19. Jahrhundert geschaffenen Bauwerks weist mit dem Dachaufsatz so entschieden nach oben, als wolle er aller Welt sagen, dass kein wahres Heil je von dieser Welt sein kann, sondern in höheren Sphären zu suchen ist. Ihn flankiert eine Schar von sehr viel kleineren Abkömmlingen, die das von schönen weißen Portalgiebeln allseitig geschmückte Gebäude wie ein Nadelkissen aussehen lassen.

❸ Maha-Lawka-Pagode

Mandalay

Würde Myanmar nicht von einer so abweisenden Militärdiktatur geführt, hätte hier die UNESCO sicher schon eine ganze Reihe Welterbestätten ausgewählt. Darunter wäre mit Sicherheit die Maha-Lawka-Pagode in Mandalay am Irawadi im Zentrum des Landes. Wie in manchen solchen Anlagen gruppieren sich dort um ein zentrales Heiligtum mit hoher Spitze und farbigem Dekor hunderte von kleinen weißen Pagoden, die dem Areal das Aussehen einer Zeltstadt aus den Zeiten eines Dschingis Khan geben, dessen Horden auch hier hindurchgezogen sind. Allerdings siebenhundert Jahre früher, denn die Pagodenstadt entstand in der zweiten Hälfte des 19. Jahrhunderts.

❹ Sandamani-Pagode Mandalay

Die britische Kolonialmacht vertrieb 1885 den letzten birmanischen König, ging aber mit dem kulturellen Erbe des Königreichs pfleglich um. Das wurde anders, als im Zweiten Weltkrieg die Japaner von China aus den Irawadi aufwärts vorstießen und die Briten in blutigen Schlachten verdrängten. Dabei gingen unersetzliche Kulturgüter durch Artillerie und Luftangriffe verloren. Glück im Unglück hatte Mandalay, da sich hier bei der Eroberung wie bei der Rückeroberung die Gefechte in Grenzen hielten. Erhalten blieb daher auch die aus hellem Sandstein im 19. Jahrhundert errichtete Sandamani-Pagode mit ihren zahllosen spitztürmigen kleinen Andachtsbauten, die je nach Tageszeit weiß bis rötlich leuchten.

❶ Glocke Mandalay

Zwar nicht wie bei Schiller »fest gemauert in der Erden«, sondern qua Eigengewicht nur sehr schwer beweglich aufgehängt ist in der Mingun-Pagode in Mandalay in Zentralbirma eine Glocke von ungeheuren Maßen. Zwei Raubtierskulpturen wachen über ihren Klang. In Asien stand auch die Wiege des Glockengusses, der sich von hier im frühen Mittelalter nach Europa verbreitete. Anders aber als bei uns, wo das Läuten zum Gebet ruft oder als Totenglocke zur Mahnung ertönt, dienten Geläute und schon gar das solcher Riesenglocken vornehmlich zur Abwehr von Unheil und zum Bannen böser Geister.

❷ Maha-Muni-Tempel

Mandalay

Die Verherrlichung Buddhas in Statuen und Tempeln wie dem Maha Muni im zentralbirmesischen Mandalay soll die Gläubigen zur Nachfolge anhalten. Dafür ist kein Aufwand zu hoch, so dass selbst in armen buddhistischen Ländern die Tempel immer gepflegt und herrlich geschmückt sind. Das hat auch zu einer ornamentalen Architektur geführt, die insbesondere mit aufwändigen Dachkonstruktionen arbeitet: In Stufen himmelan steigen die sich verjüngenden Stockwerke zur Spitze, golden glänzend. Die Gestaltung der Innenräume der Tempel steht daher auch ganz im Dienste meditativer Versenkung, die nicht der Kontaktaufnahme mit einem göttlichen Gegenüber gilt, sondern Übung ist in der Abkehr vom Irdischen.

❸ U-Bein-Brücke aus Teakholz bei Amarapura

Der Name hat nichts mit Laufwerkzeugen zu tun, sondern geht zurück auf einen Bürgermeister namens U-Bein, der hier Ende des 18. Jahrhunderts regierte. Amarapura unweit vom zentralbirmanischen Mandalay war eine alte Königsstadt wie Ava, die der letzte Monarch aber gerade aufgegeben hatte. U-Bein, nicht faul, requirierte das Teakholz des Königspalastes und ließ daraus auf Stelzen die fast anderthalb Kilometer lange, seltsame Fußgängerbrücke mit dem lauschigen Brückenhaus errichten. Sie hält bis heute.

❹ Ananda-Tempel Pagan

Um 850 entstand der Ort, der knapp zweihundert Jahre später Hauptstadt des birmanischen Reiches werden sollte: Pagan, 150 Kilometer südwestlich von Mandalay. Noch einmal zweihundert Jahre blühte dann die Metropole, ehe sie einem Mongolensturm zum Opfer fiel. Von den ursprünglich rund 5000 Tempeln und Pagoden blieben etwa 1000 bis in unsere Zeit erhalten, darunter der wohl am besten konservierte Ananda-Tempel, dessen zentraler Turm dem Gebäude wie eine Tiara aufsitzt und 55 Meter in die Höhe strebt. Durch ein von Steinmetzen fein geschmücktes, weißes Tor erreicht man ihn über eine breite Freitreppe. Die Ecken des in mehreren Terrassen ansteigenden Baus zieren ebenfalls Türmchen.

❶ Tempelbezirk Pagan

Am linken Ufer des Irawadi in der birmanischen Provinz Mandalay breitet sich ein Trümmerfeld aus: Pagan, im Mittelalter Hauptstadt des Landes, wurde 1287 Opfer der vordringenden Mongolen. Doch nicht sie allein haben die einstmals 5000 Tempel und Pagoden der Stadt so gründlich zerstört, sondern schwere Erdbeben 1975 und 1980 haben viele der ohnehin in den Jahrhunderten verwitterten Sakralbauten zum Einsturz gebracht. Immerhin stehen noch viele Hundert, wenn auch beschädigt, erst wenige der zumeist in Ziegelbauweise errichteten Kulturdenkmäler sind dank eines UNESCO-Rettungsprogramms inzwischen restauriert.

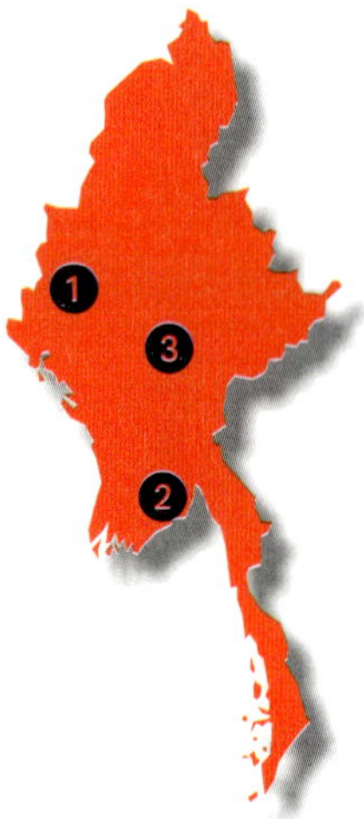

❷ Shwe-Dagon-Pagode

Yangon

Gold in Massen und Massenarmut, das geht in Birma durchaus zusammen. Das Wahrzeichen des Landes, die Shwe-Dagon-Pagode in der Hauptstadt Yangon (früher Rangun) im Süden des Landes, schwelgt jedenfalls nur so in Gold. Ihre gesamte riesige Kuppel und der 110 Meter aufstrebende Turm sind mit Gold überzogen, golden leuchten auch die darum herum gruppierten Türme und Türmchen, und golden lächeln Buddhastatuen im Innern, die man durch goldene Tore erreicht. Üppig präsentiert sich zudem der Figurenschmuck, der die hohe Kunst der birmanischen Bildhauer des 18. Jahrhunderts, der Bauzeit des Gebäudes, spiegelt.

❸ Karaweik-Barke Inlesee

Obwohl Myanmar weitgehend säkularisiert ist, spielen buddhistische Kultelemente in der Öffentlichkeit immer noch ein bedeutende Rolle. Prozessionen gehören dazu, und solche zu Wasser stellen einen besonderen Höhepunkt dar. Manche Klöster verfügen dazu über Boote, ja Schiffe von einer Pracht, dass bei ihrem Anblick abendländische Könige und Kaiser vor Neid erblassen würden. Prunkstück der Prunkstücke ist die Karaweik-Barke, mit der Mönche, beschirmt von Baldachinen, über den 1000 Meter hoch gelegenen Inlesee südöstlich von Mandalay fahren und Heiligtümer an den Ufern besuchen.

Thailand

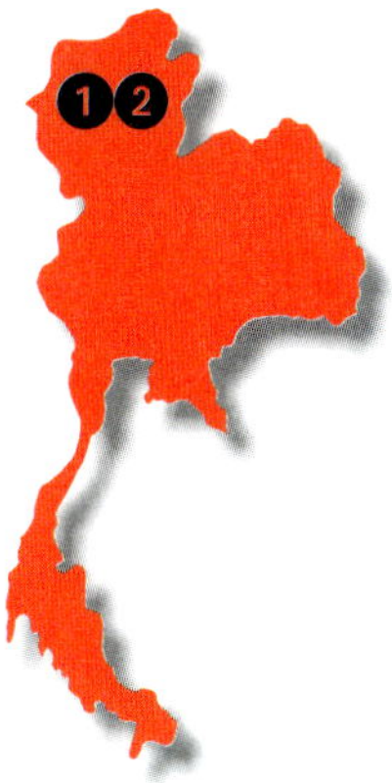

❶ Tempel Wat Phra Singh Chiang Mai
❷ Tempel Doi Suthep Chiang Mai

Der größte Tempel der nordwestthailändischen Stadt Chiang Mai steht im Westen des historischen Zentrums und heißt Wat Phra Singh (Bild rechts). Er beherbergt in einem gesonderten Heiligtum eine kostbare Buddha-Reliquie und ist damit religiöses Zentrum der Stadt und Wallfahrtsziel. Der hinter dem Hauptgebäude fast versteckte Tempel ist mit Wandmalereien reich ausgestattet und hat fantastisch geschnitzte Giebel. 16 Kilometer nordwestlich der Stadt erhebt sich der Doi Suthep bis auf 1600 Meter Höhe. Vom wohl berühmtesten thailändischen Tempel, Wat Phra That Doi Suthep (Bild unten), knapp unterhalb des Gipfels hat man beste Sicht auf die Stadt und kann den goldenen Chedi (einen Reliquien-Kultbau) der Anlage bewundern.

❶ Chedigruppe der Tempelanlage Wat Suan Dok Chiang Mai

Das kulturelle Herz Nord-Thailands schlägt in der Stadt Chiang Mai am Fuß des Doi Suthep in einem fruchtbaren Tal. Vor allem die Sakralbauten ziehen die Touristen an, und ganz besonders die Tempelanlage Wat Suan Dok vom Ende des 13. Jahrhunderts. Typisch für dieses buddhistische Heiligtum ist die so genannte Chedi-Gruppe, ein Komplex mit einer hohen weißen Pagode, die unterhalb des baumkuchenartig nach oben spitz zulaufenden runden Turmes ein quadratisches Zwischenstück aufweist. Es ist bunt bemalt und mit einer vergoldeten Krone versehen; hier wurde die Asche der Thai-Könige aufbewahrt. Rings um diesen Zentralturm stehen kleinere, schlichtere, aber immer noch sorgfältigst gearbeitete Tempel, wie sie auch den Zugang zur Anlage säumen.

❷ Wat Phrathat Hariphunchai Lamphun

Als König Athittayarat den Tempel (Wat) 1157 errichten ließ, gab es die spätere, 25 Kilometer nördlich gelegene Hauptstadt Chiang Mai noch nicht. Sie übernahm erst 1296 das Kommando über Nord-Thailand. Bis dahin führte Lamphun, schon um 660 gegründet, ein relativ unabhängiges Dasein und kam zu so prächtigen Bauten wie dem Tempel Phrathat Hariphunchai, dessen Pagode 45 Meter hoch zum Himmel strebt und an der Spitze einen goldenen Schirm trägt. Besondere Aufmerksamkeit verdient das Reliquienhaus (Chedi) mit seinem den Buddha-Formen nachgebildeten wulstigen Aufbau des goldenen Daches. Es gibt dem Bau etwas In-sich-Ruhendes.

❸ Ruinen von Sukhothai

Monumentale Buddha-Figuren in allen Tempeln erzählen vom religiösen Leben im mittelalterlichen Siam-Reich von Sukhothai in Nord-Thailand, wo die Reste dieser Hauptstadt freigelegt worden sind. Sie blühte nur 1238 bis 1378 und verlor dann die Selbstständigkeit an das Reich Ayutthaya. 37 Tempelanlagen haben die Archäologen im Zentrum der Stadt gezählt, wo die Wiege der wuchtigen Thai-Architektur stand. Bemerkenswert vor allem der Königstempel Wat Mahathat mit aufrecht stehenden Buddhas und die 185 Chedis, wie die Reliquien-Schreine genannt werden. UNESCO-Welterbestätte seit 1991.

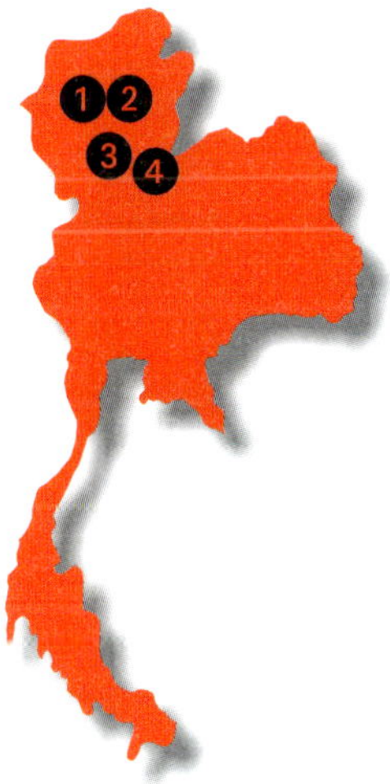

❹ Wat Phra Si Ratan Mahathat

Phitsanulok

Fast genau im Zentrum von Thailand liegt nördlich von Bangkok die Stadt Phitsanulok, die einen äußerst fein geschmückten Königstempel zu bieten hat. Den Andachtsraum dieses Wat Phra Si Ratan Mahathat gliedern Säulen, deren goldener Grund mit geometrischen Ornamenten verziert ist und die im Abglanz der über und über goldenen Buddha-Statue schimmern. Der mehrere Meter hohe Buddha sitzt an der Stirnseite unter einem Baldachin mit Rankenwerk, Jünger stehen ihm zur Seite. Er strahlt zwar nur das Licht der vor ihm aufgereihten Kerzen wider, doch derart, dass er von innen zu leuchten scheint und damit buchstäblich »der Erleuchtete« ist, die deutsche Entsprechung des Wortes »Buddha«.

❶ Wildschutzgebiet Thung Yai

An der Grenze zu Myanmar sind in West-Thailand im Gebiet Thung Yai (»großes Feld«) 3200 Quadratkilometer unter Naturschutz gestellt worden, die zusammen mit dem angrenzenden 2575 Quadratkilometer großen Huai-Kha-Khaeng-Park seit 1991 UNESCO-Welterbestätte sind. Um eine zentrale Grasebene gruppieren sich hier Bambus-, Trocken- und Galeriewälder, Karstgebiete und alte Dörfer. Die Vegetation geht über von subtropischer zu tropischer und hat eine entsprechende Artenvielfalt zu bieten. Neben 400 Vogelarten, zahlreichen Amphibien und Reptilien leben hier Säuger wie Tiger, Nebelparder, Elefanten, Tapire und Sumatra-Nashörner. UNESCO-Welterbestätte seit 1991.

❷ Ruinen von Ayutthaya

Über 40 Jahre Hauptstadt gehen an der Ausstattung einer Residenz nicht spurlos vorüber: Vom nördlich Bangkok gelegenen Ayutthaya aus wurde Siam, das heutige Thailand, 1350 bis 1767 von insgesamt 33 Königen regiert. Ausgedehnte Palast-, Kloster- und Tempelanlagen haben die allerhöchste Stadt zu einer Perle buddhistischer Baukunst werden lassen und einen ganz eigenen Ayutthaya-Stil hervorgebracht, der sich durch präzise Symmetrie auszeichnet, ehe Angriffe der Burmesen der Pracht ein Ende machten. Seit 1956 wird an einer vorsichtigen Restaurierung der wichtigsten Bauten gearbeitet, die zusammen mit den Ruinen seit 1991 UNESCO-Welterbestätte sind.

❸ Phra Pathom Chedi Nakhon Pathom

Der Tempel erreicht Kathedralen-Maß: Nicht genug damit, dass das Reliquienhaus (Chedi) der Anlage Phra Pathom im zentralthailändischen Nakhon Pathom 116 Meter hoch ist, die Erbauer haben es auch noch auf einen Hügel gestellt. Sein wuchtiges Aussehen einer Glocke mit dem Turm als Griff verdankt der höchste Sakralbau des Landes späterer Gestaltung, denn ursprünglich stand hier ein kleineres Gebäude aus dem 5. Jahrhundert. Hinzugefügt sind auch die Gebetshäuser an den vier Ecken der Anlage, in denen Buddha-Statuen in unterschiedlicher Haltung die Gläubigen anziehen. Am beliebtesten ist der stehende Buddha in der nördlichen Halle.

❹ Sommerpalast Bang Pa In

Seit 1782 sitzen auf dem thailändischen Thron Könige der Chakri-Dynastie, die es verstanden haben, ihrem Land als einzigem in Hinterindien ein Kolonialschicksal zu ersparen. Ähnliches Geschick bewiesen sie offenbar auch bei der Auswahl ihrer Baumeister, denn diese schufen je nach Zweck wahrhaft königliche Bauten. Die Sommerresidenz in Bang Pa In nördlich von Bangkok ist ein entzückender Beweis dafür: Der Pavillon ist so wundervoll platziert, dass er sich mit seinen Dächern, Säulen und Türmchen im Spiegel des Sees doppelt. Halb im Wasser stehend, hat er guten Geistern aus der Tiefe oder zu Schäferstündchen lautlos anreisenden jungen Damen eine weiße Treppe ausgerollt.

❶ Wat Phra Keo (Heiligtum) Bangkok

Natürlich befinden sich die wichtigsten Sakralbauten Thailands in der Hauptstadt Bangkok oberhalb der Menam-Mündung. Der Wat (Tempel) Phra Keo wurde 1782 zusammen mit der Stadt gegründet und umschließt das Königliche Pantheon mit dem üppigen Fayencen- und Skulpturenschmuck an den Außenwänden. Im rechteckigen Bot (der Ordinationshalle) mit dem schlangen- und glöckchengeschmückten Staffeldach thront als zentrales Heiligtum der Smaragd-Buddha, der nur aufgrund seiner Farbe so heißt. In Wirklichkeit ist er aus einem Werkstück aus grüner Jade modelliert worden. Er steht in besonderer Weise mit der königlichen Familie in Verbindung.

❷ Wat Phra Keo (Königspalast) Bangkok

Die thailändische Königsfamilie residiert im Königspalast von Bangkok, der von der Rückseite des Wat (Tempel) Phra Keo her durch ein Portal zu erreichen ist. Die Palastanlage übertrifft mit ihrem Grundriss von 500 mal 400 Metern den Tempelbezirk in den Dimensionen um ein Vielfaches und ist mit einer zinnenbewehrten Mauer gesichert. Einlass findet man durch das »Tor des höchsten Sieges« im Norden des Areals. Zu besichtigen sind nur die Audienzhalle mit dem neunstufigen vergoldeten Thron und eine weitere öffentliche Halle mit Perlmutt-Altar, in der verstorbene Mitglieder der Dynastie aufgebahrt werden. Den inneren Palastbereich verschließt das »Tor zum Sitz des Sieges«.

❸ – ❼ Tempel Bangkok

Obwohl die thailändische Hauptstadt Bangkok erst im 18. Jahrhundert entstanden ist, weist sie eine Fülle buddhistischer Heiligtümer auf. Größter und ältester Tempel (Wat) ist Pho südlich des Königspalastes (Bild oben rechts). Er hat vier Versammlungsräume, 95 Reliquienschreine und 400 Buddha-Statuen. Am gegenüberliegenden Flussufer der »Tempel der Morgendämmerung« (Wat Arun) mit dem 79 Meter hohen Turm (Prang) und vier weiteren Türmen an den Ecken der Anlage (Bild unten links: Tempelwächter). Der Wat Saket liegt ganz im Osten der Altstadt auf dem Golden Mount und bietet prächtige Aussicht aus 60 Metern Höhe. Im Norden des Stadtkerns der Wat Benchamabophit, ein aus weißem Marmor errichteter Komplex mit roten Dächern (Bild unten rechts). Schließlich der Wat Traimit (Bild oben links) mit dem fünf Tonnen schweren massivgoldenen Buddha beim Bahnhof Lamphong.

❽ Nationalmuseum Bangkok

Sogar deutschsprachige Führungen bietet das zwischen dem Nationaltheater und der Thammasat-Universität gelegene thailändische Nationalmuseum in Bangkok an. Dabei erlebt der Besucher einen Streifzug durch die Geschichte des Landes vom zentralthailändischen buddhistischen Reich der Mon im 1. Jahrtausend, als andere Teile Thailands unter Khmer-Herrschaft standen. Sie wurden von den mit den Mon vermischten Thai beseitigt, die 1240 das Reich von Sukhotai errichteten. Ihm folgte das Reich Ayutthaya, Siam genannt, das nach einer Zeit birmesischer Fremdherrschaft wieder errichtet werden und als einziges Land Hinterindiens die Kolonialzeit selbstständig überstehen konnte. Das Zentrum der Macht verschob sich allerdings nach Süden, wo Bangkok 1782 gegründet wurde und im seit 1939 Thailand genannten Staat die Regierung sitzt.

Kambodscha

❶ Angkor

Im 19. Jahrhundert entdeckten französische Forscher im Dschungel von Kambodscha (Kamputschea) die Ruinenstätte Angkor. Mächtige, mit erstaunlicher Feinheit gearbeitete Skulpturen an den Resten von Tempelanlagen und Palästen wiesen sie als Residenzstadt der Khmer-Könige aus, deren Macht einst weit nach Thailand reichte. Seit der Gründung dreimal zerstört, blieb sie seit 1431 in Trümmern. Der stark befestigte, 45 Quadratkilometer umfassende Stadtkern und der umliegende Tempelbezirk weisen zahlreiche Weiher auf. Der Grabtempel Angkor Vat von Suryavarman II. (1113–1152) ist das größte Bauwerk in ganz Südostasien, seine Umfassung misst 1500 mal 1300 Meter, der Graben darum ist 200 Meter breit. Der eigentliche Tempel erreicht fast 200 Meter im Quadrat.

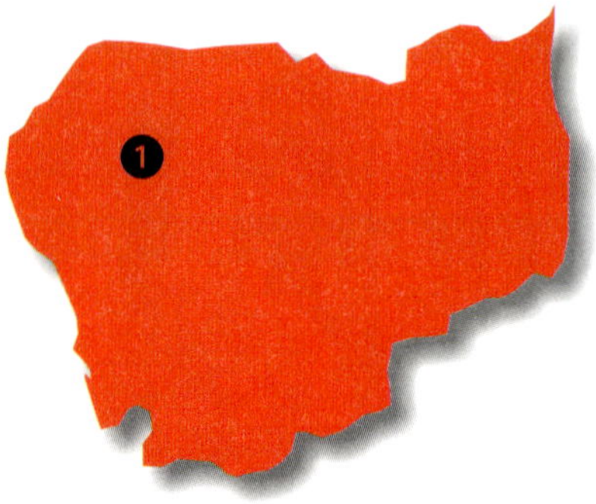

Laos

❶ Mekong

Mit 4500 Kilometern Länge und einem Einzugsgebiet von über 8000 Quadratkilometern ist der Mekong der größte Strom Südostasiens Er entspringt an der Ostgrenze Tibets, bildet kurz die birmanisch-laotische und dann auf der längsten Strecke die Westgrenze von Laos. Im Becken von Kambodscha erreicht der Unterlauf dann seine größte Breite, löst sich unterhalb der Hauptstadt Pnom Penh in ein Delta von fünf großen Armen auf, das den Südteil von Vietnam einnimmt. Größere Nebenflüsse nimmt der Mekong vor allem in Zentral-Laos um die Hauptstadt Vientiane auf. Hier erschweren Stromschnellen und Fälle streckenweise den Schiffsverkehr, der insbesondere mit Dschunken aufrechterhalten wird.

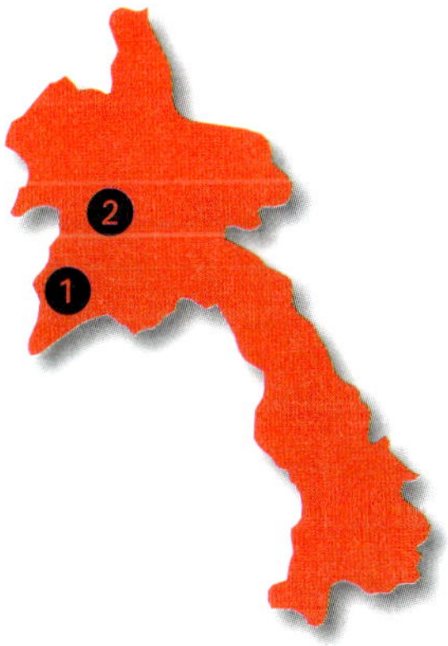

❷ Königspalast und buddhistische Klöster

Luang Prabang

Dort, wo der Mekong nach einem scharfen Knick westwärts an seinem Oberlauf die größte Talweite geschaffen hat, liegt nördlich der laotischen Hauptstadt Vientiane die einstige Residenz Luang Prabang. Der ursprünglich von buddhistischen Missionaren gegründete Wallfahrtsort mit einer Pagode, die eine wundertätige Buddha-Statue birgt, erinnert nur mit Sakralbauten und mit dem Königspalast an die alte Pracht. Sonst stellt er eine Mischung aus traditioneller südostasiatischer Architektur und kolonialfranzösischen Elementen aus dem 19. und 20. Jahrhundert dar. Dieses Miteinander aber ist gerade, was der Stadt 1995 die Erhebung zu einer UNESCO-Welterbestätte eingetragen hat.

❶ **Kloster Wat That Luang Nuea** Vientiane

Die laotische Hauptstadt hieß früher Vieng Chang (»Stadt des Sandelholzes«), was zu Vientiane verschliffen wurde. Dass sie den Namen verdient, ist nirgendwo besser zu sehen und zu riechen als im Tempel (Wat) des Klosters That Luang Nuea. Er prangt in Sandelholzschnitzereien und duftet nach Räucherstäbchen. Seine reich mit feinsten Reliefs verzierte Fassade, sein 35 Meter hoher, auf einem quadratischen Sockel errichteter Stupa und die goldüberzogene Tür im massigen Steinportal stammen in der heutigen Form aus dem 19. Jahrhundert, denn die vorherigen Bauten wurden 1827/28 von Truppen aus Siam (Thailand) zerstört.

❷ **Wat Xieng Khouan** Vientiane

Der Buddhismus ist eine buchstäblich »gottlose« Religion. Das heißt nicht, daß Buddha Götter geleugnet hat, doch er hielt sie wie die Menschen für erlösungsbedürftige Wesen. Zu erlösen nämlich vom einzigen und eigentlichen Übel: dem »Durst« nach Existenz. Und der verliert sich nach Buddhas Lehre nur durch das Verlöschen der Existenz selbst durch Aufgehen im Nirwana, in dem der ewige Kreislauf der Wiedergeburt durchbrochen ist. Die gläubigen Buddhisten beten daher nicht im Sinn anderer Religionen zu Buddha als Gott, sondern suchen das Beispiel seines Lebens, das dieses Durchbrechen erreicht hat. Den entscheidenden Moment am Ende des Weges dorthin symbolisiert für sie die liegende Buddha-Figur, wie sie im Buddha-Park im laotischen Vientiane zu sehen ist.

❸ Triumphbogen Vientiane

Ganz offensichtlich stand der Pariser Arc de Triomphe Pate bei der Errichtung des Monuments Anousavari in der laotischen Hauptstadt Vientiane. Anders aber als das französische Gegenstück ist der fernöstliche Bogen nicht militärischen Siegen geweiht – zumindest nicht direkt –, sondern den Gefallenen des Landes. Er gilt damit eher einem postumen Triumph, denn Laos ist seit 1949 unabhängig und seit 1954, nach der Niederlage Frankreichs im Indochinakrieg, völlig souverän. Der Bogen mit dem schier überladenen Dach gilt daher zu Recht als Wahrzeichen seiner Hauptstadt.

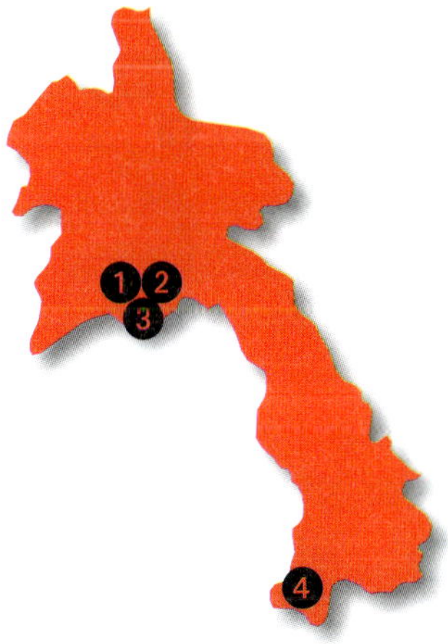

❹ Khone-Fälle

Nicht so besonders hoch sind die Wasserfälle von Khone in Laos, aber dafür so breit, dass kein Rivale auf der Welt mithalten kann: Auf einer Front von 10,8 Kilometern stürzen sich hier 42 500 Kubikmeter Wasser pro Sekunde in einen 15 bis 21 Meter tiefen Abgrund. Der Mekong ist eben nicht irgendein Fluss, sondern die Schlagader Hinterindiens, und er wäre ein noch besserer Verkehrsweg, wenn er nicht tückische Stromschnellen und eben solche Klippen wie die Khone-Fälle aufwiese. Lägen sie günstiger an den großen Touristen-Routen und nicht im schwer erreichbaren Landesinnern, könnten Deviseneinnahmen die wirtschaftlichen Nachteile wettmachen. Die fernöstlichen Manager arbeiten an attraktiven Reiseangeboten zu diesem Wasserwunder.

Vietnam

❶ Ho-Chi-Minh-Mausoleum Hanoi

Als der vietnamesische Revolutionsführer Ho Chi Minh 1969 starb, standen 540 000 US-Soldaten im Süden des Landes, und es war mehr als zweifelhaft, ob der von Ho unerbittlich gegen sie geführte Krieg je Erfolg haben würde. Als es dann 1975 doch so weit war und Vietnam wieder vereinigt wurde, genoss der Vater des Sieges bei der aufbegehrenden europäischen Jugend fast die gleiche Verehrung wie daheim, wo man ihm, der ursprünglich Nguyen That Thanh hieß, ein sozialistisch-realistisches Mausoleum in seiner Hauptstadt Hanoi errichtete und es mit seinem Ehrennamen überschrieb, zu Deutsch: »der weise Gewordene«.

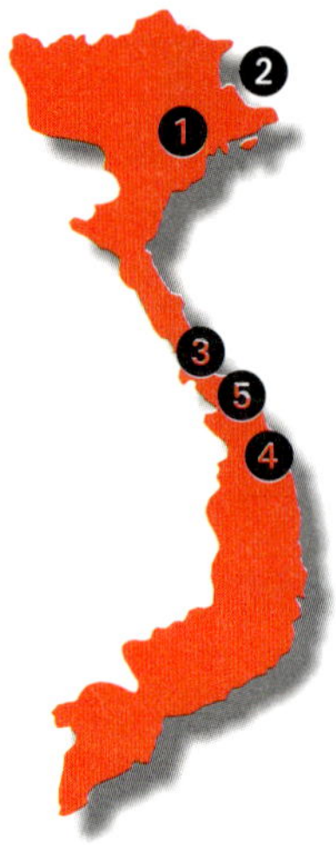

❷ Ha-Long-Bucht

Südlich der vietnamesischen Hauptstadt Hanoi erstreckt sich im Golf von Tongking eine weite Bucht mit 1600 Inseln, von denen einige bis 200 Meter hoch aufragen. Sie bestehen aus Kalkstein und bilden entsprechend bizarre Formen, Höhlen und Grotten, in denen Archäologen wichtige vorgeschichtliche Funde gemacht haben. Einige steinzeitliche Zeugnisse sind bis zu 8000 Jahre alt. Diese Kulturschätze zusammen mit den natürlichen Reizen der Wasser-Fels-Landschaft haben aus der Insel-Versammlung eine UNESCO-Welterbestätte (1994) gemacht. Ihr Schutz kommt auch den etwa 1000 Fischarten zugute, die in der Bucht heimisch sind.

❸ Hué

Wer noch die Reportagen über den Vietnamkrieg Anfang der 1970er-Jahre im Ohr hat, weiß, dass das etwa in der Mitte des Landes an der Küste liegende Hué nie ohne den Zusatz »die alte Kaiserstadt« erwähnt wurde. Es kam den Sprechern wohl darauf an, den Kontrast zwischen unwiederbringlichen Kulturwerten und dem unschiedlos tötenden und zerstörenden Krieg hörbar werden zu lassen. Und in der Tat: Was hier erhalten geblieben ist, macht die Sorgen und die Trauer über Verlorenes hoch verständlich. Allein der »Palast der himmlischen Harmonie«, in dem die Kaiser residierten, und die Stadtmauer mit den fantastisch bemalten und geschmückten Toren sind herausragende Beispiele der Feudalarchitektur.

❹ Marmorberge Da Nang

Hier versteht man, woher die Tempel und Paläste in Vietnam ihre herrlichen Marmorverkleidungen haben. Nicht weit von jenem Da Nang südlich von Hué, das die US-Truppen im Krieg gegen die kommunistischen Vietcong in den 1960/70er-Jahren zu einem martialischen Marine- und Luftwaffenstützpunkt ausgebaut hatten, glänzt aus dem Grün der Vegetation das begehrte Gestein. Es wird hier abgebaut und im Inland wie an ausländische Kunden verkauft. Die massigen Marmorberge zeigen, dass den Baumeistern der herrschaftliche Stein noch lange nicht ausgehen wird.

❺ Achtstöckige Pagode Quang Nam

Warum die Baumeister Marmor so schätzen, lässt sich direkt am Abbauort besichtigen: In den mittelvietnamesischen Bergen bei Da Nang werden die kostbaren Steine nicht nur gebrochen und poliert, sondern auch verbaut: Die achtstöckige Pagode im Dorf Quang Nam prangt mit reichlichem Marmorschmuck, und auch andere Gebäude sind in diesem hellen Stein gehalten. Der sich nach oben nur leicht verjüngende Sakralbau steht auf rechteckigem Grundriss, und die Geschosse sind jeweils mit weißem Gesims gegeneinander abgesetzt. Das Ziegeldach krönt eine fantastische Skulptur.

❶ Großer Buddha

Da Nang

Dass man unter seinen Augen überhaupt Krieg führen kann, erscheint fast absurd: Doch Da Nang war tatsächlich einer der wichtigsten Luftwaffen- und Marinestützpunkte der US-Streitkräfte während des Vietnamkrieges in den 1960/70er Jahren. Auf seinem Lotussitz betrachtete er jedoch auch diesen mörderischen Verkehr wie alles Menschenwerk gelassen, wie er denn überhaupt eher nach innen schaut und mit seinen übergroßen Ohren, wie der Philosoph Kant sagen würde, der Sphärenmusik des gestirnten Himmels über sich und des moralischen Gesetzes in sich zu lauschen scheint.

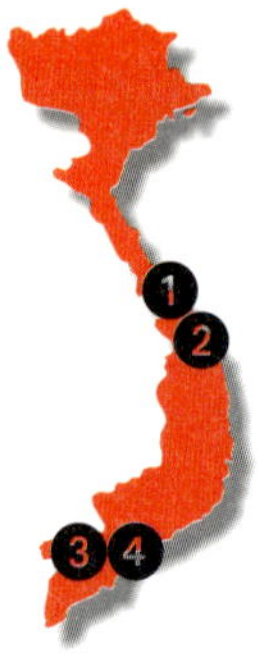

❷ Altstadt Hoi An

Ein Vierteljahrhundert Krieg hat Vietnam nicht wohlhabender gemacht. Mit den Amerikanern zogen 1975 auch die Dollars ab, die wenigstens den Standorten der US-Streitkräfte und ihrer Umgebung einen vorübergehenden Reichtum vorgegaukelt hatten. Die Stadt Hoi An schließt sich unmittelbar südlich an Da Nang an, das im Vietnamkrieg Hauptstützpunkt der Air Force und der Navy war. Geschossen wird zum Glück schon lange nicht mehr, der Kampf um das tägliche Brot aber geht weiter. Trotzdem lassen es sich die Vietnamesen nicht nehmen, jede Chance zur Verschönerung ihres Alltags zu ergreifen. Wo es zu Schmuck nicht reicht, setzen Farben die Lichtpunkte, wie hier an der schlichten Hausfassade. Die Altstadt von Hoi An ist UNESCO-Welterbestätte seit 1999.

❸ Cao-Dai-Tempel Tay Ninh

In einem der fruchtbarsten Reisanbaugebiete im Tiefland des Mekong im Süden Vietnams liegt die Provinz Cochinchina. Nach ihrer Hauptstadt Tay Ninh zu urteilen, muss hier der Wohlstand zu Hause sein: Ein doppeltürmiger Tempel von solcher Pracht dürfte sich kaum irgendwo anders finden lassen. Der Cao Dai (»großer Palast«) ist außen in leuchtendem Gelb gehalten, blaue Bilder, goldene Ornamente, farbige Arkaden an der Längsfront, mehrstöckige rote Dächer schmücken ihn. Unter einem wundervollen Balkon tritt man durch das Portal in die Gebetshalle und hält nochmals die Luft an. Äußerst üppig präsentiert sich der himmelblau überwölbte, von bunten Säulen getragene und fliesenkühle Raum. Der Caodaismus ist eine 1926 entstandene fernöstliche Religion.

❹ Rathaus Ho-Chi-Minh-Stadt (Saigon)

Die französischen Kolonialherren brauchten zur Repräsentation der Bevölkerung von Indochina gegenüber natürlich »würdige« Verwaltungsbauten. Dabei galt es jedoch darauf zu achten, dass es eine Würde auch nach den Vorstellungen der Verwalteten würde. Im südvietnamesischen Saigon, das nach dem Sieg der Kommunisten 1975 in Ho-Chi-Minh-Stadt umbenannt wurde, gelang ihnen im Rathaus eine Mischung aus europäischer Linie und fernöstlichem Schwung und Zierrat. Der einheitlich gelb-weiß leuchtende Bau hat eine durch Arkaden stark gegliederte Front, zwei flankierende festungsartige Türme und einen höheren schlanken Uhrturm in der Mitte. Statt der Trikolore weht nun allerdings schon lange die rote Fahne vor der Front.

China

❶ Große Mauer

Komplett steht sie zwar nicht mehr, doch ist sie immer noch das größte Bauwerk der Welt und das einzige, das die Astronauten auch aus dem Weltraum mit bloßem Auge ausmachen können: die Große Mauer, die sich vom Pazifik bis nach Turkestan durch Nord-China über 6250 Kilometer hinzieht. Sie ist in Teilen touristisch erschlossen und ein beliebtes Reiseziel für Chinesen wie Fremde. Hier können sie das Staunen lernen über eine Ingenieursleistung, die vor keinem Geländeproblem kapitulierte. Der schon im 3. Jahrhundert in Angriff genommene gigantische Schutzwall wurde sechs bis neun Meter hoch und fünf Meter dick ausgeführt und ist zur Mingzeit (1368–1644) in der heutigen Form vollendet worden. Zahlreiche massige Wachtürme krönen das über schroffe Gebirge und durch steile Täler laufende steinerne Band.

❷ Seidenstraße

Sie haben immer noch nicht ausgedient und ziehen wie seit Jahrtausenden die Seidenstraße im Nordwesten Chinas entlang: Die Kamelkarawanen sind für die Bewohner der Wüsten in Xinjiang weiterhin wichtige Transportmittel, wenn sie nun auch nicht mehr die Verbindung zwischen Europa und dem Fernen Osten aufrecht erhalten müssen, wie das ihre antiken und mittelalterlichen Vorgänger taten. Für die kostbare Seide, die als wichtigstes Handelsgut der Fernstraße den Namen gab, gibt es Luftfracht, wenn es denn die von Raupen produzierte chinesische sein soll. Aber im Regionalverkehr ist das Kamel noch immer konkurrenzlos billig, denn hier ist Zeit nicht gleich Geld wie im hektischen Westen, sondern der Rohstoff, aus dem das Leben ist und die Stille und der Pulsschlag der Natur.

3 – 5 Sommerresidenz und zugehörige Tempel

Chengde

Ob die Herrscher hier tatsächlich »Tugend erwerben« wollten, wie der Name der chinesischen Stadt Chengde in der Provinz Hebei zu Deutsch heißt? Das mag von Fall zu Fall verschieden gewesen sein, denn die im 18. Jahrhundert erbaute kaiserliche Sommerresidenz bot tatsächlich die Möglichkeit dazu. Einmal konnte man sich hier in der 36 000 Bände umfassenden Bibliothek vergraben, zum anderen mahnten zahlreiche Tempel in Klosteranlagen zur Andacht, die so blumig heißen wie die Stadt: »Kloster der universalen Liebe«, »der universalen Güte« usw. Dazu gehören auch der 4 Puning-Tempel (»Tempel des Riesen-Buddha«, Bild oben) oder der 5 Xumi Fushou Miao (»Tempel der Glückseligkeit und des langen Lebens«, Bild unten). Nachdem der Himmel schon 1820 seine Unzufriedenheit mit dem feudalen Prunk dadurch bezeugte, dass ein Blitz Kaiser Jiaqing tötete, empörte sich 1911 das Volk und fegte schließlich die Kaiserherrlichkeit hinweg, deren Reste in Chengde seit 1994 UNESCO-Welterbestätte sind.

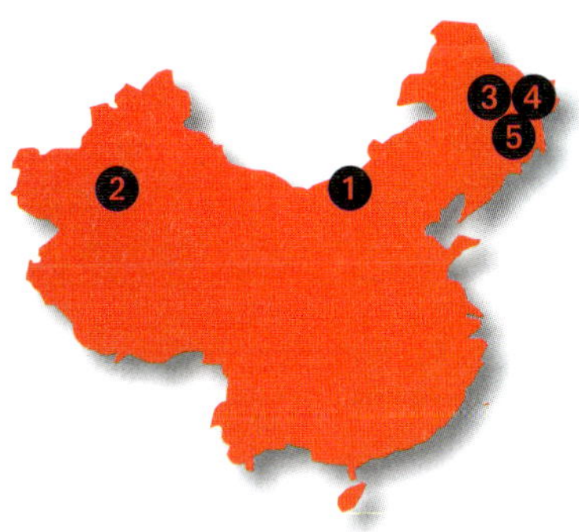

❶ Kaiserkanal von Peking bis Hangzhou

Was die Vorväter vor tausenden von Jahren begannen, kann sich durchaus noch in der Gegenwart als segensreich erweisen. Im 6. Jahrhundert v. Chr. erkannten chinesische Händler, dass der Warentransport zu Wasser allen anderen Formen vorzuziehen war und in vielen Fällen heute noch ist. Über natürliche Adern verfügte das Reich der Mitte hinreichend: Jangtsekiang, Huai He, Hwangho. Verbände man sie quer, ließe sich fast das ganze Land per Dschunke oder Schiff erreichen. Man begann, doch erst tausend Jahre später hatte man die ersten beiden Wasserwege verbunden, und im 13. Jahrhundert setzte man den Kaiser- oder Großen Kanal bis nach Peking fort. Und 1958 ließen ihn die kommunistischen Machthaber zu einem Großschifffahrtsweg ausbauen.

❷ Kaiserpalast der Ming- und der Qing-Dynastien Peking

Schon die mongolischen Herrscher über China residierten in Peking, doch der dritte Kaiser der Ming-Dynastie (1368–1644) ließ den Palast der Fremdlinge abreißen und erbaute auf ihm ab 1407 einen neuen, der in fünfhundertjähriger An- und Umbauzeit die Gestalt annahm, in der er sich heute noch präsentiert. Denn auch die Kaiser der nachfolgenden Qing-Dynastie (1644–1911) herrschten hier im Herzen der »Verbotenen Stadt«. Heute sind ihre Gemächer und die anderen Palastanlagen nur noch Museum, in dem sich Einheimische und Fremde drängen, entweder um den Prunk zu bewundern oder sich auszumalen, welche Ausbeutung des Volkes ihn möglich gemacht hatte. Als Zeugnis klassischer chinesischer Baukunst und feudaler Architektur ist der Gebäudekomplex UNESCO-Welterbestätte seit 1987.

❸ Himmelstempel mit kaiserlichem Opferaltar

Peking

Der chinesische Himmel hatte das Sagen über das Schicksal der Menschen, doch er war leer, kein Gott und kein bestimmter Ort verkörperte ihn. Verbindung zu ihm aufnehmen konnten die Gläubigen nur in eigens dafür geschaffenen Tempeln. Das galt auch für den Kaiser, der alljährlich im Himmelstempel im Süden seiner Hauptstadt Peking seine Herrschaft segnen lassen und um Erfolg bitten musste. Vom »Palast der Abstinenz« im Westen der Anlage schritt er zum runden eigentlichen Tempel mit dem dreifachen Dach aus blauen Glasurziegeln und verrichtete in der dafür vorgesehenen Halle das Ernteopfer, das seinem Land Gedeihen bringen sollte. Der Tempel entstand zur selben Zeit wie der Kaiserpalast, genau 1421.

❹ Platz des Himmlischen Friedens Peking

Größer als der Petersplatz in Rom erstreckt sich vor dem einstigen Kaiserpalast in Peking der »Platz des Himmlischen Friedens« (Tian'anmen), der aller Welt im Juni 1989 als »Platz des irdischen Krieges« der Machthaber gegen die Opposition bekannt wurde. Er soll die ungeheure Weite des Reiches der Mitte, wie China genannt wird, symbolisieren und wurde schon 1651 angelegt. Unter der Herrschaft Mao Tse-tungs, der von hier aus 1949 die Volksrepublik China ausgerufen hatte, wurde er 1958 auf die heutige Größe gebracht. Noch heute ist der »Große Vorsitzende« am südlichen Teil des Platzes gegenwärtig in Form seiner einbalsamierten Leiche in seinem Mausoleum.

❶ Siebzehn-Bogen-Brücke Peking

Der alten Ausbeuterklasse hat man sich entledigt, doch ihr Erbe schlagen auch Chinas Kommunisten nicht aus, weder was den Stolz auf die große Geschichte des Landes angeht noch bezüglich der materiellen Hinterlassenschaften. Geschaffen nämlich haben die Kulturdenkmäler ja nicht die feudalen »Parasiten«, sondern Künstler und Arbeiter. Und bezahlt hat ebenfalls das Volk dafür. Und warum sollten Mandarine oder Bürger nicht auch guten Geschmack gehabt haben. Wie gut er zuweilen war, beweist in Peking die Siebzehn-Bogen-Brücke, die einen Seearm im Park des Sommerpalasts überspannt, und das so anmutig, wie es unter der »Diktatur des Proletariats« bisher nirgendwo gelungen ist.

❷ Sommerpalast »Kaiserliche Gärten«

Peking

So ungeheuerlich die Ausmaße der Stadtpalastanlagen im Kern der Hauptstadt Peking auch sein mögen, sie allein genügten den Kaisern nicht: Zwanzig Kilometer nordwestlich ließen sie sich schon im 12. Jahrhundert eine Sommerresidenz errichten, die im 18. Jahrhundert die heutige Größe von 290 Hektar erreichte. Das meiste sind reizende Gärten mit dem künstlichen Kunming-See, Inselchen, Pavillons, Teehäuser, Tempel und Skulpturen-Parks. Am Seeufer zieht sich ein langer überdachter und lebhaft ausgemalter Wandelgang hin zur »Pagode des Dufts und des Buddhas«. Durch den »Garten der Harmonischen Freuden« erreicht man schließlich den »Palast der Jadewellen«, ein Wohngebäude der Anlage. UNESCO-Welterbestätte seit 1998.

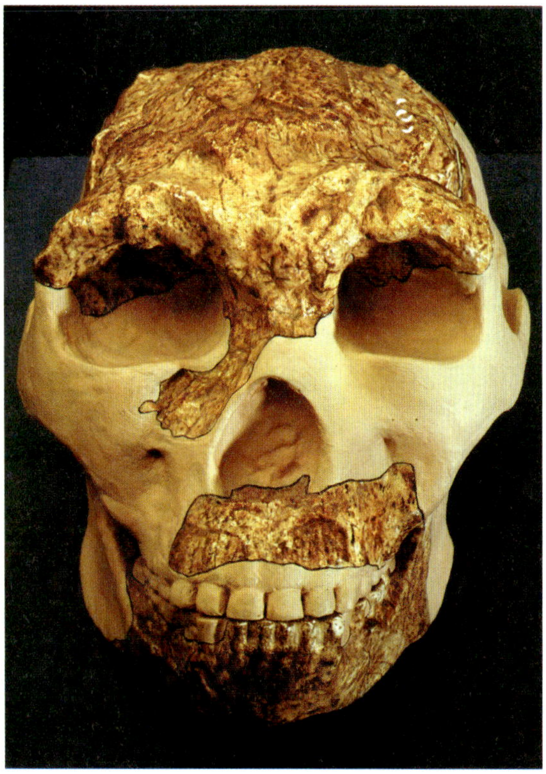

❸ Fundstätte des »Peking-Menschen« Zhoukoudian

Dass die Wiege der Menschheit in Afrika gestanden hat, ist heute weitgehend unbestritten. Wann allerdings die ersten Hominiden in anderen Kontinenten aufgetaucht sein mögen, lässt sich schon schwerer beantworten. Wichtige Puzzlestückchen dafür fanden sich 1921 und 1929 südwestlich der chinesischen Hauptstadt Peking: Überreste von Menschen des Typs Homo erectus, der in Afrika vor anderthalb Millionen Jahren nachweisbar ist und dessen chinesische »Kollegen« es auch auf immerhin 400 000 bis 250 000 Jahre bringen. In Peking packte man 1941 wegen des chinesisch-japanischen Krieges unersetzliche Kulturschätze zusammen, darunter auch die gefundenen Skelettreste. Leider wurde der Rettungsversuch zum Debakel: Die Stücke verschwanden im Durcheinander der Flucht in die USA. 1966 erst gelang ein neuer Fund: Kiefer und Wangenknochen eines so genannten Peking-Menschen wurden entdeckt und sind nun, zum ganzen Kopf ergänzt, im Nationalmuseum der Hauptstadt zu besichtigen. Der Fundort Zhoukoudian ist seit 1987 UNESCO-Welterbestätte.

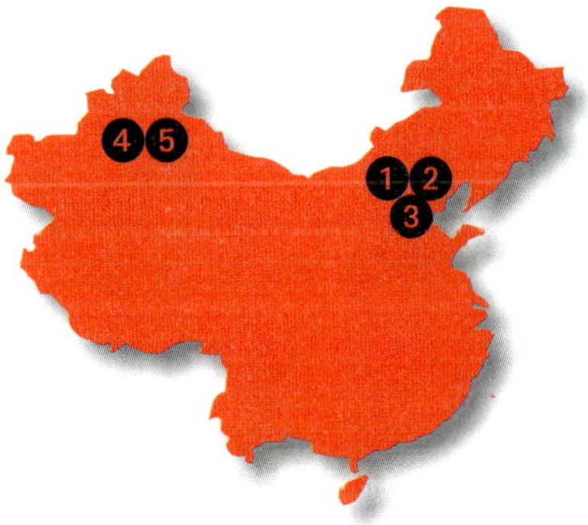

❹ Stadtmoschee Turfan

»Flammende Berge«? Was damit in Turfan, einer kleinen Wüstenstadt in der chinesischen Region Sinkiang gemeint ist, wird morgens deutlich, wenn die Gebirgskette im Westen rot aufleuchtet. Bald wird es dann auch im Ort lebendig, der eine seltsame kulturelle Mischung darstellt: Gelegen an der antiken Seidenstraße, weisen die Ruinen und noch halbwegs intakten Bauten des alten Turfan chinesische wie iranische, buddhistische wie muslimische Elemente auf. Bedeutendstes Denkmal der Letzteren ist die grüne Stadtmoschee mit ihren sechs Minaretten, ein massiver Bau mit kachel- und fayencegeschmückter Zentralfassade und einem Kuppelaufbau, dessen Ornamente von raffinierter Einfachheit sind.

❺ Friedhof Turfan

Eigentlich kümmern sich die kommunistischen Machthaber in China wenig darum, ob ihre Untertanen Anhänger des Buddhismus oder des Islam sind. Solange sie keine allzu großen Forderungen nach Autonomie oder – schlimmer noch – Demokratie stellen, bleibt es ruhig. Die Gefahr aber ist, dass tiefer Glaube meist mit tiefer Abneigung gegen das atheistische System einhergeht. Deswegen kommt es in Nordwest-China, im wüsten Siedlungsgebiet der Uiguren immer wieder zu Unruhen, denn nicht nur dieser Stamm, sondern auch die chinesischen Hui sind hier Muslime. Der Friedhof der Oasenstadt Turfan mit den moscheeartigen Mausoleen belegt das und weckt den Argwohn der Behörden und das Entzücken der Touristen.

❶ Bezeklik-Höhlen Turfan

Takla-Makan, »Wüste ohne Wiederkehr«, heißt das riesige ausgetrocknete Becken in Nordwest-China, an dessen Nordrand schon im Altertum eine Seidenstraße nach Europa führte. Nur so ist die Kette von Ortschaften in den wenigen Oasen zu erklären, wo die Kaufleute Pause machten und denen sie einen gewissen Wohlstand brachten. Er schlug sich nieder in erstaunlichen Bauten meist religiöser Natur und schuf in der Nähe von Turfan eine ganze Sakralstadt: die Höhlen von Bezeklik, auch »Höhlen der tausend Buddhas« genannt. Und das ist keine Übertreibung. In den leicht auszuschälenden Tufffelsen haben Künstler natürliche und selbst geschaffene Grotten, Nischen und Höhlen mit Buddhafiguren ohne Zahl ausgestattet.

❷ Ruinen von Goacheng

Seit der chinesischen Han-Zeit zwischen 206 v. Chr. und 220 n. Chr. gab es Handelsverbindungen zwischen Fernost und Europa, die wegen des kostbarsten Handelsguts Seidenstraßen genannt wurden. Die nördliche Hauptroute führte aus dem äußersten Nordwesten Chinas durch das heutige Gebiet der Uiguren, wovon noch eine ganze Reihe verfallener Umschlagplätze zeugt. Einer davon, etwa 45 Kilometer südöstlich der Oase Turfan, war Goacheng. Er erblühte schon im 1. Jahrhundert v. Chr. und hatte als Residenz eines Kleinkönigtums seine Hoch-Zeit im 4./5. Jahrhundert. Später sank seine Bedeutung, und heute nutzen die Hirten der Gegend die Ruinen als zeitweilige Unterkunft für sich und ihre Schafe.

❸ Höhlen, Felsenkloster Mogao

Zwischen der Wüste Gobi und dem nicht eben wirtlichen Hochland von Tibet verlief schon im 3. Jahrhundert v. Chr. eine Seidenstraße für den chinesischen »Fernwest«-Handel. Eine Station daran war die heutige chinesische Oasenstadt Dunhuang, in deren Nähe in den nachfolgenden Jahrhunderten die buddhistischen Höhlentempel von Mogao entstanden: fast 500 vor über zwölfhundert Jahren in eine anderthalb Kilometer lange Felswand gehauene Heiligtümer und Klöster mit mehreren Tausend bemalten Skulpturen, einige davon über dreißig Meter groß. Zählt man die bemalten Wandflächen zusammen, kommt man auf 45 Hektar, die Aufschluss über das religiöse Leben in der wüsten Abgeschiedenheit geben. Als noch aufschlussreicher erwiesen sich die unzähligen Manuskripte, die in den Tempeln gefunden und für europäische Museen angekauft wurden. UNESCO-Welterbestätte seit 1987.

❹ Festung Jiayuguan

Völlig vorbei ist die Kamel-Zeit in den Wüsten von Nordwest-China auch heute noch nicht. Beim Anblick der pittoresken Reiter gehen die Gedanken zurück in jene Zeiten, als Kaufleute die riskanten Strapazen des Transports der begehrten Seide durch diese Einöden auf sich nahmen. Ganz ohne Schutz aber ließen sie die Machthaber nicht. Davon sprechen die Mauern und Zinnen von den in loser Folge an den Handelsstraßen erbauten Festungen wie die von Jiayuguan in der Provinz Gansu als westlicher Endpunkt der Großen Mauer. Ihre mächtigen Mauern flößten schon von weitem Respekt ein und kontrastierten mit den freundlichen Bauten dahinter, die über sie hinweg Ausschau hielten.

❶ Bergregion Taishan

Nach einem Anstieg über neun Kilometer und 6293 Stufen erreichen die Anhänger des Daoismus (Taoismus) im Osten des Berglandes von Shandong den »Gipfel zum Betrachten des Sonnenaufgangs«, wie der heilige Berg Taishan genannt wird. Laozi (Laotse), der Philosoph des 3. Jahrhunderts v. Chr., hat ihn zum Heiligtum erklärt, als das er in der Folgezeit reich mit Tempeln, mit der »Halle der Himmlischen Gaben«, mit dem »Schrein des Berggottes«, mit dem »Grab des weißen Mulis« (eines kaiserlichen Lasttiers), dem »Kloster der universellen Erleuchtung« sowie Stelen und Inschriften ausgestattet wurde. Seit 1759 unternahmen die chinesischen Herrscher alljährlich eine Opferreise zum Taishan, der heute (seit 1987) UNESCO-Welterbestätte ist.

❷ Konfuziustempel ❸ Grab des Konfuzius Qufu

Wo der große Philosoph Konfuzius (551–479 v. Chr.) gelebt und gelehrt hat, in der südlich von Peking liegenden Stadt Qufu, findet der Reisende heute einen Gebäudekomplex, der wie die steingewordene Weisheit des Lehrers wirkt (Bild unten rechts). Für ihn rangierte die Einbettung des Einzelnen in Familie, Staat und überkommene Moral vor allen anderen Werten. Dieser Grundsatz war bis zum Ende der Kaiserzeit (1911) Staatsdoktrin in China, und in Qufu sind die Wirkungen zu besichtigen: Nur der Kaiserpalast in der Hauptstadt übertrifft den Gebäudekomplex an Größe, der sich hier um den Konfuzius-Tempel und den »Aprikosenaltar« sowie als Residenz der Familie Kong, der Nachfahren des Weisen, in den letzten tausend Jahren gebildet hat. Bei aller Pracht jedoch ist das Grab des Konfuzius selbst nur mit einer schlichten Stele markiert (Bild unten links). UNESCO-Welterbestätte seit 1991.

❹ Huanglong-Naturpark

»Gelber Drachen« bedeutet Huanglong auf Deutsch, und den Namen hat die Landschaft im Norden der chinesischen Provinz Sichuan von einer stark abschüssigen Kalktufffläche und vielleicht auch wegen der fast fünf Kilometer langen gelben Kalksinterterrassen mit Wasserbecken, die blau oder grün wie Augen emporschauen. Das 700 Quadratkilometer große Gebiet, das im Xuebaoding bis auf 5588 Meter ansteigt, gehört zu den wenigen Rückzugsräumen, in denen der Riesenpanda noch ein Auskommen findet und eine Überlebenschance hat. Zu zwei Dritteln bewaldet, gewährt der Huanglong auch weiteren gefährdeten Tier- und Pflanzenarten Schutz. UNESCO-Welterbestätte seit 1995.

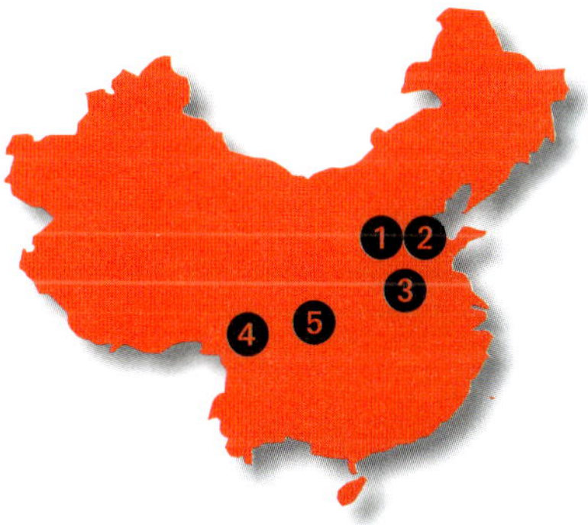

❺ Grotten von Lung Men Luoyang

In allen Religionen gab und gibt es das Bestreben, die Gottheit in der freien Natur zu suchen und anzubeten. Ob Prozessionen im Christentum, Regenzauber bei den Animisten oder der Bau von Höhlenklöstern im Buddhismus – in der Schöpfung ist der Gläubige dem Schöpfer am nächsten. Das bezeugen bei der chinesischen Stadt Luoyang in der Provinz Henan die beiderseits des Flusses Jishui liegenden Grotten von Lung Men, die zu Heiligtümern ausgestaltet worden sind. Die Stadt gab es schon vor ihnen, denn sie war bereits Hauptstadt des Zhou-Reiches, als Buddha geboren wurde. Und sie war es später noch mehrfach, auch zu der Zeit, als die meisten der bedeutenden steinernen Buddha-Statuen in den Grotten entstanden (5./6. Jahrhundert).

❶ Grabmal des ersten Kaisers von China Xi-an

Ob Qin Shi Huangdi (Regierungszeit 259–210 v. Chr.) wirklich als »erster Kaiser von China« zu bezeichnen ist, sei den Gelehrten überlassen. Seine Grabanlage jedenfalls bei Lintong nahe von Xi-an in der chinesischen Provinz Shaanxi ist mehr als kaiserlich. Um den eigentlichen Grabhügel (Tumulus) hat der Herrscher eine Armee von über 7000 mindestens lebensgroßer Soldatenfiguren aus Terrakotta aufmarschieren lassen. Alle Ränge, vom General bis zum Bogenschützen, sind vertreten, Kampfwagen führen sie mit und gepanzerte Rosse, damit ihrem Herrn im Jenseits der schuldige Respekt nicht versagt wird. Man wusste davon aus alten Berichten, glaubte aber erst wirklich daran, als die Truppe seit den 1970er-Jahren freigelegt und 1987 UNESCO-Welterbestätte wurde.

❷ Geschichts- und Landschaftspark Jiuzhaigou-Tal

Kinder und andere Tierfreunde geraten in helles Entzücken angesichts »süßer« Pandabären im Zoo. Wie lange sie noch jubeln dürfen, hängt nicht zuletzt vom Jiuzhaigou-Tal ab. Es liegt im Nordwesten der chinesischen Provinz Sichuan und war wegen der Geländeschwierigkeiten bis vor wenigen Jahrzehnten kaum zugänglich und entsprechend unberührt. Dann musste es unter Naturschutz gestellt werden, weil der Lebensraum für die dort noch heimischen wilden Pandas bedrohlich zu schwinden begann. Das 720 Quadratkilometer umfassende Gebiet ist zudem mit seinen umliegenden Gipfeln und großen Urwaldflächen eine solche Landschaftsschönheit, dass es die UNESCO 1992 zu einer Welterbestätte erklärte.

❸ Potala-Palast Lhasa

Wenn man in 3700 Metern Höhe noch von einem Tal spricht, dann ist vom höchsten aller Hochgebirge, dem Himalaja, die Rede. Dort liegt in einem solchen Tal in solcher Höhe die tibetische Hauptstadt Lhasa mit dem Potala, bis 1959 Sitz des Dalai Lamas, des geistlichen Oberhaupts des Lamaismus, einer Abwandlung des Buddhismus mit Einflüssen einheimischer Bergreligionen. Mitten in den Weißen Palast ist der Rote Palast eingebettet, der fünfzig Jahre später, aber auch noch im 17. Jahrhundert gebaut wurde. Das in den Berg geschwungene, dreizehnstöckige Gebäude ist Symbol für den tibetischen Freiheitswillen, der auch nach über 40-jähriger Fremdherrschaft durch die Chinesen ungebrochen scheint. UNESCO-Welterbestätte seit 1994.

❹ Gyangzé

An der Straße von der tibetischen Hauptstadt Lhasa nach Kaschmir liegt in der heute chinesischen Provinz die alte Stadt Gyangzé in einer für europäische Verhaltnisse unvorstellbaren Höhe von 4000 Metern. Trotz der kommunistischen Herrschaft ist der aus dem 15. Jahrhundert stammende Klosterbezirk recht gut erhalten. Der mit golden glänzendem Flechtwerk gedeckte Turm des Stupa und die mehrstöckige Versammlungshalle werden von Mönchen gepflegt, die auf die Rückkehr des Dalai Lama und damit auf religiöse Erneuerung hoffen. Die festungsartig an den Hang gelehnte Anlage mag ihre Hoffnung stützen.

❶ Berglandschaft Shan Emei
❷ »Großer Buddha von Leshan«

Es kann einem schon mulmig werden, begegnet man in den Bergen von Shan Emei am Südwestrand des Sichuanbeckens einem Chinesischen Riesensalamander. Eigentlich aber sollte jeder froh sein, dass es hier die gefährdeten (aber kaum gefährlichen), bis zu anderthalb Meter langen Reptilien und weitere seltene Tier- und Pflanzenarten noch gibt. Hier gibt es auch Ruhe für zahlreiche Mönche in den Klöstern an und auf dem Jinding, dem 3099 Meter hohen heiligen Berg. Eine besondere Attraktion des Wallfahrtszentrums stellt die am Fuß des Gebirges in Leshan am Steilufer des Min Miang stehende 71 Meter hohe Buddha-Statue dar, die im Jahr 803 vollendet wurde. UNESCO-Welterbestätte seit 1996.

❸ Klassische Gärten Suzhou

In der größten chinesischen Hafenstadt, Shanghai, bestimmt seit der wirtschaftlichen Öffnung des Landes Stress den Alltag. Eine bessere Möglichkeit, sich davon zu erholen, als sie die westlich gelegene Stadt Suzhou bietet, ist kaum denkbar. Hier sind in Jahrhunderten 200 Gartenanlagen entstanden, deren Gewässer von 6000 Brücken und Brückchen überspannt werden und die in ihrer gewachsenen Schönheit Ruhe ausstrahlen: 1044 »Pavillon der Azurblauen Wellen«, 1342 »Löwenwald«, 1620 »Garten des Verweilens«, 1860 »Garten der Politik des einfachen Mannes« – nur ein paar Beispiele für die vielen mit Tempeln und Pagoden, Skulpturen und Lauben gestalteten Landschaften, die der Stadt am Kaiserkanal 1997 zum Rang einer UNESCO-Welterbestätte verholfen haben.

❹ Gebirgslandschaft Huangshan

Die Forscher haben hier gezählt: 1450 einheimische, darunter manche bedrohte Pflanzenarten, 48 Säugetierarten, 170 Vogel-, 38 Reptilien-, 20 Amphibien- und 24 Fischarten. Schon dieser Reichtum wäre die 1990 erfolgte Erhebung zu einer UNESCO-Welterbestätte wert, die damit verbundene Lieblich- und streckenweise Großartigkeit der Landschaft unterstreicht den Rang jedoch noch. Das 154 Quadratkilometer umfassende gebirgige Huangshan-Gebiet, dessen zahlreiche, teils bizarr geformte Gipfel bis 1899 Meter aufragen, liegt südwestlich von Shanghai in der Provinz Anhui und ist von den Dichtern vieler Epochen besungen und von Malern immer wieder zum Sujet gewählt worden, denn die Talwälder mit ihren Nebelschwaden entsprechen ganz der chinesischen Vorstellung von idealer Landschaft.

❶ Geschichts- und Landschaftspark

Wulingyuan

Eine Art chinesisches Elbsandsteingebirge – nur umfänglicher, höher, vielgestaltiger – gibt es in der Provinz Hunan zu bestaunen: Der 264 Quadratkilometer große Wulingyuan-Nationalpark präsentiert ausgewaschene Felsformationen, Wasserfälle, Tropfsteinhöhlen, über 3000 bis zu 200 Meter hohe Türme aus Quarzsandstein, die wie Nadeln stehen geblieben sind, und als Hauptattraktion zwei natürliche Brücken von erstaunlichen Dimensionen: Eine führt in hundert Metern Höhe 26 Meter weit, zwei Meter mächtig und anderthalb Meter breit über eine Schlucht, die andere spannt sich als Rekordbogen über 40 Meter in 357 Metern Höhe über eine Enge bei einer Mächtigkeit von fünfzehn Metern und einer Breite von zehn Metern. Daneben ist der Park Rückzugsgebiet für viele vom Aussterben bedrohte Tierarten, u. a. den Pandabär. UNESCO-Welterbestätte seit 1992.

❷ Altstadt Lijiang

In China wohnen Chinesen – bei einem so riesigen Reich wie dem der Mitte kann das nur eine grobe Vereinfachung sein, die propagandistisch gern verbreitet wird, aber den komplexen Aufbau des Staatsvolks völlig verkennt. Im Nordwesten der südchinesischen Provinz Yunnan etwa leben die Naxi, ein tibetobirmanisches Volk mit einer sehr eigenen Kultur, die ihr Zentrum in Lijiang hat. Dort im wasserdurchströmten, 2000 Meter hoch liegenden »fernöstlichen Venedig« hat sich eine Altstadt erhalten, die mit ihren umschlossenen Gärten und den malerischen Häusern aus »fünffarbigem Stein« ein ganz eigentümliches Gepräge hat. Schon im 12./13. Jahrhundert entstanden, ist sie UNESCO-Welterbestätte seit 1997.

❸ Po-Lin-Kloster Hongkong

Dass es irgendwo im Gebiet der pulsierenden Handelsmetropole Hongkong, wo über 6000 Menschen auf den Quadratkilometer kommen, einsam sein könnte, scheint ausgeschlossen. Und doch: Auf der Insel Landao ist dies wenigstens zeitweilig möglich, wenn nämlich die Besucher weg und nur die übrig sind, die sich zur Meditation hierher ins Hochland zurückgezogen haben: die Mönche des Klosters Po Lin. Die Lage der Anlage in der Höhe lockt jedoch so viele Touristen an, dass die Ruhe eine rare Sache geworden ist. Immerhin mahnt ein 23 Meter hoher Buddha zu würdigem Benehmen, so dass ein wenig Stille im Trubel erhalten geblieben ist.

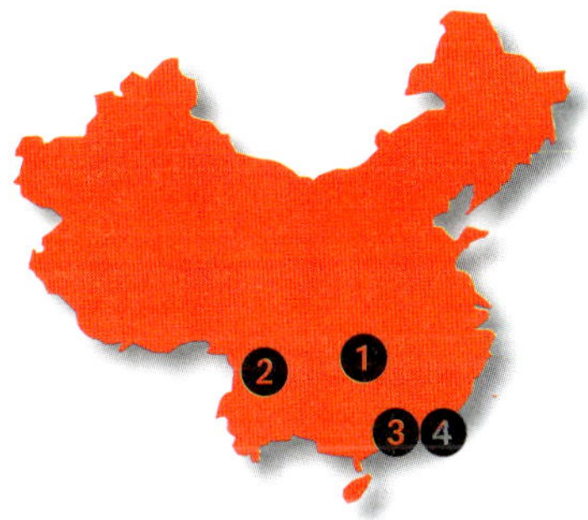

❹ Hongkong and Shanghai Bank

*Erst 1997, nach 150-jähriger britischer Herrschaft, kehrte die südchinesische Hafen- und Handelsstadt Hongkong zum Mutterland zurück. Entsprechend britisch geprägt ist alles im Central District der Stadt, und die dortige Hongkong and Shanghai Bank hat sogar ein Brite 1979–1986 erbaut: Stararchitekt Norman Foster (*1935). Der elegante High-Tech-Turm besteht aus drei miteinander »verschmolzenen«, unterschiedlich hohen Teilen und hat eine von Trägern gegliederte Glas-Stahl-Fassade. Ein Spiegelsystem fängt das Sonnenlicht auf und erleuchtet damit einen kühn in Brückenbautechnik konstruierten Lichthof.*

Korea (Süd)

❶ Changdok-Palast Seoul

Durch ein prächtiges Eingangstor betritt der Korea-Reisende in der Hauptstadt Seoul die alte Königsresidenz Changdok, zu Deutsch »Palast der wunderbaren Segnungen«. Die genossen lange nur die Bewohner, nämlich die Mitglieder der königlichen Familie, und den »Geheimen Garten« durfte sogar nur der Herrscher selbst betreten. Heute erfreut sich die Öffentlichkeit an der »Halle der strahlenden Regierung« ebenso wie an den weitläufigen und fantasievollen Gartenarealen. Als Herrschersitz hatte der Palast schon 1872 ausgedient; seit 1907 ist er restauriert worden. UNESCO-Welterbestätte seit 1997.

❷ Kyongbok-Palast Seoul

Wie zum Trotz trägt der Palast, die zentrale Sehenswürdigkeit in der südkoreanischen Hauptstadt Seoul, seinen Namen: Kyongbok heißt er, und das bedeutet »Palast der Glückseligkeit«. Dabei ist das Bauwerk aus dem 14. Jahrhundert mehrfach von Japanern und anderen Feinden niedergebrannt worden, letztmals während des Zweiten Weltkriegs. Unverdrossen aber haben koreanische Künstler repariert und restauriert, so dass heute wieder eine landschaftsgärtnerisch wie architektonisch reizvolle Anlage zu besichtigen ist: von anmutigen Brücken überspannte Gewässer, Pavillons auf blühenden Inselchen, Pagoden und Wohngebäude von erlesenem Geschmack.

❸ Chongmyo-Schrein Seoul

Das Ehrfurchtsgebot des Konfuzianismus gilt für die Nachkommen über den Tod des Individuums hinaus. Daraus hat sich in China und dem von ihm stark geprägten Korea ein Ahnenkult entwickelt, dessen ausgeprägteste Formen in der Oberschicht zu finden waren und vereinzelt noch sind. Besondere Verehrung erfuhren natürlich die Ahnen der Könige, wie in der südkoreanischen Hauptstadt Seoul im Chongmyo-Schrein zu besichtigen ist. Mit Musik und mit Opfern stimmte man in der »Halle des ewigen Friedens« oder in der »der verdienstvollen Gefolgsmänner« die verstorbenen Herrscher und ihre höchsten Berater gewogen. Das 1394 errichtete Gebäude wird immer noch zu rituellen Zeremonien genutzt. UNESCO-Welterbestätte seit 1995.

❹ Grottentempel Sokkuram und Pulguksa

Am Fuß des Berges Tohamsan, drei Kilometer von der alten Residenzstadt Kyongju entfernt, liegt die buddhistische Tempelanlage von Pulguksa. Sie stammt aus der Zeit der Vereinigten Königreiche (8. Jahrhundert) und weist zwei der schönsten koreanischen Pagoden auf. Hinzu kommen die Brücken »der Weißen« und »der Blauen Wolke«, der Glockenpavillon und die Paradieshalle. Von oben sozusagen gesegnet wird der Komplex durch den Höhlentempel Sokkuram auf dem Gipfel des Berges. Er ist in einer künstlichen Grotte untergebracht, die als Prachtstück einen 3,5 Meter hohen Buddha sowie eine ganze Gesellschaft von »erleuchteten Wesen« vorzuweisen hat. UNESCO-Welterbestätte seit 1995.

❺ Tempel von Haeinsa Kaya-Berg

Noch nicht mit beweglichen Lettern »gesetzt«, aber doch schon zu beliebiger Vervielfältigung geschnitzt waren die Holzdruckstöcke der mittelalterlichen Klöster in Fernost. Eines davon, das noch heute von 250 Mönchen und Nonnen bewohnt ist, hat die umfassendste Sammlung der heiligen Schriften des Mahajana-Buddhismus: 81 000 Druckplatten davon verwahrt das Kloster Haeinsa auf dem Berg Kaya im zentralen Südkorea. Es handelt sich um das »Tripitaka«, dessentwegen ein ständiger Strom von Pilgern zum Heiligtum unterwegs ist. Es besteht aus fünfzig Bauten, die auf eine Einsiedelei aus dem Jahre 802 zurückgehen. Die liebevoll in einen bewaldeten Berghang eingefügte Anlage ist UNESCO-Welterbestätte seit 1995.

Korea (Nord)

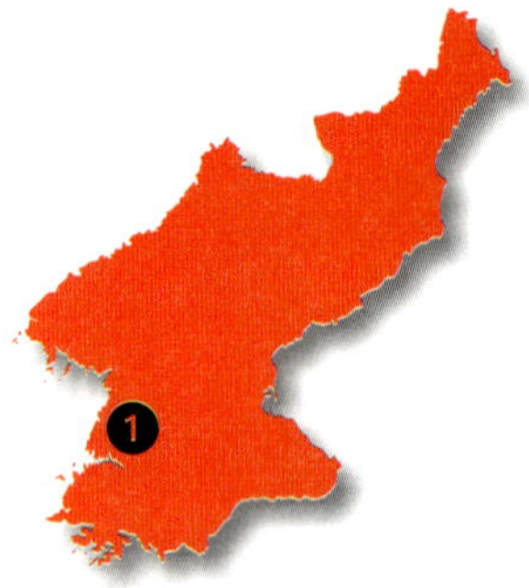

❶ Triumphbogen Pjöngjang

Hölderlin fällt einem ein: »Die Mauern stehn / Sprachlos und kalt, im Winde / Klirren die Fahnen.« Froh jedenfalls werden nur wenige angesichts der Triumphgebärde des Bogens in der nordkoreanischen Hauptstadt Pjöngjang, mit dem die neuen kommunistischen Herren des Landes den Sieg von 1945 über die Japaner feierten. Es war ja nicht ihr Sieg und auch nicht der ihrer Schutzmacht UdSSR, die sich nur in letzter Minute an den amerikanischen Sieg anhängte. Und die Besiegten sind längst wieder zu einer wenigstens ökonomischen Weltmacht geworden, während die hier sozialistisch-realistisch triumphierenden Sieger dringend deren Hilfe brauchen. Immerhin: Grund zur Freude über das Ende der japanischen Fremdherrschaft hatten die Koreaner wahrlich.

Japan

❶ Shirakami-Bergland

Japan ist kaum größer als das bevölkerungsreiche Deutschland, hat aber noch um die Hälfte mehr Einwohner und ist in einigen Gebieten gar nicht bewohnbar. Ungeheuer kostbar sind daher die Reste von Naturlandschaften wie das Shirakami-Bergland im Norden der Hauptinsel Honshu (Hondo). Hier im 170 Quadratkilometer großen Naturpark gibt es noch geschlossene Buchenwälder, die einst den ganzen Norden geprägt haben. Die Berge und Waldgebiete sind Rückzugsräume für Schwarzbären, Affen (die nördlichsten der Welt), Reptilien, Steinadler und Schwarzspecht sowie für mehrere tausend Insekten- und 500 Pflanzenarten. UNESCO-Welterbestätte seit 1993.

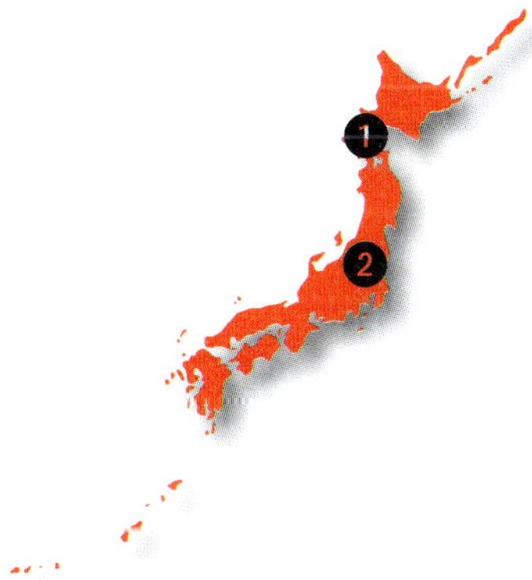

❷ Shirakawa und Gokayama

Fachwerk in Japan? So etwas Ähnliches ist die alte Gassho-Bauweise schon, doch sind die Fächer sehr klein und man spricht daher auch vom »Gefaltete-Hände-Stil«. Zu besichtigen sind solche Bauten in Dörfern im früher schwer zugänglichen Bergland von Shirakawa und Gokayama in Zentralhonshu nördlich von Tokio. Die erstaunlich großen Bauernhäuser haben sehr steile dreiseitige Satteldächer, in deren Giebelräumen Seidenraupenzucht betrieben wurde. UNESCO-Welterbestätte seit 1995.

❶ Shinto-Schrein Nikko

Als Mausoleum für Tokugawa (1543–1616), 1603 Begründer der letzten Shogun-Dynastie, wurde beim ostjapanischen Nikko schon ein Jahr nach dessen Tod ein Shinto-Schrein (Bild oben rechts) geweiht, der mit seiner weiten Anlage und zahlreichen Gebäuden (Bild oben links) beispielhaft ist. Dabei wird augenfällig, wie viel Aufmerksamkeit die Erbauer und spätere Ausbauer darauf verwendet haben, die Architektur ins Gelände und in die Natur mit ihren uralten Bäumen einzubetten. Sie erfüllten damit ein shintoistisches Prinzip, nach dem menschliches Handeln von Verehrung für die Natur getragen sein muss. Bild links: »Gott des Windes«. Die UNESCO erhob die Anlage 1999 in den Rang einer Welterbestätte.

❷ Schloss Matsumoto

Eine Burg wie zwei Pagoden: Aneinander gebaut erheben sich im japanischen Matsumoto, einer Großstadt in der Präfektur Nagano auf Honshu (Hondo), ein drei- und ein fünfgeschossiger Bau aus dem 16. Jahrhundert, eine Residenz der Shogune (Feldherren des Kaisers und eigentliche Machthaber des Landes). Die beiden Gebäude ruhen auf einem starken Feldsteinsockel und sind von einem Burggraben umzogen. Sie sollten Macht demonstrieren und wirken mit ihren zu Verteidigungszwecken holzvergitterten Fenstern abweisend, gewähren aber vom obersten Stockwerk aus vorzüglichen Überblick über das Vorfeld.

❸ Baudenkmäler und Gärten Kyoto

Myoshinji, Ninnaji, Nishi Honganji, Ryoanji, Seiryoji, Tenryuji, Toji, dazu im nahen Otsu Enryakuji und in Uji Byodo-in – einige wenige der 1500 buddhistischen Tempelanlagen, die Kyoto (Bild links) und Umgebung schmücken, die Hauptstadt der gleichnamigen Präfektur auf der japanischen Hauptinsel Honshu (Hondo). Ebenso kulturell kostbar sind die zum Teil in bezaubernden Gartenanlagen stehenden 200 Shinto-Schreine (Bild oben rechts: der Heian-Schrein) und Paläste wie die Kaiserresidenz im 1856 nach dem alten Muster erneuerten Bau und der Nijo-Palast vom Beginn des 17. Jahrhunderts. UNESCO-Welterbestätte seit 1994.

❹ Ginkakuji-Tempel

Kyoto

Wohin immer man in der Innenstadt der japanischen Metropole Kyoto auf Honshu (Hondo) den Blick auch richtet, einen Tempel, buddhistisch oder shintoistisch, streift er mindestens. Es sind reich geschmückte darunter, aber auch schlichte wie die doppelpilzförmige Pagode Ginkakuji an einem künstlichen Teich mitten in üppigstem Grün einer der zahlreichen Gartenanlagen. Die geschwungenen Reetdächer über beiden Stockwerken geben dem Bau einen ernsten Ausdruck und signalisieren zugleich Schutz, wie ihn sich die Gläubigen bei ihrer Andacht erbitten.

❶ Goldener Pavillon

Kyoto

So klein und verwinkelt die Gärten in der Altstadt von Kyoto, der japanischen Industrie-Metropole auf Honshu (Hondo) auch sein mögen, für Tempel aller Art ist immer Platz. So steht auch der berühmte Goldene Pavillon von 1395 (wieder aufgebaut nach dem 2. Weltkrieg) mitten in einer Grünanlage an einem Kunst-See. Hat er drei oder nur zwei Stockwerke? Über dem Erdgeschoss fehlt das Pagodendach, dafür krönt es ein goldenes Geländer, das den zweiten Stock umläuft. Er trägt das typisch geschwungene Dach und ebenfalls eine Goldkrone, das Geländer für den Umlauf am Dachgeschoss.

❷ Wald von Yakushima

Über zehn Meter Regen fällt jährlich im 108 Quadratkilometer großen Naturschutzgebiet von Yakushima im Süden der japanischen Insel Kyuschu auf der vorgelagerten Insel Yaku, die im Myanoura auf fast 2000 Meter ansteigt. Tausendjährige Japanzedern wachsen hier, Makaken und Sikahirsche genießen Schutz. Die mit 150 Arten reiche Vogelwelt umfasst seltene Feldtaubenarten, die Insekten sind mit 1500 Arten vertreten. Von subtropischen Pflanzen in den tieferen Regionen bis zu winterharten alpinen Gewächsen im Gebirge reicht die Flora. UNESCO-Welterbestätte seit 1993.

❸ Baudenkmäler und Gärten Nara

Obwohl der Hauptstadtstatus schon 784 verloren ging, schmückten die japanischen Herrscher ihre einstige Kaiserstadt Nara auf Honshu (Hondo) auch später mit Tempeln und Gartenanlagen (Bild links). Zu den erhaltenen Gebetsstätten gehören der »Hort des Großen Buddhas«, der Kofukuji mit mehrstöckigen Pagoden aus dem 12. Jahrhundert, der 752 geweihte Todaiji sowie der Großschrein Kasuga im Wald von Kasugajama aus der Heian-Zeit (794–1185). Auch die Paläste in den fein gestalteten Gärten haben Nara zu einem beliebten Reiseziel und 1998 zu einer UNESCO-Welterbestätte gemacht.

❹ Kofukuji-Halle Nara

Mit anderen Tempeln der japanischen Stadt Nara auf Honshu (Hondo) gehört die Kofukuji-Anlage zur hier 1998 eingerichteten UNESCO-Welterbestätte. Die Tempelanlage stammt aus dem 12. Jahrhundert und verdient wegen ihrer vielstöckigen Pagode und wegen der großen Versammlungshalle mit dem elegant geschwungenen Dach besondere Aufmerksamkeit. Weit überragend beschattet es die schön gegliederte Fassade und zeigt erlesenes Schnitzwerk. Die Lage des sakralen Bezirks in einem sorgsam gepflegten Park entspricht dem japanischen Bemühen, Kultischem möglichst einen Natur-Rahmen zu geben.

❺ Heiligtümer von Horyuji Nara

Im 8. Jahrhundert Haupstadt Japans, entstand in der Nähe von Nara auf der Hauptinsel Honshu (Hondo) seit 607 eine weitläufige buddhistische Tempelanlage »des erhabenen Gesetzes«, bestehend aus 45 Gebäuden. Horyuji umfasst zwei Komplexe, den westlichen Sai-in mit der doppelstöckigen Goldenen Halle, dem Mittleren Tor (Chumon) und der fünfgeschossigen Pagode sowie den östlichen To-in, in dem die buchstäblich traumhafte »Halle der Träume« zu bewundern ist. Alles Meisterwerke der frühen japanischen Holzbaukunst und gemeinsam seit 1993 UNESCO-Welterbestätte.

❶ Fudschijama

Nur wenige gleichen ihm in seiner Erhabenheit, und nicht von ungefähr ist er ein japanisches Heiligtum als »Sitz der Götter«: Der Fudschijama oder kurz Fuji auf der Hauptinsel Honshu (Hondo) ist mit 3776 Metern der höchste Berg des Landes, ein regelmäßiger Vulkankegel etwa hundert Kilometer südwestlich der Hauptstadt Tokio. Von weit her sichtbar, ist er zum Wahrzeichen Japans geworden, zu dem die Menschen vor allem in der schneefreien Zeit im Juli und August von überall her strömen. Den letzten Ausbruch registrierte man 1707, und die Ruhe seitdem hat dazu geführt, dass am Rande des 600 Meter weiten Kraters heute Forschungseinrichtungen, Hotels und Tempel zu finden sind.

❷ Friedensdenkmal Hiroshima

200 000 Todesopfer forderte der Beginn des Atomzeitalters: Am 6. August 1945 warf der US-Bomber »Enola Gay« den ersten Nuklearsprengsatz der Geschichte, von den amerikanischen Militärs liebevoll »Little Boy« genannt, auf die japanische Stadt Hiroshima im Südwesten der Hauptinsel Honshu (Hondo). Im Atomblitz verdampften Menschen und Bauten, noch in weitem Abstand vom Explosionszentrum nichts als Trümmer, darunter der ausgeglühte dreistöckige Kuppelbau der Industrie- und Handelskammer. Diese Ruine heißt heute »Atombombendom« (Genbaku Dome) und ist als Mahnung zum Frieden seit 1996 UNESCO-Welterbestätte.

❸ Shinto-Schrein Itsukushima

Über hundert Meter vom Ufer entfernt eine Art Tor, das japanisch auch Torii heißt, was allerdings wörtlich übersetzt »Vogelsitz« bedeutet. Er bildet den Eingang zum Shinto-Heiligtum auf der früher verbotenen heiligen Insel Itsukushima in der Japanischen Inlandsee südwestlich von Hiroshima. Es wurde erstmals 811 erwähnt, im 12. Jahrhundert nach Bränden erneuert und 1556 komplett restauriert und rekonstruiert. Die weitläufige Anlage ist weiblichen Gottheiten geweiht und umfasst unter anderem die »Halle der Reinigung«, weitere Hallen und den eingangs erwähnten Torii. Als Musterbeispiel für die shintoistische Natur- und Kulturanschauung UNESCO-Welterbestätte seit 1996.

❹ Burganlage Himeji

Für Burgen ist der fernostliche Viel-Insel-Staat Japan nicht gerade bekannt, und doch gibt es so sehenswerte Festungen wie die auf dem Himeyama in Himeji auf der Hauptinsel Honshu (Hondo) nordwestlich von Kobe. Die wegen ihrer hellen sechsstöckigen Fassade auch »Schloss des weißen Reihers« genannte Anlage entstand im 14. Jahrhundert und wurde später erweitert. Sie war von drei Gräben umzogen und wurde von drei bis 92 Meter hohen Donjons (Wohn- und Wehrtürme) überragt. Erhalten ist nur noch der Kernbereich, der ahnen lässt, wie weitläufig die Befestigungen ursprünglich gewesen sein müssen. UNESCO-Welterbestätte seit 1993.

Taiwan

❶ Drachentempel Taipeh

Den bösen Geistern kann man akustisch zu Leibe rücken, etwa durch Feuerwerk oder anderen Lärm, aber auch optisch, indem man sie möglichst abschreckend künstlerisch nachbildet und sie damit bannt. Diese magische Weltsicht steckt auch hinter der chinesischen Tradition, Bauten mit Drachen, Raubtieren, Schlangen, Greifen und »menschlichen Monstern« zu schmücken. Gern werden sie vor allem an Dächern angebracht, wo sie aus der Luft angreifende Kollegen abschrecken sollen. Der Drachentempel in Taipeh bietet dafür besonders reiches Anschauungsmaterial, denn auf seiner Dachkonstruktion tobt ein ganzes Heer mehr oder minder verknäulter Finsterlinge und Unholde farbenprächtig herum.

❷ Tiger- und Drachenpagode am Lotussee Tsoying

Eine schier märchenhafte Doppelanlage: Am Eingang verschluckt den Besucher ein furchtbarer Drachen-Rachen und nach Besichtigung speit ihn der Tigerschlund wieder aus. Die beiden Pagoden am Lotussee, in dem sich die siebenstöckigen Bauwerke schwankend spiegeln, leuchten gelb über das Wasser und staunen aus kugelrunden Bullaugen in den zauberischen Garten ringsum. Alle Stockwerke umkränzen weiße Balkone, und die beiden Dächer krönen heitere Spitzen in Mini-Pagodenform. So schaurig die Monster-Münder, so freundlich die schlanken Türme.

Philippinen

❶ Reisterrassen Bergland von Ifugao
Dass menschliche Nutzung Landschaft nicht verschandeln und schon gar nicht zerstören muss, beweisen in der Zentralkordillere im Norden der philippinischen Insel Luzon die wohl größten Reisanbauterrassen der Welt: Über 250 Quadratkilometer erstrecken sich hier bis in Höhen von 1500 Metern die Nassfelder der Reisbauern von Ifugao, wo diese Art der Landwirtschaft schon vor 2000 Jahren in gleicher Weise gehandhabt worden ist. Die »Himmelstreppen« sind hangseitig mit sechs bis zehn Meter hohen Mauern aus Feldsteinen abgestützt und sorgen mit dem so gebremsten Gefälle für eine optimale Durchwässerung der Anbaufläche. Schönheit und Nutzen gehen hier Hand in Hand. UNESCO-Welterbestätte seit 1995.

❷ Barockkirchen in Manila, Santa María, Paoay und Miagao
Die Philippinen fallen ein wenig aus dem fernöstlichen Rahmen, weil sie anders als die umliegenden Länder stärker vom Christentum geprägt sind. Das liegt daran, dass sie nicht wie die meisten erst später von niederländischen Kaufleuten oder britischen Seefahrern kolonisiert worden sind, sondern dass ihnen schon sehr früh im 16. Jahrhundert ein spanisch-katholischer Stempel aufgedrückt wurde. 1521 von den Resten der Weltumsegeltruppe des Ferdinand Magellan (Magalhães) erreicht, wurde Manila bereits 1571 Zentrum der von Augustinern, Franziskanern und Jesuiten missionierten Kolonie. Ihre Barockkirchen auf der Insel Luzon in Manila, Santa María, Paoay und Miagao sind wahre Prachtburgen ihres Glaubens und UNESCO-Welterbestätte seit 1993.

❶ Puerto-Princesa-Nationalpark

Auf der Philippinen-Insel Palawan haben sich in einer weiten Karstlandschaft des Saint-Paul-Gebirgszugs nahe der Inselhauptstadt Puerto Princesa durch Erosion skurrile Felsformationen und Höhlensysteme entwickelt. In einem der Letzteren wurde ein unterirdischer Fluss entdeckt. Das Bemerkenswerte an ihm ist, dass er auch unterirdisch ins Meer mündet, so dass sein Unterlauf ins Gezeitengeschehen einbezogen ist. In seinem Brackwasser finden amphibisch lebende Tiere und Pflanzen ideale Lebensbedingungen. Der nach der Hauptstadt benannte Nationalpark gehört zum Palawan-Biosphärenreservat und ist UNESCO-Welterbestätte seit 1999.

❷ Tubbataha-Park

Rund 180 Kilometer südöstlich von Puerto Princesa, der Hauptstadt der Philippinen-Insel Palawan, liegt mitten in der Sulu-See ein Meeresschutzgebiet von 332 Quadratkilometern Umfang. Hier befinden sich zwei flache Atolle, deren kaum einen Meter über den Meeresspiegel ragende Korallenriffe, die hundert Meter steil ins Meer abfallen, Lagunen geschaffen haben, die ideale Brut- und Nistplätze für Seevögel und Meeresschildkröten bieten. Außerdem sind die seichten Gewässer Kinderstube mancher Fischarten und kompletter Lebensraum für andere. UNESCO-Welterbestätte seit 1993.

❸ Pfahlbausiedlung auf Mindanao

Manchem Touristen wird das Gewissen schlagen, wenn er sich klar macht, dass vieles, was er so malerisch findet, aus blanker Armut resultiert. Die Menschen auf Mindanao, der zweitgrößten Insel der Philippinen im Süden der Republik, zögen vermutlich schmucke Einfamilienhäuser in gesunder Lage ihren Pfahlbauten vor. Die Abkömmlinge altmalaiischer Zuwanderer kennen aber seit Jahrhunderten nichts anderes und sind meist zu arm, als dass sie sich an Land ansiedeln könnten. Vielleicht aber ist ihnen Heimat auch wichtiger als Komfort, und außerdem fühlen sie sich in ihrer Wasserlage vor Verbrechern wie wilden Tieren einigermaßen sicher.

Indonesien

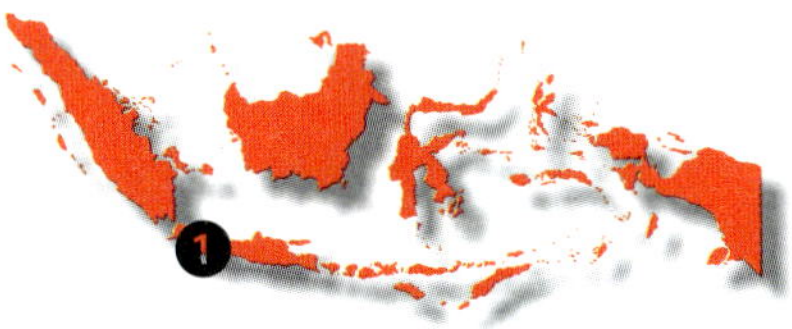

❶ Ujung-Kulon-Nationalpark

Im äußersten Südwesten der indonesischen Insel Java bilden die Halbinsel Ujung Kulon sowie die Inseln Peucang, Panaitan und Krakatau in der Sundastraße den nach der Halbinsel benannten Nationalpark, insgesamt 1240 Quadratkilometer groß. Hier geben sich Seismologen und Zoologen ein Stelldichein. Die einen erforschen den Vulkanismus und die häufigen Beben in der tektonisch unruhigen Region, die anderen beobachten selten gewordene Tiere wie Java-Nashorn, Mähnenhirsch, Leistenkrokodil, Tigerpython oder Fischadler, die hier Schutz und Lebensraum finden. UNESCO-Welterbestätte seit 1991.

❶ Buddhistische Tempelanlagen Borobudur

Etwa im Jahr 800 gingen im mitteljavanischen Borobudur zehntausend Kulis daran, einen Berg zu überbauen, indem sie über Generationen hinweg 80 Jahre lang 56 640 Kubikmeter behauener Steine mörtellos aufeinander schichteten, bis der ursprüngliche Berg vollkommen unter dem künstlichen und kunstvollen verschwunden war. Der so entstandene quadratische buddhistische Tempel ist 123 Meter lang und erhebt sich in fünf quadratischen und drei runden Terrassen bis auf 34 Meter Höhe. Die im 19. Jahrhundert wieder entdeckte und seit 1973 unter UNESCO-Hilfe restaurierte Anlage (Welterbestätte seit 1991) zieren hunderte von Buddha-Figuren.

❷ Archäologische Stätte Sangiran

Der älteste Fund ist mindestens 700 000 Jahre, vermutlich aber noch ein paar hunderttausend Jahre älter: Beim ostindonesischen Dorf Sangiran nördlich von Surakarta sind seit den 1930er Jahren immer wieder fossile Reste von Menschenskeletten gefunden worden, die zum Typus des Homo erectus (früher Pithecanthropus = Affenmensch) gehören. Er ist der erste außerhalb Afrikas auftauchende Frühmensch, der im Körperbau schon weitgehend dem Jetztmenschen glich und in den Jahrhunderttausenden bis zum Auftauchen des Homo sapiens handwerkliche Fähigkeiten entwickelte und das Feuer beherrschen lernte. UNESCO-Welterbestätte seit 1996.

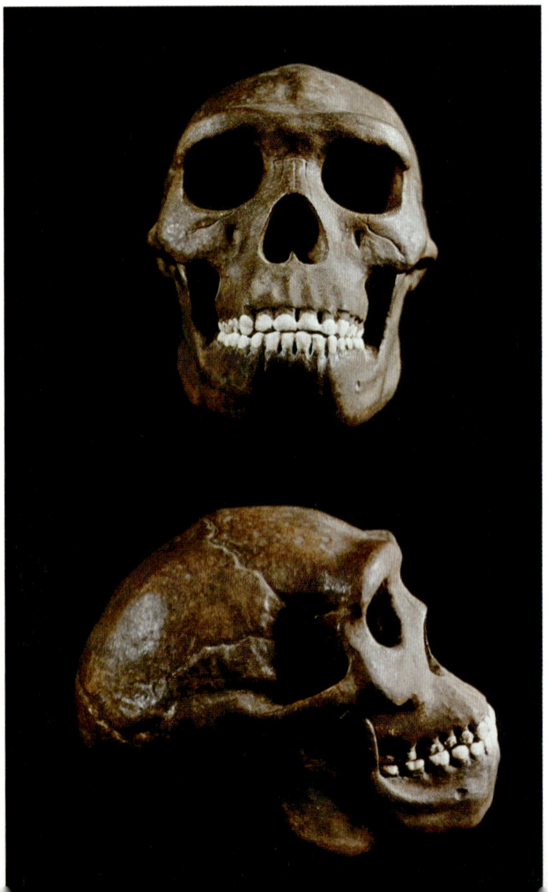

❸ Hindutempelanlage Prambanan

Zwanzig Kilometer nordöstlich von Yogyakarta im indonesischen Zentraljava stehen auf dem obersten Stockwerk einer Terrasse acht hinduistische Tempel der Götter Shiva, Wischnu und Brahma aus dem 9./10. Jahrhundert. Konzentrisch angeordnet folgen auf der Terrassenstufe darunter 224 kleine so genannte Brautjungferntempel, und auf der untersten Stufe erstreckt sich ein 390 Meter langer quadratischer äußerer Tempelbereich. Als größter shivaitischer Tempelkomplex Indonesiens ist die Anlage UNESCO-Welterbestätte seit 1991.

❹ Komodo-Nationalpark

Eine Gruppe kleinster und kleiner indonesischer Sundainseln sowie ein Teil von Flores und die Komodo-Insel bilden den 2200 Quadratkilometer großen Komodo-Nationalpark zum Schutz des sonst nirgends auf der Welt vorkommenden bis drei Meter langen Komodowarans (einer räuberischen Echse). Ihm wie weiteren Reptilien bieten die Mangrovenwälder Zuflucht. Auch Säugetiere und Land- wie Seevögel finden Schutz an Land und im dazwischen liegenden Seegebiet, wo immer wieder Giganten wie der Blauwal und der Walhai gesichtet werden. UNESCO-Welterbestätte seit 1991.

Afrika

Wiege der Menschheit

Nur der Norden des so genannten Schwarzen Kontinents trat früh ins historische Licht, früher noch als die europäische Alte Welt. Die monumentalen Götter- und Pharaonenstatuen sind der erste große Akzent der Menschheitsgeschichte. Und dass er hier gesetzt worden ist, hat seine Berechtigung nicht nur in der unübertroffenen Kulturleistung der alten Ägypter, sondern auch in einer für uns alle entscheidenden Naturleistung: In Afrika entwickelte sich aus einem Ast des Primaten-Stammbaums der Zweig der Hominiden und aus ihnen der Frühmensch, unser Ahn. Unter afrikanischer Sonne verzweigte sich der Baum der Menschheit über Jahrmillionen weiter. Bemerkenswert ist, dass sich mehr als die Hälfte dessen, was wir Prähistorie nennen, zwischen dem Mittelmeer und dem Kap der Guten Hoffnung abspielte. Erst dann fand Geschichte auch anderswo statt. Seltsamerweise geriet der weit überwiegende Teil des Kontinents nach der Hoch-Zeit der Ägypter aus dem Blick, und erst das Zeitalter der Entdeckungen brachte ihn wieder ins Gespräch und die Erkenntnis, dass hier Kulturen geblüht haben, die den nördlicheren durchaus an die Seite zu stellen sind. Mangels Schrift allerdings erschließt sich die schwarzafrikanische Vergangenheit nur indirekt durch archäologische Funde, Felsmalereien und überlieferte Mythen. Sie erzählen von einer unvergleichlich innigen Verbindung der Menschen mit der Natur, die von tropischer Lebensfülle bis zur malerischen Dünenstille in tausenderlei Gestalt auftritt.

Afrika

Terceira
Angra de Heroísmo
Azoren
(Port.)
Madeira
(Port.)
Laurisilva
Kanarische Inseln
(Span.)
Teneriffa
Gomera
San Christóbal
Nationalpark
Garajonay
Tanger
Tétouan
Rabat
Casablanca
Fès
Volubilis
Meknès
MAROKKO
Marrakesch
Atlas-Gebirge
Aït-Ben-Haddou
Agadir
Oran
Béchar
Tipasa
Algier
Djemila
Annaba
Timgad
Karthago
Tunis
Kerkouane
Hammamet
Thugga
Sousse
Kairouan
El-Djem
TUNESIEN
Tripolis
Sabratha
Leptis Magna
Beni Isguen
Tal von M'zab
Ghadamis
Bengasi
Kyrene
GRIECHEN-
LAND
ZYPER
Mittelmeer
Alexandria
Abu Mena
Memphis
Giseh
Abusir
Sakkara
Dahschur
Sahara
Sahara
ALGERIEN
El Aaiún
West-
Sahara
(von Marokko
verwaltet)
Marsuk
LIBYEN
Tadrart
Acacus
Tassili n'Ajjer
Ahaggar-Gebirge
Tamanrasset
ÄGYPTE
Abu Sim
MAURETANIEN
Nouakchott
MALI
Naturparks
Aïr und Ténéré
NIGER
Nationalpark
Djoudj
Senegal
Dakar
SENEGAL
Insel Gorée
GAMBIA
Banjul
Bandiagara
Djenné
Niger
Bamako
BURKINA
FASO
Ouagadougou
Niamey
Bobo-Dioulasso
Bissau
GUINEA-
BISS.
GUINEA
TSCHAD
SUDAN
El Ob
Ndjamena
Maiduguri
Kano
Zaria
BENIN
NIGERIA
Abuja
Conakry
Freetown
SIERRA LEONE
Nationalpark
Comoé
ELFENBEIN-
KÜSTE
TOGO
GHANA
Oshogbo
Ibadan
Enugu
Nationalpark
St. Floris
ZENTRALAFRIK.
REP.
Monrovia
LIBERIA
Yamoussoukro
Nationalpark
Taï
Abidjan
Kumasi
Sekondi-
Takoradi
Lomé
Porto
Novo
Lagos
Benin
Port Harcourt
KAMERUN
Douala
Bangui
Malabo
Yaoundé
Tierrservat
Dja
ÄQUAT.-
GUINEA
Ubangi
Kongo
Nationalpark
Okapi
Kisangani
S. Tomé
S. TOMÉ
U. PRINCIPE
Libreville
GABUN
KONGO
Mbandadaka
DEM. REP.
KONGO
Nationalpark
Virunga
RUANDA
Bukavu
BURU
Bujum
Brazzaville
Kinshasa
Pointe Noire
Cabinda
(zu Angola)
Matadi
Kikwit
Kananga
Mbuji-
Mayi
Tanganjika-
see
Luanda
ATLANTISCHER
OZEAN
Likas
Lubum
Benguela
ANGOLA
SAMBIA
Kitwe
Lusaka
Sambesi
St. Helena
(Brit.)
Nation
Mana-
Victoria-Fälle
ZIMBAB
Bulaway
Okawango-
Delta
Brandberg
NAMIBIA
Gr.-Zim
Swakopmund
Walvis Bay
Windhuk
BOTSWANA
Gaborone
Pretoria
Johannesburg
Lüderitz
Sterkfontein
Kimberley
Maseru
Bloemfontain
LESOTHO
Oranje
SÜDAFRIKA
Tafelberg
Robben In.
Kapstadt
Kap der guten Hoffnung
East London
Port Elisabeth
0
500
1000
1500
km

Azoren (Portugal)

❶ Angra do Heroísme

Terceira

Ein Erdbeben zeigte 1980, was verloren ginge, bemühte man sich nicht um den Erhalt des historischen Zentrums der Stadt Angra do Heroísme an der Südküste der portugiesischen Azoren-Insel Terceira. Nach den Zerstörungen einigermaßen wieder hergestellt, präsentieren sich dort die Erlöserkathedrale im schmuckreichen Emanuelstil des 16. Jahrhunderts, das Kloster São Francisco, eine barocke Jesuitenkirche sowie die größte Festungsanlage Portugals mit dem Castelo São João Batista zur Sicherung dieses wichtigen Stützpunkts auf dem Weg in die Besitzungen in der Neuen Welt. UNESCO-Welterbestätte seit 1983.

Madeira (Portugal)

❶ Lorbeerwald Madeira

Eine der beliebtesten Landschaften Portugals liegt weit draußen im Atlantik: die Insel Madeira, für gekrönte Häupter wie für König Tourist ein lockendes Ziel. Die intensive menschliche Nutzung des Paradieses aber bedroht es gleichzeitig, und deswegen ist ein Naturdenkmal hier 1999 als UNESCO-Welterbestätte unter Schutz gestellt worden: die Laurisilva im Inselinnern, der größte zusammenhängende Lorbeerwald, Heimat für viele nur noch hier in solcher Gemeinschaft vorkommender Pflanzenfamilien und mancher Tiere wie der langzehigen Madeira-Taube. 90 Prozent des Gebiets sind ohne menschliches Zutun gewachsener Urwald.

Kanarische Inseln (Spanien)

❶ La Laguna Teneriffa

Enge Straßen und geschlossene Häuserfronten mit farbigen Fensterläden, holzgeschnitzten Balkonen und geschmückten Portalen geben dem 550 Meter hoch gelegenen San Cristóbal de La Laguna auf der spanischen Kanareninsel Teneriffa das Flair einer alten Kolonialgründung des 16. Jahrhunderts. 1496 gegründet, schloss sich dem Kern am Berghang bald eine untere Gründung mit schachbrettartigem Straßennetz und weiten Plätzen an. Die planmäßige Anlage verdankte der Ort dem Aufstieg zur Hauptstadt der Insel, eine Funktion, die erst 1723 an Santa Cruz überging. Das bewahrte La Laguna vor allzu wilder Modernisierung und machte die seit 1817 mit einer Universität ausgestattete Stadt 1999 zu einer UNESCO-Welterbestätte.

❷ Nationalpark Garajonay Gomera

Zehn Prozent der Fläche der runden spanischen Kanareninsel La Gomera bedecken die Lorbeerwälder und Anlagen des Nationalparks Garajonay im gebirgigen Zentrum. Die Einrichtung des Parks geschah zum Schutz der außergewöhnlichen Flora, insbesondere der mächtigen Lorbeerbäume. Sie haben hier optimale Überlebenschancen, weil der Nebel, der anhaltend in ihren Zweigen nistet, und die Gebirgsquellen und -bäche für die unabdingbare Feuchtigkeit sorgen. Unterbrochen wird die 3000 Hektar umfassende Waldfläche nur hie und da von Felsen oder Felsgruppen, die in der Landschaft bizarre Akzente setzen. Von den 450 verschiedenen Pflanzenarten im Nationalpark sind 34 nur hier zu finden. Obwohl die Fauna recht karg ist, leben hier auch zwei Bergtaubenarten, die es nirgends sonst gibt. UNESCO-Welterbestätte seit 1986.

Marokko

❶ Medina Tétouan

Islamische Toleranz war den Christen fremd, die in einem Jahrhunderte währenden Kampf die Iberische Halbinsel von den Arabern zurückeroberten (Reconquista). Nach dem Sieg 1492 verblieben noch viele der so genannten Mauren in Spanien, das dann aber zu drastischen Vertreibungsmaßnahmen griff. Die Opfer ließen sich in nordafrikanischen Städten wie Tétouan (spanisch Tetuán) in Nord-Marokko nieder und prägten sie durch Lebensart und Baustil, die sie aus Spanien mitgebracht hatten. Die Altstadt (Medina, siehe Bild) von Tétouan singt ein Lied davon: Festungswerke und Kalifenpalast, Ummauerung und enge Bebauung sind Folgen einer in langen Kämpfen gewachsenen Wehrgesinnung. Der Bauschmuck etwa an den Moscheen hingegen trägt Züge traditioneller maurischer Eleganz. UNESCO-Welterbestätte seit 1997.

❷ Altstadt Fès

Östlich der marokkanischen Hauptstadt Rabat liegt die im 8. Jahrhundert entstandene Doppelstadt Fès im Vorland des Mittleren Atlas. Ihre Altstadt Fès el-Bali gehört zu den am besten erhaltenen mittelalterlichen Stadtkernen in Nordafrika (Bild: Blick durch ein Stadttor auf die Altstadt). Wie in den christlichen Städten der Zeit setzten Sakralbauten die Akzente, wie die Moschee Kairaouine, die schon hundert Jahre nach der Stadtgründung stand und mehrfach erweitert wurde. Ihre mit Fliesen in vielfältigen Farbornamenten geschmückten Innenhöfe, die kostbaren Brunnen und die hohen Portale nötigen auch dem Nicht-Muslim Respekt, ja Bewunderung ab. So lebendig das religiöse Leben bis heute ist, so emsig geht es zu bei den Färbern von Fès, die in einem eigenen Stadtviertel Naturfarben herstellen. UNESCO-Welterbestätte seit 1981.

❸ Hassan-Turm Rabat

Unvollendetes hat manchmal besonderen Reiz, wie nicht nur Freunde der klassischen Musik wissen. In der marokkanischen Hauptstadt lässt sich diese Erkenntnis beim Betrachten des Hassan-Turms vertiefen. Er heißt nicht nach irgendwelchen Potentaten so, sondern weil er im früheren Stadtteil Hassane steht, den es heute nicht mehr gibt – ebenso wenig wie die Moschee, für die der Turm als Minarett gedacht war. Schon bald nach Gründung der Stadt im 12. Jahrhundert sollte sie als größte Anlage des Maghreb entstehen, doch man kam mit dem Bau nach Hochziehen des Turms nicht weiter, und 1755 vernichtete ein Erdbeben sogar die Ruinen und beschädigte auch den Turm. 44 Meter hoch ist er noch und als Solitär Zeuge eines großen Plans.

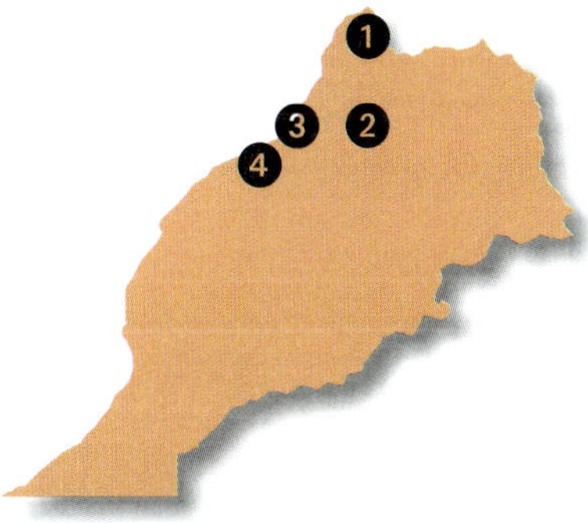

❹ Große Moschee Hassan II. Casablanca

Ob es ihm auf dem Sterbebett im Juli 1999 eine Genugtuung war? König Hassan II. von Marokko hatte sechs Jahre zuvor das höchste Gotteshaus der Welt, die nach ihm benannte Moschee in der Hafenstadt Casablanca, einweihen können. 35 000 Arbeiter hatten sieben Jahre lang daran gebaut und dann eine Gebetshalle mit den Maßen 200 mal 100 mal 60 Meter für 25 000 Gläubige abgeliefert, deren 200 Meter hohes Minarett aus Himmelhöhen auf weitere 75 000 Beter am Strand hinabsieht. Ein Laserstrahl leuchtet vom Turm 35 Kilometer weit in Richtung Mekka. Das über eine Milliarde Mark teure Gebäude soll das Volk im Glauben um seinen Herrscher sammeln.

❶ Ausgrabungsstätte Volubilis

Im trockenen Afrika, wo zudem bei geringer Bevölkerungsdichte nicht alle alten Bauten gleich wieder überbaut wurden, haben Reisende oft dieses antike Aha-Erlebnis: Mitten in der kargen Landschaft taucht eine gewesene Stadt aus Römerzeiten auf. So auch südlich des marokkanischen Fès, wo die Ruinen des alten Volubilis aus dem 2./3. Jahrhundert zwar majestätisch emporragen, aber auch von der Vergänglichkeit selbst mächtigen Menschenwerks künden. Das macht besonders deutlich der einsam und allein im Leeren sich wölbende Triumphbogen des Kaisers Caracalla aus dem Jahr 217 (siehe Bild). Aber auch die Reste der Tempel, die Fassade der Gerichtsbasilika und das Haus der Säulen sind Zeugen einer Vergangenheit, die nur insofern nicht tot ist, als wir uns ihrer erinnern, weil wir ohne sie ärmer wären. Und damit sie nicht stirbt, sind die Ruinen UNESCO-Welterbestätte seit 1998.

❷ Altstadt Meknès

Der Islam gestattet dem Gläubigen die Ehe mit vier Frauen, über andere Formen der Verbindung sagt er nichts, und so kann es nicht wundernehmen, dass sich an den Höfen der Kalifen und Sultane eine ausufernde Haremskultur entwickelte. Als sich Sultan Mulai Ismail 1672 im marokkanischen Meknès eine Residenz errichten ließ, machten die Gemächer für seine 600 Damen nicht den kleinsten und schon gar nicht den schmucklosesten Teil seiner Palastanlagen aus. Die Ställe für seine 12 000 Pferde und die Unterkünfte für seine Soldaten waren jedenfalls deutlich einfacher gehalten. Mit dem Sultan kamen natürlich auch Moscheen und Befestigungsanlagen wie die 25 Kilometer lange Ummauerung der Altstadt, die als Beispiel für islamisch-herrscherliche Prägung seit 1996 UNESCO-Welterbestätte ist. Bild: Blick in eine Basarstraße.

❸ Altstadt Marrakesch

Die Fassung gab der Altstadt des mittelmarokkanischen Marrakesch den Beinamen »Rote Perle«, denn die zwölf Kilometer langen Mauern und die Wachtürme sind aus rotem Sandstein erbaut. Sie wirken noch immer äußerst wehrhaft, und daran ändern auch blumige Namen nichts: Eines der kräftigen Stadttore etwa heißt »Tor des eingedickten Traubensaftes«. Solchen zu kaufen gibt es sicher auf dem Platz Djemaa el-Fna im Zentrum, wo Händler aus der ganzen Umgebung alles feilhalten, was das Herz des Einheimischen und der Trophäenblick des Touristen begehrt. Moscheen gruppieren sich darum und die seit dem 14. Jahrhundert bestehende größte Koranschule des ganzen Maghreb. UNESCO-Welterbestätte seit 1985.

❹ Höhenzüge des Atlas-Gebirges

Der riesige nordafrikanische Sahara-Wüstenraum hat in den durch Marokko, Algerien und Tunesien sich hinziehenden Gebirgszügen des Atlas eine Art nördliche Umwallung. Sie bildet in Marokko zugleich die geologische wie kulturelle Brücke von Afrika nach Europa, unterbrochen nur durch die Straße von Gibraltar. Geomorphologisch hat der Atlas, der sich vor etwa 70 Millionen Jahren auffaltete, mit seinen gezackten Höhen und schroffen Abstürzen alpinen Charakter und erreicht im Hohen Atlas im marokkanischen Djebel Toubkal mit 4165 Metern auch ähnliche Höhen wie die Alpen. Er wirkt als Wetter-, ja Klimascheide, indem er die subtropische, winterfeuchte mediterrane Zone vom ariden Klima der Sahara trennt. Aus deren Dürre betrachtet nehmen sich die oft schneebedeckten Ketten des Atlas besonders eindrucksvoll aus (siehe Bild).

❺ Befestigte Stadt Aït-Ben-Haddou

Bis zur arabischen Eroberung Nordafrikas spielten hier die europiden Berber die Hauptrolle. Sie verteidigten zäh ihre Traditionen, wurden aber doch islamisiert und abgedrängt. Ihre wehrhafte Haltung lässt sich an der Anlage ihrer Siedlungen ablesen, deren größere meist um ein befestigtes Viertel, die so genannte Kasbah, angeordnet sind. Es gibt aber auch ganze befestigte Wohnsiedlungen wie Aït-Ben-Haddou nordwestlich von Ouarzazate in Marokko am Südrand des Hohen Atlas. Dort empfangen den Fremden hohe rot-gelbe Lehmziegelbauten aus schiefwinklig aufgeschichteten Mauern mit charakteristischem Muster. UNESCO-Welterbestätte seit 1987.

Algerien

❶ Ruinenstadt Tipasa

Im Kampf um die Vorherrschaft im Mittelmeerraum gegen die Phöniker (Punier) hatten die Römer den Numidern in Nordafrika manches zu verdanken. Formal blieb Numidien daher bis ins 1. Jahrhundert selbstständig, wovon heute Tipasa, westlich von Algier, zeugt. Dort dominieren in den Ruinen außerhalb der heutigen Stadt römische Relikte; wir sehen aber auch einen 60 Meter langen und 34 Meter hohen Grabhügel des Königs Juba II., der die de facto römische Provinz um die Zeitenwende regierte. Wir sehen außerdem an Römischem: ein Amphitheater, Thermen, Tempel, eine »Villa der Fresken«, frühchristliche Sakralbauten. Das alles verfiel nach der Eroberung durch die Vandalen und ging im 7. Jahrhundert im Arabersturm unter. Die UNESCO nahm Tipasa 1982 in die Liste der Welterbestätten auf.

❷ Kasbah Algier

So ganz damit abfinden, dass mit der Rückeroberung der Iberischen Halbinsel 1492 die Reconquista zu Ende sein sollte, mochten sich die Spanier lange nicht. Immer wieder unternahmen sie Versuche, ihre Herrschaft nun ihrerseits nach Nordafrika zu tragen. Dagegen befestigten die Araber ihre Städte, und die Altstadt (Kasbah, siehe Bild) der algerischen Hauptstadt Algier ist mit ihren sich den Hang hinauf türmenden Häusern ein gut erhaltenes und zugleich lebendiges Beispiel. 1516 hatte sich die Stadt aus der spanischen Kontrolle gelöst, und konnte 1541 sogar ein Landungsunternehmen Kaiser Karls V. abwehren. Als »Piratennest« immer wieder bekämpft, fiel Algier jedoch erst 1830 bei der Eroberung durch die Franzosen. Aus der Kasbah kamen dann in den 1950er-Jahren entscheidende Impulse zum Kampf um die Unabhängigkeit. Stolz sehen die Algerier auf die Kasbah und darauf, dass sie seit 1992 UNESCO-Welterbestätte ist.

❸ Römische Ruinen Djemila

Am Rande der Kleinen Kabylei westlich von Constantine in Algerien ein in Nordafrika häufiges Bild: Säulenreihen, Mauern, Triumphbogen, Fassaden von Thermen und Tempeln. Vor grandioser Hügellandschaft wirkt das hindrapiert und ist doch nur Denkmal eines Untergangs. Wo Rom seine Machtzeichen scheinbar für die Ewigkeit errichtet zu haben schien, reden nur noch Ruinen von dieser Macht. Und wer historische Ohren hat, die Boschaft zu hören, der erfährt, dass hier beim heutigen Ort Djemila einst die hoch entwickelte römische Stadt Cuicul stand, deren Straßen und Wasserleitungen von einer gepflegten Zivilisation zeugen. Sie fiel der islamischen Expansion im 7. Jahrhundert zum Opfer. UNESCO-Welterbestätte seit 1982.

❹ Römische Ruinen

Timgad

Der alte Name klingt angesichts der Großartigkeit dessen, was es hier zu sehen gibt, angemessener: Colonia Marciana Traiana Thamugadi. Das verkümmerte wie die einstige Bedeutung der Stadt zum heutigen Timgad und zu einer Ruinenstätte. Nach der Gründung durch Kaiser Trajan (98–117) – siehe antiker Name – um das Jahr 100 erblühte die römische Kolonie am Nordabhang des Aurès etwa 40 Kilometer östlich von Batna in Algerien. Es war, das belegen die seit 1880 erhobenen archäologischen Befunde, eine planmäßig auf Schachbrettgrundriss errichtete Stadt, die mit allem ausgestattet war, was römische Zivilisation zu bieten hatte: Theater, Triumphbogen, Thermen, Tempel und Trinkwasserleitungen. Die UNESCO würdigte das 1982 mit der Ernennung von Timgad zu einer Welterbestätte.

❶ Beni Isguen

Als letzte der im Mittelalter von den Mozabiten, islamisierten Berberstämmen, im algerischen Tal von M'zab gegründeten fünf Siedlungen entstand 1347 die »heilige Stadt« Beni Isguen. Sie spiegelt in ihrer Anlage die gesellschaftliche Gliederung dieser auf kompromisslos patriarchalischer Basis ruhenden religiösen Welt. In der Ausrichtung der wabenartig den Hang hinaufstrebenden Wohngebäude auf die zentrale Moschee, von wo der Muezzin zum Gebet ruft, äußert sich Glaubensgewissheit und zugleich Abwehr der Zumutungen einer säkularisierten Zeit. Ohne Führung darf die Stadt nicht betreten werden, Fremde haben sie vor Dunkelheit zu verlassen. Zusammen mit den anderen Städten des Oasentals ist Beni Isguen UNESCO-Welterbestätte seit 1982.

❷ Tal von M'zab

Dass Welten zwischen den bürgerlichen Intellektuellen in den algerischen Küstenstädten und den frommen islamischen Bewohnern des Hinterlands liegen, lässt sich besonders gut im Tal von M'zab, einer Oasenregion in der mittleren Sahara, nachempfinden. Fünf Städte streng muslimischer Berber sind hier versammelt, von denen Ghardaïa (gegründet 1048) und Beni Isguen (1347) typisch sind: Alle gruppieren sich um eine meist auf einer Anhöhe errichtete Moschee und ihr fast drohend himmelwärts weisendes Minarett. Diese Gründungen haben sich seit ihrer Entstehung im Mittelalter kaum gewandelt, und ihre geistige Welt auch nur wenig. Die Kollision mit der Moderne war unvermeidlich. Doch so dringend die Menschen moderne Hilfen brauchen, so nötig sind der Moderne zum Verständnis der Kultur deren Denkmäler. Daher ist M'zab UNESCO-Welterbestätte seit 1982.

❸ Felsmalereien des Tassili n'Ajjer

Dass er sich hier im »Tal der Flüsse« befindet, kommt dem Reisenden wie Hohn vor: Extremer kann Wüste kaum sein als in dieser äußersten Südostecke Algeriens im gebirgigen Tassili n'Ajjer-Nationalpark. Und doch muss dies vor undenklichen Zeiten einmal eine wesentlich wirtlichere Gegend gewesen sein, denn in dem 80 000 Quadratkilometer umfassenden wilden Gelände finden sich Kunstwerke höchst lebendiger Art, geschaffen von offenbar gut versorgten steinzeitlichen Künstlern, die sich sonst solche kultisch-kreativen Hobbys kaum hätten leisten können. Im heutigen »Wald aus Sandsteinfelsen« war zu ihrer Zeit (vor rund 10 000 Jahren) offenbar wirklich noch Wald, denn es tummeln sich auf den Bildern außer Menschen noch Flusspferde und Rinder, Elefanten und Giraffen. UNESCO-Welterbestätte seit 1982.

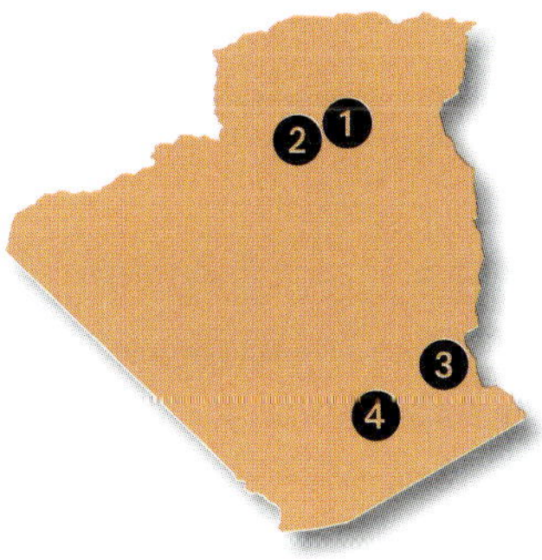

❹ Ahaggar-Gebirge

Im Zeitalter von Helikopter und Handy verirren sich Touristen längst auch bis hierher. Es lockt sie der Kitzel der Gefahr, die eben wegen der modernen Hilfsmittel so weit gemindert ist, dass es einen bei der Erinnerung an die vielen Opfer der Wüste angenehm gruselt. In der zentralen Sahara in Südalgerien erhebt sich mächtig das Ahaggar-Massiv, eine zerklüftete Hochgebirgswüste, die ihresgleichen sucht. Obwohl in der immer gleichen flirrenden Hitze der Begriff »Wetter« nicht ganz passen will, haben Wind und Wasser hier besonders gekonnt ihre Steinmetzkunst unter Beweis gestellt. Die Schwankungen der Tag- und Nachttemperaturen haben Felsen gesprengt und Trümmerwüsten geschaffen, Winde haben Schroffes zugeweht, und seltene, dann aber verheerende Niederschläge waren die Schluchtenfräser – lebensfeindliche Schönheit.

❶ Sahara

Als größere Weltwunder in den Dimensionen sind höchstens noch die Ozeane anzusprechen. Sonst aber kommt nichts der Sahara gleich, der mit einer West-Ost-Erstreckung von 6000 Kilometern und einer Nord-Süd-Weite von 2000 Kilometern größten Trockenzone der Erde. Fast ganz Nordafrika und damit ein Drittel des gesamten Kontinents hat sie seit den letzten Eiszeiten verschlungen, als hier noch mediterranes Klima herrschte. Wer nun aber unendliches einförmiges Dünengewoge erwartet, hat keine Vorstellung von der Vielgestaltigkeit der Landschaften zwischen Atlantik und Rotem Meer. Hochgebirge wechseln mit Wadis, Salzwüsten mit Felswäldern, Karstformationen mit lieblichen Oasen. Denn tot ist die Sahara wahrlich nicht, das Netz des Lebens hier ist nur ungeheuer weitmaschig.

Tunesien

❶ Ruinen von Karthago

»Ceterum censeo, Carthaginem esse delendam – Im Übrigen meine ich, dass Karthago zerstört werden muss« – mit diesem Satz beendete der ältere Cato (234–149 v. Chr.) alle seine politischen Reden in Rom. Sein Wunsch ging nur drei Jahre nach seinem Tod in Erfüllung, als die Römer nach dem Sieg im 3. Punischen Krieg die alte nordafrikanische Rivalin vernichteten. Die Ruinenstätte liegt heute nördlich der tunesischen Hauptstadt Tunis und lässt noch ahnen, was für eine Großmacht hier ihr Hauptquartier hatte, oder genauer: was für Großmächte, denn auch die Relikte der auf den Trümmern des punischen Karthago erbauten römischen Stadt gehören zu den archäologischen Kostbarkeiten. Sie sind inzwischen freigelegt (Bild), und kleinere Funde sind in Museen zu besichtigen. Das Grabungsfeld ist UNESCO-Welterbestätte seit 1979.

❶ Altstadt Tunis

Moscheen gehören zu den herausragenden Sehenswürdigkeiten in der sehenswerten Altstadt der tunesischen Metropole Tunis. Sie fiel 698 in arabische Hand und erblühte zu einer der reichsten Städte im Mittelmeerraum. Aufwendiger sakraler Schmuck war die Folge: Ein erster, später noch prächtiger ausgestalteter Bau war die Große oder Ölbaummoschee, deren Errichtung 732 begann, und an der vor allem vom 13. bis zum 15. Jahrhundert weitergebaut wurde. In dieser Zeit entstand auch die Kasbah-Moschee, später die Sidi-Jussuf-Moschee und die Färbermoschee. Doch auch Paläste und öffentliche Bauten zieren das Bild einer selbstbewussten islamischen Stadt, die deswegen seit 1979 UNESCO-Welterbestätte ist.

❶ Punische Stadt und Nekropole

Kerkouane

Phönikische Flüchtlinge aus dem von den Persern bedrohten Tyros an der libanesischen Küste suchten sich um 574 v. Chr. einen Küstenplatz für eine Neugründung und fanden ihn an der Nordspitze der Halbinsel Kap Bon im heutigen Tunesien. Hier errichteten sie planmäßig die seit den 1950er-Jahren ausgegrabene Stadt Kerkouane, die später von den Römern zerstört wurde, in Vergessenheit geriet und vom Wüstensand verweht wurde. So blieb sie als die einzige nie wieder überbaute punische Siedlung erhalten, deren Relikte uns Einblick in die Lebensweise einer Hochkultur geben, die durchaus der griechisch-römischen an die Seite zu stellen ist. Eine Nekropole von 200 Grabstätten aus der Gründungszeit lässt Rückschlüsse auf den Kult der antiken Bewohner zu. UNESCO-Welterbestätte seit 1987. Bild: Straße und Grundmauern der Stadt.

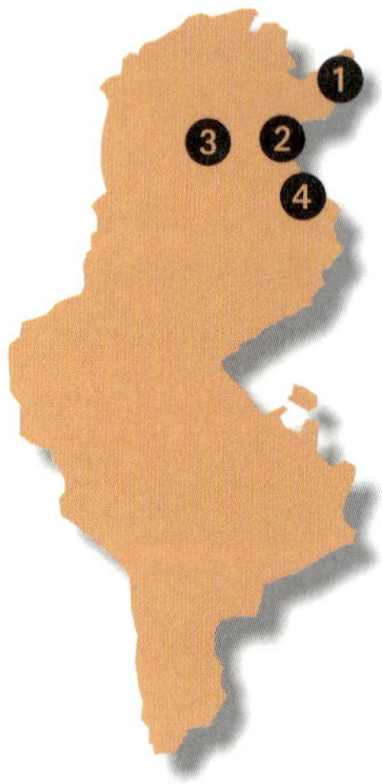

❷ Medina Hammamet

Gelegen am gleichnamigen Golf inmitten von Orangengärten und Hainen von Oliven- und Mandelbäumen ist Hammamet an der tunesischen Küste mit seinem adretten Fischereihafen heute ein beliebter Urlaubsort. Die Altstadt (Medina) umgibt noch immer eine wohl erhaltene Ringmauer mit viereckigen vorspringenden Türmen. Innerhalb der Mauer herrscht emsiges Treiben, das Bild zeigt einen Marktstand, auf dem heimisches Obst feilgeboten wird. Hammamet ist eine Neugründung des 15. Jahrhunderts, als sich hier aus Spanien vertriebene Mauren niederließen.

❸ Ruinen der antiken Stadt Thugga

Die wichtigste archäologische Stätte in Tunesien ist neben dem Grabungsfeld in Karthago das westlich der Hügel von Tunis gelegene Dorf Dougga, das den aniken Namen Thugga fast unverändert bewahrt. Der numidische Marmor der hiesigen Steinbrüche war in antiken Zeiten hochbegehrt und wurde auch für die Bauten vor Ort, etwa das römische Amphitheater, eingesetzt. Im Mittelpunkt der Ruinenstätte befindet sich das alte Forum, das traditionelle Kommunikationszentrum in römischen Städten. Der säulengesäumte Platz ist von Tempeln umgeben, in denen Fortuna, Concordia und Saturn verehrt wurden. Am meisten beeindruckt das Capitol (siehe Bild), dessen riesiger reliefgeschmückter Portikus fast vollständig erhalten geblieben ist.

❹ Altstadt Sousse

Am 12. April 1943 meldete der deutsche Wehrmachtbericht, Nachhuten der deutsch-italienischen Heeresgruppe Afrika hätten bei Sousse in Nordtunesien feindliche Panzerspitzen zum Stehen gebracht. Dass sie leider auch Teile der aus dem 9. Jahrhundert stammenden Stadtmauer bei den Kämpfen zum Einsturz gebracht haben, lässt sich heute traurig besichtigen. Ein gewisser Trost ist, dass sich sonst die Schäden in der Altstadt mit der Großen Moschee (siehe Bild) aus dem 9. und der Klosterburg (Ribat) aus dem 8. Jahrhundert in Grenzen gehalten haben. Insbesondere die römischen Katakomben, in denen etwa 15 000 Menschen im 2. bis 4. Jahrhundert beigesetzt worden sind, blieben unversehrt. UNESCO-Welterbestätte seit 1988.

❶ Altstadt Kairouan

»Wie eine Vision« erlebte der deutsche Dichter Rainer Maria Rilke 1910 den Anblick der zentraltunesischen Stadt Kairouan südlich von Tunis, und der deutsche Maler August Macke fühlte sich 1914 davon zu einem exotischen Aquarell inspiriert. Wenn Poet und Künstler schwärmen, muss mehr als Sehenswürdigkeit angesagt sein, auch die exotische Atmosphäre und das emsige Leben haben es ihnen angetan. Hervorzuheben ist auch die Große Moschee, deren Gewölbesaal von einem ganzen Wald von Säulen mit Reliefkapitellen getragen wird und deren Mihrab (Gebetsnische) mit herrlichen Fliesen verziert ist. Dieses Gotteshaus und die Paläste der Mächtigen schützen seit 1052 wuchtige Stadtmauern. UNESCO-Welterbestätte seit 1988.

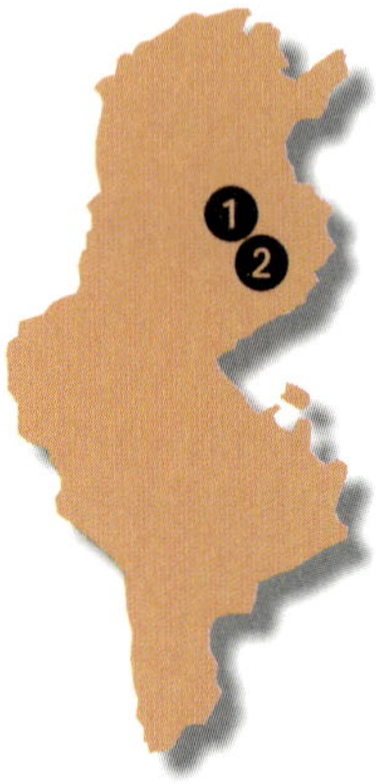

❷ Amphitheater El-Djem

Manche Theater heißen, wie nicht nur Wiener wissen, »Burg«. Dass die altrömischen dazu buchstäblich taugten, bewies eine Berberführerin, als sie sich im Amphitheater von Thysdrus, dem heutigen El-Djem in Tunesien, südlich von Sousse, gegen die vordringenden Araber verschanzte. Genutzt hat es letztlich nichts, doch hat es den Angreifern so viel Respekt abgenötigt, dass sie das riesige Rund für 35 000 Zuschauer nicht unnötig beschädigten. Es ist bis heute so weit erhalten, dass man Baukunst und Logistik dieser antiken Einrichtungen bewundern kann. Und die Maße von 148 mal 122 Metern Grundriss bei 36 Metern Höhe sprechen für das imperiale Selbstbewusstsein der Erbauer. UNESCO-Welterbestätte seit 1979.

Libyen

❶ Ruinen von Sabratha

Wie an so vielen Orten in Nordafrika traten im 80 Kilometer westlich vom heutigen Tripolis in Libyen gelegenen Sabratha die Römer das Erbe des phönikischen Karthagos an. Nach dessen Zerstörung im Jahr 146 v. Chr. bemächtigten sich die Sieger sogleich der profitablen Handelsstadt, wo der Handelsweg durch die Sahara an der Mittelmeerküste endete. Diese Lage führte im riesigen römischen Binnenmarkt zu einem Aufschwung der Stadt, von der nach der Verwüstung durch die Vandalen im Jahr 455 nur Ruinen geblieben sind. Aber eindrucksvolle: ein fast völlig erhaltenes Theater, das Forum, diverse Tempel, die Markthalle (Basilika), frühchristliche Kirchen. Das Grabungsfeld ist UNESCO-Welterbestätte seit 1982.

❷ Ruinen von Leptis Magna

Es hat seine Vorteile für die Nachwelt, wenn eine Stadt nach der Zerstörung verlassen und nicht wieder auf- oder überbaut wird. Ein solcher Fall liegt vor in der altrömischen Metropole Leptis Magna östlich von Tripolis im heutigen Libyen. Zwar hielten die Araber nach vorangegangenen Heimsuchungen durch Vandalen und vorübergehenden Reparaturen durch Ostrom die Stadt noch eine Weile am Leben, doch der Verfall vertrieb auch sie im 11. Jahrhundert. Seitdem verwehte Wüstensand die Baureste einer großen Zeit: Kaiserthermen und Tempel, Rathaus und Markthalle, Circus und Forum. Ausgrabungen brachten seit den 1920er-Jahren vieles wieder zu Tage und zeigten, dass vor allem die Kaiser aus der Dynastie der Severer, deren Gründer hier geboren worden war, im 3. Jahrhundert Leptis Magna großzügig gefördert hatten. UNESCO-Welterbestätte seit 1982.

❶ Ruinen von Kyrene

Die libysche Landschaft Cyrenaika hat ihren Namen von einer griechischen Kolonie, die Siedler von der Insel Santorin 631 v. Chr. gründeten: Kyrene liegt dort, wo die genannte Landschaft am weitesten nach Norden ins Mittelmeer ragt, oder genauer: lag dort, denn es sind nur noch Ruinen von ihr übrig. Meist sind es römische Relikte, denn seit 96 v. Chr. hatten die Römer hier das Sagen und das viele Jahrhunderte lang, ehe 642 die Araber kamen und die von Kaiser Justinian (527–565) nach den Verwüstungen durch Vandalen wieder aufgebaute Stadt endgültig auslöschten. Im 19./20. Jahrhundert gruben hier Archäologen zahlreiche Tempel, eine 118 Meter lange Stoa (Säulengang mit Rückwand), viele Hermen und Skulpturen aus. Was sie entdeckten, ist seit 1982 UNESCO-Welterbestätte.

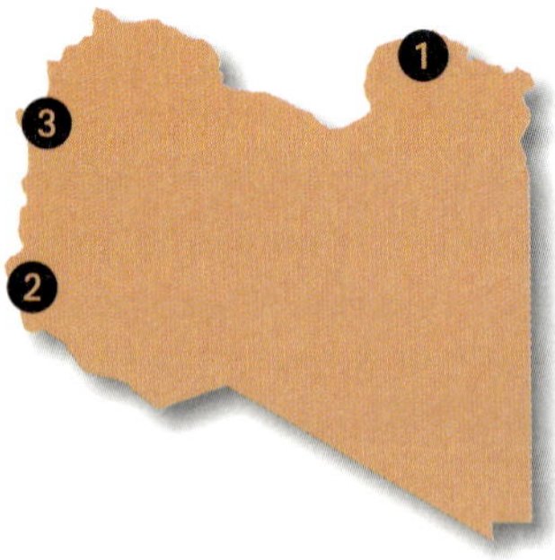

❷ Felsmalereien von Tadrart Acacus

Die Künstler konnten ja nicht ahnen, dass hier dereinst eine Grenze ihr Gesamtkunstwerk teilen und die UNESCO zwingen würde, daraus zwei Welterbestätten zu machen. Als 1982 die Bilder im algerischen Tassili N'Ajjer in diesen Rang erhoben wurden, pochte Libyen natürlich darauf, dass auf seinem Gebiet im Gebirge Tadrart Acacus ebenso fähige Steinzeitmaler am Werk gewesen seien. 1985 honorierte das die Weltorganisation und ehrte damit Felsbilder, deren älteste um 12 000 v. Chr. entstanden sind. Es gibt hier aber auch viele tausend Jahre jüngere Felsmalereien, die belegen, dass noch in geschichtlicher Zeit nicht die menschenfeindlichen Witterungsbedingungen herrschten, die heute den Zugang zu den prähistorischen Zeugnissen erschweren.

❸ Altstadt Ghadamis

Sie werden schwerlich einen Blick für die Schönheiten der Altstadt des libyschen Ghadamis an der Grenze zu Tunesien und Algerien gehabt haben: die Sklaven, die arabische Händler hier noch im 19. Jahrhundert wie andere Waren auch umschlugen. Ghadamis nämlich war Endpunkt wichtiger Karawanenstraßen und Drehscheibe des Süd-Nord-Handels und der Ost-West-Verbindung von Kairo nach Timbuktu. Es bildete sich nach der Übernahme der einst römischen Gründung durch die Araber im Jahr 666 in den folgenden Jahrhunderten eine blühende Stadt aus den traditionell zweistöckigen Lehmbauten. Sie muten uns heute malerisch an und wurden deswegen 1988 zu einer UNESCO-Welterbestätte erhoben, nachdem die Bewohner in modernere Viertel umgezogen waren. Auf dem Bild zu sehen ist das Innere eines der typischen Lehmhäuser.

Ägypten

❶ Muntazah-Palast Alexandria

Ägypten quillt über von antiken Denkmälern. Um so mehr erstaunt, dass eine der bedeutendsten Metropolen des Landes, die Mittelmeer-Stadt Alexandria, relativ wenig davon zu bieten hat. Das liegt daran, dass die von Alexander dem Großen gegründete Stadt mit einem Alter von kaum mehr als 2300 Jahren relativ jung ist und dass sie anders als die Ruinenstätten über die Jahrtausende hinweg bis heute aktiv geblieben ist. Bauten neuerer Zeit prägen daher das Stadtbild und ein Akzent verdient besondere Erwähnung: Der Muntazah-Palast, den sich der Vizekönig in der damals osmanischen Stadt 1892 bauen ließ, ist in schmuckestem neobyzantinischen Stil gehalten, ja er hat etwas Venezianisches dank der Handschrift des italienischen Architekten Verrucci.

❶ Abu Mena

Ein frühes Outing: Ein römischer Offizier aus Alexandria namens Abu Mena oder Menas weigerte sich während der Christenverfolgungen Kaiser Diokletians Christen zu töten, ja er erklärte offen, dass er selbst Christ sei. Das machte Schule, so dass sich der Kaiser gezwungen sah, hart gegen Abu Mena vorzugehen. Am 11 November 296 ließ er ihn hinrichten und etwa 40 Kilometer südlich von Alexandria verscharren. Die Christen jedoch errichteten über seinem Grab ein Kloster zu seinem Gedächtnis und verehrten ihn fortan als Heiligen. Der Legende nach soll aus Menas Grab ein Quell hervorgesprudelt sein, der die wüste Gegend zu einem Paradies machte. Heute hat die Wüste wieder die Oberhand, und nur seit 1961 ausgegrabene Teile erinnern an die Klosteranlage. UNESCO-Welterbestätte seit 1979.

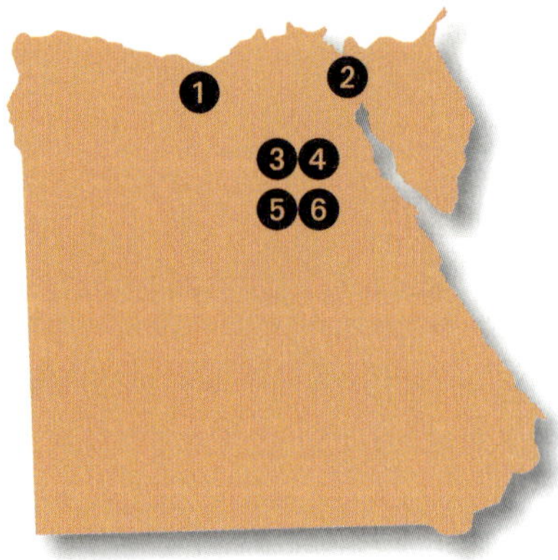

❷ Suezkanal

Schon der altägyptische Pharao Sesostris III. (1878–1840 v. Chr.) beschäftigte sich mit dem Gedanken, Mittelmeer und Rotes Meer durch einen Schifffahrtsweg zu verbinden. Aber erst im 19. Jahrhundert gelang nach Plänen von Ferdinand Lesseps (1805–1894) die Verwirklichung des uralten Traums einer Kanalverbindung zur Verkürzung des Seewegs von Europa nach Indien, Australien, Ostasien. Der 1869 fertig gestellte schleusenlose Suezkanal von Port Said im Norden und Suez am südlichen Ausgang ist 195 Kilometer lang, von ursprünglich 52 Metern auf 365 Meter verbreitert und von ursprünglich 12 auf 20 Meter Tiefe ausgebaggert. Die Kanalführung nutzt unterwegs den Timsahsee sowie die beiden Bitterseen; jährlich passieren die Wasserstraße rund 20 000 Schiffe.

❸ Islamisches Kairo

Angesichts der gewaltigen Dimensionen der heutigen ägyptischen Hauptstadt wird leicht übersehen, welch kostbaren Kern sie hat. Schon in vorchristlicher Zeit und während der Römerherrschaft besiedelt, gewann Kairo sein Gesicht durch die islamischen Eroberer, zunächst durch die Abbasiden um 750 und endgültig seit 969, als die Fatimiden die Stadt in Besitz nahmen. Ältester islamischer Bau ist die noch aus abbasidischer Zeit stammende Ibn-Tulun-Moschee (876–879). Es folgten die fatimidischen Bauten: Azhar-Moschee (972), die Al-Hakim-Moschee (990–1013), die Al-Akmar-Moschee (1125), die Befestigungstore (1171–1176), die Zitadelle (1179) sowie vor allem die Sultan-Hasan-Moschee (1356–1362). Dieses Ensemble ist UNESCO-Welterbestätte seit 1979.

❹ Sultan-Hasan-Moschee Kairo

Obwohl fast festungsmäßig angelegt, ist die nach dem Sultan Hasan benannte Moschee in der ägyptischen Hauptstadt Kairo prächtig geschmückt mit Säulen, Mosaiken und Goldmalereien. Sie stammt aus dem 14. Jahrhundert und hatte ursprünglich drei Minarette, von denen zwei im Lauf der Zeit eingestürzt sind. Das verbliebene ist mit 80 Metern eines der höchsten in der Stadt. Der kuppelüberwölbte Brunnen im Innenhof (Sahn) dient rituellen Waschungen; der Sahn ist durch vier Bogengänge zu betreten. Die Moschee beherbergt gleich vier Schulen für die vier verschiedenen islamischen Konfessionen. Zusammen mit den anderen islamischen Bauwerken Kairos ist die Moschee UNESCO-Welterbestätte seit 1979.

❺ Azhar-Moschee Kairo

Schon drei Jahre nach Übernahme der Macht in Ägypten durch die Fatimiden (969) entstand die Mohammeds Tochter Fatima gewidmete Azhar-Moschee in Kairo als Gebetshaus und Schule. Besonders bemerkenswert an ihr sind der von Kielbogenfassaden umgebene Innenhof (Sahn; siehe Bild) und die drei sehr unterschiedlich gestalteten Minarette. Das über einem Zinnenturm errichtete trägt eine Doppelspitze und wurde zu Beginn des 16. Jahrhunderts gebaut. Die Azhar-Moschee ist die älteste islamische Universität, die schon 975 ihren Lehrbetrieb aufnahm. Sie ist gemeinsam mit den anderen islamischen Bauwerken Kairos UNESCO-Welterbestätte seit 1979.

❻ Ägyptisches Museum Kairo

Von der großen Vergangenheit des Landes profitieren die Ägypter bis heute: Magnetisch ziehen die noch am Ort stehenden Monumente der Pharaonenzeit Besucher an, aber auch in die Museen strömen sie, deren bei weitem umfassendstes das mitten in der Hauptstadt Kairo liegende Ägyptische Museum mit seiner charakteristischen Oberlichtkuppel ist. Nirgendwo sonst auf der Welt findet man eine solche Vielfalt von Exponaten, die eine der ersten Hochkulturen der Menschheitsgeschichte lebendig werden lassen. Stellvertretend für alle sei auf den Schatz aus dem einzigen unversehrten Pharaonengrab hingewiesen: Hier sind die Beigaben aus dem Grab des jungen Königs Tutenchamun ausgebreitet (siehe Bild), die eine Ahnung von der hohen Prachtentfaltung im altägyptischen Gottesstaat vermitteln.

❶ Museum für islamische Kunst Kairo

Das Gebäude ist selbst ein Kunstwerk: In einem prachtvollen würfelförmigen Gebäude mit säulengesäumten Fenstern und einem über beide Stockwerke reichenden Portal befindet sich im Herzen der ägyptischen Hauptstadt Kairo das Museum für islamische Kunst. Seine über 80 000 Exponate spiegeln in kunstgewerblichen und künstlerischen Werken die Entwicklung der islamischen Kultur von den Anfängen bis zum Ende der osmanischen Zeit im 20. Jahrhundert. Zwei ganze Räume zeigen textile Kostbarkeiten, seltene Gold- und Silbermünzen, Schmuck (siehe Bild) sowie königliche Orden. Die Bibliothek hat nahezu alle Titel über islamische Geschichte und besonders kostbare Exemplare des Korans gesammelt. Als Teil der Altstadt Kairos ist das Museum UNESCO-Welterbestätte seit 1979.

❷ Ibn-Tulun-Moschee Kairo

Das älteste unter den bedeutenden islamischen Bauwerken der ägyptischen Hauptstadt Kairo ist die noch unter der Herrschaft der Abbasiden (9. Jahrhundert) errichtete Ibn-Tulun-Moschee. Ihr Dekor ist einfach; sie hat einen offenen Hof, in dessen Mitte ein Brunnen für die rituellen Waschungen steht. Ihn umschließen drei je zweischiffige Gebetsräume und das vierschiffige Sanktuarium. Als Lichtöffnungen an den Wänden der Moschee dienen Gipsgitter mit sehr schönen Musterungen. Die Gebetsnische (Mihrab) ist mit Goldmosaik und Perlmutt geschmückt und von vier Marmorsäulen umgeben. Die Kanzel ist aus Holz und stammt aus etwas jüngerer Zeit. Mit den anderen islamischen Kulturdenkmälern Kairos ist die Moschee UNESCO-Welterbestätte seit 1979.

❸ Mohammed-Ali-Moschee Kairo

Jüngstes unter den großen Gebetshäusern in der ägyptischen Hauptstadt Kairo ist die Mohammed-Ali-Moschee, 1830 im byzantinisch beeinflussten osmanischen Stil erbaut. Entsprechend kostbar geschmückt sind ihre Räume mit Ornamenten, Wandmalereien und bunten Fenstern. Wegen der verschwenderischen Marmorverkleidungen wird der Bau auch Alabastermoschee genannt. Ein östlicher Hof mit angrenzenden kuppelüberwölbten Sälen ist für Andachten und Gebete gedacht; er weist an einer Wand den vom französischen König Louis Philippe gestifteten Uhrenturm auf. Ein westlicher Hof bietet den besten Blick auf die Stadt, den Nil und die Pyramiden von Giseh. Als Teil der Altstadt ist die Moschee UNESCO-Welterbestätte seit 1979.

❹ Pyramiden von Giseh

Weder vorher noch nachher haben sich die altägyptischen Pharaonen solche gigantischen Grabmäler errichten lassen wie die Könige der 4. Dynastie im 26. Jahrhundert v. Chr.: Die drei Pyramiden bei Giseh gehörten zu den sieben Weltwundern der Antike und wecken auch das Staunen der modernen Menschen. Mit 147 Metern Höhe und einer Basislänge von 230 Metern ist die Cheopspyramide die größte, nur wenig kleiner die für den Pharao Chephren errichtete und von erheblich geringeren Dimensionen die des Königs Mykerinos. Für den Betrachter sieht es so aus, als würden die monumentalen Grabbauten von der ebenfalls kolossalen Figur der Sphinx bewacht. Mit ihr sind die Pyramiden von Giseh UNESCO-Welterbestätte seit 1979.

❺ Sphinx

Um die übermenschliche Macht des altägyptischen Pharaos auszudrücken, ersannen die Ägypter das Fabelwesen des Sphinx, in dem sich menschliche Vernunft (Kopf) mit tierischer Kraft (Löwenleib) vereinigten. Der größte und berühmteste Sphinx ist die 20 Meter hohe und 73,5 Meter lange aus dem Felsen gehauene Figur bei den Pyramiden von Giseh (UNESCO-Welterbestätte seit 1979). Vermutlich stellte sie den Pharao Chephren dar (regierte 2520–2494 v. Chr.), wurde aber auch mit dem Himmelsgott Horus identifiziert. Die Griechen übernahmen die Figur, machten aber aus ihr einen weiblichen Dämon; daher wird auch bei uns nicht von dem, sondern von der Sphinx gesprochen.

❶ Memphis und seine Totenstadt

Eine der ältesten orientalischen Großstädte war das altägyptische Memphis am Westufer des Nils knapp südlich vom heutigen Kairo. Angeblich vom ersten namentlich bekannten Pharao Menes um 2900 v. Chr. gegründet, war Memphis Hauptstadt des Reiches bis etwa 2200 v. Chr. Obwohl danach nicht mehr Sitz der Regierung, blieb Memphis noch lange ein bedeutender Handelsplatz, eine Verwaltungsmetropole und ein Standort des Heeres. Von der einstigen Bedeutung zeugen nur noch Ruinen von Tempeln und einiger Paläste sowie die Pyramiden und Sphinxe in der Nähe (siehe Bild). Diese Totenstadt und die Relikte von Memphis sind seit 1979 UNESCO-Welterbestätte.

❷ Pyramiden Abusir

Zehn Kilometer südlich von Giseh liegt ein altägyptisches Gräberfeld. Die Pyramiden hier sind zwar nur wenig jünger als die nördlicheren Giganten, aber deutlich bescheidener, was die zu ihrer Zeit gesunkene Königsmacht spiegelt. Vier Pharaonen der 5. Dynastie (um 2300 v. Chr.) haben sich hier ihre letzten Ruhestätten errichten und sie im Nordwesten des Areals durch einen Sonnentempel heiligen lassen. Die geringere Prominenz dieses königlichen Friedhofs hat Grabräuber zwar nicht fernhalten können, doch hat sich manches erhalten, das anderswo längst Plünderern oder – zurückhaltender gesagt – Sammlern zum Opfer gefallen ist.

❸ Pyramiden von Dahschur

Die südwestliche Umgebung der ägyptischen Hauptstadt Kairo ist ein großes Pyramidenfeld. Neben den gewaltigen Bauten von Giseh und der Stufenpyramide von Sakkara stehen solche Grabmäler südlich davon auch bei Dahschur, leider zum größten Teil in einem militärischen Sperrgebiet. Man unterscheidet nach der Färbung die Weiße, Schwarze und als erste aller »richtigen« Pyramiden die Rote Pyramide. Wie diese wurde auch die seltsame Knickpyramide in Dahschur (siehe Bild) von König Snofru, dem Begründer der 4. Dynastie im 27. Jahrhundert v. Chr., errichtet. Sie verdankt ihren Namen dem auf halber Höhe abknickenden Neigungswinkel. Mit den anderen Pyramiden bilden die von Dahschur seit 1979 eine UNESCO-Welterbestätte.

❹ Sakkara

Der älteste Teil der Nekropole (Totenstadt) des altägyptischen Memphis liegt beim Dorf Sakkara (Saqqara) südlich von Kairo am felsigen Westufer des Nils. Hier ließen sich im 3. Jahrtausend v. Chr. Könige und Würdenträger des Alten Reiches Begräbnisstätten errichten, oft in Form von Pyramiden. Die größte und älteste ist die Stufenpyramide von Sakkara, die sich der Pharao Djoser (um 2609–2590 v. Chr.) aus der 3. Dynastie bauen ließ. Sie weist noch nicht die glattere Spätform auf, sondern erhebt sich terrassenartig. Ihr zu Füßen findet man noch Reste einer Nachbildung des Djoser-Palastes. Nachdem die Könige der nächsten Dynastie ihre monumentalen Pyramiden bei Giseh auftürmen ließen, kehrten spätere Pharaonen nach Sakkara zurück, wo auch eine Begräbnisstätte für die heiligen Apis-Stiere gefunden worden ist.

❶ Nil

Von der fernsten Quelle bis zur Mündung misst der Nil 6670 Kilometer und ist damit der längste Strom des schwarzen Kontinents. Sein Einzugsbereich umfasst knapp drei Millionen Quadratkilometer. Nach Vereinigung mit einer ganzen Reihe von Zuflüssen strömt der Nil von Khartum im Sudan ohne weitere Nebenflüsse über 2700 Kilometer bis ins Mittelmeer, dem er jährlich 34 Milliarden Kubikmeter Wasser zuführt. Beim Durchbrechen der nubischen Kalk- und Sandsteintafel bildet er sechs Katarakte (Stromschnellen), durchschneidet dann das ägyptische Wüstenland und verzweigt sich vor der Mündung in das mehrarmige Delta. Seine Fruchtbarkeit sichernden Fluten haben vor über fünf Jahrtausenden an den Ufern eine der ältesten Hochkulturen entstehen lassen.

❷ Tal der Könige Luxor

Seit Beginn der 18. Dynastie (1550 v. Chr.) ließen sich die meisten altägyptischen Pharaonen ihre Grabstätten in die Felswände einer Wüstenschlucht am westlichen Ufer des Nils gegenüber der Hauptstadt Theben meißeln. Diese Schlucht heißt daher üblicherweise Tal der Könige und gewährt nur einen Zugang von Norden her. Dennoch und trotz sicher aufmerksamer Bewachung waren alle Gräber schon wenig später geplündert. Was für Reichtümer und – bedauerlicher noch – Kulturzeugnisse dadurch verloren gingen, belegt das einzige unversehrte Grab, das des jungen Pharaos Tutenchamun, das sicher nicht das prächtigste war. Mit Theben und seiner Totenstadt ist das Tal UNESCO-Welterbestätte seit 1979.

❸ Theben und seine Totenstadt Luxor

Am Ostufer des Nils nahe dem heutigen Luxor lag die oberägyptische Stadt Weset, in der Bibel No und von den alten Griechen Theben genannt. Der Dichter Homer bezeichnete die Stadt als »hunderttorig«, womit er seine Bewunderung für ihre Größe und Macht als Hauptstadt des ägyptischen Reiches (663. v. Chr. zerstört) ausdrückte. Davon zeugt auch ihre Totenstadt (Nekropole) auf dem gegenüberliegenden Nilufer, wo über 500 Gräber hochrangiger Würdenträger aus der Blütezeit Thebens gefunden wurden. Dort, unweit vom Tal der Könige (siehe Bild), stehen auch die Totentempel der Pharaonen Mentuhtep II. und Amenophis III. (Memnonskolosse) sowie der Königin Hatschepsut. Die Stadt der einst Lebenden und die ihrer Toten sind UNESCO-Welterbestätte seit 1979.

❹ Memnonskolosse Luxor

Sie bewachten einst den inzwischen nicht mehr vorhandenen Totentempel des Pharaos Amenophis III.: die Memnonskolosse in Theben beim heutigen Luxor. Sie haben überdauert. Es sind gigantische Standbilder von 18 Metern Höhe und mit drei Meter breiten Füßen, die den Verstorbenen darstellen sollten. Ihren Namen bekamen die Brocken von einem sagenhaften König von Äthiopien in der griechischen Mythologie, der von Achill getötet wurde. Über die nördliche Figur ist uns überliefert, dass sie nach einem Erdbeben im Jahr 27 n. Chr. aufgrund von Spannungen im Gestein zu »singen« begonnen habe, wenn die Morgensonne den Stein erwärmte. Das Geräusch soll nach Restaurierungsarbeiten in späterer Zeit verstummt sein. Als Teil der Nekropole von Theben sind auch die Kolosse UNESCO-Welterbestätte seit 1979.

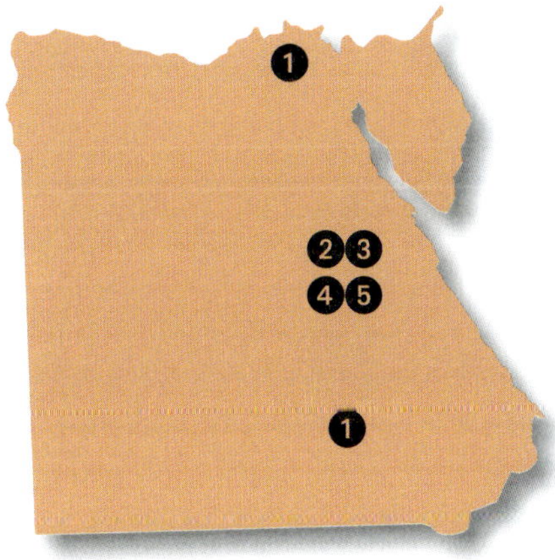

❺ Medinet Habu Luxor

Zur Nekropole von Theben gegenüber vom heutigen Luxor am westlichen Nilufer gehört auch das südlich vom Tal der Könige gelegene Medinet Habu mit dem Heiligtum des Pharaos Thutmosis III. (1490–1436 v. Chr.) und dem Totentempel von Ramses III. (1186–1155 v. Chr.). Der Eingang zu Letzterem (Bild), das so genannte Syrische Tor, erinnert an eine Festung und ist einmalig im alten Ägypten. Die Gemächer im Toraufbau dienten als Harem. Der Tempel selbst weist die übliche Abfolge der Räumlichkeiten auf: Pylonen, Höfe, Säulensaal, Opferraum und Allerheiligstes. Direkt links am Eingang eine verkleinerte Nachbildung des Palastes des Pharaos, der auch im Jenseits die gewohnte Umgebung nicht missen mochte. Mit der Totenstadt von Theben UNESCO-Welterbestätte seit 1979.

❶ Hatschepsut-Tempel Luxor

Sie sprach von sich als »der Pharao«, denn eine Pharaonin war nicht einmal sprachlich denkbar: Hatschepsut blieb denn auch die einzige Frau auf dem altägyptischen Thron, doch eine, die viele ihrer männlichen Kollegen durch politische Klugheit und energisches Handeln in den Schatten stellte. Sie setzte sich selbstbewusst ein bemerkenswertes Denkmal durch die Errichtung ihres Totentempels im heutigen Deir el-Bahri nahe Luxor am Westufer des Nils. Er ist geschickt in die Landschaft integriert und nimmt mit drei übereinander gestaffelten Terrassen die Steigung der Felsberge auf. Gewaltige Säulenreihen bilden die Fassade der einzelnen Stockwerke, deren oberstes den eigentlichen Totentempel trägt.

❷ Karnak-Tempel Luxor

Zwei Jahrtausende lang wurde an ihm gebaut: Der Karnak-Tempel beim oberägyptischen Luxor diente der Verehrung des Reichsgottes Amun. Dessen Tempel bildet das Herzstück der Anlage, deren Hauptattraktionen jedoch der »Säulenwald« von 122 Säulen mit Papyrus-Kapitellen und die Widdersphinxallee (Bild) vor der Tempelanlage sind. Hindurch führt ein Mittelgang, der von weiteren zwölf Säulen gesäumt ist. Wie ein Ausrufezeichen ragt unweit davon, am Heiligen See, der 23 Meter hohe Obelisk des Pharaos Thutmosis III. (1490–1436 v. Chr.) in den Himmel. Die Anlage gehört mit Theben seit 1979 zur UNESCO-Welterbestätte.

❸ Tempel der Hathor Dendera

Schönheit und Fruchtbarkeit gehören in allen Kulten zusammen, auch heute noch, ohne dass es den Ausübenden freilich bewusst wäre. Sehr bewusst aber war es den Ägyptern, die Hathor, die Göttin der Liebe, kuhköpfig und kuhgehörnt darstellten. Nicht einmal die Griechen störten sich daran und setzten Hathor mit ihrer Schönheitsgöttin Aphrodite gleich. Heute, da menschliche Fruchtbarkeit zum Fluch zu werden droht, brauchen wir Nachhilfe, wenn wir uns ein Bild von der Inbrunst der antiken Fruchtbarkeitsriten machen wollen. Eine Ahnung davon gewinnen Besucher des Hathor-Tempels im oberägyptischen Dendera, dessen erhaltene Gestalt aus dem 1. Jahrhundert v. Chr. stammt.

❹ Luxor-Tempel

Der altägyptische Reichsgott Amun und die Götter Chons und Mut bildeten die religiöse »Triade von Theben«. Ihr widmete Pharao Amenophis III. (1402–1364 v. Chr.) einen Tempel, der heute am Ostufer in Luxor liegt. Zwei von ursprünglich sechs Kolossalstatuen des Pharaos Ramses II. (1290–1224 v. Chr.) sind erhalten. Sie sind später am Eingang postiert worden. Auch zwei Obelisken standen hier, von denen nur noch einer zu sehen ist, weil der andere im 19. Jahrhundert als Geschenk des ägyptischen Statthalters Mehmet Ali an Frankreich nach Paris gebracht wurde, wo er die Place de la Concorde schmückt. Eine Sphinxallee führt zum Tempel, der mit Theben und seiner Totenstadt seit 1979 UNESCO-Welterbestätte ist.

❶ Abu Simbel

Im nubischen Teil Ägyptens zwischen dem zweiten und dritten Nilkatarakt ließ Pharao Ramses II. (1290–1224 v. Chr.) zwei Höhlentempel in eine am Fluss liegende Felswand hauen, den Göttern Amun Re und Re Harachte geweiht. Gigantische Statuen, darunter Standbilder des Königs und seiner Frau, bewachen vor dem Giebel die reich geschmückten Pfeilerhallen im Innern. Das unschätzbare Kulturdenkmal wäre durch den Bau des Assuanstaudamms in den Fluten des Nasser-Sees versunken. Dank internationaler Kooperation gelang die Rettung, indem man die Tempel in 1036 Blöcke zersägte und sie 60 Meter höher unter einem Betongewölbe wieder errichtete. UNESCO-Welterbestätte seit 1979.

❷ Philae

Südlich vom ägyptischen Assuan lag früher die Nilinsel Philae, die in den 1960er-Jahren nach dem Bau des Assuanstaudammes vom Nasser-See überflutet wurde. Mit ihr versanken bis über die Hälfte ihrer Höhe die heiligen Stätten aus der späten Pharaonenzeit des 4. bis 2. vorchristlichen Jahrhunderts, darunter ein Isis- und ein kleiner Hathortempel. Mit internationaler Unterstützung gelang es 1972–1980 die alte Insel vorübergehend trockenzulegen, die Bauten zu zerlegen und sie auf der Insel Agilkia wieder aufzubauen. Wie Abu Simbel sind die Relikte von Philae UNESCO-Welterbestätte seit 1979. Das Bild zeigt den »Kiosk des Trajan«.

Senegal

❶ Nationales Vogelschutzgebiet Djoudj

Tamarisken und Seerosen, Akazien und Wasserfarne gedeihen in der Delta-Mündung des Senegal, in dem ein Areal von 160 Quadratkilometern nördlich von Saint-Louis und Ross-Béthio als Naturschutzgebiet ausgewiesen ist. Es gruppiert sich vor allem um den verlandenden Flussarm des Djoudj und bietet ideale Bedingungen für Wasservögel als Heimat wie als Rastplatz für die ziehenden Arten, darunter europäische und nordasiatische Enten. Auf engstem Raum tummeln sich im Schutzgebiet zeitweilig bis zu drei Millionen See- und Watvögel, was die hier brütenden Rosa Pelikane nicht weiter stört, denn das Feuchtgebiet und die nahe See halten ein reiches Nahrungsangebot bereit. UNESCO-Welterbestätte seit 1981.

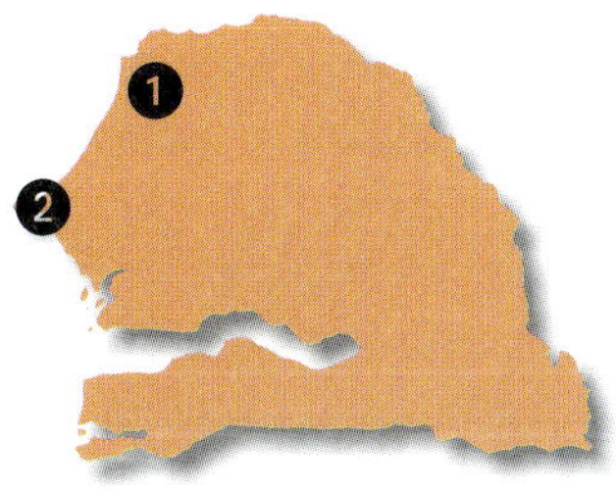

❷ Insel Gorée

Die schmerzlichen Seiten der Geschichte machen aus ihr erst das Lehrstück, das sich die Lebenden nicht oft genug vergegenwärtigen können. Auf einer Felseninsel am Kap Verde gegenüber der senegalesischen Hauptstadt Dakar liegt die Ortschaft Gorée, im 15. Jahrhundert von Holländern gegründet und später in britischem, dann französischem Besitz. Noch früher nutzte sie Kolumbus bei seinen Entdeckungsfahrten in die Neue Welt, die nach der Ausrottung der Indianer Nachschub an menschlicher Arbeitskraft brauchte. Wer das Buch »Roots« von Alex Haley gelesen oder die Verfilmung gesehen hat, hat eine schwache Ahnung vom Elend der etwa 10 Millionen Menschen, die von hier die Reise in die Sklaverei antraten. Daran soll die Erhebung von Gorée zu einer UNESCO-Welterbestätte (1978) erinnern.

Mali

❶ Felsen von Bandiagara

Die altägyptischen Götter sind nicht tot. Sie leben verwandelt bei den Dogon im südlichen Mali fort. Es gibt jedenfalls deutliche Bezüge zwischen dem Kult des Volkes im Sandsteinland Westafrikas und der Nilkultur. Die härteren Lebensbedingungen in der felsigen Umwelt und afrikanische Einflüsse haben allerdings kargere Bau- und Kunstformen hervorgebracht. Insbesondere Schnitzereien sind Stärken der Dogon-Künstler, die aber auch Steinskulpturen zu fertigen wissen und ihre Wohnungen mit kultischen Decken und Fassadenmalereien schmücken, insbesondere mit Zickzack-Mustern, die den lebensspendenden Regen beschwören. Die 13 Dörfer (siehe Bild) auf dem Plateau von Bandiagara sind UNESCO-Welterbestätte seit 1989.

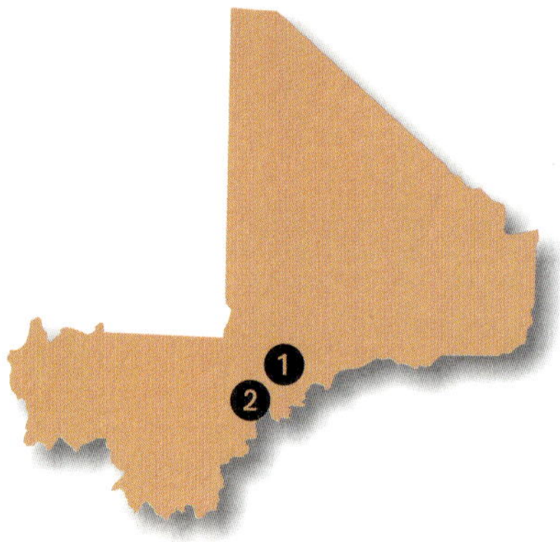

❷ Islamische Stadt und vorislamische Stätten Djenné

Wo sich der Oberlauf des Nigers deltaartig verzweigt, liegt Djenné (siehe Bild), eine kleine Stadt im mittleren Mali mit einer großen Moschee im sudanesischen Lehmbaustil mit massigen gestuften Minaretttürmen. Einige Grundmauern gehen bis auf das 13. Jahrhundert zurück, sein heutiges Aussehen erhielt das Gebetshaus vor etwa hundert Jahren. Als Umschlagplatz auf der »Goldroute« der Transsahara-Händler nach Timbuktu gewann der Ort sehr früh Bedeutung, wurde aber um 1400 aufgegeben. Von diesem Alt-Djenné sind noch Ruinen unweit der heutigen Stadt zu sehen. Da Europäer hier erst sehr spät im 19. Jahrhundert auftauchten, hat sich viel von der alten baulichen Substanz der Stadt erhalten, die seit 1988 UNESCO-Welterbestätte ist.

Niger

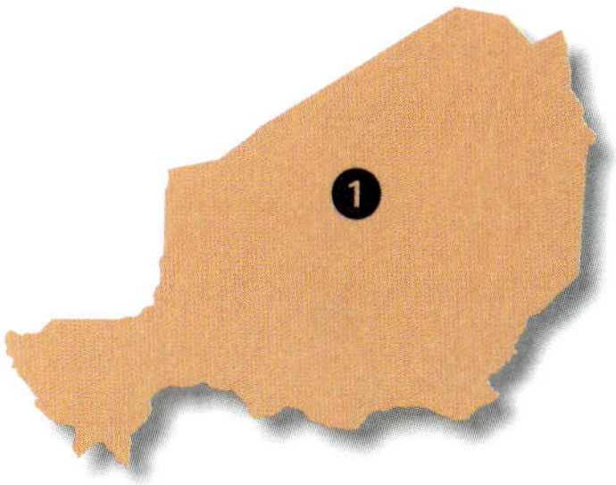

❶ Naturparks Aïr und Ténéré

Antilopen und Gazellen existieren an den Rändern, Paviane im Gebirge, und Fenek, der Wüstenfuchs, schnürt auch schon mal mitten durch die Sanddünen. Das Bergland Aïr und die Wüste Ténéré (siehe Bild) bilden zusammen ein 77 000 Quadratkilometer großes Naturschutzgebiet im Staat Niger, wobei die Wüste nur ein gutes Drittel ausmacht. Dass es hier nicht immer so trocken war, belegt ein Saurierfund; diese Riesenechsen brauchten reiche Vegetation zum Überleben. Heute überleben hier außer den genannten Tieren vor allem Pflanzenarten, die mit wenig Feuchtigkeit auskommen, und Tuaregs, die findig sind im Erschließen von Wasservorkommen. Das größte Naturschutzgebiet Afrikas ist UNESCO-Welterbestätte seit 1991.

Äthiopien

❶ Ruinen von Aksum

Von Europa aus gesehen verschmelzen im Begriff »Antike« die Welt und das Römische Reich leicht zu einer Einheit. Nicht nur China oder Indien lehren, wie ungerecht das ist. Auch im Dunstkreis des besagten Reiches selbst und sogar im gern unterschätzten Afrika gab es Kulturen, die sich neben den mittelmeerischen durchaus sehen lassen konnten. Im 1. bis 4. Jahrhundert etwa blühte dort das Reich von Aksum, heute eine Ruinenstätte nördlich von Addis Abeba in Äthiopien. Auffallend sind die in Aksum aufgefundenen reliefierten Stelen, deren größte 33 Meter maß und zerbrochen am Boden liegt. Die zweitgrößte ließ Mussolini, der selbst ernannte Nachfahre der Cäsaren, 1937 nach Rom bringen, die drittgrößte mit 24 Metern steht noch vor Ort wie zahlreiche andere. UNESCO-Welterbestätte seit 1980.

❷ Fasil Ghebbi in der Region Gondar

Was die britische Luftwaffe beim Kampf gegen die italienischen Besatzer 1941 unbeschädigt ließ, ist noch so besuchenswert, dass die UNESCO die alte äthiopische Kaiserresidenz Fasil Ghebbi nordwestlich von Addis Abeba in Gondar 1979 zu einer Welterbestätte erklärte. Mitte des 17. Jahrhunderts entstanden und hundert Jahre lang intensiv ausgestaltet, zeigt die Stadt architektonische Elemente arabischer, afrikanischer und europäischer Provenienz. Bauten wie die Schlossburg (1706) oder das »Haus des Liedes« (1721) sowie die zahlreichen Kirchen sind umgeben von einer 900 Meter langen Mauer mit mächtigen Wehrtürmen.

❸ Felsenkirchen Lalibela

Das Christentum hat sich in Äthiopien über die Zeiten bis heute, allerdings in vielfach besonders geprägter Form, erhalten. Von der arabischen Umwelt bedroht, entwickelte sich früh eine tiefe Volksfrömmigkeit, die in verschiedenen Kultorten Ausdruck fand. Einen ganz besonderen bilden die 13 Felskirchen von Lalibela im Amharahochland westlich von Gondar. Aus dem Stein herausgearbeitet sind die Gotteshäuser, als deren wichtigstes die Welterlöserkirche (Bet Medhane Alem) in der Zeit von König Lalibela (1181–1221) entstand und an höchster Stelle liegt. An Beliebtheit nicht nach steht ihr die jüngere Marienkirche (Bet Maryam) wegen der besonderen Verehrung der Muttergottes und wohl auch wegen der prächtigen Ausstattung mit leuchtenden Fresken. UNESCO-Welterbestätte seit 1978.

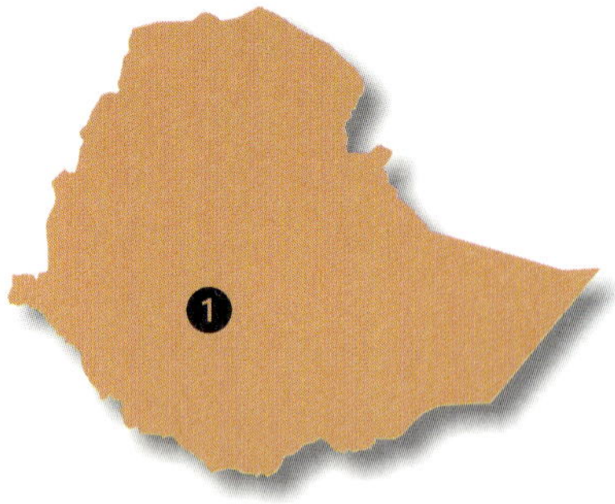

❶ Reliefierte Stelen Tiya

Auch wenn immer noch nicht klar ist, was wir da eigentlich genau geerbt haben, hat die UNESCO die Funde in Tiya in der äthiopischen Sodo-Region südlich von Addis Abeba zu einer Welterbestätte erklärt. So viel nämlich ist klar: Wir haben es hier mit Überresten einer Kultur zu tun, die weit vor der Zeitenwende blühte, gleichzeitig womöglich mit der Pharaonen-Hochzeit im nördlich gelegenen Ägypten und vielleicht sogar mit Verbindung dorthin. Viele Fragezeichen, gewiss, und doch sind vor allem die entdeckten 32 Stelen mit ihrem Reliefschmuck (Waffen, menschenähnliche Figuren) höchst aufschlussreich für den Stand der seinerzeitigen Steinmetzkunst. Eine schlüssige Deutung steht freilich aus.

Elfenbeinküste

❶ Nationalpark Comoé

Groß ist das Gebiet mit 11 500 Quadratkilometern, und groß das darin geschützte Wild: Der vom Fluss Comoé auf 235 Kilometer durchflossene Nationalpark in der Republik Elfenbeinküste liegt in einem mittelgebirgigen Hügelland und besteht zum weit überwiegenden Teil aus Feucht- und Trockensavanne, nur einen kleinen Teil bedecken Galeriewälder, die allerdings eine ganze Reihe seltener und bedrohter Pflanzenarten gedeihen lassen. Die Tierwelt ist mit Leoparden und Panthern, Kaffernbüffeln und Flusspferden, Nil- und Panzerkrokodilen sowie zahlreichen Vogel-, insbesondere Reiherarten ebenfalls reich vertreten und der Park seit 1983 UNESCO-Welterbestätte.

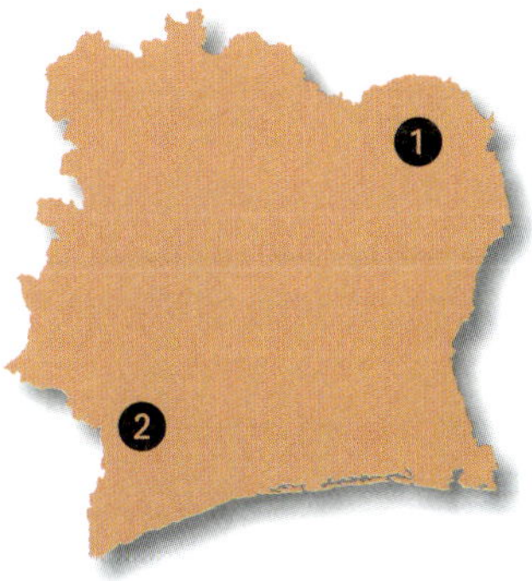

❷ Nationalpark Taï

Von Ghana bis Sierra Leone erstreckte sich einst ein grüner Gürtel von Tieflandregenwald. Sollten nicht auch noch die letzten Reste einer bedenkenlosen menschlichen Verschwendung zum Opfer fallen, musste wenigstens das Gebiet zwischen den Flüssen Cavally und Sassandra in der Republik Elfenbeinküste unter Schutz gestellt werden. Das geschah 1972 durch Einstufung als Nationalpark und wurde 1981 unterstrichen durch Erhebung dieses Taï-Parks zu einer UNESCO-Welterbestätte. Hier leben noch freie Dianameerkatzen, Riesenschuppentiere, Buschschweine, Hirschferkel, Stummelaffen und 230 Vogelarten mit so anmutigen Namen wie Weißbrustperlhuhn oder Lappenraupenesser (nicht -fresser!).

Ghana

❶ Traditionelle Bauwerke der Ashanti Kumasi

Zweitgrößte Stadt der Republik Ghana und Hauptstadt der Region Ashanti ist Kumasi. Hier und in umliegenden Ortschaften stehen noch die typischen palmblattgedeckten Flechtwerk-Lehm-Bauten des Volkes der Ashanti. Sie sind geschickte Töpfer, Schnitzer, Goldschmiede und Weber, deren Produkte bei Sammlern hochbegehrt sind. Dabei spielt die scheinbar naive Gestaltung eine Rolle, die sich bei näherem Hinsehen aber als raffinierte Abstraktion und Betonung des Wesentlichen entpuppt. Bauten und Kunstwerke genießen als UNESCO-Welterbestätte seit 1980 besonderen Schutz. Das Bild zeigt den Schrein eines Geisterbeschwörers.

Kamerun

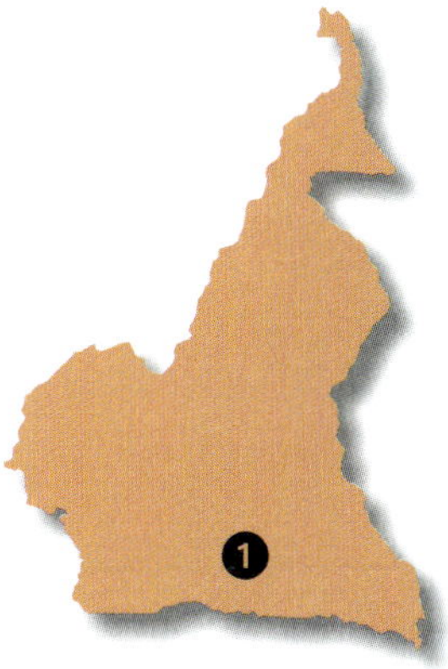

❶ Tierreservat Dja

Hier sind Affen in ihrem Element. Das schon 1950 unter Naturschutz gestellte 5300 Quadratkilometer große Gebiet in einer Schleife des Flusses Dja in Kamerun südöstlich der Hauptstadt Yaoundé bietet mit großen Flächen noch unberührten tropischen Regenwalds ideale Bedingungen für Primaten wie Flachlandgorilla (siehe Bild), Blaumaul-, Weißnasen- und Kronenmeerkatze, Mandrill und Potto. Während sie durch das Geäst toben, grunzt am Boden das Riesenwaldschwein, und das Schuppentier windet sich durchs Unterholz. Das Dja-Tierparadies ist UNESCO-Welterbestätte seit 1987.

Kongo (Demokratische Republik)

❶ Okapi-Tierschutzgebiet

Wie der Name schon sagt, ging es bei der Unterschutzstellung des Gebietes am Ituri im Nordosten der Demokratischen Republik Kongo (damals noch Zaïre) um die Sicherung des Bestands der nur hier noch in so dichter Population vorkommenden Okapis (siehe Bild). Das dünn besiedelte, etwa 14 000 Quadratkilometer umfassende Land ist weitgehend von Wald bedeckt und weist auch sonst einen erfreulichen Artenreichtum auf: Große Elefantenherden sind hier ebenso zu Hause wie Leoparden, diverse Meerkatzenarten, Flussferkel, Stachelschweine, zahlreiche Affenarten, Krokodile und Vögel aller Größen vom prächtigen Kongopfau bis zum Schwarzperlhuhn. UNESCO-Welterbestätte seit 1996.

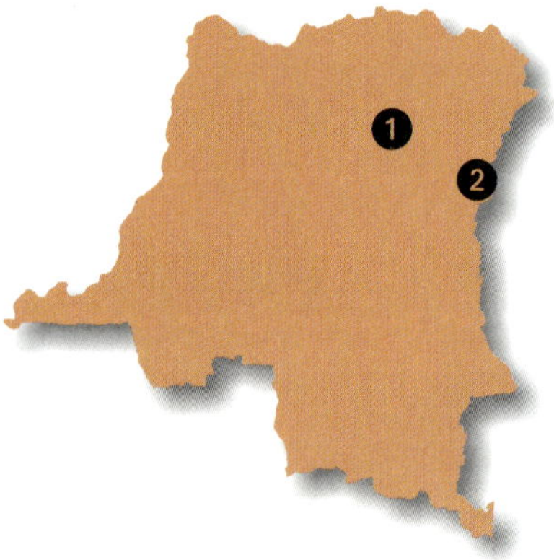

❷ Virunga-Nationalpark

Im Grenzgebiet zwischen Demokratischer Republik Kongo, Uganda (Ruwenzori) und Ruanda (Kiwu) berühren sich drei Nationalparks. Auf kongolesischem Gebiet ist es das fast 8000 Quadratkilometer große Virunga-Gebiet mit zahlreichen noch aktiven Vulkankegeln, in dessen Wäldern letzte Bestände der sehr selten gewordenen Berggorillas existieren, bedroht freilich durch politische Unruhen und Raubbau. Die Unterschutzstellung als UNESCO-Welterbestätte (1979) vermag daran wenig zu ändern, allenfalls durch Weckung der Aufmerksamkeit der Weltöffentlichkeit, die selbst Diktatoren nicht ganz gleichgültig ist. Außer den großen Menschenaffen bietet der Park vielen weiteren Tieren Lebensraum, darunter Flusspferden, Löwen, Okapis, Warzenschweinen und einer Unzahl von Vögeln.

Kenia

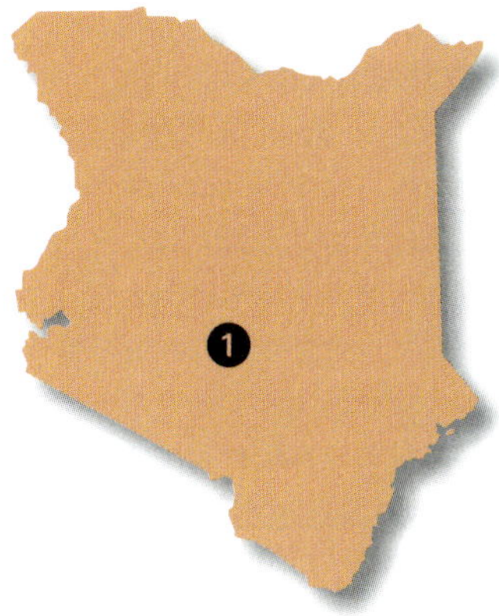

❶ Mount-Kenya-Nationalpark

Der mit 5194 Metern zweithöchste Berg Afrikas hat dem Staat an der Ostküste des Kontinents den Namen gegeben: Kenia ist stolz auf den Giganten, der nordöstlich der Hauptstadt Nairobi mitten im Land aufragt. Die 584 Quadratkilometer große Gipfelregion des erloschenen Vulkans in über 3300 Metern Höhe ist seit 1949 Nationalpark und seit 1997 UNESCO-Welterbestätte, denn in dieser Zone des Übergangs von tropischem Nebelwald zur höchsten Gletscherwelt sind seltene Pflanzen und Tiere zu Hause: Bergbambus, Steineiben und Lobelien wachsen hier, Ichneumons (Schleichkatzen), Klippschliefer, Leoparden und Spitzmaulnashörner sowie viele Vogelarten sind zu beobachten.

Tansania

❶ Serengeti-Nationalpark

Wer erinnert sich nicht an eines der bekanntesten Werke des Zoologen Bernhard Grzimek – »Serengeti darf nicht sterben«? Das war 1959, und die Mahnung galt einem Gebiet, das auch wegen der damit erreichten weltweiten Aufmerksamkeit tatsächlich ohne große Beeinträchtigungen überlebt hat. Die baumarme Savanne im nördlichen Tansania am Viktoriasee wurde im gleichen Jahr unter Naturschutz gestellt und ist heute das wildreichste Gebiet des ganzen Kontinents. Die »endlose Ebene«, so die Übersetzung des Massai-Namens, bietet auf fast 15 000 Quadratkilometern noch riesigen Herden von Zebras, Giraffen oder Antilopen Platz für weite Wanderungen und Raubtieren aller Art einen reich gedeckten Tisch. UNESCO-Welterbestätte seit 1981.

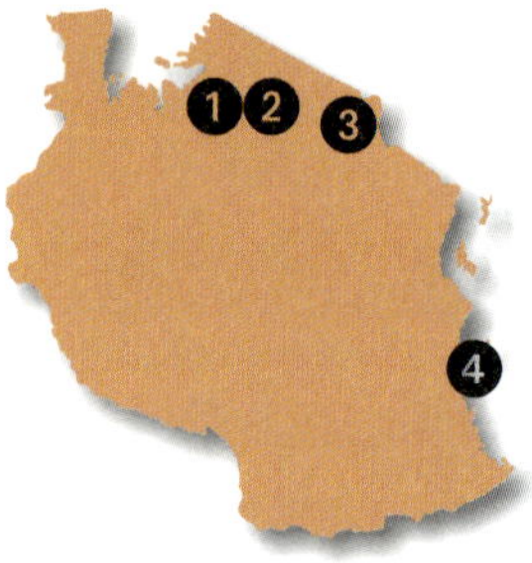

❷ Naturschutzgebiet Ngorongoro

Im Nordosten von Tansania, in der Arusha-Region südlich des Serengeti-Nationalparks erhebt sich das »Hochland der Riesenkrater«, die alle erloschen sind und von denen der weiteste mit bis zu 22 Kilometer Durchmesser der Ngorongoro ist. 600 Meter tief fallen die Kraterwände zum Trichterboden herab, der mit Gras bewachsen ist und 250 Quadratkilometer misst. Das nach dem Krater benannte Schutzgebiet umfasst außerdem rund 8000 Quadratkilometer um den Kegel herum. Restbestände einer Population von Spitzmaulnashörnern leben hier sowie Hyänen (Bild), und die Tiere wundern sich vermutlich über die mit Lupen bewaffneten Menschen, die auf der Erde herumkriechen. Es handelt sich um Paläontologen, denn der Park hat sich als ergiebige Fundstätte für Frühmenschenrelikte erwiesen. UNESCO-Welterbestätte seit 1979.

❸ Nationalpark Kilimandscharo

Drei zusammengewachsene erloschene Vulkane bilden im Norden von Tansania das Gebirgsmassiv des Kilimandscharo, der im Kibo mit 5895 Metern die höchste afrikanische Erhebung hat. 1973 wurden rund 1700 Quadratkilometer der bewaldeten Region (Steineiben, Baumfarne) zum Nationalpark und 1987 zu einer UNESCO-Welterbestätte erklärt. In den höchsten Lagen vergletschert, weist das Massiv auf einem Sattel Hochflächentundra mit Baumheide auf. Hangabwärts wird die Vegetation reicher und die Fauna vielseitiger. Böcke, Ducker, Antilopen, Elefanten, Leoparden, Baumschliefer und andere Säuger können hier beobachtet werden.

❹ Ruinen von Kilwa Kisiwani und von Songo Mnara

Vor der tansanischen Küste südlich von Daressalam liegen die beiden Koralleninseln Kilwa Kisiwani und Songo Mnara. Auf der Ersteren gab es im Mittelalter die viel bewunderte Stadt Kilwa, angeblich die schönste Ostafrikas, deren Ruinen (Moscheen, Forts und Paläste) etwas vom einstigen Leben in der Blütezeit des arabisch-persischen Goldhandels ahnen lassen. Auch auf Songo hatten sich arabische Sultane Handelsniederlassungen geschaffen, doch hatte nach Auftauchen der europäischen Konkurrenz der Verfall eingesetzt, bis der Urwald die alten Bauten ganz verschlungen hatte. Seit den 1960er-Jahren wieder freigelegt, sind die beiden Ruinenareale seit 1981 UNESCO-Welterbestätte. Bild: Ruine der Großen Moschee in Kilwa.

Sambia

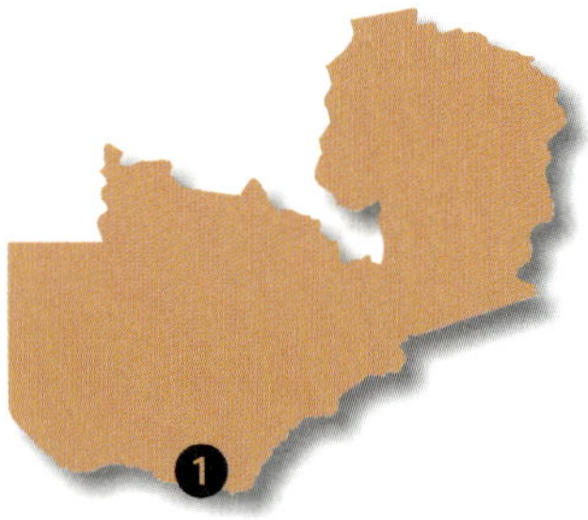

❶ Victoria-Fälle

»Donnernder Rauch«, so nennt die dortige Bevölkerung das beim sambischen Livingstone im Grenzgebiet zu Zimbabwe auf 1700 Meter Breite 110 Meter tief in eine nur 50 Meter breite Schlucht stürzende Wasser des Sambesi. Wasser nämlich sieht man unterhalb der Sturzkante eigentlich nicht mehr, sondern Gischt- oder eben so etwas wie Rauchwolken, in denen sich je nach Lichtverhältnissen Regenbogen zeigen. Bis zu 500 000 Kubikmeter fallen hier mit ohrenbetäubendem Getöse pro Minute ins Bodenlose. 70 Quadratkilometer um dieses Naturwunder herum sind unter Schutz gestellt worden, so dass auch die Tier- und Pflanzenwelt unbeeinträchtigt gedeihen kann. UNESCO-Welterbestätte seit 1989.

Malawi

❶ Nationalpark Malawi-See

Fischen ist hier das reinste Vergnügen, nur ist es nicht überall erlaubt: Der Südteil des Malawi-Sees, fischartenreichstes Süßgewässer der Welt, steht unter Naturschutz. Es handelt sich vor allem um das Gebiet auf und an der Halbinsel Nankumba östlich der Hauptstadt Lilongwe, das seit 1984 auch UNESCO-Welterbestätte ist. Rund 100 Quadratkilometer Wasserfläche mit einigen Inseln gehören zum Schutzgebiet, in dem Buntbarsche aller Art zu Hause sind. Flusspferde, Leoparden, Impalas, Zebras leben an den mitgeschützten Ufern, und auf den Inseln haben Nilkrokodile und Warane sowie Weißbrustkormorane ihre Brutgebiete.

Zimbabwe

❶ Mana-Pools-Nationalpark

Die immer wieder ausbrechenden politischen Unruhen im südafrikanischen Zimbabwe bedrohen auch die Natur. Daher sind Schutzgebiete hier besonders zu begrüßen, auch wenn es im Ernstfall dennoch zu Übergriffen kommt. Da aber etwa der Mana-Pools-Nationalpark, zusammen mit den Safarigebieten Sapi und Chewore etwa 7000 Quadratkilometer groß, ein wichtiger Devisenbringer ist, halten sie sich meist in Grenzen. So hat sich hier im Tal des Sambesi an der Grenze zu Sambia eine bemerkenswerte Fülle von Wildtieren gehalten, wie sie für die wenig gestörten afrikanischen Trockenwälder typisch ist. Das reicht von Großsäugern über mehrere hundert Vogelarten bis hin zu seltenen Fischarten im Fluss. UNESCO-Welterbestätte seit 1984.

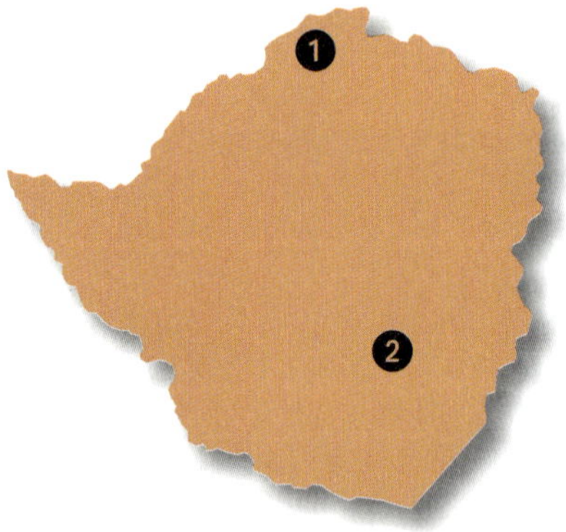

❷ Ruinenstadt Groß-Zimbabwe

Hingewürfelt an einen Hügel seltsame Ruinen: Südöstlich von Masvongo in Zentral-Zimbabwe stießen im 19. Jahrhundert Reisende auf so gewaltige Steinbauten, wie man sie zu der Zeit in Afrika nicht vermutet hätte. Es handelt sich, wie archäologische Forschungen ergaben, um die Reste der Hauptstadt des Reiches Groß-Zimbabwe des Volkes der Shona. Auffallend vor allem die »Great Enclosure« genannte 250 Meter lange und zehn Meter hohe Ringmauer (Bild), die die Königsresidenz und Kultstätten geschützt hatte, sowie die »Akropolis« auf dem Hügelkamm in 90 Metern Höhe. Die beiden Großdenkmäler eines Reiches aus dem 13. bis 15. Jahrhundert sind zusammen mit etwa hundert weiteren Bauten UNESCO-Welterbestätte seit 1988.

Moçambique

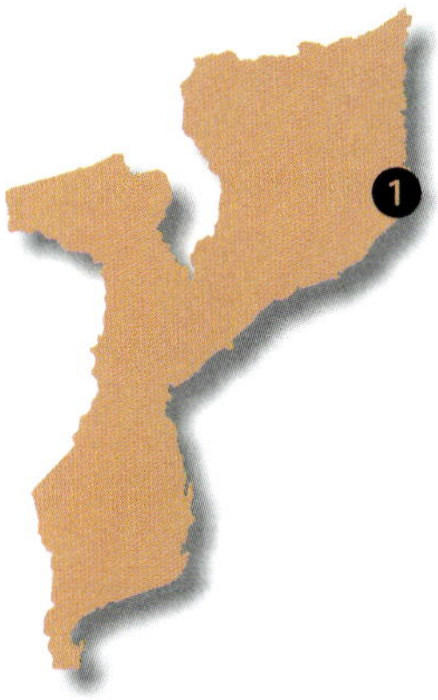

❶ Insel Moçambique

Nur vier Kilometer vor der Küste von Nordost-Moçambique, inzwischen über eine Brücke vom Festland aus erreichbar, liegt die Koralleninsel Moçambique. Sie ist drei Kilometer mal dreihundert Meter klein und bot dennoch mit ihrem natürlichen Hafen eine so gute Anlaufstelle, dass hier schon im 10. Jahrhundert die Araber eine Handelsniederlassung gründeten. Die Portugiesen verdrängten sie, rüsteten die Insel mit Forts und Palästen militärisch und mit Kirchen und Klöstern geistlich auf und platzierten hier den Verwaltungssitz ihrer ostafrikanischen Kolonie. Sie verlor erst durch den Suezkanal an Bedeutung und ist mit ihrem kolonialen Baugepräge UNESCO-Welterbestätte seit 1991.

Namibia

❶ Felsenmalerei in Brandberg

Schon gleich nach Verlassen der namibischen Küstenebene steigt das Land etwa hundert Kilometer nördlich von Swakopmund im Brandberg-Massiv bis auf 2600 Meter an; der Gipfel Königstein ist die höchste Erhebung des Landes. Das wie ein Klotz aufragende Horstgebirge ist stark zerklüftet und birgt in seinen Schluchten einen einmaligen Kulturschatz: Auf vielen Felswänden haben afrikanische Künstler Szenen aus dem Alltag, von der Jagd und zu kultischen Themen mehrfarbig festgehalten, Meisterwerke der Felsbildkunst.

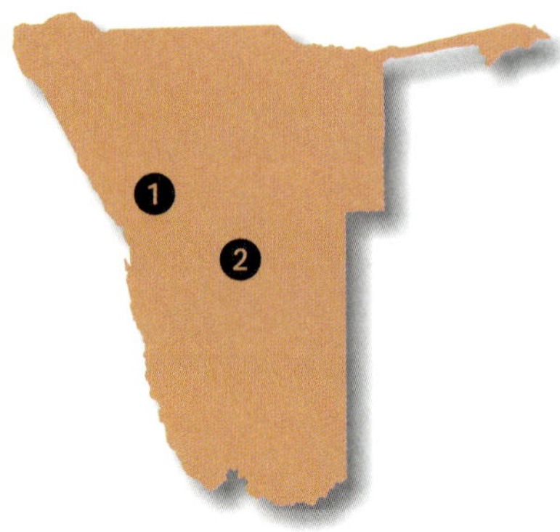

❷ Christuskirche Windhuk

Natürlich ist die namibische Hauptstadt mit ihren inzwischen über 200 000 Einwohnern längst über den einst deutschen Kern hinausgewachsen. Moderne Büro- und Wohnbauten bestimmen das Bild. Da aber, wo das Reiterdenkmal für die kaiserdeutsche »Schutztruppe« steht, die hier zwischen 1890 und 1919 ein blutiges Regiment führte, krönt die Christuskirche ein kleines kolonial-deutsches Ensemble. Das um die Jahrhundertwende erbaute Gotteshaus weist mit seinen farbigen Klinkern und bogigen Fenstern deutliche Jugendstilelemente auf.

Botswana

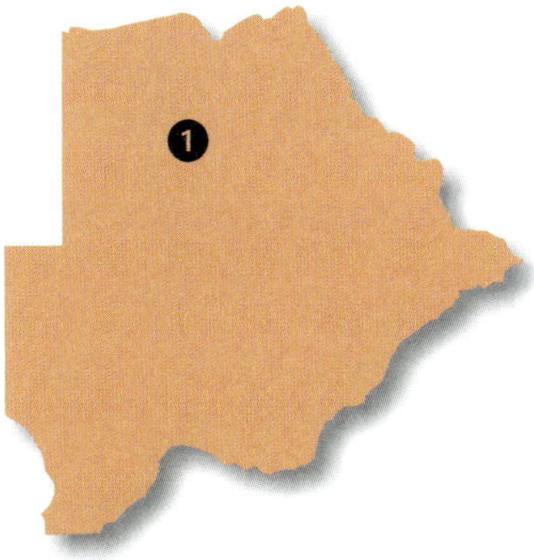

❶ Okawango-Delta

Ein Fluss, der im Nirgendwo endet. Aus dem Hochland von Bihé in Angola strömt der Okawango, zeitweilig Grenzfluss zwischen Angola und Namibia, über 1800 Kilometer in immer regenärmere Gebiete der Kalahari, teilt sich dort in viele Arme und wird schließlich von der Wüste in Nordbotswana verschluckt. Nur in sehr regenreichen Jahren tritt ein Arm, der Selina, mit dem Kwando in Verbindung, so dass ein winziger Teil des Okawango-Wassers über den Sambesi doch noch das Meer erreicht. Ein anderer Flussarm gelangt in solchen Jahren in den Ngamisee, der aber wie das gesamte Okawango-Delta eigentlich nur noch Sumpfland ist – und ein Paradies für Tiere, denn selbst hartgesottene Jäger stoßen kaum einmal in diese stellenweise bodenlose Gegend vor.

Südafrika

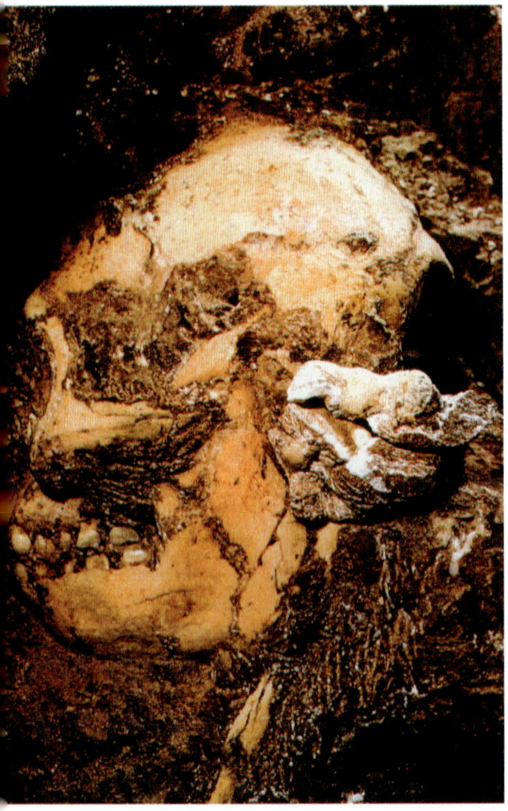

❶ Fossilienfundstätten Sterkfontein

Bei Krugersdorp am Gebirgszug Witwaters Rand im Nordosten der Republik Südafrika sind in Höhlensystemen von Sterkfontein und Umgebung immer wieder Fossilienfunde gemacht worden. Der bisher wohl wichtigste gelang im Dezember 1998 südafrikanischen Anthropologen: »Little Foot« tauften sie das Skelett eines 3,5 Millionen Jahre alten Australopithecus africanus wegen dessen Zierlichkeit. Nur 1,20 Meter maß dieser ausgewachsene Urahn des Jetztmenschen zu Lebzeiten, und obwohl er aufrecht ging, lebte er vorwiegend in den Bäumen. Bemerkenswert ist vor allem der gute Erhaltungsgrad der Knochen, die dazu beigetragen haben, viele Wissenslücken über die Frühmenschen in Afrika zu schließen.

❷ Greater St. Lucia Wetland Park

Unweit vom südafrikanischen Durban erstreckt sich über eine Länge von sechzig Kilometern ein Nationalpark, der eine Lagune parallel zur Küste umschließt. Von der See trennt den Greater St. Lucia Wetland Park eine Dünenkette, die aber so durchlässig ist, dass sie das Lagunenwasser brackig und extrem nährstoffreich macht. Kein Wunder, dass sich hier ganze Kolonien von Pelikanen und anderen Wasservögeln gebildet haben, die in friedlicher Eintracht mit Nilpferden und zahl-, aber wahrlich nicht zahnlosen Krokodilen leben. Mit 1500 Exemplaren der großmäuligen Echsen hat der Park die größte Population aller afrikanischen Schutzgebiete.

❸ Tafelberg

Bei diesem Anblick kam bei den Indienfahrern der frühen Neuzeit Freude auf: der Tafelberg über dem heutigen Kapstadt und dem Kap der Guten Hoffnung. Kam das und damit der Tafelberg in Sicht, konnten die Seeleute hoffen, Afrika bald umrundet zu haben. Es markiert zwar nicht den südlichsten Punkt des Kontinents, der erst am Nadelkap (Kap Agulhas) erreicht ist, doch als Symbol für die erfolgreiche Suche des Seewegs nach Indien eignet sich das markante Profil des Tafelbergs eben einfach besser. Das 1082 Meter hohe tischebene Plateau ist außerdem ein vorzüglicher Ausguck. Einen eindrucksvolleren Blick über Kap, Bucht und Stadt hat man von nirgendwo.

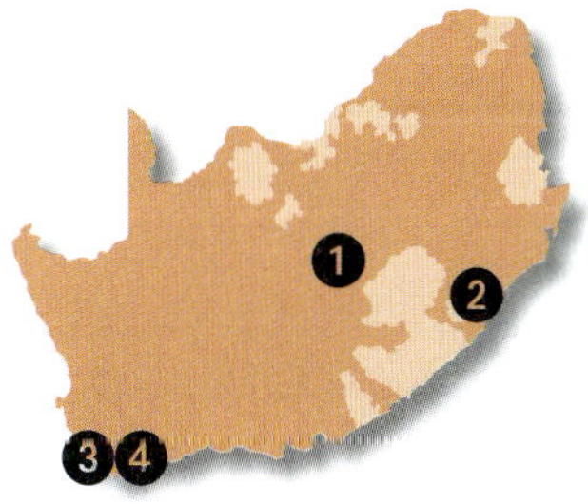

❹ Robben Island

Vom Gefängnis zum Wallfahrtsort – eine bemerkenswerte Karriere: Nordwestlich vom südafrikanischen Kapstadt liegt die kleine Insel Robben Island, wie geschaffen für den Bau eines Hochsicherheitstrakts. Die weißen Herren des Landes nutzten diesen ausbruchssicheren Standort schon seit 1658, als 1964 ein Häftling eingeliefert wurde, der die besagte Karriere begründete. Achtzehn seiner achtundzwanzig Haftjahre verbrachte Nelson Mandela hier, ehe er 1984 verlegt, 1990 freigelassen, 1993 mit dem Friedensnobelpreis ausgezeichnet und 1994 Staatspräsident wurde. Dem Sternenlauf des Kämpfers gegen die Apartheid vom Verfemten zum Idol folgte 1997 die Erhebung seines Leidensortes zum Nationaldenkmal.

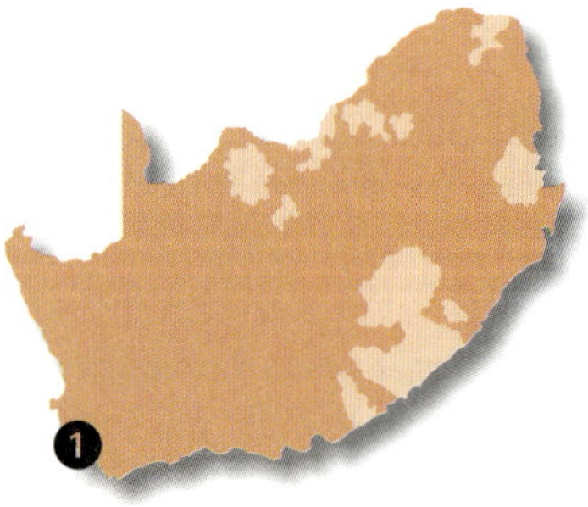

❶ Kap der Guten Hoffnung

Heute führt sogar eine Straße die schroffen Felsen entlang, so dass man sie per Auto umfahren kann. Als sich die Entdecker vor einem halben Jahrtausend auf die Suche nach dem Seeweg nach Indien machten, waren sie schon froh, wenn sie die scharfe Ecke überhaupt erreichten und tauften sie auch darum Kap der Guten Hoffnung, nämlich auf eine glückliche Reise ins gelobte indische Gewürz- und Seideland und retour. Es war ihnen damals noch nicht klar, dass das Nadelkap (Kap Agulhas) noch etwas südlicher liegt und damit die eigentliche Südspitze des Schwarzen Kontinents bildet. Ihnen reichte der Tafelberg über dem heutigen Kapstadt als Seezeichen dafür, dass der Scheitelpunkt der Reise erreicht war.

Seychellen

❶ Naturpark Mai-Tal

Eine der über hundert Inseln der Seychellen, nämlich das nördlich der Hauptinsel Mahé gelegene Praslin Island, birgt im gebirgigen Landesinnern ein Naturjuwel: Das nur zwanzig Hektar große Mai-Tal im gut drei Quadratkilometer großen Praslin-Nationalpark ist von einem fast unberührten ursprünglichen Palmenwald bewachsen, in dem die nur hier vorkommende »Coco de Mer«, die Seychellennusspalme, wächst. Neben weiteren endemischen Palmenarten galt die Unterschutzstellung auch den vielen Vögeln, unter denen der Rabenpapagei besonders zu nennen ist. Einzige Säuger sind der Seychellen-Flughund und eine Fledermausart. UNESCO-Welterbestätte seit 1983.

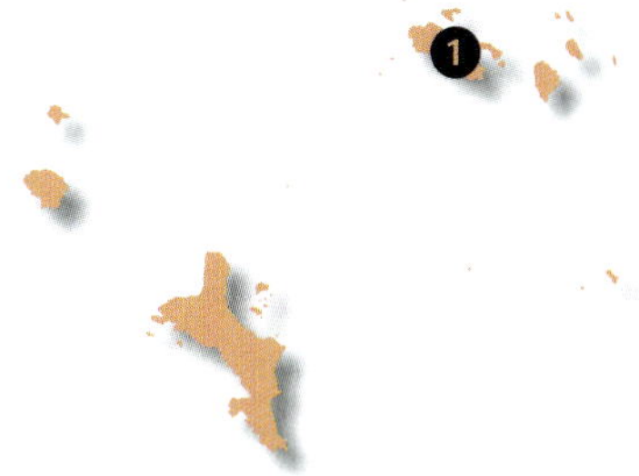

Nord- und Mittelamerika

Wo die Zukunft schon begonnen hat

»Amerika, du hast es besser«, seufzte Goethe angesichts der europäischen Wirrnisse. Die sind dann der Neuen Welt auch nicht erspart geblieben, denn die Globalisierung setzte politisch schon früh ein, und außerdem hängt jede Wertung von der Perspektive ab. Die ›Indianer‹ haben die letzten Jahrhunderte sicher nicht als Segen erlebt, und für einen großen Teil der eingewanderten Bevölkerung ist der amerikanische Traum ebenfalls längst ausgeträumt. Und doch spricht die Abstimmung mit den Füßen eindeutig für den Riesenkontinent im Westen der Nordhalbkugel. Millionen Menschen aus aller Welt haben dort Zuflucht, neue Chancen und Herausforderungen gesucht, die umgekehrte Reise hat fast niemand angetreten. Magisch ziehen Weite und Aufbruchstimmung jeden in den Bann, der die Luft der unbegrenzten Möglichkeiten geatmet hat. Sie weht durch die Straßenschluchten und über die Skyline von Manhattan, treibt die Brandung an die pazifischen und atlantischen Küsten, hüllt die Gipfel der Rockys in Nebel und wiegt das Gras der Prärien. Zwischen Polarmeer und karibischen Stränden gibt es nichts, was es nicht gibt, und das meiste tritt im vergrößerten Maßstab auf. Die Ströme strömen so mächtig wie nirgends sonst, die Häuser kratzen an den Wolken und eine vielzähnige Unterwelt scheint aus den Abgründen der Canyons zu gähnen. Geschichtlich ist der Erdteil eine Nachgeburt, denn erst vor wenigen Jahrzehntausenden fand der Mensch aus Afrika über Eurasien hierher. Und lange blieb die Neue auch eine Welt für sich, in der sich faszinierende Hochkulturen wie die der Maya und Azteken in Mexiko entwickelten. Mit den Europäern kam eine dramatische Beschleunigung in die Entwicklung, die den Halbkontinent von Grund auf verwandelt und zu einem Land gemacht hat, in dem die Zukunft schon begonnen hat.

Nord- und Mittelamerika

Grönland (Dänemark)

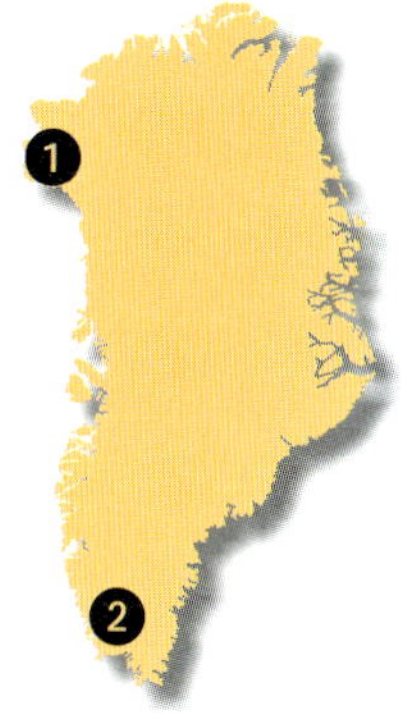

❶ Eisbergwelt bei Thule

Wie eine Schale, die im Innern bis zu 250 Meter tief unter den Meeresspiegel absinkt, nimmt Grönland eine bis zu 3400 Meter dicke Eisdecke auf. Von der mit über zwei Millionen Quadratkilometern größten Insel der Welt sind nur 340 000 Quadratkilometer eisfrei, nämlich an den Rändern. Das trifft aber auch nicht überall zu, denn im Norden ist es zu kalt, und vor allem an der Westseite bei Thule (die Eskimos nennen den Ort Qaanaaq) gibt es mächtige Gletscherströme, die ins Meer kalben. So heißt der Vorgang des Abbruchs von Eisbergen an der Gletscherzunge. Die Giganto-Brocken schwimmen dann, zu zwei Dritteln getaucht, hinaus und suchen sich Opfer wie seinerzeit die »Titanic«.

❷ Ruinen der Kirche Erichs des Roten Qagassairssuk

Die Wikinger waren ganze Kerle, und selbst unter ihnen fiel der Häuptling Erich der Rote noch unliebsam auf. Er trieb es so wild, dass ihn die Gemeinschaft von Island verbannte. Doch statt sich ins komfortable Europa zurückzuziehen, wandte sich Erich weiter nach Westen, wo er 982 als gut 40-Jähriger Grönland erreichte und mit seinen Leuten den Südwesten besiedelte. Mit dem Christentum tat er sich schwer, doch gab er schließlich dem Drängen seines Sohnes, des Amerika-Entdeckers Leif Eriksson, nach und duldete dessen Kirchbau bei Qagassairssuk. Inwieweit das sein Seelenheil nach dem Ableben 1005 beförderte, steht dahin. Von seiner Kirche steht jedenfalls nur noch ein Steinkreis, der eher an eine heidnische Kultstätte erinnert.

Kanada

❶ Tundra Tuktojaktuk

Selbst das kanadische Festland ragt wesentlich weiter in den Norden als etwa Island und erreicht bei Tuktojaktuk östlich der Deltamündung des Mackenzie ins Nordpolarmeer fast 70 Grad nördlicher Breite. Der Permafrostboden taut hier auch sommers nur oberflächlich auf und erlaubt allenfalls eine karge Tundravegetation. Für die Zurückhaltung in Sachen Flora entschädigt das nordwestkanadische Gebiet aber durch ein Naturphänomen, das nirgendwo anders zu beobachten ist. Die Graslandschaft wölbt sich hier stellenweise anmutig zu bis 50 Meter hohen und 200 Meter breiten Hügeln auf, den so genannten Pingos. Es handelt sich dabei um Ausstülpungen auf Grund von Eiskernen, die von hohem hydrostatischem Druck emporgepresst werden.

❷ Nationalparks Kluane, Wrangell-Saint-Elias, Glacier Bay, Tatshenshini-Alsek

Entlang der nordamerikanischen Westküste ziehen sich mehrere kanadische und US-Nationalparks (Kluane, Wrangell-Saint-Elias, Glacier Bay, Tatshenshini-Alsek) grenzüberschreitend hin. Sie umfassen fast 100 000 Quadratkilometer und erreichen eine Höhe von bis zu 6000 Metern (im Mount Logan). Hier lebt mit etwa 600 Tieren die größte geschlossene Grizzlybär-Population, und hier finden viele andere in ihrem Lebensraum sonst schon sehr eingeschränkte Wildtiere ausreichend Platz und Futter: Karibus, Schwarzbären, Elche, Wölfe, Otter, Biber, Seelöwen, Walrosse sowie 180 Vogelarten, darunter Prachttaucher, Singschwäne und Regenbrachvögel. In Glacier Bay lassen sich zuweilen Wale ganz aus der Nähe beobachten. UNESCO-Welterbestätte seit 1979.

❸ Nahanni-Nationalpark

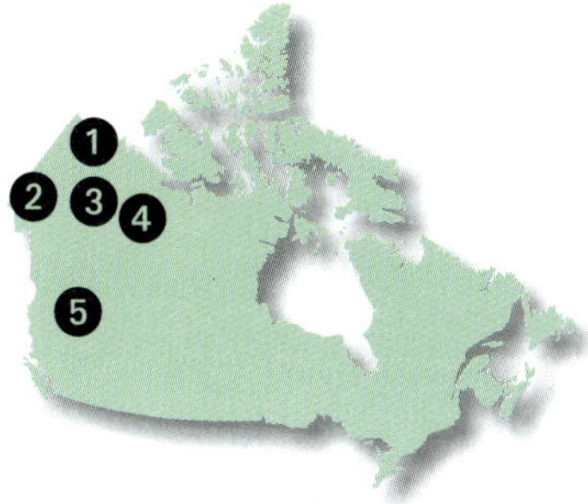

Im Südwesten der Northwest Territories von Kanada steht eine 4800 Quadratkilometer umfassende Fläche am South Nahanni River mit den 100 Meter hohen Virginia Falls unter Naturschutz. Es handelt sich um eine Bergregion, die in der Ragged Range bis 2650 Meter ansteigt und eine durchklüftete Karstlandschaft aufweist: Drei bis zu zwanzig Kilometer lange und 1300 Meter tiefe Canyons durchschneiden sie, unterirdische Flüsse, Höhlensysteme und Einbruchtrichter durchziehen sie. Das schwer zugängliche Gebiet ist Schutzraum für Grizzlys, Rotziegen, Weißwedelhirsche, Dallschafe und Biber und besitzt eine höchst artenreiche Flora; allein 325 Moosarten gedeihen im Park, der seit 1978 UNESCO-Welterbestätte ist.

❹ Wood-Buffalo-Nationalpark

Karl Mays Klagen waren nicht völlig vergeblich: In bewegenden Worten hat der Abenteuerschriftsteller immer wieder den Untergang der großen Bisonherden Nordamerikas durch die Feuerwaffen des weißen Mannes beschrieben. Sie haben jahrtausendelang die Indianer ernährt, und wenige Jahrzehnte Raubbau durch die Eindringlinge genügten, ihnen – und weitgehend auch den Indianern – den Garaus zu machen. Nicht ganz: Im Grenzgebiet von Nord-Alberta und den kanadischen Northwest Territories haben die Behörden schon 1922 einen Nationalpark für heute etwa 4500 »Buffaloes« eingerichtet, mit 45 000 Quadratkilometern so groß wie das deutsche Bundesland Niedersachsen. Damit stehen viele andere Tiere zugleich unter Schutz, insbesondere die bedrohten Schreikraniche, von denen noch vierzig Paare hier brüten. UNESCO-Welterbestätte seit 1983.

❺ Nationalparks in den Rocky Mountains

Der älteste wurde schon 1885 eingerichtet, weitere folgten 1907 und 1920: In den kanadischen Rocky Mountains bildet die Kette der Nationalparks Banff, Jasper, Kootenay, Yoho, Mount Robson, Hamber, Mount Assiniboine und die sehr ergiebige Fossilienfundstätte Burgess ein Schutzgebiet von 23 000 Quadratkilometern. Es folgt der Grenze der Provinzen Alberta und British Columbia und erreicht im Mount Robson eine Höhe von 3954 Metern. Die grandiose Gebirgslandschaft mit ihrer alpinen Flora und der artenreichen Tierwelt (allein 56 Säugetier- und 260 Vogelarten sowie einige Reptilien) ist seit 1990 UNESCO-Welterbestätte.

❶ Historischer Nationalpark »L'Anse aux Meadows«

Dass Kolumbus nicht der erste Europäer in Amerika war, ist inzwischen Allgemeinwissen. Fast ein halbes Jahrtausend vor ihm kamen die Wikinger unter Leif Eriksson von Grönland nach Neufundland (Kanada) und siedelten sich im 11. Jahrhundert sogar für eine Weile an. Es reichte für mehrere Gruppen von grasgedeckten Holzbauten, Wohngebäude und Werkstätten von Bootsbauern und Schmieden, deren Grundrisse in den 1960/70er-Jahren freigelegt wurden. Dabei fand sich eine Menge Gerätschaften und Bronzeschmuck. Inzwischen haben Wissenschaftler die L'Anse aux Meadows genannte Siedlung an der Epaves Bay rekonstruiert. Das Wikingerdorf ist UNESCO-Welterbestätte seit 1978.

❷ Nationalpark Gros Morne

An der Nordwestküste der kanadischen Insel Neufundland nordwestlich von Deer Lake sind Forscher im Tiefland und in den direkt anschließenden Bergen am Sankt-Lorenz-Golf auf Fossilien-Lagerstätten gestoßen. Zum Schutz der bis zu 570 Millionen Jahre alten Zeugnisse frühen Lebens, aber auch der jetzigen Fauna und Flora wurden 1800 Quadratkilometer unter Naturschutz gestellt. Hier können nun die Wissenschaftler ungestört ihre Untersuchungen vornehmen, während Hermeline, Wühlmäuse, Biber, Luchse, Elche und 230 Vogelarten sich ebenso unbehelligt entwickeln. Das gewesene und das heutige Naturparadies sind UNESCO-Welterbestätte seit 1987.

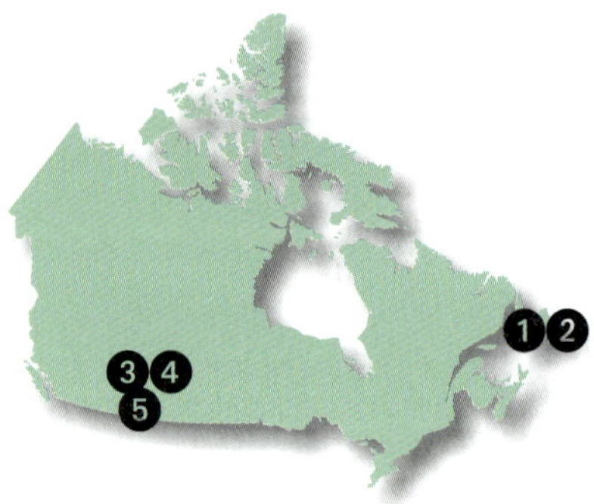

❸ Banff-Nationalpark

Calgary, die größte Stadt in der kanadischen Provinz Alberta, liegt schon über 1000 Meter hoch. Von dort geht es 660 Meter hinauf zu dem Städtchen Banff in den gleichnamigen Nationalpark, der im Mount Forbes mit seinen 3630 Metern gipfelt. Durch mehrere Vegetationszonen führt der Weg bis in die vergletscherten Hochgebirgsregionen, und entsprechend vielfältig ist die hier unter Schutz stehende Pflanzen- und Tierwelt. Der 6640 Quadratkilometer große Park gehört auch deswegen mit den nördlich an ihn anschließenden zahlreichen weiteren Schutzgebieten seit 1984 zur UNESCO-Welterbestätte in den Rocky Mountains, denn er bietet vielen bedrohten Arten Zuflucht. Selbst Puma und Vielfraß, Dreizehenspecht und Steinadler sind anzutreffen.

❹ Dinosaurier-Provinzpark

Im Südosten der kanadischen Provinz Alberta, südlich der Stadt Brooks, befindet sich die so genannte Judith-River-Formation. Es handelt sich um einen etwa 700 Meter hohen, rund 75 Millionen Jahre alten Mittelgebirgsstock, der starke Verwitterungserscheinungen aufweist. Dadurch sind hier viele Fossilien zu Tage getreten, allein zwischen 1979 und 1991 wurden 23 000 Funde gemacht, darunter Reste von Sauriern aller Art, vom Fleisch fressenden Tyrannosaurus Rex bis zu den riesigen, aber sich vegetarisch ernährenden Dinosauriern; auch petrifizierte Säuger und Beuteltiere aus dem Tertiär sind aufgetaucht. Zugleich ist das rund 75 Quadratkilometer große Schutzgebiet für die lebende Fauna ein sicherer Rückzugsraum: Rotwild und hunderte von Vogelarten sind hier zu Hause. UNESCO-Welterbestätte seit 1979.

❺ Waterton-Glacier International Peace Park

Im Südwesten der kanadischen Provinz Alberta stößt der Waterton-Lakes-Nationalpark an den US-amerikanischen Glacier-Nationalpark. Schon 1932 wurden sie zu einem gemeinsamen »Friedenspark« zusammengefasst, so dass ein zusammenhängendes 4600 Quadratkilometer umfassendes Biosphärenreservat entstanden ist. »Lakes«, also Seen, und »Glacier«, also Gletscher, – die beiden Worte deuten schon an, dass sich hier eine Kette glitzernder Seen durch Eisausschabung gebildet hat, darunter der St. Mary's Lake im nordwestlichen Montana. Die Gebirgsgewässer sind eingebettet in alpine Tundra und in einen subalpinen Waldgürtel, Heimat von 61 Säugetierarten wie Grizzlybär, Kojote, Puma, Nerz, Bison. UNESCO-Welterbestätte seit 1995.

❶ Historischer Bereich

Québec

Längst hat Montréal der Hauptstadt den Rang abgelaufen hinsichtlich Größe und wirtschaftlicher Bedeutung, doch sitzt zum einen die Regierung der kanadischen Provinz Québec weiterhin in der gleichnamigen Hauptstadt, und historisch übertrifft ihr Glanz jede Konkurrenz: 1608 gegründet, wurde die Stadt als Herz von Neufrankreich grundlegend französisch geprägt. Daran änderte sich auch wenig, nachdem die Engländer sie nach einem Bombardement mit 40 000 Kanonenkugeln 1759 in Besitz nahmen. Die britischen Bauten wie die nach Londoner Vorbild gebaute anglikanische Dreifaltigkeitskirche (1804) vertragen sich bestens mit den älteren französischen, von denen besonders zu nennen sind: Hôtel de Dieu; Hôtel Château Frontenac (siehe Bild); Ursulinenkloster (1639); Kirche Notre-Dame-des-Victoires (1688). Der Stadtkern ist UNESCO-Welterbestätte seit 1985.

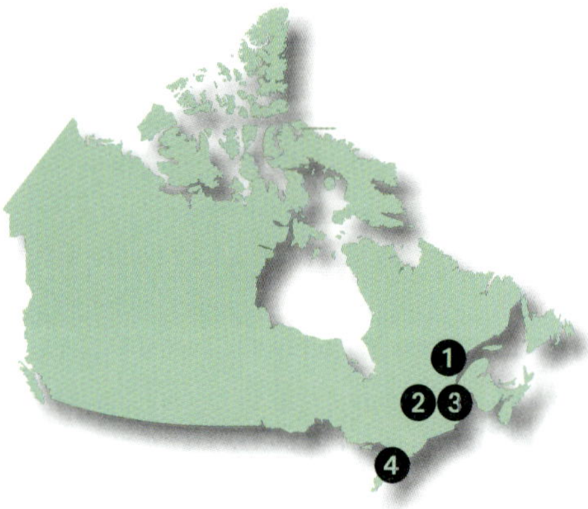

❷ »Biosphère« Montréal

Man glaubt es kaum: Schon über siebzig Jahre alt war der amerikanische Architekt Richard Buckminster Fuller (1895–1983), als er den futuristischen US-Pavillon »Biosphère« für die Weltausstellung 1967 im kanadischen Montréal schuf. Die 20 Stockwerke und 80 Meter hohe Fast-Kugel aus an Kreuzungspunkten miteinander verbundenen Streben verwirklicht im Großmaßstab Fullers »geodätische« Bauweise, die ihm einen bleibenden Platz in der Architekturgeschichte gesichert hat – und in der Chemie: Künstlich geschaffene Makromoleküle aus 60 oder mehr Kohlenstoffatomen ähneln seiner Kugel verblüffend und heißen daher Fullerene.

❸ Stadion und Tour Olympique Montréal

Wenn die Jugend der Welt zum olympischen Wettkampf in eine Stadt gerufen wird, dann soll sie beste Bedingungen vorfinden. Das gilt für die Unterkunft, mehr noch aber für die Sportstätten. Tief in Schulden stürzte sich die kanadische Metropole Montréal 1976, um diesen Anforderungen gerecht werden zu können. Das überdachte Olympiastadion war natürlich das Herzstück, das den Blicken der Welt in besonderer Weise ausgesetzt war, weswegen an nichts gespart wurde. Eine hohe, ovale Halle entstand, die nur deswegen flach aussieht, weil der schiefe Turm mit 190 Metern Höhe Kathedralen-Maße weit hinter sich lässt. Er gibt dem ganzen ein katapultartiges Aussehen und erlaubt ungewöhnliche Kameraperspektiven.

❹ Niagarafälle

Auf Goat Island verläuft die Grenze zwischen den USA und Kanada, und die Insel teilt auch den Fluss Niagara (indianisch: »donnerndes Wasser«) in zwei Arme und damit ein Naturwunder unter den beiden Anrainern auf, allerdings nicht ganz gerecht: Die Kanadier bekommen mit 790 Meter Breite mehr als doppelt so viel ab wie die US-Amerikaner, die es auf 350 Meter bringen. Vielleicht tröstet es sie ein wenig, dass die American Falls mit 51 Metern Höhe zwei Meter tiefer fallen als die Canadian oder Horseshoe-Falls (Hufeisenfälle). Da die Grenze zwischen beiden Staaten von den Touristen, die zu Millionen hierher strömen, besonders gern übrigens auf Hochzeitsreise, allerdings kaum registriert wird, haben beide Seiten gleichen Anteil am Boom.

Vereinigte Staaten von Amerika (USA)

❶ Alaska-Highway

Wenig bekannt ist die Tatsache, dass ein Teil der USA im Zweiten Weltkrieg von den Japanern besetzt worden ist, nämlich im Sommer 1942 ein paar kleine Inseln der Aléuten-Kette, die sich an der Südwestspitze Alaskas in den Pazifik schwingt. Das hatten die USA nicht zu verhindern vermocht, beeilten sich aber, die Nachschubwege in die Region zu verkürzen und bauten im Rekordtempo von acht Monaten den 2450 Kilometer langen Alaska-Highway von Dawson Creek in Nordwestkanada nach Fairbanks in Zentralalaska. Der militärische Zweck ist nur noch an der kompromisslosen Trassenführung zu sehen, ansonsten erfreut sich die durch wilde Gegenden führende Straße hoher touristischer Beliebtheit.

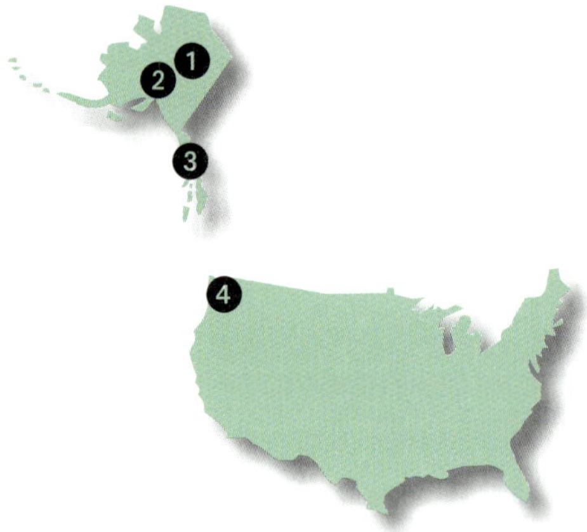

❷ Denali-Nationalpark

Im höchsten Norden erhebt sich Nordamerika am höchsten: Im Mount McKinley ragt die Alaska-Kette im gleichnamigen US-Bundesstaat bis auf 6198 Meter empor und übertrifft damit etwa die höchste Stelle Europas (Montblanc) um fast anderthalb tausend Meter. Schon 1917 richteten die USA um den Riesen ein Schutzgebiet ein, das 1980 nach dem indianischen Namen für den Berg in Denali-Nationalpark umbenannt wurde und rund 19 000 Quadratkilometer umfasst. In den Hochregionen stark vergletschert, zeigt der Park in tieferen Lagen artenreiche Flora und Fauna. Schwarz- und Graubären (Grizzlybären), Karibus, Bergschafe und ungezählte kleinere Säuger tummeln sich an den langen, bewaldeten Flanken des Massivs.

❸ Mendenhall-Gletscher Juneau

Die Regierung des US-Bundesstaats Alaska zog es möglichst weit in den Süden des Landes, denn im Zentrum oder gar an der Nordpolarmeerküste ist es noch unwirtlicher. Allzu gemütlich nämlich hat sie es auch in Juneau nicht, hinter den Schären vor der Pazifikküste. Im Winter wird es hier empfindlich kalt, wovon Gletscherzungen reden, die aus dem schneebedeckten Küstengebirge recht weit hinab ins Land lecken. Dazu gehört auch der Mendenhall-Gletscher, dessen kalter Atem bis in die Täler weht. Sein weißes Band fließt malerisch zwischen den felsigen Hängen hindurch.

❹ Nationalpark Olympic Mountains

Wenn die Wolken vom Pazifik her ins Land eindringen, werden sie von den im Mount Olympus bis 2428 Meter hohen Olympic Mountains zum Steigen und damit zum Abregnen gezwungen. Entsprechend feucht ist es in der äußersten Nordwestecke des äußersten nordwestlichen amerikanischen Bundesstaats Washington. 3700 Quadratkilometer des Gebirgsmassivs sind seit 1938 unter Naturschutz gestellt, denn hier gibt es Reste unberührten Regenwaldes der gemäßigten Zone, zauberhafte vergletscherte Hochgebirgsregionen mit reicher Flora, vor allem Hemlock- und Riesentannen, Sitka-Fichten, Douglasie, Ahorn. Über fünfzig Säugetierarten sind heimisch: Wapitis, Pumas, Schwarzbären und Murmeltiere. Sie genießen seit 1981 zusätzlich Schutz in dem zur UNESCO-Welterbestätte erklärten Park.

❶ Cape Alava

Knappe Sache: Nur wenige Kilometer vor Cape Mendocino bei Eureka in Kalifornien liegt Cape Alava im US-Bundesstaat Washington am Fuß der Olympic Mountains als einer der westlichsten Punkte der USA (außerhalb Alaskas, versteht sich). Sicherheitshalber hat das Kap noch ein paar Felsen ins Meer vorgewürfelt, die bei Ebbe Festlandsverbindung haben und dann ganz bestimmt am westlichsten liegen. Und malerischer sowieso: Der größte nämlich trägt eine Baumkrone, die sich freilich nur mühsam auf dem zugigen Gipfel zu halten vermag – zum Picknicken nur bei weniger als vier Windstärken geeignet.

❷ Pictured Rocks

In Michigan, aber nicht am Michigan-, sondern am Oberen See, und zwar an seinem Südostufer, bilden Felsen eine Steilküste, als habe sie ein genialer Künstler dorthin gemalt. Durch tektonische Hebung hat sich das Land aus dem See erhoben und lässt sich nun seine rötlich glänzenden Flanken bespülen. Deutlich zeichnen sich die Schichten des Felsaufbaus ab, und einige Vorsprünge hat das Wasser in Jahrtausenden so weit unterspült, dass sich Tore gebildet haben und Durchblicke freigeben. »Pictured Rocks« lässt sich hier nur mit »malerische Felsen« übersetzen, zumal die Natur aus ihrer Palette noch eine grüne Krone aus Wald auf dem Gebirgskamm beigesteuert hat.

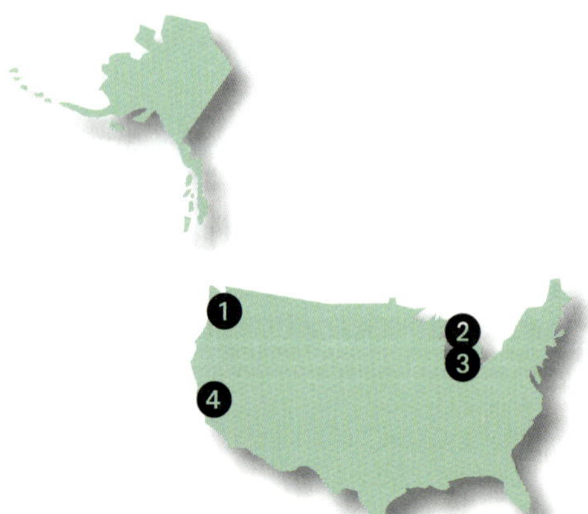

❸ Mackinac Bridge

Irgendein Rekord musste her: Die Brücke, die amerikanische Ingenieure 1957 über die Straße von Mackinac zwischen dem Michgan- und dem Huronsee schlugen, ist eine Hänge-Konstruktion. Die größte Spannweite erreichte sie mit ihren 1158 Metern nicht, und auch zur größten Gesamtlänge reichte es mit 7,1 Kilometern nicht, da hatte die schon 1936 errichtete San-Francisco-Oakland-Bay-Brücke mit 1200 Metern mehr die Nase vorn. Aber da war doch noch etwas: Die kalifornische Kollegin überbrückte ja eine Meeresbucht, also Salzwasser. Die harfenartig aufgehängte Mackinac Bridge ist damit die längste Süßwasser überspannende Hängebrücke der Welt.

❹ Nationalpark Redwood

Küstensequoien oder Mammutbäume waren einst weit verbreitet im nördlichen Amerika, jetzt müssen sie zur Rettung unter Schutz gestellt werden. Das geschah mit einem achtzig Kilometer langen und rund zehn Kilometer breiten Redwood-Wald im Nordosten von Kalifornien, nördlich von San Francisco. Drei Nationalparks wurden dazu 1968 zusammengefasst, in denen 865 Pflanzenarten wachsen, 75 Säugetierarten leben und 398 Vogelarten zwitschern. Neben den bis zu 110 Meter hohen Baumriesen sind es vor allem bedrohte Tiere, die den Schutz des Parks brauchen: Graufuchs, Otter, Stinktier, Puma sowie Braunpelikan, Falken und Alke. Die UNESCO unterstützt die Schutzbemühungen durch Ernennung der Waldregion zu einer Welterbestätte (1980).

❶ Flora und Fauna im Yellowstone-Nationalpark

Seit 1872 achten Ranger und Wildhüter darauf, dass die aus aller Welt in den amerikanischen Yellowstone-Nationalpark südlich von Great Falls in den Rocky Mountains strömenden Besucher schonend mit diesem Naturjuwel umgehen. Es besticht nicht nur durch spannende geologische Formationen, sondern auch als Biosphärenreservat. Die lange Schutzzeit hat ein Pflanzen- und Tierparadies entstehen lassen, das seinesgleichen sucht, weswegen es natürlich seit 1978 UNESCO-Welterbestätte ist. Zu achtzig Prozent bewaldet, bietet dieser älteste Nationalpark der Welt über 1000 Pflanzenarten eine Heimstatt, durch die noch etwa 200 Grizzlys streifen. Außerdem sind Elche, Bisons (siehe Bild oben links), Dickhornschafe, Berglöwen und Schneeziegen anzutreffen. Bild oben rechts: Der »Grand Canyon of Yellowstone« und die »Lower Falls«.

❷ Geysire im Yellowstone-Nationalpark

Unruhig ist die Erde im südlichen Teil der Rocky Mountains in den US-Bundesstaaten Idaho, Wyoming und Montana. Dreimal in der jüngeren Erdgeschichte, nämlich vor gut zwei und reichlich einer Million sowie vor 630 000 Jahren wurde die Region durch Eruptionen gründlich umgestaltet und eine überwältigende Landschaft geformt, die schon 1872 die Verantwortlichen davon überzeugte, dass sie vor menschlicher Zerstörung zu schützen sei. Fast 9000 Quadratkilometer wurden zum wohl berühmtesten und ersten Nationalpark der Welt am Yellowstone River zusammengefasst, wo zahllose Fumarolen schmauchen und 250 Geysire ihre Fontänen springen lassen. Die bergige, waldreiche Region ist UNESCO-Welterbestätte seit 1978.

❸ Mammoth Hot Springs im Yellowstone-Nationalpark

Was einen im Nationalpark der Nationalparks am Yellowstone fesselt, ist individuell höchst verschieden und jeder Tipp mithin subjektiv. Auch dieser: Gut dreißig Kilometer nördlich von Norris Junction am Gardiner River stürzt sich heißes Quellwasser über Stufen zu Tal. Durch Versinterung haben diese Mammoth Hot Springs dabei Kalkterrassen geschaffen, die weiß aufleuchten, aber bei Algenwuchs oder Bakterienarbeit auch in allerlei anderen Farben spielen. Auf gesicherten Wegen und Holzstegen können Besucher durch die Main Terrace Area spazieren, das Wassergespringe bestaunen und seinem Rauschen und Gurgeln lauschen.

❹ Mount-Rushmore-Monument South Dakota

Vielleicht hätte der amerikanische Bildhauer Gutzon Borglum (1867–1941) bei längerer Lebensdauer Theodore (»Teddy«) gegen Franklin Delano Roosevelt ausgetauscht. Doch der Künstler erlebte dessen Triumph im Zweiten Weltkrieg nicht mehr, und so zieren nun den Felsen in den Black Hills im Südwesten von South Dakota die Monumental-Porträt-Köpfe der vier Präsidenten Washington, Jefferson, Lincoln und T. Roosevelt. Die aus dem Granitfelsen herausgemeißelten, sehr gut getroffenen Gesichter sind etwa 20 Meter groß und ein singuläres patriotisches Geschichtsdenkmal ganz im Stil des Landes der unbegrenzten Möglichkeiten. So manchem Hollywood-Streifen diente es als Kulisse.

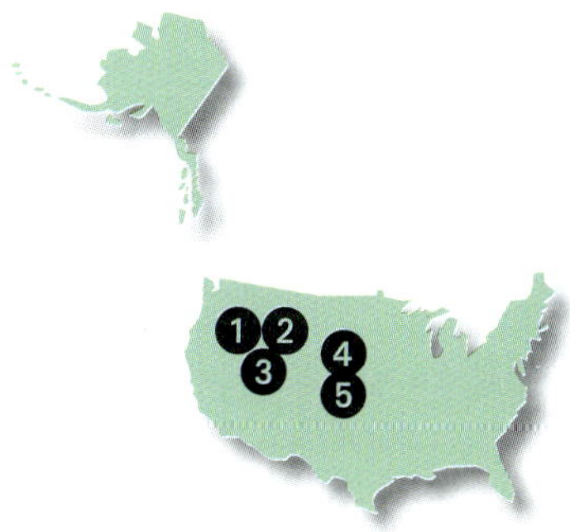

❺ Scotts Bluff Nebraska

In großen Trecks schoben die Weißen ihre Siedlungsgrenzen in Nordamerika während des 18./19. Jahrhunderts nach Westen vor. Berühmt wurde der so genannte Oregon Trail, der über 3200 Kilometer bis in den Nordwesten der heutigen USA führte und den ungezählte Trecks wählten, obwohl er durch Wüsten und gefährliche Indianer-Territorien führte. Verglichen mit anderen Routen aber hatte er Geländevorteile, wie den Zeugenberg aus Sandstein in der Ebene von Nebraska. Er wies, 244 Meter über die Umgebung aufragend, schon von weitem zuverlässig den Weg. Scotts Bluff, wie er genannt wird, spielte daher eine wichtige Rolle bei der Erschließung des Westens und ist heute als National Monument geschützt. Das Oregon-Trail-Museum erzählt die Geschichte der Trecks, von denen im Gelände noch Wagenspuren zeugen.

❶ Illinois State Center Chicago

*»Form follows function« (die Form richtet sich nach dem Zweck) lautet eine Forderung der modernen Architektur, wobei jeder Zweck natürlich Spielraum für diverse Formen lässt. Als die größte Stadt des US-Bundesstaats Illinois in den 1960er-Jahren ein State Center mit Kongress-, Geschäfts- und Verwaltungseinrichtungen plante, ging der Auftrag an den bereits über achtzigjährigen deutschen Bauhaus-Architekten Mies van der Rohe (1886–1969), dessen Arbeit der junge Helmut Jahn (*1940) fortsetzte und zu kühner Vollendung brachte. Er hat die Forderung perfekt befolgt, wonach ein Haus nicht aus Dach und Wand bestehe, sondern aus umbautem Raum und folglich von innen nach außen gebaut werden müsse.*

❷ Sears Tower Chicago

SOM heißt der Erbauer eines der höchsten Häuser der Welt, aber SOM ist kein Einzelner, sondern ein in den 1930er-Jahren gegründetes amerikanisches Architekturbüro der Baumeister Skidmore, Owings und Merril. Sie schufen 1969–1974 den 443 Meter hohen Sears Tower in Chicago für einen Warenhauskonzern. Hundert Aufzüge bringen wochentags 16 000 Menschen in die 110 Stockwerke zur Arbeit, und die ganz oben tätig sind, haben einen Blick über die ganze Stadt und bei richtiger Lage weit über den Michigansee. Das harmonische Miteinander von Alt und Neu in der Illinois-Metropole kommt auch hier zum Ausdruck: Vor dem modernen Glasquader-Giganten steht ein alter Wasserturm wie aus der deutschen Kaiserzeit.

❸ Wrigley Building

Chicago

Hoch hinaus wollten die Amerikaner schon immer, und architektonisch gelang das mit der Erfindung der Stahlskelettbauweise durch William Le Baron Jenney (1832–1907) und des Sicherheitsfahrstuhls. Ein Virtuose der neuen Technik wurde der Architekt Louis Henri Sullivan (1856–1932), der den Typ des modernen Geschäftshochhauses prägte, wie ihn das Wrigley Building in Chicago darstellt. Vor der Kulisse der neuesten Glaspaläste und Höchsthäuser wie dem fast einen halben Kilometer hohen Sears Tower wirken die frühen Betonlösungen freilich schon wieder leicht »antik«, zumal der Jugendstil-Dekor eine sehr andere Formensprache spricht.

❹ Renaissance Center Detroit

Hier werden mehr Autos gebaut als irgendwo sonst auf der Welt, denn die großen drei – Ford, General Motors und Chrysler – haben alle ihren Sitz hier: Detroit am gleichnamigen Grenzfluss zu Kanada im US-Bundesstaat Michigan ist Welthauptstadt des Fahrzeugbaus. Dass Monopole ihre Schwächen haben, wurde schlagartig klar, als 1973 der Ölpreisschock die Autobauer in eine schwere Krise stürzte und die Stadt folglich gleich mit. Nur die rasche Überwindung der automobilen Depression rettete Firmen und Standort. Henry Ford II. setzte dieser Wiedergeburt 1977 ein Wahrzeichen mit dem Renaissance Center, das sich 73 Stockwerke emporreckt, 50 Warenhäusern und 25 Restaurants Platz und den Besuchern einen herrlichen Blick über das Wasser nach Kanada bietet.

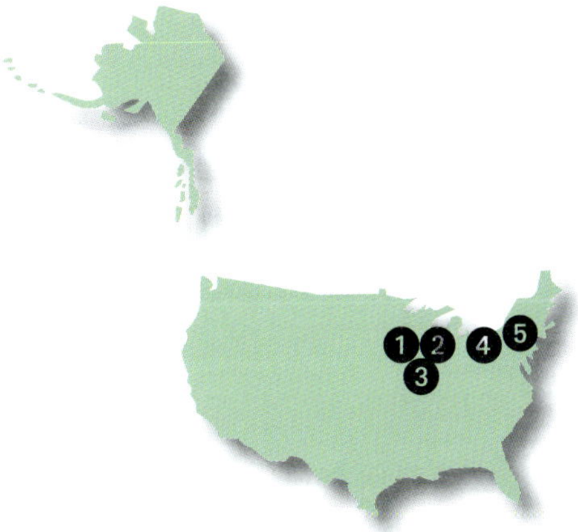

❺ Niagarafälle

Die Indianer nennen den Fluss »Donnerndes Wasser«, obwohl der Niagara, der Erie- und Ontariosee verbindet, über 99 Prozent seiner 55 Kilometer Länge so still dahinzieht wie die meisten Flüsse. Aber das letzte eine Prozent: Da schwillt beim Näherkommen ein Höllenlärm an, ehe sich der Fluss auf US-amerikanischer Seite auf 350 Metern Breite 51 Meter tief in einen von ihm auf weitere 60 Meter Tiefe ausgewaschenen Schlund stürzt. Der durch Goat Island abgetrennte Arm auf kanadischer Seite ist breiter, fällt aber »nur« 49 Meter tief. Für die Schifffahrt ein ärgerliches Hindernis, das auf Kanälen umschifft werden muss, sind die beiden Niagarafälle für Touristen eine einmalige Naturattraktion.

❶ Brooklyn Bridge New York

New York gibt es eigentlich erst richtig, seit eine feste Verbindung mit dem heutigen Stadtteil Brooklyn besteht, und das ist seit 1883 der Fall. Vierzehn Jahre waren da seit Beginn der Planung der Brooklyn Bridge vergangen, deren Errichtung den Erbauer John Roebling und zwanzig Arbeitern das Leben kostete. Als sie endlich stand, waren ihre neunzig Meter hohen Pfeiler die höchsten Bauwerke an beiden Ufern. Heute nehmen sie sich in der Wolkenkratzer-City fast mickrig aus. Auch ihre Länge von zwei Kilometern war seinerzeit singulär und wurde erst nach zwanzig Jahren von anderen Brücken – neudeutsch gesagt – getoppt. Ob das auch die Schönheit des Baus betrifft, muss jeder selbst entscheiden. Der atemberaubende Blick auf die Skyline von Manhattan ist jedenfalls nicht zu übertreffen.

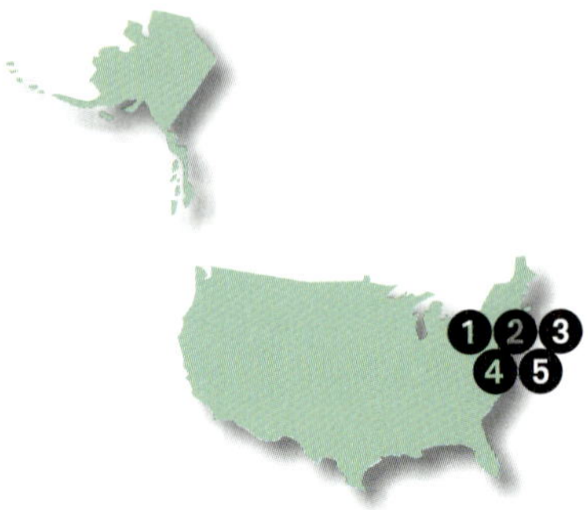

❷ Freiheitsstatue New York

Gern wird vergessen, dass die Erklärung der Menschenrechte durch die französischen Revolutionäre von 1789 auf der Unabhängigkeitserklärung der USA von 1776 fußte. Nicht vergessen hatte das die französische Nationalversammlung, als sie beschloss, den Vereinigten Staaten zum 100. Geburtstag ein Riesenweib zu schenken: die Freiheitsstatue, die 1886 mit zehnjähriger Verspätung auf einen 47 Meter hohen Granitsockel vor New York gestellt wurde und seitdem ihre Fackel 46 weitere Meter hoch in den Himmel hebt. Für zahllose Einwanderer wurde sie in der Zeit danach zum Zeichen der Hoffnung auf eine neue Chance und ein Leben frei von Not und Unterdrückung in diesem Land der unbegrenzten Möglichkeiten. UNESCO-Welterbestätte seit 1984.

❸ Chrysler Building New York

Früher kratzten sie wirklich noch am Himmel oder auf Deutsch: an den Wolken, die New Yorker Skyscraper der ersten Generationen. Anders als die modernen Kästen liefen sie spitz zu und piekten empor wie das 319 Meter hohe Chrysler Building, dessen Art-déco-Dach fast etwas Pagodenhaftes hat. Neben den Glaspalästen wirkt es ein wenig exotisch und weckt Sehnsucht nach der Zeit, als solche Bürotürme noch eine Sensation waren und ganze Filme nur davon lebten, dass sie in Manhattan spielten. Inzwischen haben nicht nur amerikanische Städte weit Höheres zu bieten, und New Yorks Nimbus speist sich eher durch Nostalgie, wie sie solche Bauten wecken, als durch neue Rekorde.

❹ Guggenheim-Museum New York

Das architektonische Vermächtnis eines der bedeutendsten Baumeister der Moderne: Als fast 90-Jähriger entwarf Frank Lloyd Wright (1867–1959) das New Yorker Haus zur Aufnahme der von Salomon Guggenheim (1861–1949) gestifteten Kunstsammlungen. Unter Verzicht auf allen äußeren Zierrat ließ er 1956–1959 einen Komplex entstehen, der in seiner organischen Formgebung von der Zweckbau-Umgebung deutlich absticht, ohne selbst seinen Zweck aus den Augen zu verlieren. In einer flachen Spirale, die nach oben weiter wird, geht es hinauf, so dass der Eindruck scheibenweisen Aufbaus mit Öffnung zum Licht entsteht.

❺ Manhattan New York

Skyline by Skyscrapers oder etwas deutscher: Silhouette durch Wolkenkratzer – das ist Manhattan, der bekannteste Stadtteil von New York auf der Landzunge zwischen Hudson und East River. Lange beherrscht von Gebäuden wie Rockefeller Center oder Empire State Building, macht die Hauptstadt der Höchsthäuser heute vor allem mit den 412 Meter hohen Doppeltürmen des World Trade Center auf sich aufmerksam. Sie symbolisieren das Doppelleben der Stadt zwischen hektischem Glitzer-Lifestyle in den tiefen Straßenschluchten mit ihren Bars, Kinos, Theater, Museen und Boutiquen sowie dem geschäftigen Treiben in den Bürosilos, die wochentags Heimat ganzer Heere von Sekretärinnen und Managern, Textern und Servicemitarbeitern sind.

❶ Seagram Building

New York

*Nach dem Zweiten Weltkrieg entdeckte New York den »International Style« der europäisch geprägten Architektur. Einen ersten Akzent setzten der deutsche Bauhaus-Baumeister Ludwig Mies van der Rohe (1886–1969) und als einer seiner Mitarbeiter der US-Architekt Philip Johnson (*1906) im Jahr 1958 mit dem 39-stöckigen Seagram Building, einem Urtyp des schnörkellosen Stahl-Glas-Palastes ganz nach der Bauhaus-Maxime der äußersten Funktionalität. Trotz vergleichsweiser Zwergenhaftigkeit gemessen an anderen Wolkenkratzern setzte das Gebäude für mehrere Jahrzehnte Maßstäbe in der internationalen Hochhausarchitektur.*

❷ TWA Building New York

Der deutsche New-York-Besucher fühlt sich am Kennedy Airport ein wenig an die »schwangere Auster«, die geschwungene Berliner Kongresshalle, erinnert: Das TWA-Gebäude nämlich arbeitet ähnlich schwungvoll mit Beton, genauer: der finnoamerikanische Architekt Eero Saarinen (1910–1961) hat dessen Qualitäten in ähnlicher Weise genutzt. Dabei ist in seinen letzten fünf Lebensjahren eine Halle entstanden, die moderne Dynamik symbolisieren soll und eher einer modernen Ikarus-Skulptur als einem Zweckbau ähnelt. Offenbar haben Tragflächeningenieure beim Entwurf Pate gestanden.

❸ AT & T Building

New York

*Der amerikanische Architekt Philip Johnson (*1906) hatte beim Bauhaus gelernt, dass weniger mehr sein kann, und sich dem daraus resultierenden Funktionalismus verschrieben. Im Alter aber war ihm dabei nicht mehr wohl, und er wandte sich postmoderner Formensprache zu, ohne freilich ganz auf die Zwecklinie zu verzichten. Beim Entwurf des 1978–1984 erbauten AT & T Building, dem heutigen Sony Tower, in New York verzichtete er auf die üblichen Glitzerfassaden und gab dem Bau ein streng gegliedertes Gesicht mit vergleichsweise kleinen Fenstern. Er krönte ihn durch ein verwirrendes Giebelfeld mit einer durchbrochenen kreisförmigen Öffnung, die das Gebäude wie einen schlichten, aber gigantischen Jugendstil-Bücherschrank aussehen lässt.*

❹ Empire State Building New York

George Washington, erster Präsident der USA, sprach vom Bundesstaat New York gern als Empire State, der sozusagen das Herz des damals noch auf die Ostküste Nordamerikas beschränkten neuen Landes sei. Dessen entsannen sich 1931 der Architekt William Frederick Lamb und seine Auftraggeber, als sie dem seinerzeit weltweit bestaunten höchsten Gebäude der Erde den Namen Empire State Building gaben. Darin drückte sich Stolz und der Anspruch aus, einen nicht zu übertreffenden Akzent in Manhattan gesetzt zu haben. Als dann 1970 die 381 Meter und 102 Stockwerke des Riesen doch übertroffen wurden, hatte dieser Rang in gewissem Sinn dennoch weiter Bestand, denn höhere Wolkenkratzer mag es inzwischen geben, schönere nicht. Dafür sorgt schon die unnachahmliche Art-déco-Fassade.

❺ World Trade Center New York

Es gibt noch höhere künstliche Bauten, aber keinen größeren Bürokomplex als die beiden 1962–1975 errichteten Türme des World Trade Centers in New York: In zweimal 110 Stockwerken von 411,28 Metern Höhe arbeiten auf 817 520 Quadratmetern 130 000 Menschen. Dass dies in einer friedlosen Welt nicht ganz ohne Risiko ist, wurde schlagartig klar, als 1993 arabische Terroristen einen Anschlag auf die Riesen unternahmen. Nicht auszudenken, wenn sie »Erfolg« gehabt hätten. Kritiker, die sogar den Abriss des Welt-Handels-Zwillings verlangen, sind daher bis heute nicht verstummt. Der Architekt Yamasaki (1912–1986) sah das Gebäude, und die meisten New Yorker sehen es wie der einstige Gouverneur Rockefeller: »Eine grandiose Vermählung von Schönheit und Nützlichkeit.«

❻ Unabhängigkeitshalle Philadelphia

Ursprünglich tagte in dem schönen Kolonialbau mit dem zentralen Glockenturm an der Fassade die Volksvertretung der britischen Kolonie Pennsylvania. 1732–1740 errichtet, wählte der zweite amerikanische Kontinentalkongress nach dem Zerwürfnis mit dem englischen Mutterland das Gebäude 1775 zum Versammlungsort, wo am 4. Juli 1776 die Declaration of Independence (Unabhängigkeitserklärung) angenommen wurde. Nach ihr, der Geburtsurkunde des mächtigsten Staates der Gegenwart, heißt das Gebäude Independence Hall und ist zusammen mit dem gesonderten Glaspavillon, in dem die Freiheitsglocke untergebracht ist, UNESCO-Welterbestätte seit 1979.

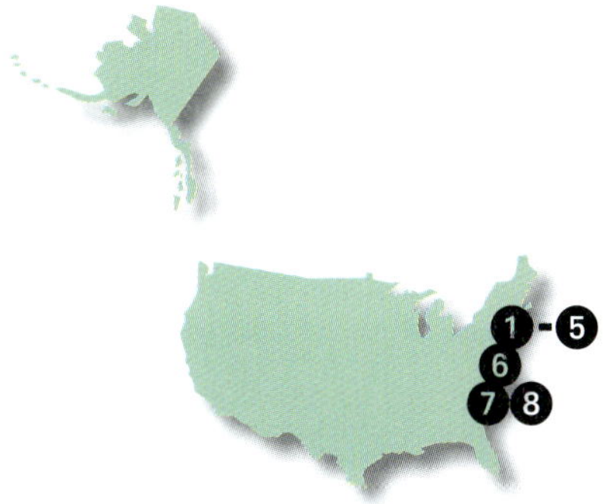

❼ Kapitol, Washington Monument, Lincoln Memorial Washington

Anleihen bei der Antike bestimmen die Ruhm-Achse der USA-Hauptstadt Washington. Vom Kapitol (1793–1824 erbaut), dem – man muss schon sagen – Tempel der beiden Häuser des Parlaments, benannt nach dem römischen Vorbild, über das Washington Monument mit dem klassischen Ausrufezeichen des 169 Meter hohen Obelisken (1888) bis zum Lincoln Memorial (1915–1922) im Stil des Athener Parthenons ist alles auf Dauer angelegt. Indem man den historischen Bogen architektonisch so weit schlug, sollte etwas von der Patina der großen Vergangenheit auf die erst kurze Geschichte der Vereinigten Staaten abfärben.

❽ Weißes Haus Washington

Nur der erste Präsident der Vereinigten Staaten, der der Hauptstadt den Namen gab, residierte nicht hier. George Washington ließ aber 1792 den Amtssitz seiner Nachfolger im klassizistischen Stil erbauen, wobei noch niemand an den späteren Spitz- und heutigen amtlichen Namen dafür dachte. Der kam erst auf, als die Briten im Krieg gegen den jungen abtrünnigen Staat, ihre einstige Kolonie, Washington als Herz der verhassten neuen Macht 1814 niederbrannten. Dolly Madison, die Frau des damals amtierenden Präsidenten, soll daraufhin das geschwärzte Gebäude weiß haben verputzen lassen. Bilder aus der Befehlszentrale des US-Präsidenten, dem Oval Office, sind in aller Welt fast allabendlich Fernsehgast.

❶ Erweiterungsbau der National Gallery Washington

*Als die Hauptstadtväter von Washington in den 1970er-Jahren beschlossen, die aus allen Nähten platzende National Gallery zu erweitern, wollten sie einen Bau, der auf lange Sicht weitere Maßnahmen erübrigte. Der chinesisch-amerikanische Architekt Ieoh Ming Pei (*1917) musste also eine ziemliche Baumasse bewältigen. Das hätte unter Berücksichtigung großer Wand-, weil Stellflächen und mithin weniger Fenster ein ziemlicher Bunker werden können. Die geometrische Formensprache aber, die Pei auch später, etwa 1989 bei der Glaspyramide des Pariser Louvre, bevorzugte, ließ eine Haus-Landschaft pyramidaler und winkliger Art entstehen, in der das Schwere trotz der Monumentalität aufgehoben scheint. Das leichte farbliche Changieren der Ziegelwände unterstützt den Effekt.*

❷ Monticello Charlottesville

US-Präsident Kennedy lud alle lebenden amerikanischen Nobelpreisträger zum Essen ins Weiße Haus und begann seinen Toast: »Noch nie saß so viel geistige Potenz an diesem Tisch, seit Jefferson hier allein dinierte.« Die Verehrung galt einem Mann, der 1776 die Unabhängigkeitserklärung federführend formuliert und als Präsident 1801–1809 den jungen Staat USA konsolidiert hatte. Dabei schwang auch Bewunderung für den Intellektuellen Jefferson mit, der sich gründlich mit klassizistischer Architektur beschäftigt und seinen Landsitz Monticello in Charlottesville in Virginia in diesem Stil mit weißem Portikus vor roter Fassade hatte errichten lassen. Zusammen mit den Gebäuden der von ihm 1819 gestifteten Universität am selben Ort UNESCO-Welterbestätte seit 1987.

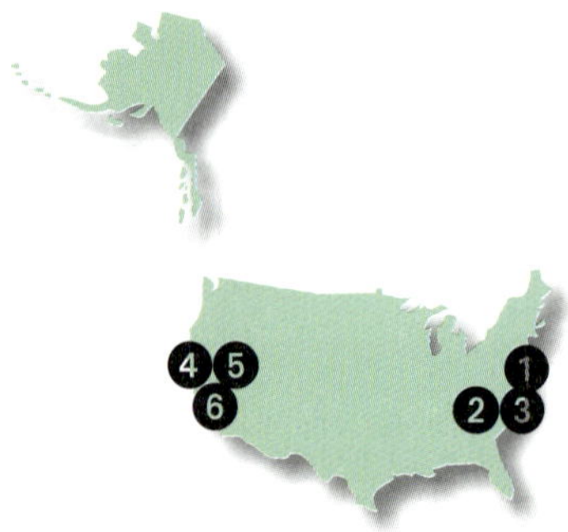

❸ Universität von Virginia

Charlottesville

Wie seine Villa wünschte sich Alt-US-Präsident Jefferson (1743–1826, regierte 1801–1809) die Universität von Virginia, die er 1819 ebenfalls in Charlottesville errichten ließ: ländlich und klassizistisch. Deswegen entstand ein damals sicher gewöhnungsbedürftiges Ensemble, dessen Bauten würdevoll-städtisch, dessen Anlage aber eher dörflich war. Mit Respekt heischenden, säulengestützten Vordächern sehen die in U-Form gruppierten zehn Pavillons für die zehn »Schulen« antiken Tempeln ähnlich, die in einem heiligen Hain stehen. Die Statue des Gründers erhält dadurch etwas von einer Zentralgottheit. Zusammen mit seinem Landsitz ist der Campus UNESCO-Welterbestätte seit 1987.

❹ Gefängnisinsel Alcatraz San Francisco

Der Knast galt als so sicher, dass man hier sogar den wohl berüchtigsten Verbrecher des 20. Jahrhunderts, Al »Scarface« Capone, inhaftierte: Die Felseninsel Alcatraz in der Buch des kalifornischen San Francisco, 1855 befestigt und 1934 zum Hochsicherheitsgefängnis umgebaut, galt als ausbruchssicher. In den drei Jahrzehnten ihres Bestehens (1963 aufgelöst) erlebten hier die schwersten Jungs der USA den harten Strafvollzug eines Rechtssystems, das vom Sühnegedanken des Alten Testaments geprägt ist. Harte und Abgeschlossenheit dieser Welt hat Regisseure immer wieder gereizt, die Insel zur Kulisse spannender Streifen aus dem Gefangenenmilieu zu nutzen. Heute ist sie mit ihren endlosen Zellentrakts eine Attraktion für Touristen.

❺ Golden Gate Bridge San Francisco

Kalifornien galt zur Zeit des Goldrauschs als Eldorado, und die fünf Kilometer lange Einfahrt in den natürlichen Hafen der Bucht von San Francisco entsprechend als Golden Gate (goldenes Tor). An der schmalsten Stelle nur 1,6 Kilometer breit, bot sich eine Überbrückung an, die 1933 in Angriff genommen und 1937 vollendet wurde. Diese Golden Gate Bridge mit ihrem eleganten Hänge-Schwung machte das Tor erst zu einem solchen und verkürzte den Weg ins nördliche Nachbarstädtchen Sausalito und damit zur Küstenstraße nach Norden drastisch. Aber was ist das gegen den inspirierenden Effekt – leider auch auf Lebensmüde –, dem wir manchen filmischen Leckerbissen vor diesem 2,8 Kilometer langen und 72 Meter über dem Wasser schwebenden Hintergrund verdanken?

❻ Trans-Am-Pyramide San Francisco

Sie ist weder die Hauptstadt von Kalifornien, den Titel trägt Sacramento, noch die größte Metropole des US-Bundesstaats, das ist Los Angeles. Und doch gilt San Francisco, oder kurz Frisco, als »the City«, als die Stadt schlechthin. Das hat mit der Weltläufigkeit zu tun, mit der wunderbaren Buchtlage, aber auch mit der Architektur. 1906 bei einem schweren Erdbeben weitgehend zerstört, ist alte Bausubstanz zwar Mangelware, dafür besticht Modernes, was fast buchstäblich für das raketenartige Gebilde des 260 Meter hohen Trans-Am-Building gilt. Mit den beiden winzigen Stummelflugeln unterhalb des Spitzdachs signalisiert es: »Ready for take-off.« Gemeint kann hier nur sein: Bilderbuchstart ins 21. Jahrhundert.

❶ Yosemite-Nationalpark

Im Herzen der Sierra Nevada in Zentralkalifornien haben schon 1890 Naturliebhaber das Yosemite Valley und den 800 Meter tief eingeschnittenen Cañon des Merced River als dringend zu schützende Juwelen ausgemacht. Mehrfach erweitert, wuchs der damals eingerichtete Nationalpark auf über 3000 Quadratkilometer in Höhen von 670 bis fast 4000 Metern. Abwechslungsreichere Landschaft ist kaum vorstellbar: Wuchtige, rundgewaschene Granitfelskulissen wechseln mit Wäldern aus gigantischen Mammutbäumen, Wasserfälle (z. B. der Bridal-Veil) tosen, Klippen und Wände fallen ins Bodenlose, und in den höchsten Höhen leuchten Gletscher. 1400 Pflanzen-, 230 Vogel- und 74 Säugetierarten sind hier zu Hause. UNESCO-Welterbestätte seit 1984.

❷ Mono Lake Sierra Nevada

Rund wie die Eifel-Maare und wohl auch vulkanischer Herkunft ist der Mono Lake in der Sierra Nevada östlich von San Francisco. Zum einen aber ist das tatsächlich ziemlich »mono«, also allein gelegene Gewässer mit 225 Quadratkilometern um ein Zigfaches größer als die deutschen Rundseen, und zum anderen wegen der abflusslosen Lage am regenarmen Osthang des Gebirges äußerst salzig. Zudem liegt er fast 2000 Meter hoch und damit mehrere hundert Stockwerke über Mittelgebirgsniveau. Entsprechend karg nur präsentiert sich die Vegetation am See vor der Kulisse des Gebirgskamms, der Hochalpenformat hat.

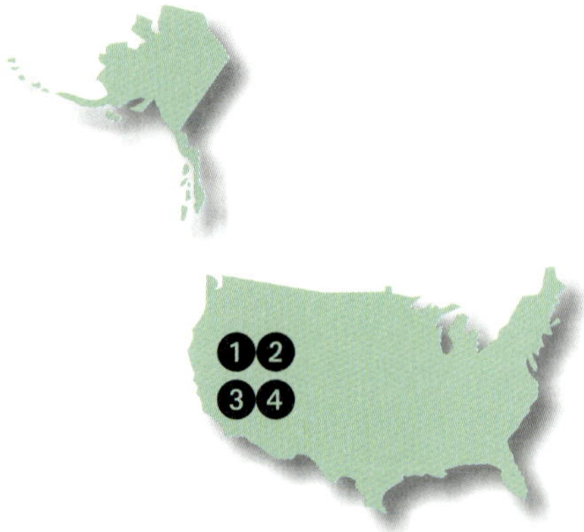

❸ Baumriese »General Grant« King's Canyon National Park

Kein Lebewesen auf Erden war je größer, die mächtigsten Wale nicht und nicht die riesigsten Saurier, und älter wurde auch keines: Die Riesenmammutbäume in Kalifornien können in bis zu 4000 Jahren auf 135 Meter Höhe heranwachsen – ungeheure Methusaleme. Einige bemerkenswerte Exemplare stehen im King's Canyon National Park in den Bergen der Sierra Nevada östlich von Fresno. Er wurde 1890 eingerichtet, also nur ein Vierteljahrhundert nach Beendigung des amerikanischen Bürgerkriegs, dessen Heerführer man damit ehrte, dass man die mächtigsten Bäume nach ihnen benannte. Einer wurde natürlich auch General Grant gewidmet, der 1869–1877 Präsident war und dem mithin ein besonders schönes Baummammut zustand: 81,5 Meter hoch bei einem Umfang am Boden von 32,5 Metern, überragt er einige »Teenager«, die allenfalls ein paar lumpige Jahrhunderte auf dem rindigen Buckel haben.

❹ Sequoia Nationalpark

Südlich an den King's Canyon National Park in der Sierra Nevada in Kalifornien schließt sich direkt der Sequoia Nationalpark an. Wie der Name schon sagt, sollen hier insbesondere die lange schonungslos abgeholzten Riesenmammutbäume (Sequoiadendron giganteum) geschützt werden. Es geht aber auch um die Rettung der Hochgebirgswelt des Mount Whitney, des mit 4419 Metern höchsten Berges der USA außerhalb Alaskas. Soweit die Natur. Auch für die Kultur tut der Park etwas: 1978 wurde in ihn das alte Bergbaustädtchen Mineral King einbezogen, dem nach Ende der unergiebig gewordenen Abbautätigkeit und der Abwanderung der Bewohner der Verfall drohte. So konnte die Substanz gerettet werden.

❶ Hearst-Castle San Simeon

Außen ein bisschen Petersplatz mit Kolonnadengang, die Fassade eine neobarocke Verbeugung vor der Kathedrale von Santiago de Compostela, das Innere dekoriert à la Versailles und Tuilerien – fertig ist »the Ranch«, wie Zeitungszar William Randolph Hearst (1863–1951) sein Schloss im kalifornischen San Simeon gern untertreibend nannte. Für europäische Augen ein gewagtes, wo nicht geschmackloses Konglomerat von Zusammengekauftem und Abgekupfertem, ist der überladene Landsitz des Pressemagnaten für Amerikaner die glückliche Vermählung von Disneyland und Neuschwanstein. Und selbst kritische Geister können sich der Kühnheit der Kombinationen und der Atmosphäre neureichen Maharadschatums nur schwer entziehen.

❷ Mission Santa Barbara Los Angeles

Während im Osten des Kontinents die Neuenglandstaaten mit der Unabhängigkeitserklärung den Weg zum Staat USA beschritten, schufen Franziskaner in spanischem Auftrag auf der anderen Seite den Königsweg »Camino Real« mit einer Kette von Missionsstationen an der kalifornischen Küste. Eine davon war 1781 das heutige Los Angeles (»die Engel«), eine weiter nordwestlich davon gelegene Santa Barbara. Die alte spanisch-mexikanische Anlage ist längst von der Stadt umwuchert, und dennoch setzt der Bau ihrer schlichten, aber massiven Kirche mit den wenigen Schmuckelementen einen Akkord in die Hetze der schnelllebigen Gegenwart, der manchen zum Innehalten bringt: Zeit ist nicht bloß Geld, sondern Chance zur Besinnung darauf, dass mehr als Menschenwerk dazu gehörte, aus Ost und West ein Land zu schaffen – god's own country.

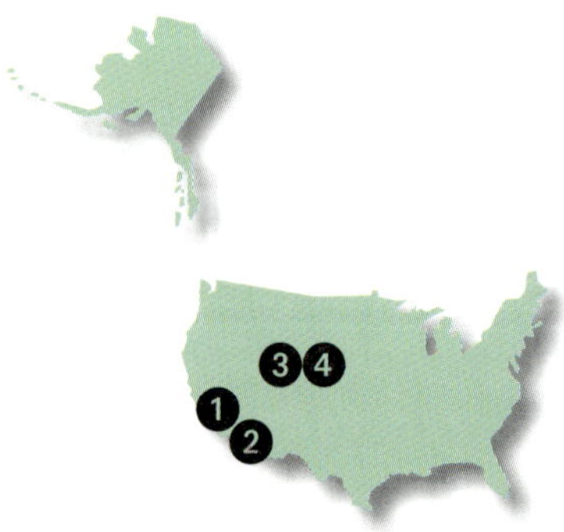

❸ Salt Lake City

Salziger noch als das Tote Meer in Palästina, aber mit 1350 Metern über Meereshöhe erheblich höher gelegen, ist der Große Salzsee im US-Bundesstaat Utah nur noch ein Schatten seiner selbst, und das mal mehr, mal weniger. Früher mit 50 000 Quadratkilometern weit nach Idaho hineinreichend, ist er nun auf durchschnittlich ein Zehntel geschrumpft, je nach Zufluss. In regenreichen Jahren steigt sein Spiegel, so dass 6000 Quadratkilometer überflutet sein können, in Trockenzeiten schnurrt er auf die Hälfte zusammen. Diese Launenhaftigkeit hat die Religionsgemeinschaft der Mormonen oder der Kirche Jesu Christi der Heiligen der Letzten Tage nicht gestört, und sie hat an die salzigen Gestade ihre und Utahs Hauptstadt Salt Lake City errichtet mit dem sechstürmigen Tempel (Bild oben links), dem Tabernakel (oben rechts) und dem umliegenden Tempelbezirk als Zentrum.

❹ Bryce Canyon Utah

Den Impressionisten Monet wünscht man sich unwillkürlich her, der hier womöglich ein Gegenstück zu dem Gemälde schaffen könnte, das seiner Kunstrichtung den Namen gab: »Impression, lune levante«. Die Sonne taucht die hohen Felswände des Bryce Canyon im amerikanischen Bundesstaat Utah in letztes Licht, während groß der volle Mond über dem hohen Horizont aufsteigt und sein nächtliches Wächteramt antritt. In seinem Schein werden die Schrunden und Klüfte dieser wilden Felslandschaft noch um einige Grade unheimlichere scharfe Schatten werfen, durch die Fledermäuse und Eulen huschen, dieweil sich die Felsen knackend von der Tageshitze erholen.

❶ Nationalpark Arches

Der Bildhauer Henry Moore hätte eine solche Plastik aus seiner Werkstatt vielleicht »One Big Form« genannt als Ausgangsstück für die »Two Big Forms« vor dem einstigen Bonner Kanzleramt. Der geniale Mann aber war gar nicht am Werk, sondern eine noch viel bedeutendere Kapazität namens Erosion, die diesen »Delicate Arch« schuf. Dass sie bisweilen nicht nur zu bizarren Schöpfungen neigt, sondern auch durchaus Anmutiges zu präsentieren weiß, erlebt der Besucher des Nationalparks Arches im US-Bundesstaat Utah auch an vielen anderen Stellen, denn augenscheinlich eignet sich hier das Gestein besonders für die Werkzeuge der Verwitterung: Wind, Frost, Wasser und Hitze, von der bei Sonnenuntergang ein Abglanz auf der Hohen Pforte schimmert.

❸ Lake Powell Arizona

Wasser ist ein rares Gut in so ariden Gebieten, wie sie über weite Strecken den US-Bundesstaat Arizona ausmachen. Man darf es nicht einfach ungenutzt abfließen lassen, wie das der Colorado River am Glen Canyon bis vor einigen Jahrzehnten tat. Mit einem Damm wurde die Schlucht daher überbrückt und das Wasser zum Innehalten gezwungen. Nun lässt es sich nicht nur zur Energiegewinnung und für Bewässerungsaufgaben nutzen, sondern befeuchtet auch die heiße Luft über der Felswüste und umfließt die Steinberge so malerisch, dass die Touristen herbei- und ihre Dollars in die Kassen der Region strömen.

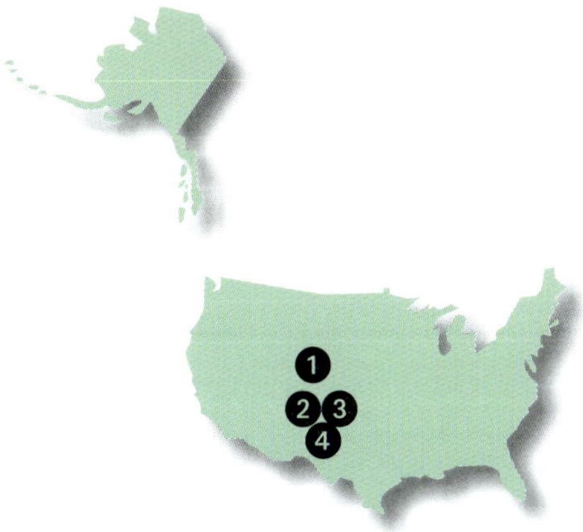

❷ Nationalpark Grand Canyon

»So unirdisch, als habe man ihn auf einem anderen, erstorbenen Gestirn gefunden«, sagte einmal der schottische Schriftsteller John Muir über den Grand Canyon im Norden von Arizona. Das trifft auf das felsige Ergebnis eines Jahrmillionen andauernden Sägens zu, nicht aber auf die Säge selbst. Dabei handelt es sich um den Colorado River, der sich sein Bett fast 1500 Meter tief in die Felsen geschnitten und dabei in Treppen Erdgeschichte freigelegt hat. Und er arbeitet in der 447 Kilometer langen Schlucht unverdrossen weiter, indem er mit fast 20 »Sachen« hindurchströmt, Prall- und Gleithänge sowie 160 Stromschnellen bildet. Und tot ist selbst diese Steinwüste nicht. Tannen, Zitterpappeln, Wacholder und 1500 andere Pflanzenarten klammern sich an und nähren sich aus Felsritzen, 300 Vogel- und 76 Säugetierarten sind in dieser UNESCO-Welterbestätte (1979) zu Hause.

❹ Barringerkrater Arizona

Im Raumfahrtzeitalter beschäftigen nicht nur UFOs, kleine grüne Männchen und sonstige Außerirdische die Fantasie der Menschen. Ins Bewusstsein sind auch durchaus reale kosmische Gefahren gerückt, die man früher so nicht wahrgenommen oder mangels Abwehrmöglichkeit verdrängt hat: Die Erde ist einem ständigen Meteoriten-Bombardement ausgesetzt, zur Freude der Sternschnuppen-Gläubigen. So harmlos aber wie in 99,9 Prozent aller Fälle müssen die Brocken nicht immer sein: Vor 20 000 Jahren etwa, also vor kurzer erdgeschichtlicher Zeit, schlug in Zentralarizona ein Riesenfels ein, der durch die Aufprallenergie vollständig verdampfte und den 167 Meter tiefen und 1186 Meter weiten Barringerkrater, auch Canyon Diablo genannt, hinterließ – in einem städtischen Ballungsgebiet eine Horrorvorstellung.

❶ Felsenfestung Montezuma Castle

Kein Wunder, dass es so lange dauerte, bis man entdeckte, dass schon vor den Indianern der Neuzeit Menschen in Colorado und Arizona gesiedelt hatten: Die hier sogar recht zahlreichen Bewohner der zerklüfteten Bergregionen gab es zunächst nur in den Mythen der Navajos, die von so genannten »Anasazi« sprachen, also von »denen, die vor uns da waren«. Dass das mehr als Mythos war, entdeckten Farmer gegen Ende des 19. Jahrhunderts. Sie fanden in fast unzugänglichen Schluchten ganze verlassene Bergstädte, ja »Festungen«, wie man bald sagte, denn die in Höhlen und an Felswände gebauten Häuser dieser Pueblo-Indianer waren nur über Leitern durch Dachluken betretbar. Eine der urtümlichsten dieser Anlagen ist Montezuma Castle, benannt nach dem letzten Herrscher der allerdings viel südlicher herrschenden Azteken im 16. Jahrhundert.

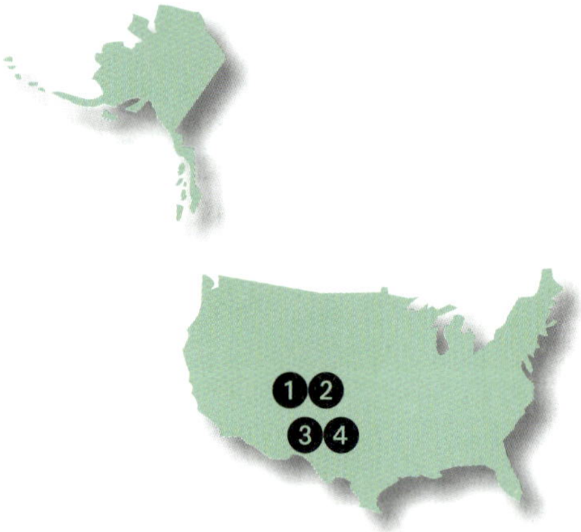

❷ Nationalpark Mesa Verde

Bis 1888 hatte man überhaupt keine Ahnung davon, dass auf dem Colorado-Plateau in den US-Bundesstaaten Arizona, New Mexico und Colorado schon im 8. Jahrhundert, also in grauer vorkolumbischer Frühzeit, Pueblo-Indianer gelebt hatten. Nach der Erstentdeckung durch zwei Farmer kamen nach und nach in Schluchten und Höhlen, unter Bergüberhängen und an Felsen Hunderte ihrer festungsartigen »Klippensiedlungen« zu Tage. Die beeindruckendsten stehen seit 1906 im Nationalpark Mesa Verde im südlichsten Colorado unter Schutz und sind seit 1979 auch UNESCO-Welterbestätte. Hinter teils massiven Mauern waren die Bewohner dort vorzüglich geschützt – allerdings nicht vor Dürre, die offenbar im 13. Jahrhundert zur Abwanderung der Bewohner und damit zur Aufgabe der Siedlungen zwang.

❸ Historischer Nationalpark Chaco

Zeugnisse der Kultur der »Anasazi« (Navajo-Wort: »die, die vor uns da waren«) finden sich auch im Nordwesten von New Mexico im 15 Kilometer langen und zwei bis drei Kilometer breiten Chaco Canyon. Nach ihm erhielt die hier zwischen 500 und 1200 blühende Kultur ihren Namen und auch das Zentrum nennt man Chaco. Es ist eine kleine Stadt für zu den besten Zeiten fast 6000 Einwohner, deren Alltag und Kultur wir aus zurückgelassenen Gerätschaften und den teils sehr großen mehrstöckigen Bauten erschließen können. Dieses Zentrum war durch ein verzweigtes Wegenetz mit 75 kleineren Siedlungen verbunden. Insgesamt betrug der Einzugsbereich der wegen Dürre erloschenen Chaco-Kultur 65 000 Quadratkilometer. Der Park ist UNESCO-Welterbestätte seit 1987.

❹ Indianerdorf (Pueblo) Taos

Dreihundert Jahre lebten sie hier ihr traditionelles Indianerleben und ihren Kultus, als 1615 die Spanier kamen und so genannte Errungenschaften wie Feuerwaffen und -wasser sowie das Christentum brachten: Die Bewohner des Pueblos von Taos nordöstlich von Santa Fé in New Mexico mochten weder das eine noch das andere, rebellierten und wurden daher mit Gewalt zur Annahme der Religion der Nächstenliebe gezwungen. Nach zweihundert spanischen Jahren kamen 1846 die Amerikaner und beanspruchten nun ihrerseits die Herrschaft. Wieder wehrten sich die Indianer, dieses Mal gegen den American Way of Life, und wieder setzten sich die neuen Herren gewaltsam durch. Erstaunlicherweise überlebte der Stamm dennoch und auch ein Gutteil seiner Traditionen. Immer noch steht sein Dorf aus quaderförmigen Lehmhäusern auf fünfstöckiger Terrasse und ist nun Gegenstand der Taos-Forschung und UNESCO-Welterbestätte seit 1992.

❶ Gateway Arch St. Louis

»Westward ho!«, war die Parole der Siedlertrecks in den USA des 19. Jahrhunderts. Doch der Westen war wild, und für viele war bald Endstation. Eine davon war Saint Louis am Mississippi, heute die größte Stadt des Bundesstaats Missouri. Hier konnten es sich die Abenteurer ein letztes Mal überlegen, ob sie tatsächlich weiter ins Ungewisse ziehen wollten. Viele blieben lieber, während für andere die Stadt das Tor zum Westen und damit zum Ausgangspunkt der Erschließung der riesigen Landmasse jenseits des großen Stroms wurde. Diese Pioniertat – die Indianer sehen das etwas anders – wollten die Stadtväter in den 1950er-Jahren baulich gewürdigt haben und baten den Architekten Eero Saarinen (1910–1961) darum. Er entwarf 1959 einen 191 Meter hohen Stahlbogen, den »Gateway Arch«, der 1965 vollendet wurde.

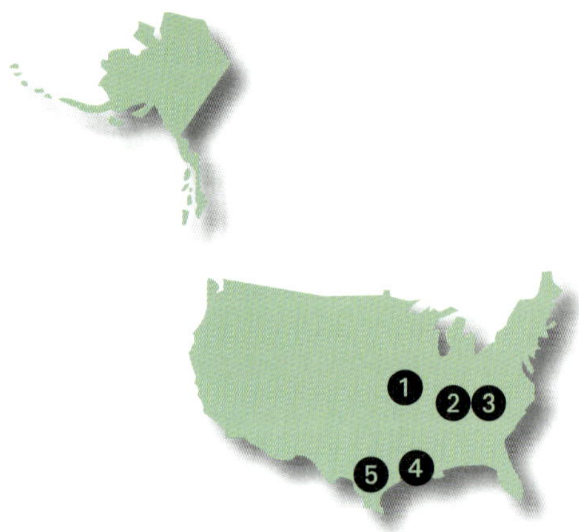

❷ Nationalpark Mammoth Cave

In eine Unterwelt mit Höhlen, Grotten und Gängen von über 550 Kilometern Länge in fünf Stockwerken bis in über hundert Meter Tiefe können Besucher des Nationalparks Mammoth Cave (»Mammuthöhle«) im US-Bundesstaat Kentucky eintauchen. Er heißt so wegen der ungeheuren Ausmaße dieses größten Höhlensystems der Welt, könnte aber ebenso gut Nationalpark Vorgeschichte genannt werden, denn hier wurden zahllose prähistorische Funde entdeckt, die von früher menschlicher Nutzung einzelner Teile der natürlichen Katakomben zeugen. Und auch als Zoo ganz besonderer Art ginge der Karst-Park durch, denn er ist Heimat vieler Tiere, insbesondere solcher, die ganz an die Dunkelheit angepasst sind, darunter ein Dutzend Fledermaus- und mehrere Höhlenfischarten. UNESCO-Welterbestätte seit 1981.

❸ Nationalpark Great Smoky Mountains

Die Appalachen im Osten von Nordamerika steigen nach Süden an, wo sie in den Great Smoky Mountains die 2000-Meter-Marke übertreffen und mit 16 Gipfeln von über 1800 Metern fast Hochgebirgscharakter annehmen. Nahezu unberührt ist daher der Urwald dort im Grenzgebiet von Tennessee und North Carolina geblieben und schon 1926 unter Schutz gestellt worden. Inzwischen (1983) hat die UNESCO das gut 2000 Quadratkilometer große Gebiet zu einer Welterbestätte erklärt und damit den Schutz für die hier heimischen 3500 Pflanzenarten verstärkt. Die Tiere profitieren davon natürlich auch. Besonders zu nennen sind die Salamanderarten, von denen es hier dreißig verschiedene gibt, so viele wie nirgends sonst.

❹ French Quarter New Orleans

Erst waren sie 1803 nach dem Kauf durch die USA froh, die Franzosen los zu sein. Heute beglückwünschen sich die Leute von Louisiana zur französischen Vergangenheit ihrer Hauptstadt New Orleans. Ein Flair von Pariser Eleganz nämlich weht durch die subtropischen Straßen des Vieux Carré oder French Quarter der Stadt im Mississippi-Delta. Häuser sind da zu sehen, deren Balkone an ihnen zu schweben scheinen, so leicht und luftig ist ihr Gitterwerk. Die Mauern dahinter glühen rot hindurch, und das Grün der Hängepflanzen vollendet die Farbsymphonie – gebauter Impressionismus.

❺ Bridge Cavern San Antonio

Man kann es sich immer so schwer merken: Sind es nun die Stalagmiten oder die Stalagtiten, die in Tropfsteinhöhlen von der Decke hängen? Kleine Merkhilfe: Wie die Mieten ständig steigen, so wachsen die Stalagmiten in besagten Höhlen vom Boden empor ... So ist es auch in der Bridge Cavern beim texanischen San Antonio, in der diese aus Kalksinter gebildeten Zapfen wie Orgelpfeifen gehäuft auftreten und stellenweise sogar regelrechte Brückenkonstruktionen bilden, die unterirdische Bäche überspannen. Andernorts erweitern sich die Höhlen zu ganzen Sälen oder münden in Gangsysteme, in denen kundige Führung gebraucht wird.

❶ Cape Canaveral Florida

»Three – two – one – ignition!« Verläuft ein Countdown derart reibungslos, dann brüllen auf dem Gelände der amerikanischen Luftwaffe in Cape Canaveral die Raketenmotoren auf und ein gigantisches Projektil hebt sich in den Himmel. Das Kap an der Ostküste im Süden des Bundesstaats Florida kennt jedes Kind in aller Welt, denn das hiesige Kennedy Space Center entsendet von hier aus auch ihre bemannten Missionen ins All. Triumphe waren darunter wie jener im Jahr 1969, als Apollo 11 zum Mond aufbrach und die ersten Menschen auf den Erdtrabanten brachte. Der Name steht aber auch für Katastrophen wie die Explosion der Raumfähre Challenger am 28. Januar 1986. Cape Canaveral hat den Schock überwunden und ist nach wie vor emsiger Weltraumbahnhof; zugleich ist es Museum für die bisherige Raumfahrt.

❷ Nationalpark Everglades

Tausend Pflanzenarten, darunter zwei Dutzend Orchideen und zehn Dutzend Baumarten, vierzig Säugetier-, sechzig Reptilien- und Amphibien- sowie 350 Vogelarten – ein solches Paradies muss unter Schutz gestellt werden, und die USA taten das mit den Everglades an der Südspitze der Halbinsel Florida schon 1947. Ein Teil dieses einzigartigen Feuchtgebiets nämlich war bereits durch Trockenlegung an die Landwirtschaft verloren gegangen, und es galt, den knapp 6000 Quadratkilometer großen Rest zu retten. Dazu schaltete sich 1979 auch die UNESCO ein und erklärte die Everglades zur Welterbestätte. Sie schützt damit auch zahlreiche archäologische Fundstellen und die Semiolen-Indianer, die hier ein Rückzugsgebiet haben.

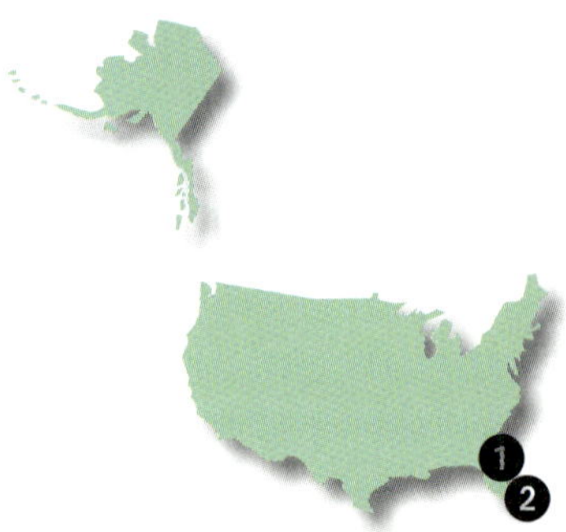

Mexiko

❶ Archäologische Stätten Paquimé Casas Grandes

Ob Pueblo-Indianer, die im 13. Jahrhundert vom Colorado-Plateau abwanderten, sich hier niedergelassen haben? Dafür spricht manches, denn die in Nordwest-Mexiko im Bundesstaat Chihuahua entdeckte Stadtruine aus Lehmbauten stellt eine Art Bindeglied zwischen der Kultur der Wildbeuter des Nordens und der Hochkultur in Zentral-Mexiko dar. Die Fundstelle von Paquimé liegt am Rand der Stadt Casas Grandes und zeigt Siedlungsspuren, die bis ins 8. Jahrhundert zurückreichen. Die meisten und am besten erhaltenen Funde aber stammen aus dem 13. Jahrhundert. Die Stadt wurde nach einem Brand 1340 verlassen. Ihre Ruinen sind UNESCO-Welterbestätte seit 1998.

❷ Felszeichnungen

Sierra de San Francisco

Nordwestlich von Santa Rosalía, etwa in der Mitte der 1200 Kilometer langen mexikanischen Halbinsel Baja California (Niederkalifornien), breitet sich die Wüste El Vizcaíno aus. Vielleicht herrschten hier vor ein paar tausend Jahren noch wirtlichere klimatische Zustände, denn es fanden sich im Cañon San Pablo in der Sierra de San Francisco schwarze und rote Felszeichnungen. Sie sind bis zu 3000 Jahre alt und stellen meist überlebensgroße Menschen und fliehende Tiere dar, sind also vermutlich als Jagdzauber anzusprechen. Als Zeugnis einer sonst unbekannten vorkolumbischen Kultur sind die Kunstwerke UNESCO-Welterbestätte seit 1993.

❶ Lagunen El Vizcaíno

So wüst zumeist das Landesinnere der mexikanischen Halbinsel Baja California (Niederkalifornien) ist, so belebt geht es im Wasser drum herum zu. Das gilt insbesondere für einige Lagunen an der Küste der Wüste von El Vizcaíno, etwa auf halber Strecke der 1200 Kilometer bis zur Grenze der USA reichenden Bucht zwischen Halbinsel und mexikanischem Festland. 3700 Quadratkilometer stehen hier unter Schutz wegen der in der kargen Vegetation des Küstenstreifens lebenden Wildtiere, mehr noch aber deswegen, weil hier eine Walkinderstube besteht. Grauwale kommen von weit her, um in den geschützten Buchten ihre Kälber zur Welt zu bringen und ihnen die ersten Schwimmkünste beizubringen. Außerdem brüten im Schutzgebiet Meeresschildkröten, und auch Tümmler tummeln sich in diesem zur UNESCO-Welterbestätte erklärten Gebiet (1993).

❷ Toltekenhauptstadt Tula

Rund ein Vierteljahrtausend lang, nämlich von 920 bis 1160, war das, was heute als Ruinenstätte zu besichtigen ist, Zentrum einer blühenden Kultur: Tula (Tollan) im mexikanischen Hochland wählte das von Norden her einwandernde und nach der Stadt benannte Volk der Tolteken zur Residenz seiner Herrscher. Von dem kargen Lande allein konnten die Menschen nicht leben und entwickelten entsprechend ausgeprägtes Handwerks- und Handelstalent. Das brachte Wohlstand und Mittel zum Aufbau kunstvoller Pyramiden wie des »Tempels des Morgensterns« (darauf stehende Figuren siehe Bild) und anderer öffentlicher Gebäude. Aber auch zur Rüstung: Die Tolteken dehnten ihr Reich bis ins heutige Guatemala und nach Yucatán aus, wurden jedoch im 12. Jahrhundert selbst Opfer kriegerischer Stämme aus dem Norden.

❸ **Altstadt** Zacatecas

Gold fanden sie nicht, aber Silber, und das reichlich: Im Jahr 1546 durchstreiften spanische Abenteurer, die gern zu Konquistadoren stilisiert werden, die Sierra Madre Oriental nordwestlich vom heutigen León in Mexiko. Beim Ort, »wo das Zacate-Gras wächst«, so die Übersetzung des Namens Zacatecas, wurden sie zwei Jahre später fündig, und nach weiteren zwei Jahren waren bereits 32 Silberminen in Betrieb. Der spanische König Philipp II. ließ es sich bei einem Besuch in seinem Königreich Neuspanien 1558 nicht nehmen, die Silberstadt zu besuchen und dabei das frisch gegründete Franziskanerkloster (Schlussstein mit franziskanischem Emblem siehe Bild links) weihen zu helfen. Die koloniale, dem Gelände angepasste Anlage der Stadt ist bis heute gut erhalten und UNESCO-Welterbestätte seit 1993.

❹ **Historisches Zentrum** Guanajuato

Nordwestlich von Querétaro in der Sierra Madre Oriental in Mexiko stießen spanische Glücksritter in über 2000 Metern Höhe auf eine Silber-Bonanza, die sich als so ergiebig entpuppte, dass sich rasch eine Stadt darum herum bildete: Guanajuato. Reichtum macht schön, und so entstanden im Verlauf der nächsten Jahrhunderte eindrucksvolle Bauten. Vor allem barocke Kirchen wie La Compañia, La Valenciana und die Basilika der Madonna (Bild links) sind sehenswert, aber auch öffentliche Gebäude wie die um 1800 erbaute Alhóndiga de Granaditas und die 1732 gegründete Universität (Bild rechts). Während des so genannten Reformkriegs 1857–1860 war Guanajuato sogar kurzzeitig Hauptstadt Mexikos. Heute ist das historische Zentrum UNESCO-Welterbestätte (1988).

❶ Bergwerksanlagen Guanajuato

In der über 2000 Meter hoch gelegenen mexikanischen Stadt Guanajuato in der Sierra Madre Oriental ist Technikgeschichte zu bestaunen: Die Bergleute der schon im 16. Jahrhundert gegründeten Silberstadt haben beim Schürfen nach dem begehrten Edelmetall nämlich ganze Arbeit geleistet und eine unterirdische Welt geschaffen, die so genannte Subterranea. Im Boca del Infierno (»Höllenschlund«) erreicht sie eine Tiefe von 600 Metern. Der zu Tage geförderte Reichtum hat eine schön gestaltete Altstadt geschaffen, mit der zusammen die Anlagen des Bergwerks seit 1988 UNESCO-Welterbestätte sind.

❷ Querétaro

Ehe 1531 die Spanier kamen, existierte hier schon eine Indianersiedlung, und Querétaro nordwestlich von Mexico City trägt bis heute Züge von Indio-Architektur. Insgesamt aber dominiert natürlich die planmäßige schachbrettartige spanische Kolonialanlage mit schönen barocken Kirchen und der 1805 geweihten Kathedrale, ein Ensemble, das seit 1996 UNESCO-Welterbestätte ist. 1810 begann hier mit dem »Grito de Dolores« (Schmerzensschrei) der siegreiche Krieg um die mexikanische Unabhängigkeit. Sie geriet noch einmal in Gefahr, als der französische Kaiser Napoleon III. ein mexikanisches Marionettenkaisertum zu errichten versuchte. Das endete aber mit der Erschießung seines Strohmannes Maximilian am 19. Juni 1867 in Querétaro. (Bild: »Die Erschießung Kaiser Maximilians von Mexiko« von E. Manet, 1867)

❸ Präkolumbische Stadt El Tajin

Vor oder nach der Ankunft des Entdeckers Kolumbus – in der amerikanischen Geschichte hat das Jahr 1492 fast die Qualität einer Zeitenwende. Man spricht von prä- oder postkolumbischen Ereignissen oder Kulturen, weil die Spanier die in der Neuen Welt angetroffenen Kulturen relativ gründlich vernichtet haben. Jeder präkolumbischen Spur gehen die Historiker daher eifrig nach, und in El Tajin, nordwestlich von Veracruz, haben sie gleich eine ganze Ruinenstadt zu untersuchen. Besonderes Augenmerk zieht dabei die 25 Meter hohe Nischenpyramide auf sich, deren 365 stuckverzierte Nischen möglicherweise kalendarische Funktion hatten bei den Totonaken, die hier bis etwa 1100 lebten. UNESCO-Welterbestätte seit 1992.

❹ Altstadt Morelia

Fünfzig spanische Familien legten 1541 den Grundstein zur heutigen Hauptstadt Morelia des Bundesstaates Michoacán nordwestlich von Mexico City. Prägend im Kernbereich sind die zahlreichen Sakralbauten im Stil des mexikanischen Barocks, darunter die zweitürmige Kathedrale (1744 geweiht) und der ebenso ausgeführte Palacio de Gobierno (1770 bezogen). Typisch auch die Manier, die Steinhäuser aus bräunlichem Trachyt hellrosa anzustreichen. Bis 1828 hieß die Stadt nach der spanischen Schwester Valladolid und wurden dann nach José María Morelos (1765–1815), dem Priester und Helden des Freiheitskampfes, umbenannt. UNESCO-Welterbestätte seit 1991.

❶ Archäologische Stätte Xochicalco
Im mexikanischen Bundesstaat Morelos liegt südlich von Cuernavaca die Ruinenstätte Xochicalco, auch »Ort des Blumenhauses« genannt. Es handelt sich um eine befestigte aztekische Kultstätte, in der sich Einflüsse verschiedener altamerikanischer Hochkulturen kreuzten. Die Blütezeit der Anlage fiel in die »Zeit der Wirren« zwischen 650 und 900 n. Chr., als Ordnungsmächte wie Teotihuacán untergegangen waren. Am erhaltenen Teil der Hauptpyramide auf dem Hügel und an den Resten der Ummauerung des Bezirks zeigen sich eine hoch stehende Bautechnik und reicher Bauschmuck in Form von Reliefs. UNESCO-Welterbestätte seit 1999.

❷ Ruinen Teotihuacán
Es gibt so viel zu sehen an dem »Ort, an dem die Götter geschaffen wurden«, wie Teotihuacán nordöstlich von Mexico City zu Deutsch heißt. Und doch wissen wir über das Volk, dessen Kulturruinen hier zuhauf liegen, relativ wenig: Es pflegte jedenfalls einen ausgeprägten Kult, von dem die Prozessions-»Straße der Toten« und die sie säumenden Bauten wie die Sonnen- (Bild rechts) und die Mondpyramide (Bild Seite 491), die »Zitadelle« oder der »Unterbau der gefiederten Meerschnecke« zeugen. Die Anfänge der Stadt liegen im 2. Jahrhundert v. Chr., die größte Machtentfaltung erreichte Teotihuacán im 3. Jahrhundert n. Chr., im 7. spätestens ging die rätselhafte und märchenhafte Kultur unter. Ihre Ruinen sind UNESCO-Welterbestätte seit 1987.

❸ Historisches Zentrum Mexico City

»Noche triste« – »traurige Nacht« taufte der Konquistador Hernán Cortés den 30. Juni 1520, an dem ihn ein Aufstand der Bewohner von Tenochtitlán zum Räumen der Azteken-Hauptstadt zwang. Viel trauriger aber wurde seine Rückkehr am 13. August 1521, die das Ende der einst zauberhaften Lagunenstadt bedeutete. Radikal überbauten die Spanier das einstige Zentrum des indianischen Reiches, und erst 1900 kamen Reste bei Arbeiten an der Kanalisation von Mexico City wieder zu Tage. Seitdem sind weitere Ruinen ausgegraben worden, die zusammen mit der spanischen Altstadt und ihren wegen ihrer Schönheit etwas versöhnenden Kirchen (Bild rechts: Kirchen am Plaza Morelos) den historischen Kern der mehrfachen Millionenstadt bilden und seit 1987 UNESCO-Welterbestätte sind.

❶ Platz der drei Kulturen

Mexico City

Dem Vernichter des Aztekenreiches, Hernán Cortés (1485–1547), haben die Mexikaner in ihrer Hauptstadt kein Denkmal gesetzt, und hätten die Spanier eines hinterlassen, wäre es längst geschleift worden. Bewusst nämlich knüpft das Land an die große aztekische Vergangenheit an, schon um der Integration der indianischen Bevölkerung willen. Das heißt nicht, dass die dominierende spanische Komponente der Kultur ignoriert wird, sondern nur, dass sie keinen Vorrang mehr genießt und mit der vorkolumbischen sowie der des modernen Mexikos auf eine Stufe gestellt wird. Das symbolisiert das Ensemble am 1964 eingerichteten »Platz der drei Kulturen«, wo freigelegte Bauwerke aus der Spätzeit der Azteken neben modernen Hochhäusern und der barocken Kirche Santiago de Tlatelolco stehen.

❷ Xochimilco Mexiko City

Als die spanischen Eroberer Tenochtitlán, die Hauptstadt des Aztekenreiches, 1519 erreichten, fanden sie ein Lagunenparadies mit schwimmenden Gärten, den so genannten Chinampas, vor. Als sie die Stadt zwei Jahre später mit Hilfe indianischer Verbündeter vernichteten, ging auch ein Denkmal der Agrikultur zugrunde, jedenfalls fast: Außerhalb von Mexico City, das auf den trockengelegten Ruinen von Tenochtitlán erbaut wurde, hielt sich im südlich der Stadt gelegenen Xochimilco ein Beispiel für diese Art der Landbestellung. Wassergräben umziehen große Gemüse- und Blumenbeete, die heute noch profitabel bewirtschaftet, vermehrt aber auch zum Stocherkahnfahren genutzt werden. Xochimilco gehört zur UNESCO-Welterbestätte »Altstadt von Mexico City« (1987).

❸ Klöster an den Hängen des Popocatépetl

Gottvertrauen kann man den Mönchen nicht absprechen, die gleich nach der Ankunft der Spanier in Mexiko südöstlich der Hauptstadt Klöster gründeten. Sie taten es nämlich mit Vorliebe an den Hängen des keineswegs erloschenen 5452 Meter hohen Vulkans Popocatépetl. Ob dahinter ein »Näher-mein-Gott-zu-dir«-Programm stand oder einfach Zeichen christlicher Glaubenszuversicht gesetzt werden sollten, sei dahingestellt. Auf jeden Fall entstanden Anlagen in herrlicher Landschaft, und 14 wohl erhaltene Anlagen der Dominikaner, Franziskaner und Augustiner arbeiten bis heute. Sie sind UNESCO-Welterbestätte seit 1994.

❹ Historisches Zentrum

Puebla

Als »Stadt der Fassaden« könnte man die südöstlich von Mexico City gelegene Millionenstadt Puebla bezeichnen, denn die alten Bauten aus der spanischen Kolonialzeit sind zum Teil fast überladen geschmückt mit Stuckornamenten feinster Art, Kacheln und geschnörkelten Balkonen. Die barocke Kathedrale (1575–1649, siehe Bild) braucht solchen Putz nicht, da ihre Skulpturen, Türmchen und Kuppeln schon hinreichend putzen. 1531 gegründet und seit 1545 Bischofssitz, wurde Puebla reich bedacht mit Sakralbauten, unter denen noch zu nennen sind: die mit einer Kuppel von blauen Fayencen aufleuchtende Jesuiten-Kirche, die barocke Kirche San Augustín und die Rosenkranz-Kapelle des Dominikanerklosters. Die so ausstaffierte Altstadt ist UNESCO-Welterbestätte seit 1987.

❶ Nuestra Señora de los Remedios Cholula

Vor die rauchende Pyramide des Popocatépetl bei Cholula südlich von Mexico City setzten die Leute von Teotihuacán eine der größten Pyramiden der Welt mit einer Grundfläche von 16 Hektar. Um 800 übernahmen die Mixteken das Riesenheiligtum und im 15. Jahrhundert bemächtigten sich die Azteken des Tempels. Dann kamen die Spanier und zerstörten das Bauwerk bis auf einen großen Unterbau, den sie mit einer Kirche krönten: Nuestra Señora de los Remedios. Ihre barocke Anmut tröstet über das Bedauern hinweg, das dem Untergang der sicher höchst aufschlussreichen vorkolumbischen Kultstätte gilt. »Himmlisches Bauwerk vor höllischem Schlund« – so könnte die Überschrift zu diesem Panorama lauten.

❷ Altstadt Oaxaca

Südöstlich von Mexico City liegt Oaxaca, Hauptstadt des gleichnamigen Bundesstaats und Zentrum einer fruchtbaren Hochebene. Dass hier die Feldfrüchte gut gedeihen, hatten die 1521 hierher vordringenden Spanier auch rasch gemerkt und gründeten die Stadt auf schachbrettartigem Grundriss. Die 1544 begonnene sehenswerte Kathedrale (Bild unten) ist allerdings nicht mehr in der Erstform zu sehen, sondern in barocker Version des 18. Jahrhunderts, weil sie 1714 einem Erdbeben zum Opfer fiel und bis 1733 neu aufgebaut werden musste. Ähnlich erging es anderen Gebäuden, die zusammen die Altstadt bilden und seit 1987 als Kolonialdenkmal eine UNESCO-Welterbestätte sind.

❸ Zeder Santa Maria del Tule Oaxaca

Dicker als alle bekannten Riesenmammutbäume in den Redwood-Wäldern Nordamerikas ist die 2000 Jahre alte Zeder beim mexikanischen Oaxaca südöstlich von Mexico City: 45 Meter Umfang hat der Baum, der eines der ältesten Lebewesen auf Erden ist. Natürlich hält er in der Höhe keinen Vergleich mit den US-Riesenbäumen aus, die aber gerade wegen der Größe nur selten solches Alter erreichen und oft vor dem Ausreizen ihrer Wachstumsobergrenze umfallen, weil der Wurzelstock dem Eigengewicht und dem Winddruck nicht standhält. Der kann der Zeder nichts anhaben, denn bei der dicken Basis trotzt sie sogar Orkanen.

❹ Ruinen Monte Alban

Westlich von Oaxaca, das seinerseits wiederum südöstlich von der Hauptstadt Mexico City liegt, stießen die Spanier bei ihrer Ankunft 1521 auf uralte indianische Siedlungen. Deren Schicksal war damit besiegelt, und erst in neuester Zeit haben Archä-ologen hier am Monte Alban genauere Untersuchungen vorgenommen. Sie fanden bis ins 8. vorchristliche Jahrhundert zurückreichende Spuren und legten monumentale Kultbauten aus der Zapoteken-Zeit (bis etwa 1250) frei. Auch spätere Zeugnisse aus der nachfolgenden Mixteken-Herrschaft fanden sich, teils schon vor den Spaniern durch die Azteken zerstört, die den Ort 1458 erobert hatten. Er bildet als präkolumbisches Pendant zur Altstadt von Oaxaca mit dieser eine UNESCO-Welterbestätte seit 1987.

❶ Ruinen und Nationalpark

Palenque

Im südlichsten Mexiko im Bundesstaat Chiapas lag ein Schwerpunkt der Maya-Kultur. Die Ruinenstätte von Palenque stellt den mächtigsten Beleg dafür dar. Schon im 3. Jahrhundert v. Chr. besiedelt, blühte die Metropole vor allem zwischen 600 und 750 n. Chr. und bedeckte damals ein Areal von acht Quadratkilometern. Die Archäologen haben hier ein buchstäblich uferloses Untersuchungsfeld, das heute Nationalpark und seit 1987 UNESCO-Welterbestätte ist. Zahlreiche Kultbauten wie die »Pyramide der Inschriften« mit dem Sarkophag eines Maya-Herrschers in der Krypta geben interessante Aufschlüsse über Leben und Glaube des altamerikanischen Volkes.

❷ Ruinen Chichén Itzá

Kein Tausendfüßler hat tausend Füße, sondern nur unheimlich viele. Und genauso ist es mit dem Tausendsäulenkomplex von Chichén Itzá, der Ruine einer Maya-Kultstätte im Norden der mexikanischen Halbinsel Yucatán. Sechshundert Säulenreste umgeben hier den »Tempel der Krieger«, zu dem eine breite Freitreppe hinaufführt (oben rechts). Am »Heiligen Brunnen«, so die deutsche Übersetzung des Ortsnamens, steht außerdem das »Observatorium« (unten rechts), in dem die Priester anhand des Einfalls von Sonnenlicht kalendarische Berechnungen vornahmen. Zum Ensemble gehören weiterhin die »Plattform der Adler und Jaguare«, der »Tempel des bärtigen Mannes«, die 30 Meter hohe Pyramide des Kukulkans, auch »El Castillo« genannt (oben links), und andere Sakralbauten. Nach den Mayas nutzten die Tolteken seit Ende des 10. Jahrhunderts Chichén Itzá, dessen Reste seit 1988 UNESCO-Welterbestätte sind.

❹ Biosphärenreservat Sian Ka'an

Liest sich chinesisch, ist aber noch schwerer zu verstehen, nämlich Maya-Sprache und bedeutet »Anfang des Himmels«. Und der fängt für viele Lebewesen hier im Biosphärenreservat Sian Ka'an tatsächlich an, denn ein 4000 Quadratkilometer großes Gebiet an der Ostküste der mexikanischen Halbinsel Yucatán steht zusammen mit 1200 Quadratkilometer Meeresfläche unter Naturschutz und ist seit 1987 auch UNESCO-Welterbestätte. Fast tausend Pflanzenarten, 103 Säugetier-, 339 Vogel- sowie 42 Reptilien- und Amphibienarten zählen die Biologen in dem subtropischen Paradies.

❸ Zeremonialzentrum und Stadt der Maya-Kultur Uxmal

Zwischen dem 7. und 10. Jahrhundert bauten die Maya auf der mexikanischen Halbinsel Yucatán südlich von Mérida ihre Stadt Uxmal zu einem Kultzentrum aus. Ins Auge fällt unter den Ruinen als erstes das »Haus des Zauberers« (Bild oben), weil es ganz gegen die sonst eckigen Gewohnheiten der Maya-Baumeister auf ovalem Grundriss steht und obendrein in 38 Meter Höhe steil zum Tempel auf der Spitze ansteigt. Andere Gebäude wie der »Palast des Gouverneurs«, das »Taubenhaus« (unten) oder das »Nonnenkloster« zeichnen sich durch fantastische Ornamentik aus und sind mit Mosaiken, Masken und Schlangenmotiven geschmückt. UNESCO-Welterbestätte seit 1996.

❶ Maya-Palast Sayil

Monumentalbauten waren eine Spezialität der Maya-Baumeister des Yucatán-Tieflands im heutigen Mexiko. Der Große Palast Sayil gehört zu den bedeutendsten Beispielen dafür. Seine Maße wirken durch den Bausockel und den Schmuck der Fassade noch mächtiger auf den Besucher. Geometrische Muster sind angebracht, Pflanzen- und Schlangen-Ornamente schlingen sich an den Mauern entlang, und Masken des Regengottes Chac zeugen vom Fruchtbarkeitskult der präkolumbischen Erbauer. In einer von der Sonne verwöhnten, aber oft auch gemarterten Landschaft hat Regen für die Bewohner einen weit höheren Stellenwert als in gemäßigten Breiten. Chac spielte daher im Maya-Himmel eine dominierende Rolle.

❷ Historische Stadt und Festung

Campeche

Die mexikanische Halbinsel Yucatán bot sich für die spanischen »Konquistadoren« bei ihrem Griff nach dem amerikanischen Festland als Landungsgebiet an. In Campeche, heute Hauptstadt des gleichnamigen Bundesstaats an der Westküste, bauten sie sich einen Hafen und befestigten ihn gegen Angriffe von See her, sei es durch die britische Konkurrenz oder durch die in der Karibik überall auftauchenden Piraten. Planmäßig wie viele ihrer Gründungen legten die Spanier die Stadt auf einem Schachbrettmuster an und ummauerten sie. Zwar wucherte Campeche bald darüber hinaus, doch ist der Befestigungsring bis heute erhalten und mit der Altstadt UNESCO-Welterbestätte seit 1999.

Belize

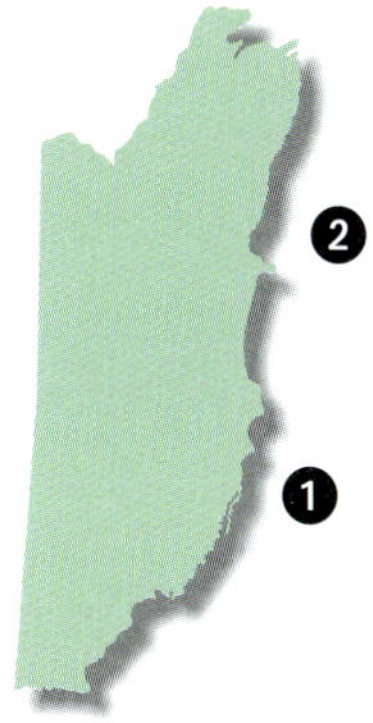

❶ Barrier-Riff

Sieben Schutzgebiete an der Küste des mittelamerikanischen Staats Belize im Osten der Halbinsel Yucatán bilden einen insgesamt rund tausend Quadratkilometer großen Nationalpark. Er dient dem Schutz des zum Teil in großer Küstennähe verlaufenden Korallenriffs. Es ist mit 250 Kilometern Länge nach dem Großen Barrier-Riff vor Australien das zweitgrößte der Welt und Lebensraum für zahlreiche Amphibien, Fische, Weichtiere und Seevögel. Insbesondere als Kinderstube der Schildkröte sind die Lagunen und Mangrovenwälder von Bedeutung, aber auch der Korallen selbst wegen genießt das Riff als UNESCO-Welterbestätte seit 1996 internationalen Schutz.

❷ Küsteninseln

Wo so ausgedehnte Korallenriffe zu finden sind wie vor dem mittelamerikanischen Belize an der Ostküste von Yucatán, bilden sich auch Atolle und Lagunen. Das Küstentiefland geht direkt in diese Flachwasserzone über und zerfasert in Inseln, die wie die Atolle als Brutgebiete für Seevögel und Krokodile wie geschaffen sind. Sie leben ja von den hier in großer Zahl beheimateten Würmern, Krebsen, Muscheln und Fischen. Mehrere Schutzgebiete umschließen daher auch die Küsteninseln von Belize, die allerdings durch Sporttaucher und Hobbysegler beunruhigt werden. Für Tiere mit großer Fluchtdistanz nicht unbedenklich. Die Ernennung zu einer UNESCO-Welterbestätte (1996) beschert dem Gebiet neuerdings mehr internationale Aufmerksamkeit und verbessert den Schutz.

Guatemala

❶ Nationalpark Tikal

Kultur und Natur stehen im 567 Quadratkilometer großen Nationalpark Tikal im Nordosten des mittelamerikanischen Guatemala unter Schutz. Nur ganze drei Prozent entfallen auf die Kultur, doch auf was für eine! Hieße es nicht Birnen mit Äpfeln vergleichen, könnte man fast sagen, sie sei bedeutsamer als die anderen 97 Prozent: Es handelt sich nämlich um eine ganze Maya-Stadt mit den Resten von 4000 Bauten, darunter Tempel (Bild: »Tempel des Jaguars«) und fantastische Pyramiden, zu deren Heiligtümern auf dem Gipfel Freitreppen bis in Baumwipfelhöhe emporsteigen. Womit wir bei der Natur sind, und die besteht aus dem größten zusammenhängenden tropischen Regenwald in Mittelamerika, Rückzugsgebiet zahlreicher Arten und zusammen mit dem Kulturdenkmal UNESCO-Welterbestätte seit 1979.

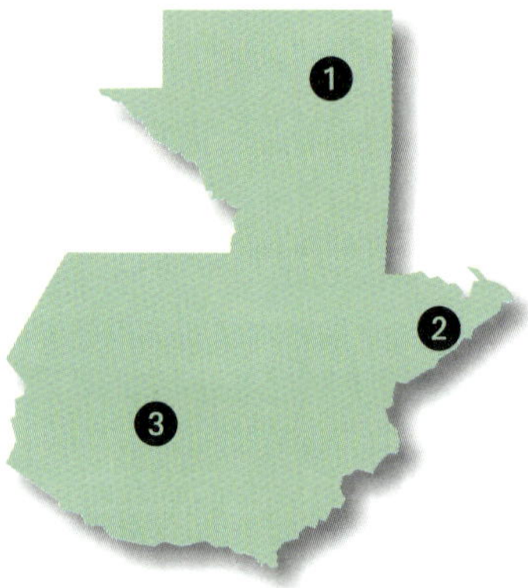

❷ Maya-Ruinen und archäologischer Park

Quiriguá

Am Río Motagua nördlich vom honduranischen Copán wurden 1840 in Quiriguá (Ost-Guatemala) Ruinen einer Maya-Kultstätte gefunden. Besonders auffallend sind dort zahlreiche bis zu über 18 Meter große Stelen und aus Steinblöcken gehauene Tierkörper und Fabelwesen. Die Plastiken und Tempelreste mit immer noch nicht vollständig entzifferten Schriftzeichen stammen aus der Blütezeit der Maya-Kultur zwischen 500 und 800, letzte Spuren reichen bis 900; dann wurde die Anlage offenkundig verlassen und versank für fast tausend Jahre im Urwald. UNESCO-Welterbestätte seit 1981.

❸ Antigua Guatemala

Dass Bauten aus vorkolumbischer Zeit in Mittelamerika nur noch als Ruinen zu besichtigen sind, ist bedauerlich genug. Dass aber auch ganze spanische Gründungen zu Ruinenstätten zerfallen sind, stellt eine Ausnahme dar. Südwestlich der heutigen gleichnamigen Hauptstadt von Guatemala stößt man auf eine solche: Antigua Guatemala, im 18. Jahrhundert eine der schönsten kolonialspanischen Barockstädte, wurde mehrmals derartig gründlich von Erdbeben verwüstet, dass schließlich ein Wiederaufbau unterblieb. Immerhin ist einiges inzwischen restauriert, so dass etwa der bewundernswerte Bau der 1545 begonnenen Kathedrale gewürdigt werden kann. Anderes in dieser 1979 zu einer UNESCO-Welterbestätte erklärten Stadt harrt noch der Ausbesserung.

El Salvador

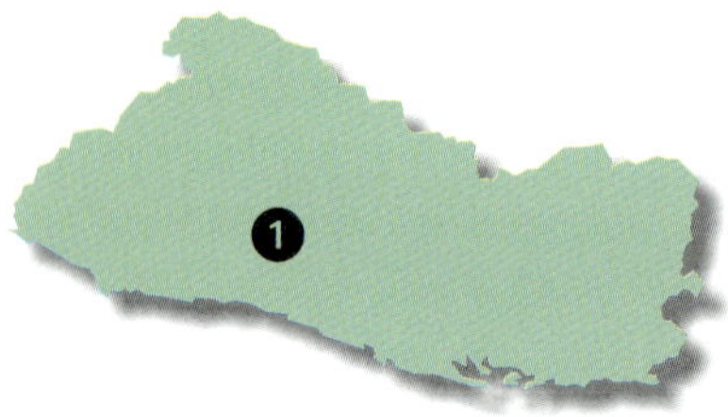

❶ Ruinen Joya de Cerén

Tempel und Paläste sind wegen ihrer massiven Bauweise oft die einzigen Überbleibsel untergegangener Kulturen, während wir über die Behausungen und das Leben der kleinen Leute wenig erfahren. Ein Gegenbeispiel haben wir in Joya de Cerén im südwestlichen El Salvador nordwestlich der Hauptstadt San Salvador. Dort wurde eine Maya-Gemeinde um 600 vom Vulkan Loma Caldera verschüttet und erst 1976 wieder entdeckt. Man fand Reste von Hütten aus Lehmziegeln und Holz, Skelette von Tieren, versteinerte Nahrungsmittel, kurz eine aufschlussreiche Momentaufname aus dem dörflichen Alltag vor vielen Jahrhunderten. Die UNESCO erkärte Joya de Cerén 1993 zu einer Welterbestätte.

Honduras

❶ Biosphärenreservat Río Plátano

1300 Quadratkilometer umfasst das Kerngebiet des im Nordosten von Honduras gelegenen Nationalparks Río Plátano; weitere 3700 Quadratkilometer sind Pufferzone mit weniger strengen Auflagen. Neben einer ganzen Anzahl von archäologischen Fundorten der Maya-Kultur gilt der Schutz vornehmlich dem Artenschutz in diesem Regenwaldgebiet. Es bietet Reptilien und Amphibien ebenso Lebensraum wie hunderten von Vogelarten, darunter Tukane und Hokkos, sowie einer ganzen Reihe von zum Teil selten gewordenen Säugetieren wie dem getüpfelten Jaguar, der Wieselkatze und der Rundschwanzseekuh. UNESCO-Welterbestätte seit 1982.

❷ Maya-Ruinen Copán

Recht genaue Datierungen erlauben die Inschriften auf den Maya-Tempeln von Copán im Westen von Honduras nahe der guatemaltekischen Grenze. Zwar lässt eine vollständige Entzifferung der Schrift noch auf sich warten, doch ist die Entschlüsselung mancher kalendarischer Angaben auch mit Hilfe dieser Ruinenstätte geglückt. So wissen wir, dass hier am 2.7.763 ein Herrscher namens Yax Pak (»Erstes Frühlicht«) den Thron bestieg und die in einem 24 Quadratkilometer großen Tal gelegene Stadt ausbauen und den zweistöckigen Tempel mit reichem Skulpturenschmuck verzieren ließ. Insgesamt sind 6000 Figuren zu sehen, die ihrerseits fantastischen Putz tragen. Der nach 800 verlassene Ort steht seit 1980 als UNESCO-Welterbestätte unter Schutz.

Costa Rica

❶ Schutzgebiet Guanacaste

Im Nordwesten des mittelamerikanischen Staates Costa Rica steigt von der Pazifikküste die Cordillera Guanacaste bis zu einer Höhe von 1580 Metern auf. Eine Teil des Gebiets wurde wegen seines Artenreichtums unter Schutz gestellt und 1999 zu einer UNESCO-Welterbestätte erklärt. Hier erstreckt sich das größte zusammenhängende tropische Trockenwald-Areal der Region und bietet mit seinen intakten Ökosystemen von den Korallenriffen der Küste bis in die herrlichen Laubparadiese der Mittelgebirgslagen (Bild: Yellow Pui Tree) Tieren und Pflanzen, die anderswo schon der vorrückenden Besiedlung haben weichen müssen, Lebensraum.

❷ Naturschutzgebiet Talamanca und Nationalpark La Amistad

Von Costa Rica südlich Limón bis nach Panama hinein zieht sich ein mit Urwald bewachsener Höhenzug, in dem mehrere Naturschutzgebiete und Nationalparks 1983 zu einer UNESCO-Welterbestätte zusammengefasst worden sind. Sie bedeckt insgesamt 5700 Quadratkilometer und erreicht im Cerro Chirripó 3820 Meter Höhe. Vier Prozent aller Landtierarten und 9000 Pflanzenarten, darunter allein 1000 Farne und 900 Flechten, kommen hier vor, da das Gebiet vom tropischen Regenwald bis zum kargen Gebirgswald auf kurze Distanz durch viele Kilmazonen ansteigt. Diese Vielfalt und einige Spuren von bis zu 12 000 Jahre alter Besiedlung machen den Nationalpark zu einem Natur- und Kulturdenkmal.

Panama

❶ Naturschutzgebiet La Amistad

Was der Chirripó auf costaricanischer Seite ist, das ist auf panamesischem Gebiet der Chiriqui, der mit 3430 Metern Höhe nur unwesentlich niedriger ist als der nordwestlich gelegene Gipfel. Zwischen ihnen verläuft die Grenze, wovon aber nur die Reisenden auf der Panamericana etwas merken, während im Gebirgsurwald des Nationalparks La Amistad die Tiere keine Notiz davon nehmen. Sie erfreuen sich des Schutzes in einem 5700 Quadratmeter großen Gebiet, in dem Jaguar und Ozelot, Puma und Würgeadler noch ungestört von Jägern jagen können. Die Prädatoren (Beutegreifer) finden in den Nebelwäldern einen reich gedeckten Tisch, den die Ernennung des Parks zu einer UNESCO-Welterbestätte (1983) bewahren helfen soll.

❷ Historisches Viertel

Panama-Stadt

Kolumbus hielt Kuba zunächst für Indien, später galt dann das mittelamerikanische Festland als Beginn von Asien, und erst am 25. September 1513 gelang dem Konquistador Núñez de Balboa der Beweis, dass man eine Neue Welt entdeckt hatte. Von den Bergen Panamas sah er den Pazifik, den er »Südsee« nannte. Als erste Europäersiedlung an der Küste dieses gar nicht Stillen Ozeans enstand 1519 auf einer felsigen Halbinsel Panama-Stadt. Zu den ersten Großbauten dort zählten die fünfschiffige Kathedrale (Bild links) mit den beiden weißen Türmen und einige Klöster. Später kamen französische und bereits genuin amerikanische Gebäude hinzu (Bild rechts), die alle zusammen von der UNESCO 1997 zu einer Welterbestätte erklärt wurden.

❸ Nationalpark Darién

Südöstlich von Santa Fé und vom Golf von San Miguel in Panama breitet sich im Bergland von Darién und auf weiteren Gebirgszügen tropischer Regenwald aus. Er beginnt mit Mangroven an der Küste und geht allmählich über in Hochland-Regenwald. Insgesamt 6000 Quadratkilometer genießen seit 1972 Naturschutz und seit 1981 internationale Aufmerksamkeit als UNESCO-Welterbestätte. An der Grenze zu Kolumbien gelegen, bildet der Nationalpark mit seinem fünfzig Meter hohen Laubdach eine Naturbrücke nach Südamerika. Unter den zahlreichen Säugetieren des Waldes sind besonders Jaguare, Riesenameisenbären, Ozelote, diverse Affen und Tapire zu nennen, unter den Reptilien Kaimane und Spitzkrokodile.

Kuba

❶ Viñales-Tal

Unter dem Boykott durch die USA mussten sich die kubanischen Ökonomen etwas einfallen lassen, um an Devisen zu kommen. Sie öffneten das Land dem Tourismus, der zwar wegen des Wohlstandsgefälles zwischen Urlaubern und Bevölkerung ein Unruhepotential birgt, aber relativ leicht anzukurbeln war. Die Insel verfügt über so schöne Strände und ein so attraktives Preisniveau, dass der Tourismus-Boom nicht ausblieb. Das entwertete für manchen den Geheimtipp Kuba, nicht aber für jene, die nicht nur ideenlos am Strand braten. Im Innern der Insel nämlich gibt es so wunderschöne Ziele wie das Viñales-Tal nördlich von Pinar del Río: Wunderbar bewaldete Kalksteinbuckel, die so genannten Mogotes, geben ihm eine bizarre grüne Lieblichkeit, die bezaubert.

❷ Festungsanlagen Havanna

Nur gut zwei Wochen nach der ersten Landung auf Inseln der Neuen Welt erreichte Kolumbus 1492 Kuba, das die Spanier bis 1511 eroberten und wo sie den Hafen von Havanna stark befestigten. Er sollte das Sprungbrett für die Eroberungen auf dem Festland werden. Die martialische Militärarchitektur ist in imposanten Teilen bis heute erhalten, wenn auch die Stadtmauer 1863 geschleift worden ist. Die Hauptbastionen, das Castillo de la Fuerza und das Fort El Morro (Bild oben rechts), bewachen immer noch die nur 200 Meter breite Hafeneinfahrt und sind von der UNESCO zusammen mit der Altstadt hinter der Uferpromenade Calzada de Malecón 1982 zu einer Welterbestätte erklärt worden.

❸ Altstadt Havanna

Auch 40 Jahre Kommunismus haben den katholischen Glauben der Kubaner nicht zu erschüttern vermocht. Das wurde deutlich bei der Messe, die Papst Johannes Paul II. im Januar 1998 vor 800 000 Menschen in Havanna las, gerade dort, wo 1519 der erste Gottesdienst unter freiem Himmel die Gründung der heutigen Millionen-Hauptstadt der Inselrepublik markierte. Zeichen der tiefen Religiosität sind auch die kolonialbarocke Kathedrale San Cristóbal (1724 geweiht) und mehrere Klöster im Herzen der Altstadt, die wegen dieser Baudenkmäler und der einfachen, aber einladenden Arkadenanlage um die Plaza de la Catedral 1982 zu einer UNESCO-Welterbestätte erklärt wurde. Auf dem Bild unten links ist der alte Präsidentenpalast zu sehen, in dem sich heute das Revolutionsmuseum befindet.

❶ Zuckerfabriken im Valle de los Ingenios Trinidad

Denkmal einer in der jetzigen weltwirtschaftlich isolierten Lage Kubas bedenklichen Entwicklung sind die Zuckerfabriken im Valle de los Ingenios nordwestlich von Trinidad. 56 dieser Fabriken arbeiteten um 1830 dort, Zeichen dafür, dass die spanische Kolonie auf dem Weg in eine landwirtschaftliche Monokultur war. Damals brachte das einer kleinen Unternehmerschicht und der Gegend Reichtum, wovon die schöne Bausubstanz von Trinidad zeugt (Bild oben links: Kirche San Francisco, oben rechts: Sklaventurm). Sie ist freilich aufgrund der Absatzprobleme gefährdet, wie auch die Industriedenkmäler der Fabriken Pflege brauchen. Vielleicht hilft dabei ein wenig die 1988 erfolgte Ernennung von Stadt und Tal zu einer UNESCO-Welterbestätte.

❷ Festung San Pedro de la Roca Santiago de Cuba

In geschützter Bucht am Fuß der Sierra Maestra auf Kuba liegt die erste Hauptstadt der Insel (bis 1556): Santiago de Cuba entstand schon 1514, fünf Jahre vor Havanna. Als die Spanier nach der schweren Niederlage der Armada 1588 die Herrschaft auf den Meeren verloren hatten, mussten sie Angriffe der Briten auf ihre Stützpunkte in der Karibik fürchten und befestigten daher die wichtigsten massiv. Santiago erhielt als Sicherung der Bucht die Festung San Pedro de la Roca (unten rechts). 1590 bis 1610 erbaut, erlitt sie immer wieder Schäden durch Erdbeben, wurde aber jedes Mal wieder auf- und ausgebaut, zuletzt im 18. Jahrhundert. 1978 wurde sie restauriert, 1979 zu einem Nationaldenkmal und 1997 zu einer UNESCO-Welterbestätte erklärt.

Haiti

❶ Historischer Nationalpark mit Zitadelle

1804 schüttelte Haiti die französische Fremdherrschaft ab, 1807 übernahm Henri Christophe die Präsidentschaft über den Nordteil des Landes, und 1811 schwang er sich als Henri I. zu dessen König auf. In ständiger Furcht vor einer Rückkehr der Franzosen ließ er südlich von Cap-Haïtien auf dem Felsvorsprung Pic Laferrière auf einer Grundfläche von 10 000 Quadratmetern eine gewaltige Zitadelle bauen, wo er auch seine letzte Ruhestätte fand (im Bild links unten). Die Zitadelle wurde zwar nie benötigt, doch sah die farbige Bevölkerung in ihr ein Symbol der Befreiung, das noch in neuester Zeit Harry Belafonte in seinem Sehnsuchtslied »Haiti chérie« besungen hat.

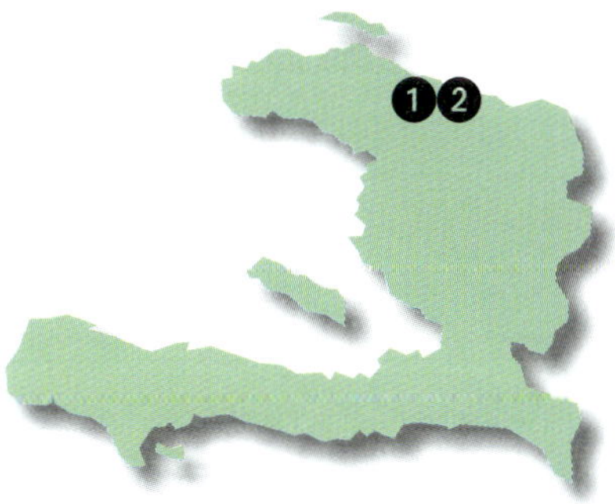

❷ Schloss Sans Souci Cap-Haïtien

Versailles stand Pate, als sich der selbst ernannte König Henri I. von Haiti seit 1811 ein Schloss bauen ließ und ihm den französischen Namen Sans Souci (»Ohne Sorge«) gab. Dass sich der Potentat aber doch reichlich Sorgen machte, lässt sich noch heute an den Ruinen von Ramiers südlich von Cap-Haïtien ablesen, deren massive Mauern Festungsqualitäten hatten. Die prachtvolle doppelte Freitreppe und die Stockwerke darüber sind inzwischen von Moos und Gras bewachsen. Die leeren Fensterhöhlen erinnern an Brechts Diktum von der Vergänglichkeit von Macht und Pracht: »Von diesen Mauern wird bleiben der durch sie hindurchgeweht, der Wind.« Vielleicht aber bleibt doch ein bisschen mehr, denn die Ruine ist mit anderen imperialen Resten des einstigen Königtums seit 1982 UNESCO-Welterbestätte.

Südamerika

Natur als Kulturauftrag

Die Kultur der Inkas hatte im 16. Jahrhundert den »alten Gipfel« (Übersetzung des Namens »Machu Picchu«) erreicht, als die spanische Katastrophe über sie hereinbrach und den Halbkontinent im Süden der Neuen Welt zu einem Teil der Alten machte. Südamerika ist radikal europäisiert worden, und nur noch fremdartig-fesselnde Spuren wie die Scharrzeichnungen bei Nazca oder die Ruinen der genannten Terrassenbergstadt sind von der vorkolumbischen indianischen Welt geblieben. Kirchen und Kathedralen haben die Tempel und Pyramiden verdrängt. Erst im Rückblick erschließt sich die Erkenntnis, dass sie auf dasselbe Ziel gerichtet waren und sind: des Menschen Hiersein an den Himmel zu knüpfen. Die Wunder der Anden und des Amazonas, der Ozeane ringsum und des weiten Landes der Pampas im Innern machen begreiflich, dass die reiche südamerikanische Natur kulturprägend wirkt. Wer zum Schneegipfel des Aconcagua aufgeschaut oder über den stillen Spiegel des Titicacasees geblickt, wer das Rauschen der gewaltigen Wasserfälle von Iguaçu oder der Brandung am Kap Horn gehört hat, dem geht auf, wie klein menschliches Tun angesichts der Naturkräfte ist. Indianische Heiligtümer und christliche Gotteshäuser sind ein und derselbe Ausdruck dafür, und dass der Mensch dies so zu gestalten versteht, gehört ebenso zu den Wundern in dieser an Wundern übervollen Weltregion. Sie lehren, dass Kultur nur in Eintracht mit der Natur gelingen kann. Südamerika hält viele Musterbeispiele dafür bereit.

Südamerika

JAMAIKA
Kingston
Port au Prince
HAITI
Santo Domingo
DOMINIKAN. REP.
San Juan
Puerto Rico (USA)
Anquilla
ANTIGUA u. BARBUDA
ST. KITTS u. NEVIS
Guadeloupe
DOMINICA Nationalpark
Martinique
ST. LUCIA
BARBADOS
ST. VINCENT u.GRENADINEN
GRENADA
Port of Spain
TRINIDAD u.TOBAGO
Karibisches Meer
ATLANTISCHER
OZEAN
Ndl. Antillen
Willemstad
Nationalpark Coro
Barranquilla
Cartagena
Maracaibo
Barquisimeto
Caracas
Ciudad Bolívar
PANAMA
VENEZUELA
Salto Angel
Nationalpark Canaima
GUYANA
Georgetown
Paramaribo
Cayenne
SURINAME
Franz.-Guayana
Medellín
Bogotá
Cali
KOLUMBIEN
Popayán
San Agustín
Nationalpark Galapagos-In.
Quito
ECUADOR
Guayaquil
Nationalpark Sangay
Cuenca
Amazonas
Iquitos
Manaus
Santarém
Belém
Fortaleza
Teresina
Natal
Olinda
Chan Chan
Trujillo
Nationalpark Huascarán
Chavin de Huantar
Rio Branco
Porto Velho
B R A S I L I E N
P E R U
Callao
Lima
Nationalpark Manú
Sacsayhuamán
Machu Picchu
Cuzco
BOLIVIEN
Nazca
Colcaschlucht
Titicaca-See
La Paz
Copacabana
Arequipa
Cochabamba
Rondonópolis
Brasília
Goiânia
Salvador de Bahia
Sucre
Jesuitenmissionen der Chiquitos
Potosí
Iquique
Guairá
Campo Grande
PAZIFISCHER
OZEAN
PARAGUAY
Concepción
Congonhas
Belo Horizonte
Ouro Prêto
Vitória
Antofagasta
Asunción
Nationalpark Iguaçu
São Paulo
Santos
Nova Iguacu
Rio de Janeiro
Curitiba
Tucumán
L.S. Trinidad
Corrientes
Jesuitenmissionen der Guraní
Córdoba
Pôrto Alegre
Rapa Nui Nationalpark (Osterinsel)
Valparaíso
Santiago
Mendoza
Aconcagua
Rosario
URUGUAY
Montevideo
Maldonado
Buenos Aires
La Plata
Concepción
Auca Mahuida
Mar del Plata
Bahía Blanca
CHILE
ARGENTINIEN
Valdivia
Osorno (Vulkan)
Valdés
Patagonien
C. Rivadavia
Nationalpark Los Glaciares
Falkland-In. (Malwinen)
Rio Gallegos
Punta Arenas
Ushuaia
0 250 500 750 km

Dominikanische Republik

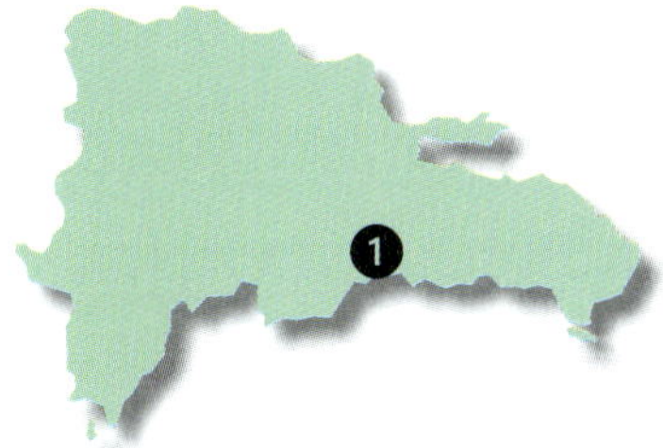

❶ Kolonialzeitlicher Stadtbereich Santo Domingo

An der Südküste der Insel Hispaniola gründete 1496 Bartholomäus, Bruder des Amerika-Entdeckers Kolumbus, die Stadt Santo Domingo. Die heutige Millionen-Metropole und Hauptstadt der Dominikanischen Republik ist daher eine der ältesten spanischen Siedlungen in der Neuen Welt und wurde zum Muster für viele spätere. Den Kern der Altstadt bilden Sakralbauten wie die Basilica Menor de la Virgen de la Anunciación mit dem umstrittenen Grab des Stadtgründers und einige Klöster sowie Profanbauten wie die Ozama-Festung und mehrere Adelspaläste, allesamt aus dem frühen 16. Jahrhundert und seit 1990 UNESCO-Welterbestätte (Im Bild: Kathedrale, oben, und Alcazare de Colon, unten).

Dominica

❶ Nationalpark Morne Trois Pitons

An einem Sonntag des Jahres 1493 landete Kolumbus auf einer Insel, der er daher den Namen Dominica gab. Obwohl nur 750 Quadratkilometer groß, stehen fast zehn Prozent der Fläche im Landesinnern unter Naturschutz, denn hier erstreckt sich aktives vulkanisches Gelände mit tropischem Regenwald und bildet den Nationalpark Morne Trois Pitons (»Berg der drei Gipfel«). Fumarolen fauchen, ein »kochender See« brodelt, heiße Quellen treten an die Oberfläche und stürzen als Wasserfälle zu Tal. Und drum herum wächst prächtigster Urwald und bietet zahlreichen Pflanzen und Tieren einen für Menschen kaum zugänglichen Lebensraum. UNESCO-Welterbestätte seit 1997.

Puerto Rico (USA)

❶ Festung El Morro San Juan

Noch über dreihundert Jahre nach dem Bau bereitete der El Morro genannte Teil der Befestigungswerke von La Fortaleza in San Juan, der Hauptstadt von Puerto Rico, der US-Marine einige Probleme. Im spanisch-amerikanischen Krieg 1898 hatte sich eine spanische Besatzung hier verschanzt, die erst aufgab, als die Gesamtlage aussichtslos geworden war. Sonst hätten die Marines sicher noch erheblich länger mit den Mauern von El Morro zu tun gehabt. So konnten sie das Fort relativ unbeschädigt übernehmen und dort 1942 eine unterirdische Bunkeranlage einbauen. Den Rest ließ man seit 1992 aus Gründen des Denkmalschutzes restaurieren, so dass er heute wieder in alter Wehrhaftigkeit droht.

❷ Altstadt San Juan

Das südlichste Stück USA ist die Insel Puerto Rico in der Karibik, etwa auf gleicher geographischer Breite wie Honduras. 1521 setzten sich hier die Spanier fest und hielten sich bis 1898, ehe die besagten USA ihre Hand auf Land und Hauptstadt legten. Letztere, das schöne San Juan, trägt unübersehbar spanische Züge, denn wegen der britischen Konkurrenz zur See bauten die europäischen Herren gleich nach der Ankunft die militärische Festung La Fortaleza (1533–1540) und die katholische Glaubens-Zitadelle, die gotische San-Juan-Kathedrale (erbaut 1540; siehe Bild). Darum herum bildete sich die heutige koloniale Altstadt, die zusammen mit der Militärarchitektur von der UNESCO 1983 zur Welterbestätte ernannt wurde.

Kolumbien

❶ Hafen und Baudenkmäler der Kolonialzeit Cartagena

Der hier 1499 landete, gab der gesamten Neuen Welt den Namen: Amerigo Vespucci, und er gab dem Land den Namen dessen, der die Neue Welt als erster entdeckt hatte: Kolumbus. Cartagena in Nordwest-Kolumbien nördlich der Hauptstadt Bogotà war die erste spanische Gründung in Südamerika und erwarb sich den Ruf einer »Perle der Karibik«. Sie verdankt ihn der beschwingten Lebenslust in der mit wundervollen barocken Bauten geschmückten Altstadt, unter denen die zwischen 1575 und 1612 errichtete Kathedrale und die Klosterkirche San Pedro Claver (Bild unten) den hellen und die Festung San Felipe de Barajas (Bild oben) den ernsten Akzent setzen. Hafen, Fort und Altstadt des Kolonialjuwels sind UNESCO-Welterbestätte seit 1984.

❷ Plaza Bolívar und Kathedrale Bogotá

Die Befreiung von der spanischen Kolonialmacht glückte, die Vereinigung der befreiten südamerikanischen Länder, die er angestrebt hatte, gelang ihm nicht: Simon Bolívars (1783–1830) historische Einschätzung schwankt daher. Seine Statue auf dem nach ihm benannten Platz in der kolumbianischen Hauptstadt Bogotá dagegen steht unerschüttert fest vor der klassizistisch-barocken Kathedrale (siehe Bild). Sie hat nicht immer die Stabilität des Denkmals gezeigt, und ist von Erdbeben manchmal schwer mitgenommen worden, wovon Ausbesserungen zeugen. Sie lassen aber die originalen Teile, die Kuppeln und Türme, um so prachtvoller erscheinen.

❸ Archäologischer Park San Agustín

Tief im Landesinneren von Kolumbien liegt im Quellgebiet des Río Magdalena die Ruinenstätte einer exotischen Kultur, von deren Trägern wir nicht viel mehr wissen als das, was bei San Agustín zu sehen ist. Und das ist staunenswert: Überall stehen massige Skulpturen, oft Mischfiguren aus Mensch und Jaguar. Insgesamt gibt es 350 solcher untersetzten Gestalten, die unter anderem die Eingänge zu Grabanlagen bewachen oder in Lauerstellung liegen. Sie sind bis zu 2500 Jahre alt, und noch die jüngsten haben 1200 Jahre auf dem steinernen Buckel. Sie zeugen von kriegerischer Haltung und großer künstlerischer Gestaltungskraft. Beides hat den Untergang nicht aufzuhalten vermocht, und so gilt es, die Spuren zu bewahren, was die Ernennung des Archäologischen Parks zu einer UNESCO-Welterbestätte (1995) unterstützen soll.

Curaçao (Niederlande)

❶ Hafen und Innenstadt Willemstad

Holländischer Stil in den Subtropen: Altstadt und Hafen der Hauptstadt der Niederländischen Antillen auf der Karibik-Insel Curaçao haben klar westeuropäisches Gepräge, wenn auch die koloniale Note nicht zu übersehen ist: Willemstad gründeten holländische Seeleute 1634 und entwickelten es in den folgenden Jahrhunderten planmäßig. Die moderne Stadt mit inzwischen 70 000 Einwohnern und großen Industrieanlagen blieb dabei im Kern am malerischen Naturhafen architektonisch bestimmt von frühen Bauten der Gründerzeit. Als typisches Beispiel für den Kolonialstil ist Willemstad seit 1997 UNESCO-Welterbestätte.

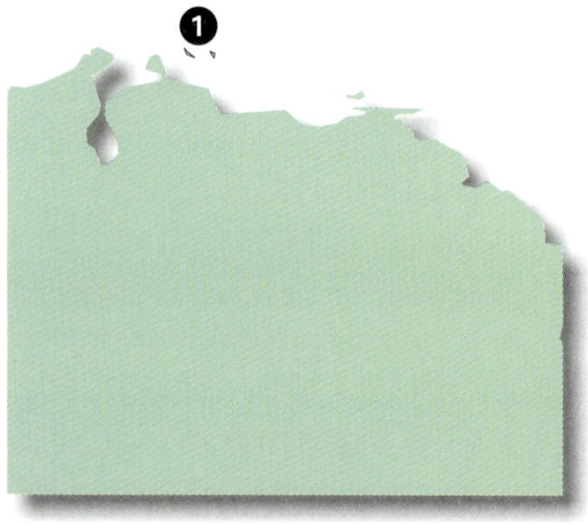

Venezuela

❶ Nationalpark Coro

In der Kolonialgeschichte haben die Deutschen nicht nur gegen Ende des 19. Jahrhunderts und zu Beginn des 20. eine kurze Rolle gespielt. Schon im 16. Jahrhundert erhielt das Augsburger Handelshaus der Welser als Gegenleistung für einen großen Kredit vom spanischen König Nutzungsrechte im heutigen Venezuela, insbesondere in der Gegend um die Stadt Coro westlich von Caracas. Spuren haben die Welser kaum hinterlassen oder sie sind längst verweht in dem trockenen Gebiet an den Ausläufern der Cordillera del Norte. Im Nationalpark, der dort eingerichtet worden ist, dominieren über weite Strecken wundervoll geschwungene Dünen, in deren Tälern sich eine genügsame Vegetation angesiedelt hat.

❷ Salto Angel

Nach Osten hin lichtet sich der Urwald des venezolanischen Nationalparks Canaima und mündet in das Kalksteinplateau Gran Sabana mit Tafelbergen, Felsabstürzen und zahllosen Wasserfällen. Ein Arm des Flusses Carrao rauscht dabei nahe der Grenze zu Brasilien und Guyana rund einen Kilometer in die Tiefe, und das ist Weltrekord-Fallhöhe. Im Gegenlicht glitzert der lange Wasserschleier in allen Regenbogenfarben, oder er leuchtet als weißes Band vor Fels und Wald fast unwirklich auf. Am Fuß fängt sich das vom Himmel gefallene Nass in einer tief ausgewaschenen Mulde und fließt gemächlich ab.

❸ Nationalpark Canaima

Die Weißen haben die indianische Urbevölkerung in der Neuen Welt gnadenlos ausgebeutet, verfolgt und bei Widerstand auch direkt ausgerottet. Es dauerte lange, bis das Bewusstsein für den Mitmenschenstatus der angeblich Primitiven wuchs. Reservate wurden geschaffen, doch selten einmal so gelungene wie der Canaima-Nationalpark in Venezuela im Grenzgebiet zu Brasilien und Guyana. 30 000 Quadratkilometer stehen hier unter Naturschutz, auch das etwa 10 000 Personen umfassende Volk der Pémon kann nach angestammtem Brauch ungestört in diesem Paradies leben. Es reicht vom Regenwald im Osten bis zu den Felsformationen der Gran Sabana und ist UNESCO-Welterbestätte seit 1994.

Ecuador

❶ Altstadt Quito

Als die Spanier 1533 kamen, zerstörten sie die hier liegende Hauptstadt des nördlichen Inkareiches und begannen im Jahr darauf mit dem Aufbau einer eigenen Siedlung, die Millionen- und Hauptstadt von Ecuador ist. Noch gut erhalten ist in Quito der seinerzeit angelegte Kernbereich mit zahlreichen Klöstern und Kirchen, die der Stadt den Beinamen »barockes Juwel der Anden« eingetragen haben. Quito nämlich liegt 2850 Meter hoch und damit fast 2000 Meter niedriger als der in der Nähe aufragende Pichincha (4776 Meter). Er schaut hinab auf ein Häusermeer, dessen alte Mitte 1978 von der UNESCO zu einer Welterbestätte erklärt worden ist. Im Bild zu sehen: Plaza Independencia mit Kathedrale, Präsidentenpalais und Denkmal für die Unabhängigkeitskämpfer.

❷ Nationalpark Sangay

Von der baumlosen Ebene des ecuadorianischen Tieflands bis in die Höhen der drei Fünftausender-Vulkane Sangay, El Altar und Tungurahua reicht ein Nationalpark von fast 5200 Quadratkilometern, von denen 2700 seit 1983 als UNESCO-Welterbestätte anerkannt sind. Bis auf 3000 Meter Höhe bedeckt den Gebirgshang undurchdringlicher und daher unberührter Urwald mit einer Tierwelt, die in dieser Vielfalt kaum noch anderswo zu finden ist. Besondere Aufmerksamkeit gilt den Großkatzen wie Puma, Ozelot und Jaguar sowie dem selten gewordenen Bergtapir, den Brillenbären und dem Andenkondor, dem mit 3,25 Metern Spannweite größten Flugvogel der Welt.

❸ Kathedrale Cuenca

Hielten die Indios die aus heiterem Himmel Anfang des 16. Jahrhunderts auftauchenden Weißen schon selbst halbwegs für Götter, so beeilten sich diese, Zeichen dafür zu setzen, dass hinter ihnen eine noch viel größere Macht, ja Allmacht stand. Kirchen, Klöster und Kathedralen gehörten zu den ersten Großbauten der Eroberer. So auch in Santa Ana de Cuenca, der Hauptstadt der ecuadorianischen Provinz Azuay. Die um 1590 geweihte dreischiffige Kathedrale steht festungsartig im Zentrum der Stadt und führt die Aufsicht über die belebte Plaza davor. Der noch vorbarocke Baustil signalisiert Strenge und Ernst.

❹ Nationalpark Galápagos-Inseln

Jeder kennt aus dem Fernsehen die ungeheuren Echsen, die aus einer untergegangenen Saurier Welt ins Heute zu starren scheinen. Und wenn nicht Schutzmaßnahmen ergriffen worden wären, gäbe es diesen biologischen Garten Eden vermutlich tatsächlich schon nicht mehr, denn die Ökosysteme auf den 13 größeren und 17 kleineren Galápagos-Inseln (»Schildkröten-Inseln«) sind ungemein empfindlich. Ihre insgesamt 7812 Quadratkilometer bilden daher bis auf wenige besiedelte Orte seit 1959 einen Nationalpark, der seit 1978 auch UNESCO-Welterbestätte ist. 70 000 Quadratkilometer Seegebiet um die Inseln stehen ebenfalls unter Schutz. So lässt sich hier immer noch nacherleben, wie Charles Darwin bei seinem Besuch 1835 seine revolutionären evolutionären Erkenntnisse gewonnen hat.

Peru

❶ Amazonas

Fast die Größe Europas erreicht das sieben Millionen Quadratkilometer umfassende Einzugsgebiet des wasserreichsten Stromsystems der Welt, das in Peru seinen Ausgang nimmt: Aus den drei Quellflüssen Marañón, Huallaga und Ucayali bildet sich der Amazonas, der nach rund 6500 Kilometern mit riesiger, bis 250 Kilometer weiter Trichtermündung in Brasilien den Atlantik erreicht. Seine und seiner Nebenflüsse Ufer sind von ausgedehnten tropischen Regenwäldern gesäumt, die für die gesamte Erde eine Art Lunge darstellen. Durch wirtschaftliche Nutzung, Straßenbau und Brandrodung gerät sie und damit das Weltklima zunehmend in Gefahr. Schutzmaßnahmen sind deswegen und zum Erhalt der schwindenden Indio-Kulturen dringend erforderlich.

❷ Ruinenstadt Chan Chan

Die spanischen Eroberer fanden auch nur eine schon in Teilen zerstörte Stadt vor, als sie 1535 nach Chan Chan nördlich von Lima und Trujillo in Peru kamen. 1470 nämlich hatten die Inkas die über ein halbes Jahrtausend lang blühende Chimú-Hauptstadt erobert; die Spanier vollendeten dann das Zerstörungswerk. Über 18 Quadratkilometer verstreut sind die Ruinen, was vom Volkreichtum in der Chimú-Zeit zeugt. Neun Zitadellen oder Paläste unterscheiden die Archäologen sowie diverse Kultstätten auf Plattformen, so genannte Huacas. Von den Befestigungen stehen noch etwa einen Kilometer lange und bis zu sieben Meter hohe Mauerreste. UNESCO-Welterbestätte seit 1988.

❸ Nationalpark Huascarán

Zwischen 2500 und im Doppelgipfel des Huascarán bis 6768 Meter hoch liegt der peruanische Nationalpark in der Cordillera Blanca der Anden. Schon statistisch einmalig präsentiert er sich mit 27 schneebedeckten 6000ern, über 650 Gletschern, fast 300 Seen und 40 Flüssen. In den Gebieten unterhalb der Baumgrenze wachsen unter anderem die größten Bromeliengewächse der Welt und weitere 798 Pflanzenarten. Die Tierwelt ist beispielsweise vertreten durch Brillenbär, Puma, Vicuña sowie Andenkondor und Kolibri. Der tropische Gebirgsregenwald und die Hochgebirgsregion sind UNESCO-Welterbestätte seit 1985.

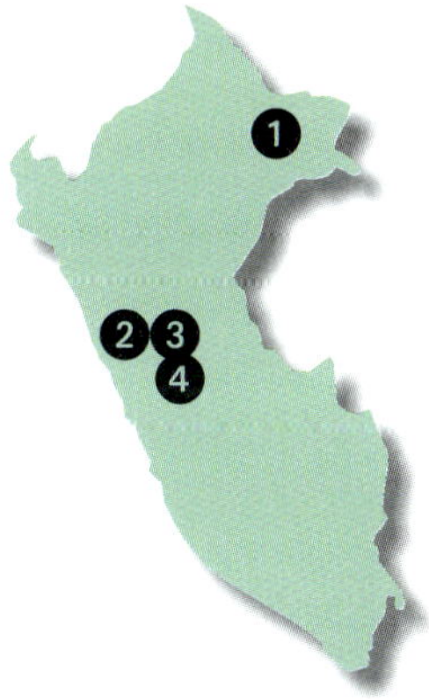

❹ Ruinenstadt Chavín de Huantár

Im nördlichen peruanischen Hochland der Cordillera Blanca im Tal des Río Mozna findet sich ein beeindruckendes Zeugnis der ältesten präkolumbischen Kultur Südamerikas: In Chavín de Huantár stehen Ruinen einer Kultstätte von 5400 Quadratmeter Grundriss. Es handelt sich um aufgeschichtete Granitblöcke, die einen dreistöckigen, bis neun Meter hohen, mit Ornamenten geschmückten Haupttempel bildeten und aus der Blütezeit der Chavín-Kultur zwischen 700 und 300 v. Chr. stammen. Besonders bemerkenswert ist die »El Lanzón« genannte Skulptur, ein aus einem einzigen Stein gefertigtes Götterbild mit Jaguargesicht und Krallenhänden. UNESCO-Welterbestätte seit 1985.

❶ Kathedrale Lima

Ein Erdbeben zerstörte 1746 den ersten Bau der Kathedrale in der peruanischen Hauptstadt Lima. Der Neubau erhielt dann barockes Gepräge durch Kuppel, Turmzier und Schmuck der Fassade. Das kontrastiert ein wenig mit dem Namen der Adresse. Die Bischofskirche steht nämlich an der Plaza de Armas, womit keineswegs die kirchlichen Waffen gemeint sind, die nicht von dieser Welt sind. Kirchen wie Burgen erfüllten in der Pionierzeit der spanischen Landnahme in der Neuen Welt ähnliche Funktionen: Demonstration der Stärke, wobei ein Schuss sakrale Stärke nicht schaden konnte. Diese finstere Seite wurde 1985 aus Anlass des Besuches von Papst Johannes Paul II. durch einen gelben Festanstrich ein wenig aufgehellt.

❷ Altstadt mit Franziskanerkloster Lima

Beiderseits des Río Rimac zieht sich an den Ufern die Altstadt der peruanischen Sechs-Millionen-Metropole Lima, die »Ciudad de los Reyes« (Stadt der Könige) hin. Von Pizarro am 18. Januar 1535 gegründet, wurde sie mit einer Kathedrale, einem Klosterkomplex der Franziskaner (siehe Bild) und einigen Palästen, darunter der berühmte, im andalusischen Stil gehaltene Palacio de Torre Tagle, geschmückt. Wegen Erdbebenschäden sind manche der Erstbauten durch barocke Neubauten des 18. Jahrhunderts ersetzt worden. Das trug zur Belebung des Bilds der Altstadt bei, die seit 1988 als UNESCO-Welterbestätte geführt wird.

❸ Nationalpark Manú

Der mit über 15 000 Quadratkilometern größte peruanische Nationalpark liegt im Südosten des Landes im Amazonasbecken an den Flanken der Cordillera de Carabaya. Er zieht sich am Río Manú und am Río Alto Madre de Díos hin und ist Heimat der weltweit wohl größten Vielfalt an Pflanzenarten des Tiefland- wie des Gebirgsregenwalds. Die Tierwelt steht dem in nichts nach, kommen hier doch ein Viertel aller südamerikanischen Vogelarten vor sowie 13 Affen-, 12 Reptilien- und 77 Amphibienarten. Unter den Säugern sind Riesengürteltier, Ozelot, Brillenbär und Kurzohrfuchs zu nennen. Den nationalen Schutz unterstützt die UNESCO, die den Park 1987 unter die Welterbestätten aufnahm.

❹ Ruinenstadt Machu Picchu

Direkt zerstört haben es die Konquistadoren nicht, denn sie erhielten gar keine Kenntnis von Machu Picchu, der um 1450 erbauten Inka-Festungsstadt nordwestlich von Cuzco auf 2450 Metern Höhe in den peruanischen Anden. Die Anlage verfiel, weil das Reich, dem sie diente, von den Spaniern vernichtet wurde. 1911 erst drang Kunde über den Ort in die Welt, der seitdem Forscher wie Touristen magisch anzieht: Auf einem Felssporn stehen die Ruinen der auf Terrassen U-förmig angeordneten Stadt mit handwerklichem, agrarischem und sakralem Bereich. Der »alte Gipfel«, so lautet der Name auf Deutsch, mit dem Sonnentempel, dem Heiligen Platz und dem königlichen Mausoleum fand 1983 Aufnahme in die Liste der UNESCO-Welterbestätten.

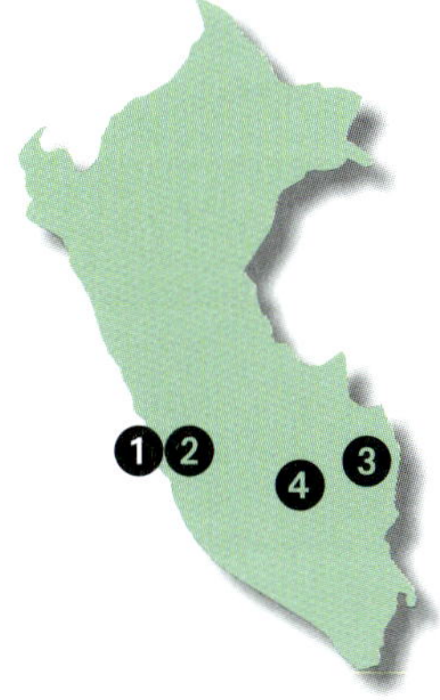

❶ Cuzco

Kingnapping nach Hidalgo-Art: Bei seinem Griff nach dem Inka-Reich im heutigen Peru fiel dem spanischen Konquistador Pizarro König Atahualpa in die Hände. Das ganze Gold der Inka-Hauptstadt Cuzco kratzten die Inkas als Lösegeld für ihn zusammen und übergaben es den Angreifern. Die nahmen es gern, ließen den König erdrosseln und fielen 1533 über die Stadt her, in der sie noch viel mehr Gold vermuteten. Das erwies sich als Trugschluss, den die Bewohner auszubaden hatten. Von ihrer Stadt blieben nur die riesigen Granitblöcke der Tempel und Festungen, die die Eroberer nicht zu bewegen vermochten. Diese Ruinen machen Cuzco zur »archäologischen Hauptstadt Amerikas«, während die barocken Bauten, die die neuen Herren auf den Inka-Mauern errichteten, koloniale Pracht entfalteten. Dieses Miteinander machte die Anden-Metropole in 3400 Meter Höhe 1983 zu einer UNESCO-Welterbestätte.

❷ Inkafestung Sacsayhuamán

Noch 200 Meter höher als die himmelhoch gelegene Stadt Cuzco stehen nördlich davon Ruinen der alten Inkafestung Sacsayhuamán, die vermutlich zugleich Kultstätte war. Bewundernd betrachten die Besucher aus aller Welt das in drei Reihen gestaffelte, mörtellos aufgeschichtete Mauerwerk aus Blöcken, von denen einige neun Meter hoch und 350 Tonnen schwer sind. Hier thronte der Herrscher und »Sonnenfürst« bei Staats- und Kultzeremonien auf einem erhöhten, behauenen Felsen und sah auf seine Hauptstadt hinab, die zusammen mit der Festung seit 1983 UNESCO-Welterbestätte ist.

❸ Bodenzeichnungen von Nazca und Pampas de Jumana

Vor hundert Jahren wäre kein Mensch darauf gekommen, in den rätselhaften Scharrbildern von Nazca und Pampas de Jumana in Peru Landeplätze von Raumfahrzeugen zu vermuten. Aber seit die Menschen selbst ein wenig in den kosmischen Vorgarten der Erde auszuschwärmen begonnen haben, sind irdische Erklärungen zu einfach. Da müssen Außerirdische herhalten, auch wenn sich die riesigen Zeichnungen südöstlich von Lima aus der Vogelperspektive als staunenswert genaue irdische Bilder entpuppen: Auf 350 Quadratkilometer verteilt finden sich ein »Tulpenbaum« (siehe Bild), eine 46 Meter große Spinne, ein 188 Meter langes Reptil und andere gigantische Tiere wie Kolibris, Affen, Hunde. Sicher stecken kultische Motive hinter der frühindianischen Großkunst aus dem 6. Jahrhundert. Zur weiteren Erforschung ist das Gebiet 1994 zu einer UNESCO-Welterbestätte erklärt worden.

❹ Colca-Schlucht

Doppelt so tief wie der Grand Canyon in den USA schneidet der Río Colca ins Andenhochland des südlichen Peru. In 1400 Metern Höhe fließt er zwischen dem 6288 Meter hohen Nevado de Ampato und dem 6614 Meter hohen Nudo Coropuna hundert Kilometer nördlich von Arequipa hindurch in den Río de Majes, der in den Pazifik mündet. Die eigentliche Schlucht, also der direkte steile Absturz vom umgebenden Hochland ins Flusstal, ist 3233 Meter tief, was als Weltrekord gilt. Nirgendwo lässt sich die gebirgsbildende Faltungskraft der Erdkruste besser studieren als hier, wo sich der Fuß- oder Wildwasserwanderer klein fühlt angesichts der gigantischen Wände um sich herum.

Brasilien

❶ Teatro Amazonas Manaus

Man hatte das Monopol: Wer Kautschuk brauchte, musste sich an Brasilien wenden, genauer an Manaus, die Hauptstadt des Bundesstaates Amazonas kurz vor der Mündung des Río Negro in den größten Strom des Kontinents. Bis 1913 gab es keine Konkurrenz, und Stadt und Land badeten im Wohlstand. Die paradiesischen Zeiten sind längst vorbei, geblieben aber ist ein buchstäblich märchenhaftes Denkmal: das Teatro Amazonas, das 1896 im Stil der Neorenaissance erbaute Opernhaus der Stadt. Arkaden und von hohen schlanken Säulen getragene Balkone gliedern die Fassade in jugendstiliger Eleganz. Ein geschwungenes, reliefgeschmücktes Giebelfeld krönt das Haus der Musen.

❷ Altstadt und Karmeliterkirche Olinda

Ein sakrales Ensemble bildet den Kern der brasilianischen Stadt Olinda nördlich von Recife im Bundesstaat Pernambuco: Kathedrale São Salvador, Kloster São Francisco, Kirche Nossa Senhora do Monte, alle schon im 16. Jahrhundert entstanden und in Teilen nach niederländischer Brandschatzung 1630/31 erneuert; nur die Kirche São Bento ist ein gutes Jahrhundert jünger und entsprechend barocker. Schlicht dagegen die früheren Bauten, insbesondere die der Karmeliter (Bild: Karmeliterkirche), die qua Ordensregel zur Bescheidenheit verpflichtet sind. Die so geprägte Altstadt von Olinda ist UNESCO-Welterbestätte seit 1982.

❸ Jesuitenkirche und Franziskanerkloster

Olinda

Architektur kann entscheidend durch Natur gewinnen. Das ist in Olinda im brasilianischen Bundesstaat Pernambuco an der Atlantikküste der Fall. Von der herrlichen Lage schwärmten schon die portugiesischen Ankömmlinge 1535 und in ihrem Gefolge die Priester und Mönche. Sie betteten ihre Kirchen und Klöster in die Palmenhaine auf den Hügeln am Meer und verschafften dem Ort so den Ruf einer »barocken Perle«. Dabei sind die Bauten vergleichsweise schlicht wie die Jesuitenkirche oder der Convento São Francisco. Erst ihre idyllische Umgebung macht sie zu Schmuckstücken.

❶ Historisches Zentrum

Salvador de Bahia

Leicht machten es die Kirchenbauer den Priestern nicht immer, ihre Schäfchen (und sich selbst) zu Sittenstrenge anzuhalten. Angesichts der Nackedei-Putten in den barocken Gotteshäusern waren sündige Fantasien zuweilen nicht zu unterdrücken. Besonders schwer dürften sich da die Besucher und Prediger der Franziskanerkirche im brasilianischen Salvador de Bahia getan haben. Hier glänzt alles golden, die Backen und Wangen der Engelchen wie die Haut der stillenden Muttergottes. Nicht minder prächtig geben sich die anderen 169 Kirchen des Ortes (Bild oben: Kreuzwegkirche). Das 1548 gegründete Städtchen besteht aus zwei deutlich voneinander getrennten Teilen: die Oberstadt auf einem lang hingezogenen Felsrücken, die Unterstadt unmittelbar am Ufer. »Lacerda« ist der Aufzug zwischen Ober- und Unterstadt (Bild links). Welterbestätte der UNESCO seit 1985.

❷ Nationalkongress
Brasília

Auf den Platz der drei Gewalten in der Hauptstadt Brasília hat Architekt Oscar Niemeyer zwischen 1958 und 1970 die beiden Bürotürme des Parlaments (Nationalkongress) gestellt. Ihr Nebeneinander soll die Teilung der Gewalten in der Demokratie symbolisieren, wobei man sich unwillkürlich fragt, wo die dritte ist. Auch angesichts der politischen und sozialen Wirklichkeit im Land fühlt sich der Betrachter unbehaglich beim Anblick der hochgemut in Beton gegossenen Symbole und der Leere der weiten Räume um sie herum. Die UNESCO hat die synthetische Stadt 1987 zu einer Welterbestätte erklärt, die es zu bewahren gilt.

❸ Kathedrale Brasília

Zirkuszelt, umgestülpte Vase oder breitfüßiger Eierbecher? Es gibt wohl nichts Schwierigeres als Sakralbau in der Architektur. Und wenn er dann noch Zeitgeist sichtbar machen soll, dann gerät er in akute Gefahr, den überzeitlichen Auftrag zu verfehlen. Ein wenig Ratlosigkeit strahlt die zwischen 1960 und 1969 von Oscar Niemeyer erbaute stachlige Kathedrale in der brasilianischen Reißbretthauptstadt aus. Der Widerstand gegen die Retortenarchitektur löst sich erst im Innern allmählich, wo der Himmel selbst eingefangen zu sein scheint und sein Licht die hohe Halle durchflutet. Ob darin freilich brasilianische Volksfrömmigkeit eine Heimat findet?

❶ Altstadt Ouro Prêto

Südöstlich von Belo Horizonte im brasilianischen Bundesstaat Minas Gerais findet der Reisende ein Städtchen, das anders als die meisten seit dem 18. Jahrhundert nur unwesentlich gewachsen ist. Es hat daher die ganze barocke Schönheit bewahrt, die es sich damals als reiche Gold-Stadt hat leisten können. Hervorzuheben sind an der Praça Tiradentes, benannt nach dem hier 1789 hingerichteten Helden des Freiheitskampfes mit dem Beinamen »Zahnauszieher«, Gebäude wie der Palast des Gouverneurs und Kirchen wie São Francisco de Assis und Nossa Senhora do Pilar, die mit Meisterwerken von Antônio Francisco Lisboa (1730–1814), genannt Aleijadinho (»Krüppelchen«), geschmückt und verschwenderisch mit Vergoldungen ausgestattet wurden. Die in dieser Pracht leuchtende Altstadt ist UNESCO-Welterbestätte seit 1980.

❷ Wallfahrtskirche »Guter Jesus« Congonhas

Der alte Mann konnte nur noch auf den Knien kriechen, und doch arbeitete der daher Aleijadinho (»kleiner Krüppel«) genannte Künstler Antônio Francisco Lisboa (1730–1814) weiter an einem Wunderwerk: 1796 bis 1805 schuf er Figurengruppen mit 66 gipsüberzogenen Holz-Gestalten zur Passionsgeschichte für sechs Kapellen, die den Weg zur Wallfahrtskirche Bom Jesus de Matozinhos im brasilianischen Cogonhas (Minas Gerais) säumen. Die farbigen Szenen bereiten die Pilger auf die Begegnung mit einem barocken Bau von bewegend schlichter Schönheit vor. Vor der braun abgesetzten ockerfarbenen Fassade steht die Statue des Künstlers, der sich ganz in den Dienst des Gotteshauses gestellt hatte, das seit 1985 UNESCO-Welterbestätte ist.

❸ Pao de Açúcar Rio de Janeiro

Schon von weitem begrüßt die See- und Luftreisenden das Wahrzeichen der brasilianischen 10-Millionen-Metropole Rio de Janeiro: der Zuckerhut oder in der Landessprache der Pao de Açúcar. Mit 395 Metern nicht gerade himmelhoch, besticht er doch durch die makellose Form eines Glockenberges, hinter dem sich weiter westlich der fast doppelt so hohe Corcovado über das Häusermeer erhebt. Von diesem Gipfel schaut eine 38 Meter große Christusstatue segnend auf Stadt und Zuckerhut, dessen Spitze per Seilbahn zu erreichen ist. Zu Füßen liegen dem Besucher dort die Buchten des Atlantik im Stadtgebiet, darunter der berühmteste Flanierstrand für schöne Körper, die Copacabana.

❹ Nationalpark Iguaçu

Kurz vor der Mündung des Rio Iguaçu oder spanisch Río Iguazú in den Paraná haben die beiden Anrainerstaaten Brasilien und Argentinien Schutzgebiete eingerichtet. Hier nämlich breitet sich artenreicher Regenwald aus und hier stürzt sich der Fluss vom Brasilianischen Plateau auf vier Kilometer Breite siebzig Meter in die Tiefe. Der brasilianische Nationalpark ist 700 Quadratkilometer groß und bietet wie der argentinische »Kollege« bedrohten Pflanzen und Tieren eine Heimat. Im Wald wachsen Steineibe, Philodendron und Ilex, durch ihn streifen Riesenotter, Ozelot und Jaguar. Das Naturdenkmal ist durch den 1998 in Betrieb genommenen Staudamm Salto de Caixas im Bestand gefährdet. UNESCO-Welterbestätte seit 1986.

Bolivien

❶ Titicacasee

Die Grenze zwischen Bolivien und Peru geht mitten durch den höchstgelegenen schiffbaren See der Welt: Mit 3812 Metern Höhe schwebt der Titicacasee noch tausend Meter über dem höchsten deutschen Gipfel, der Zugspitze, und mit 8300 Quadratkilometern Fläche erreicht er fast das Fünfzehnfache des Bodensees, der allerdings fast so tief ist wie der große südamerikanische Bruder, der 281 Meter erreicht. Zahlreiche Inseln und Halbinseln gliedern das nordwestlich von der bolivianischen Hauptstadt liegende Meer im Hochland der Anden, deren Sechstausender sich in ihm spiegeln.

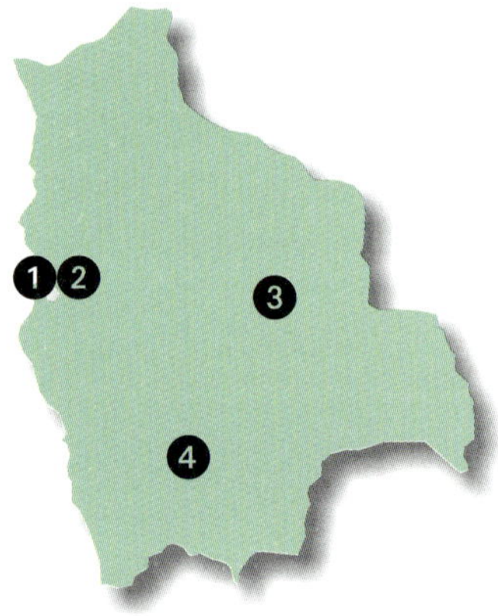

❷ Marien-Wallfahrtskirche Copacabana

Weit schiebt sich im Süden des Titicacasees eine Halbinsel T-förmig nach Nordosten vor. An ihrer Nordwestküste liegt kurz hinter der Grenze auf bolivianischem Gebiet der Ort Copacabana, der nur klanglich Ähnlichkeiten mit dem Luxusstrand von Rio hat. Er ist eher das Gegenteil, nämlich ein beliebtes Wallfahrtsziel mit einer mehrschiffigen barocken Kirche. Weiß ragt sie in den in dieser Höhe von 3812 Metern dunkelblauen Himmel. Ihre schön zurückgesetzten Portale laden die Gläubigen ein, während ihre festungsartigen Mauern etwaige Frevler abschrecken.

❸ Jesuitenmissionen der Chiquitos

Mit wachsendem Misstrauen beobachtete die spanische Politik das Wirken der Jesuiten in Südamerika. Die Fürsorge, die sie den Indios angedeihen ließen, ging manchem zu weit, der in den Ureinwohnern nur Wilde zu sehen vermochte. Die Jesuiten dagegen setzten auf »Zivilisierung« durch intensive Mission, richteten Indianerschutzdörfer um ihre Missionsstationen ein und kümmerten sich auch um materielle Verbesserungen. Damals argwöhnte man die Förderung von Aufmüpfigkeit durch zu viel Liberalität und wies die Jesuiten 1767 aus. Im Gebiet der Chiquitos-Savanne nördlich vom bolivianischen Santa Cruz sind sieben ihrer Missionen nahezu unverändert erhalten und seit 1990 UNESCO-Welterbestätte. Im Bild ein Kruzifix aus dem 17. Jahrhundert, das im Stammesgebiet der Chiquitos gefertigt wurde.

❹ Stadt und Silberminen Potosí

»Eingangstor zur Hölle« nannte ein Pater schon im 16. Jahrhundert den Schlund der Silberminen im 4850 Meter hohen Cerro Rico beim bolivianischen Potosí südwestlich von Sucre. Er spielte damit auf die unmenschlichen Arbeitsbedingungen der Indianer-Sklaven an, die hier ihr Leben riskierten und in vielen Fällen auch ließen, während derweil die spanischen Unternehmer prassten. Der irdische Mammon bewirkte, dass die Silberstadt herrliche Sakral- und prächtige Profanbauten erhielt, die nach Ende des Booms ein bisschen vom Glanz der Kolonialepoche in die tristen neuen Zeiten retteten. Als Denkmal frühkapitalistischen Wirtschaftens sind Potosí und der von Stollen durchlöcherte Berg UNESCO-Welterbestätte seit 1987.

❶ Kloster Philippe Neri Sucre

Zu den prägenden kirchlichen Bauten der Altstadt der bolivianischen Universitäts- und De-jure-Hauptstadt Sucre gehört das nach dem Volksheiligen von Rom benannte Kloster Philippe (italienisch: Filippo) Neri (1515–1595). Auf ihn geht der Orden der Oratorianer zurück, der sich vor allem um Pilger kümmert. Wer also nach Sucre des Glaubens wegen kommt und die schönen alten Gotteshäuser besuchen will, der findet im Kloster Rat und gegebenfalls auch Unterkunft. Im ansprechend gestalteten Innenhof mag er sinnend wandeln, vom Turm über den Ziegeldächern des barocken Baus hat er einen wunderbaren Blick über die Stadt und kann seine Besichtigungstour schon einmal optisch abstecken.

❷ Altstadt Sucre

Auf einer Indianersiedlung ließ der spanische Konquistador Pizarro 1538 die Stadt Villa de la Plata im Bolivianischen Bergland gründen. Sie trägt seit 1825 den Namen des Helden der Unabhängigkeitskriege Antonio José Sucre (1795–1830). Die Nähe zu Silbervorkommen bescherte der Stadt Reichtum, der sich in reger barocker Bautätigkeit niederschlug und ein ungewöhnlich reizvolles Stadtbild entstehen ließ. Es ist dank des moderaten Wachstums fast unverändert erhalten und gibt der verfassungsmäßigen Hauptstadt des Landes, die schon lange im Schatten des Regierungssitzes La Paz steht, ein Flair aus der Kolonialzeit. Sakral- und Profanbauten (im Bild: Regierungspalast) wirken dabei mit und haben die UNESCO 1991 dazu bewogen, die Altstadt von Sucre als Welterbestätte zu würdigen.

Paraguay

❶ Jesuitenmissionen La Santísima Trinidad de Paraná, Jesús de Tavarangue

In der Pionierzeit der spanischen Durchdringung der Kolonien in der Neuen Welt reichte der Arm der Zentralgewalt nicht sonderlich weit. Wie man daher die allenthalben marodierenden Abenteurer gewähren lassen musste, kontrollierten die Gouverneure zunächst auch die Missionare kaum. Jesuiten vor allem waren es, die sich um das »Seelenheil« der Unterworfenen kümmerten. Dass sie ihre Schützlinge auch vor Ausbeutern und anderem Gesindel in Schutz nahmen, davon zeugen noch die so genannten Reduktionen, in denen die Missionare indianische Gemeinwesen organisierten. Zwei solcher Einrichtungen mit schönen barocken Kirchen sind in Trinidad de Paraná und Tavarangue nordöstlich vom paraguayanischen Encarnación an der argentinischen Grenze erhalten und seit 1993 UNESCO-Welterbestätte.

❷ Kathedrale Asunción

In Asunción, der heutigen Groß- und Hauptstadt von Paraguay mit ihren 500 000 Einwohnern, kommt einem die Bischofskirche fast klein vor. Noch vor einem guten Jahrhundert aber lebten hier nur 20 000 Menschen, und dafür handelt es sich um eine recht stattliche Kathedrale. Sie entstand bald nach der Gründung der Stadt 1537 und wurde auch deswegen so imposant gestaltet, weil Asunción der Ausgangspunkt für die spanische Kolonisation des südamerikanischen Binnenlandes war und weil die neuen Herren demonstrieren wollten, dass sie im Auftrag des Allerhöchsten missionierten. Der Festungscharakter des Mauerwerks diente dabei auch der Demonstration der Stärke.

Uruguay

❶ Calle Emilio Reus

Montevideo

Unter den spanischen Gründungen in Südamerika ist sie eine recht junge: Montevideo entstand erst 1724 und ist nach Ende der spanisch-argentinisch-britisch-brasilianischen Streitigkeiten um das Land Uruguay seit 1830 dessen Hauptstadt. Und sie ist fast die einzige nennenswerte Stadt des Staates, denn knapp die Hälfte seiner Einwohner lebt in der 1,4-Millionen-Metropole. Sie haben es sich stellenweise sehr hübsch eingerichtet wie etwa an der Calle Emilio Reus, die eine Prachtstraße im genauen Wortsinn ist. Die Häuser reihen sich bunt aneinander, als habe ein mutwilliger Maler seine Palette ausprobieren wollen. Die Bogenreihen der Fenster und die Girlanden der Balkone sehen aus wie Spaniens Gitarren klingen.

❷ Kathedrale Maldonado

Das Blaue vom Himmel scheinen sich die Turmdächer der Bischofskirche von Maldonado geholt zu haben, und die Sonne meint es gut mit ihrer Fassade. Sie leuchtet vor dem Hintergrund der schönen Kuppel auf den palmenbestandenen Vorplatz, der wie in allen spanisch-südamerikanischen Städten Kommunikationszentrum ist. Still ist es hier nur während der Messe und in der Mittagshitze, wenn jeder sich ein schattiges Plätzchen für die Siesta gesucht hat. Am lauen Abend aber belebt sich das Bild vor der sakralen Kulisse der Kathedrale wieder, die mit Nachsicht auf das bunte Treiben in der Küstenstadt an der Südostecke Uruguays schaut.

Argentinien

❶ Jesuitenmissionen der Guaraní

Das Zentrum der Jesuitenmission im 17./18. Jahrhundert lag in Paraguay, reichte aber im Süden bis auf heute argentinisches Gebiet. Dort sind östlich von Posadas die Reste von vier so genannten Indianer-Reduktionen erhalten, Gemeinwesen der Guaraní unter jesuitischer Leitung und jesuitischem Schutz: San Ignacio Miní, Santa Ana, Nuestra Señora de Loreto, Santa María la Mayor. Wer die Ruinen besucht, sieht, dass die Jesuiten keineswegs nur europäische Kultur aufgepfropft haben. Sie ließen den Eingeborenen durchaus kulturellen Spielraum, so dass man von einem Guaraní-Barock sprechen kann. Nach Ausweisung der Missionare 1767 verfielen die Reduktionen leider rasch. Ihre Spuren sollen als UNESCO-Welterbestätte (1983) bewahrt werden. Das Bild rechts zeigt eine Brandmalerei auf Pergament aus dem 17. Jahrhundert, auf der das von den Jesuiten entwickelte Glaubensbekenntnis in Bilderhandschrift abzulesen ist.

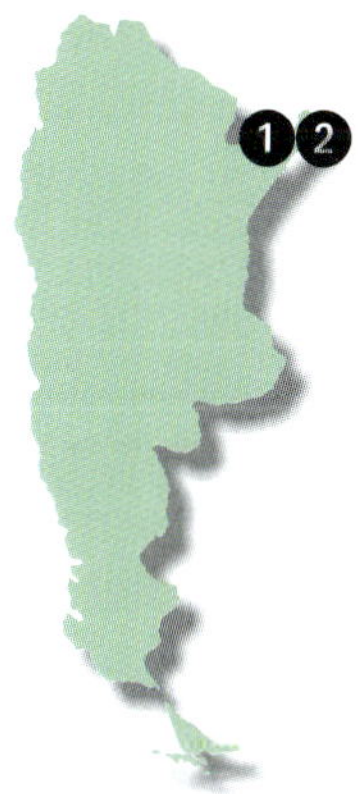

❷ San Ignacio Miní

Die größte der Indianer-Reduktionen der Jesuiten in Nordargentinien am Paraná war San Ignacio Miní. Die Ruinen der 74 Meter langen und 24 Meter breiten barocken Kirche mit dem indianischen Reliefschmuck lassen die Struktur der Siedlung noch gut erkennen: Um einen großen Platz waren die wichtigsten Einrichtungen – Werkstätten, Gemeinschaftshaus, Unterrichtsräume, Friedhof, Gefängnis – gruppiert. Ein sehr gut sortiertes Museum unterrichtet heute über die Tätigkeit der Jesuiten und ihre Fürsorge für die Guaraní. 4000 von ihnen lebten zeitweilig in dem im 17. Jahrhundert gegründeten Schutzdorf, das nach der Ausweisung der Jesuiten im Jahr 1767 bald von den Bewohnern verlassen wurde.

❶ Aconcagua

Der Mount Everest der Südhalbkugel kann zwar mit dem nördlichen Kollegen nicht ganz mithalten, doch erreicht er für unsere Verhältnisse fast Himalaja-Format: Der Aconcagua in den argentinischen Anden ist mit 6959 Metern Höhe der oberste Gipfel Amerikas und der höchste Berg außerhalb Asiens. Der »steinerne Wächter«, so lautet sein Name übersetzt, liegt in einem über 700 Quadratkilometer großen Naturschutzgebiet, das schon deswegen hat eingerichtet werden müssen, weil das mächtige Massiv Kletterer aus aller Welt anzieht, nachdem einem Schweizer 1897 die Erstbesteigung geglückt ist. Es ihm nachzutun, sei aber nur geübten Alpinisten empfohlen; die Eiswüste in den obersten Stockwerken verlangt Top-Kondition.

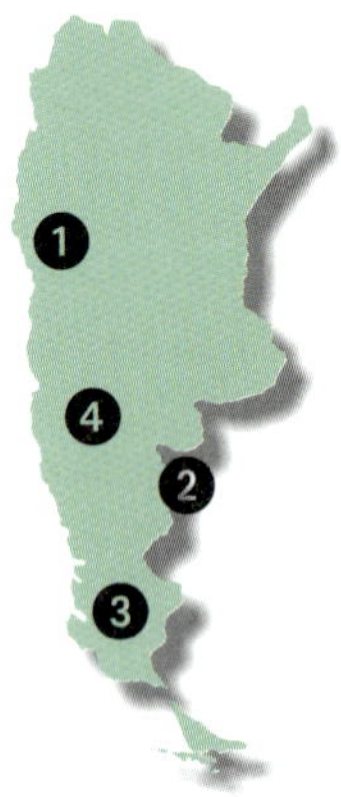

❷ Valdés

Etwa 300 Kilometer südlich vom westargentinischen Bahia Blanca am San-Matías-Golf ragt eine 3250 Quadratkilometer große Halbinsel nach Osten hinaus in den Atlantik, die Península Valdés. Sie steht unter Naturschutz, weil ihre Tierwelt möglichst ungestört bleiben soll: Meeresvögel über, Seerobben an und Wale vor der Küste – ein zoologischer Garten Eden mit allerdings botanischer Schonkost, denn das Land hat wie meist in Patagonien nur karge Vegetation zu bieten. Im Meer dagegen steht ein Schmuckstein: Die Isla de los Pájaros, wo viele der Vögel brüten. Mit einem guten Fernglas kann man die Kolonien genau beobachten. Betreten dürfen das Felseiland nur handverlesene Ornithologen.

❸ Patagonien

Weites Land: Im Süden von Argentinien wollen die Ebenen kein Ende nehmen. Patagonien beginnt hinter dem Río Colorado, zieht sich bis vor Feuerland hin und erreicht damit eine Ausdehnung von 650 000 Quadratkilometern. Landschaftliche Abwechslung gibt es nur in Ost-West-Richtung, denn in dieser steigt das Land zunächst in hügeliges Mittelgebirge und schließlich ins Hochgebirge der südlichen Anden bis in 4000 Meter Höhe auf. Damit liegt das argentinische Tafelland im Regenschatten der Kette, so dass nur eine karge Busch- und Grasvegetation gedeihen kann. Riesige Schafherden weiden dort, stellenweise vor Fördertürmen, denn der einzige Reichtum Patagoniens ist das Öl um Comodoro Rivadavia und Plaza Huincul.

❹ Vulkan Auca Mahuida Patagonien

Unter »Ei« stellen sich die meisten etwas hübsch Glattes und Ovales vor. Die Dinosaurier sahen das aber ganz anders, denn die Eier dieser »schrecklichen Echsen« haben eher sackartiges und trapezförmiges Aussehen. Von glatt kann auch nicht die Rede sein, denn die Verpackung der Jung-Ungeheuer vor dem Schlüpfen ist kräftig genoppt und gefurcht wie die Haut der Alten. Wir wissen das von Funden wie denen am Vulkan Auca Mahuida im nördlichsten Zipfel der argentinischen Landschaft Patagonien zwischen den Flüssen Negro und Colorado. Der Bergkegel steigt auf 2253 Meter an, und man stellt sich leicht gruselnd vor, wie dort vor ein paar Millionen Jahren Dinos mit langen Hälsen zwischen den Baumwipfeln und Felsbrocken hervorgelugt haben mögen.

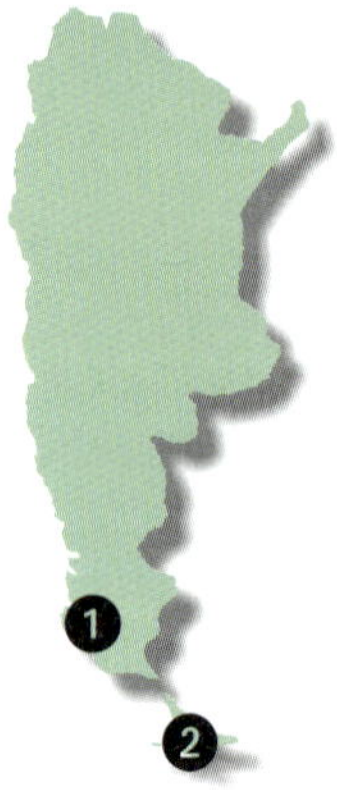

❶ Nationalpark Los Glaciares

Mit Bangen schauen die Klimaforscher fast überall zu, wie die Gletscher schrumpfen und die Eisdecken dünner werden. Zur Beruhigung sollten sie ab und an in den Nationalpark Los Glaciares im argentinischen Patagonien fahren, der zwischen den beiden Seen Viedma und Argentino an der Grenze zu Chile in den Anden liegt. Dort können sie das größte Eisfeld außerhalb der Polregionen mit einer Gesamtgletscherfläche von 22 000 Quadratkilometern bewundern, von denen 6000 im Park unter Schutz stehen. Dort streckt den Besuchern beispielsweise der Morenogletscher seine dreißig Kilometer lange und fünf Kilometer breite Zunge aus, die ständig weiterwächst. Ob der Treibhauseffekt um Los Glaciares einen Bogen macht? Den majestätisch über dem Großeisschrank kreisenden Kondor kümmert es kaum.

❷ Ushuaia Feuerland

So richtig anheimelnd schaut das »Ende der Welt« nicht aus. So nennen die Bewohner der Hauptstadt des argentinischen Teils von Feuerland ihre zusammengewürfelte Häuseransammlung namens Ushuaia selbst. Ein paar Betonburgen, einige Hütten, aber auch eine Reihe von schmuckeren Kolonialbauten machen das Ensemble an einer Bucht des Beaglekanals aus. Diese windige Weltecke war bei den Seefahrern immer schon berüchtigt, und das Museo del Fin del Mundo in Ushuaia zeigt warum: Strandgut aller Art von gescheiterten Schiffen ist zu sehen sowie Fotos von malerischen Wracks. Einen Besuch lohnt auch der zwanzig Kilometer westlich an der chilenischen Grenze gelegene Nationalpark Tierra del Fuego (Feuerland).

Chile

❶ Rapa Nui Nationalpark

Als der niederländische Kapitän Jacob Roggeveen die Insel am Ostersonntag 1722 als erster Europäer sah, dürfte er einen gehörigen Schreck bekommen haben: Vom hohen Ufer des von ihm wegen des Datums Osterinsel (spanisch Isla de Pascua) genannten Eilands schauten drohend Riesen herab, die so genannten Moai. Diese bis 10 Meter hohen und vereinzelt noch größeren Tuffstein-Figuren von bis zu 240 Tonnen Gewicht vermag man bis heute nicht widerspruchsfrei zu deuten; es überwiegt die Meinung, sie seien Ausdruck eines Ahnenkults der polynesischen Bewohner, die den »Nabel der Welt« oder die »Große Insel« (Rapa Nui) um 350 besiedelt haben. Ihre künstlerische Potenz drückt sich auch in mehreren Tausend Felsritzzeichnungen aus, die als Teil des Nationalparks seit 1995 zur UNESCO-Welterbestätte gehören.

❷ Vulkan Osorno

Seit über hundert Jahren zeigt er sich nur von seiner weißen Schokoladenseite, der makellose Vulkan Osorno südöstlich von der chilenischen Hafenstadt Valdivia. Ob er aber wirklich erloschen ist? Es gibt zahllose Beispiele von Kratern, die noch viel länger still geblieben sind und dann doch wieder Feuer und Verderben spuckten. Immerhin hat die erloschene Lavaschicht am Fuß des 2660 Meter hohen Berges für fruchtbaren Boden und den reichen Waldbestand gesorgt.

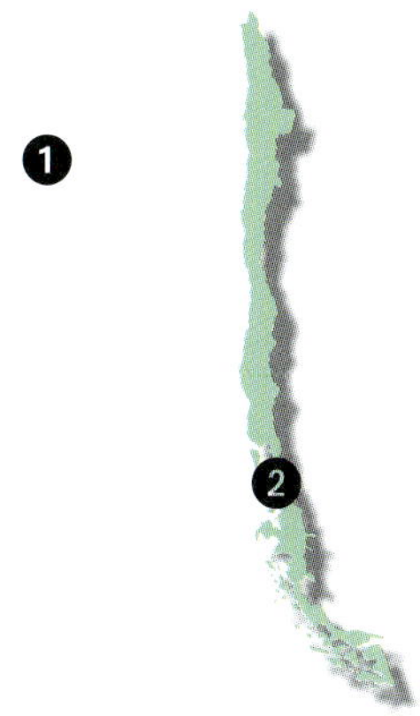

Australien und Ozeanien

Vielgesichtiger ferner Süden

»Terra australis incognita« – »unbekanntes Südland« nannten die europäischen Seefahrer des frühen 16. Jahrhunderts den fünften Kontinent, bevor dieser als solcher erkannt war. Und auch heute noch kann von Kennen nur bedingt die Rede sein. Warum dieses Land auf der Gegenseite des Globus biologisch mit seinen Beuteltieren und Eukalyptuswäldern eine so andere Entwicklung genommen hat als die anderen Kontinente, wann es sich genau vom eurasischen Riesen gelöst und welche menschliche Frühgeschichte es hat, wissen wir allenfalls in Umrissen. Gewiss erzählen uns Felszeichnungen aus uralten Zeiten und heutige Gebräuche und Mythen der Aborigines manches über die voreuropäische Vergangenheit, doch zum umfassenden Verstehen dieser fremdartigen Welt ist es noch weit, wenn solches kulturübergreifende Begreifen im vollen Sinne überhaupt möglich ist. Für die Größe und Schönheit der Aufgabe mag der Stein stehen, den die Eingeborenen Uluru (»Schatten spendender Platz«) nennen und der auf Englisch Ayers Rock heißt. Wie er sich wandelt im wechselnden Licht, so verschieden präsentiert sich der einzige zur Gänze auf der Südhalbkugel liegende Erdteil mit seiner ozeanisch-polynesischen Inselwelt dem Besucher. Welten trennen die tropischen Regionen am Carpentaria-Golf von den antarktischen Wüsten um die Admiralty Mountains, und ebenso fern sind einander der unendliche Outback und die pulsierenden Städte, die nach der Ankunft der »First Fleet« 1788 entstanden sind. Sydney, Gastgeberin der ersten Olympischen Sommerspiele des 3. Jahrtausends, ist eine von ihnen. Sie hat der Zeitenwende der historischen Landung am historischen Ort ein Denkmal in Gestalt ihres Opernhauses und zugleich ein Zeichen gesetzt: Mit vollen Segeln vorwärts!

Australien und Ozeanien

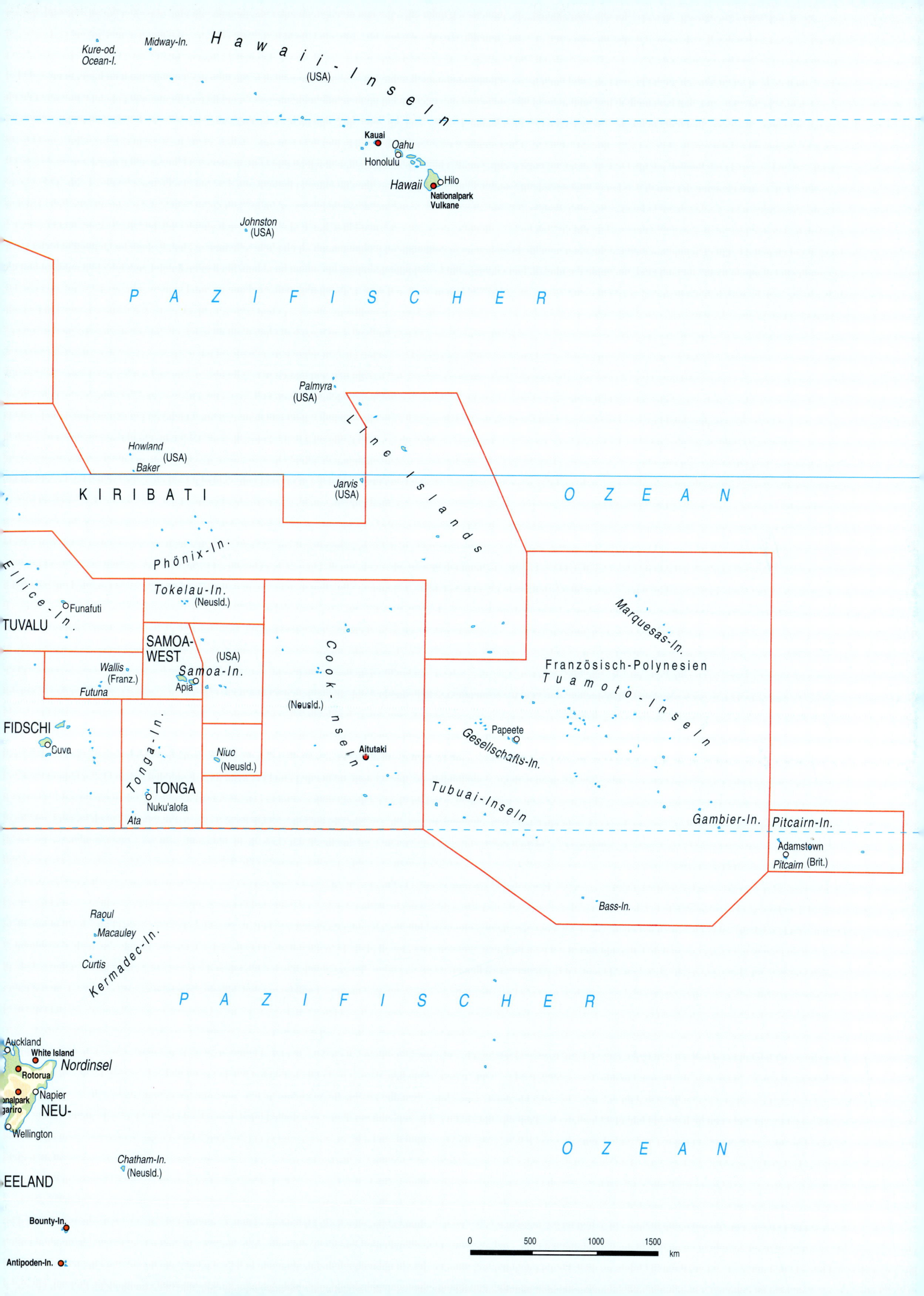
Kure-od. Ocean-I.
Midway-In.
Hawaii-Inseln
(USA)
Kauai
Oahu
Honolulu
Hawaii
Hilo
Nationalpark Vulkane
Johnston (USA)
PAZIFISCHER
Palmyra (USA)
Line Islands
Howland (USA)
Baker
Jarvis (USA)
KIRIBATI
OZEAN
Phönix-In.
Ellice-In.
Funafuti
TUVALU
Tokelau-In. (Neusld.)
SAMOA-WEST
(USA)
Samoa-In.
Apia
Wallis (Franz.)
Futuna
Cook-Inseln
(Neusld.)
Aitutaki
Marquesas-In.
Französisch-Polynesien
Tuamoto-Inseln
Papeete
Gesellschafts-In.
FIDSCHI
Cuva
Tonga-In.
TONGA
Nuku'alofa
Ata
Niuo (Neusld.)
Tubuai-Inseln
Gambier-In.
Pitcairn-In.
Adamstown
Pitcairn (Brit.)
Bass-In.
Raoul
Macauley
Curtis
Kermadec-In.
PAZIFISCHER
Auckland
White Island
Nordinsel
Rotorua
Napier
NEU-
Wellington
OZEAN
Chatham-In. (Neusld.)
EELAND
Bounty-In.
Antipoden-In.
0
500
1000
1500
km

Hawaii (USA)

❶ Nationalpark Vulkane Hawaii

Insgesamt 930 Quadratkilometer der Inseln Maui und Hawaii des Hawaii-Archipels stehen seit 1916 unter Schutz, denn sie bieten eine Vulkanhölle direkt am Meer und im tropischen Paradies der Inseln, die ihresgleichen sucht. Der Mauna Loa speit in 4169 Metern Höhe Feuer und aus seinem Nebenkrater Kilauea fließt bei Ausbrüchen glühende Lava zu Tal. Dort erkaltet sie und wird zum Nährboden eines Waldes von Riesenfarnen. In der vulkanisch geformten Landschaft leben viele nur hier heimische Pflanzen, während die Fauna eher karg ist, von einigen Vogelarten abgesehen. UNESCO-Welterbestätte seit 1987.

❷ Waimea-Canyon Kauai

Der Hölle Rachen scheint sich gleich neben dem Garten Eden aufzutun: Auf der Insel Kauai der Hawaii-Gruppe gähnt die Schlucht des Waimea-Canyons, der bei der vulkanischen Bildung des Eilands eingebrochen ist. Anders als auf der Luv-Seite herrscht hier im Lee (Windschatten der Berge) relativ trockenes Klima, und doch haben sich vorwitzige Sträucher und Bäume in den Felsritzen Lebensraum gesichert. Die bizarren Verwerfungen und Faltungen des Gesteins erscheinen so gemildert, und die Abenteuerwanderer, die sich von keiner Unwirtlichkeit abhalten lassen, finden ein wenig Schatten, von dem aus sich der Anblick der steinernen Welt genießen lässt.

Australien

❶ Weihnachtsinsel

Ausgerechnet in der Weihnachtszeit flaut der sonst rege australische Tourismus auf der Weihnachtsinsel ab. Vielmehr stellen sich ganz andere, nämlich meeresbiologisch interessierte Reisende ein und weniger die sonst vorherrschenden Surfer und Taucher: Im Dezember nämlich kommt es alljährlich zu einer Invasion von Krabben, und wer mit dem Begriff »krebsrot« bisher nichts anfangen konnte, weiß spätestens beim Anblick des Heeres der Seitwärtsläufer, was gemeint ist. Bis in die Hotels im Hauptort Flying Fish kommen sie aber nicht, allenfalls lecker zubereitet als Weihnachtsmahl auf dem 135 Quadratkilometer großen Christmas Island, das fast 1000 Meilen nordwestlich vom australischen Mutterland südlich von Java im Indischen Ozean liegt.

❷ Nationalpark Kakadu

Natur braucht Platz. Das berücksichtigten die australischen Behörden bei der Einrichtung des Kakadu-Nationalparks in Arnhemland südöstlich von Darwin am Van-Diemen-Golf: 20 000 Quadratkilometer umfasst das zum Schutz der Natur ausgewiesene Gebiet. Im offenen Eukalyptuswald leben viele Säuger, darunter Dugong-Seekühe und die selten gewordenen australischen Gespensterfledermäuse. An den Flüssen und im Wattgebiet kommen über hundert Reptilienarten vor: etwa Todesottern, Suppenschildkröten und Leistenkrokodile. Die Lufthoheit haben fast dreihundert Vogelarten, darunter der Weißbauchseeadler. UNESCO-Welterbestätte seit 1981.

❶ Aborigines-Kunst

Nationalpark Kakadu

Der Naturschutz im riesigen nordaustralischen Kakadu-Nationalpark (der etwa der Größe Hessens entspricht) kommt auch der Kultur zugute. Im Süden nämlich erstreckt sich über 500 Kilometer das Arnhem Escarpment, eine von Erosion geschaffene zerklüftete Felslandschaft. Hier haben schon vor über 50 000 Jahren Menschen gelebt und ihrem Welt- und Kultbild malerisch Ausdruck verliehen. Es finden sich zahlreiche Felszeichnungen von zum Teil hoher künstlerischer Perfektion bei der Darstellung von Menschen, Tieren und ihrem Miteinander. Manche Figuren tanzen, andere halten Rat ab, fantastische Fische schwimmen daher, Wild prescht springend davon. Eine fesselnde Galerie vorzeitlicher Kunst und seit 1981 UNESCO-Welterbestätte.

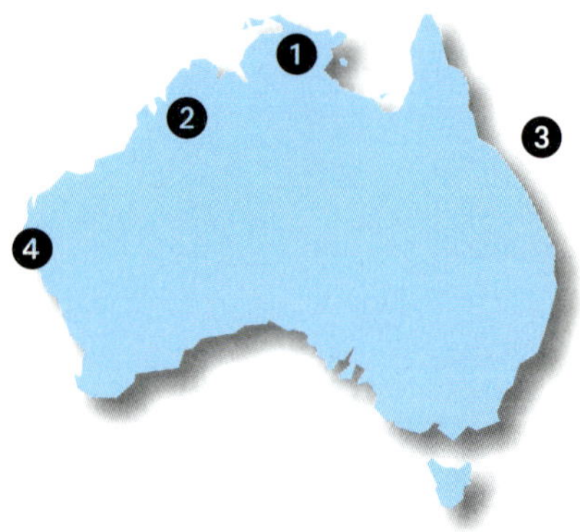

❷ Felszeichnungen

Kimberley-Plateau

Seit zigtausenden von Jahren üben sich die australischen Aborigines in der Kunst der Felsmalerei. Die frühesten Zeugnisse zeichnen sich durch realistische Darstellung aus, später lässt sich eine symbolistische und noch später eine ornamentale oder dekorative Phase feststellen. Gemeinsam ist allen bis in die Jetztzeit magischer Charakter und das intensive Formen- und Farbgespräch mit der Natur und den überirdischen Mächten. Sehr gut erhaltene, bis zu 75 000 Jahre alte Felszeichnungen finden sich auf Wänden des bis knapp tausend Meter hohen Kimberley-Plateaus im Nordwesten des Landes. Wissenschaftler sichern und vermessen sie.

❸ Großes Barrier-Riff

Über 2000 Kilometer, vom südlichen Wendekreis bis Kap York, ja noch darüber hinaus Richtung Neuguinea ziehen sich die Korallenriffe vor der ostaustralischen Küste hin und bilden zusammen das Große Barrier-Riff. Es ist das größte lebende Riffsystem der Erde und bedeckt rund 200 000 Quadratkilometer. Fast das gesamte Gebiet steht unter Naturschutz und ist seit 1981 UNESCO-Welterbestätte. Ob damit auf Dauer die Rettung vor einem entfesselten Tourismus gelingt, wird die Zukunft zeigen. Es geht immerhin um einen Lebensraum für 4000 Weichtier-, 450 Korallen-, 1500 Fisch-, 6 Schildkröten- und 24 Seevogelarten. Ganz besondere Erwähnung verdient, dass im Schutz des Riffs ein »Kreißsaal« der Buckelwale liegt.

❹ Naturpark Shark Bay

Zwischen Carnarvon im Norden und Geraldton im Süden tummeln sich dort, wo Australien am weitesten nach Westen in den Indischen Ozean ragt, im Meer Tümmler und Buckelwale, faulenzen am Strand Seekühe, boxen an Land Hasenkängurus, während über ihnen Fischadler kreisen. Sie alle können das recht unbehelligt tun, denn das etwa 10 000 Quadratkilometer große Gebiet um die Shark (Haifisch) Bay steht unter Naturschutz. Viele kleinere Einrichtungen sind zu einem Naturpark zusammengefasst worden, dem wir auch wertvolle paläontologische Funde verdanken, darunter Spuren frühester Lebensformen, die Forscher auf drei Milliarden Jahre und älter schätzen. UNESCO-Welterbestätte seit 1991.

❶ Nambung-Nationalpark

Nördlich vom westaustralischen Perth beginnt trockenes Buschland mit Dünenketten. Doch noch ehe es der Reisende langweilig finden kann, setzt es höchst merkwürdige Akzente: Aus dem gelben Sandboden wachsen zu Tausenden bis zu vier Meter hohe Säulen und Felsbrocken, die wie kariöse Zähne aus einem unterirdischen Maul hervorragen. Das liegt daran, dass hier kalkreiche Sandablagerungen nach der Eiszeit bewaldet wurden, wobei die Bäume in ihrem Einzugsbereich den Kalk verbraucht haben. Wo keine Bäume standen, verfestigte er sich und blieb trutzig stehen, als der Wind den Boden unter dem einstigen Wald ausblies. Daher die »Pinnacles« genannten Stümpfe.

❷ Wave Rock Wheatlands

Wenn Goethe nicht irrt – und wann täte er das? –, war hier ein Poet am Werk: »Schöpft des Dichters reine Hand, Wasser wird sich ballen«, heißt es bei ihm. Ob er sich das allerdings so massiv vorgestellt hat, darf bezweifelt werden. Nördlich von Albany und südöstlich von Perth im äußersten australischen Südwesten hat die Dichterin Natur eine Welle derart zu einem Felsen gerinnen lassen, wie kein Maler es malerischer darstellen könnte. Man schaut darauf in der Erwartung, dass gleich aus der 15 Meter hohen Felsformation aus Granit ein Brecher mit steinerner Schaumkrone wird. Doch die Welle steht starr in die Landschaft der Wheatlands gebannt, für ewig in ihrer Bewegung angehalten.

❸ Ayers Rock

Uluru-Nationalpark

Mit seinen Dimensionen kann der Uluru (»Schatten spendender Platz«) oder Englisch Ayers Rock nicht imponieren: Nur 863 Meter ragt der Gipfel über Meereshöhe auf und ganze 343 über das umliegende Gelände; nur neun Kilometer misst er rundherum. Aber Form, Farbe, Lage! Einsam als Inselberg buckelt der Felsen in der Landschaft. Bei Tage schimmert er rötlich und glüht auf, wenn ihn die sinkende oder aufgehende Sonne zusätzlich färbt. Als sei er vom Himmel gefallen, so rund und mittig liegt er in der Ebene des fünften Kontinents. Kein Wunder, dass die Aborigines in ihm ein Heiligtum sehen, das in ihren Mythen eine zentrale Rolle spielt und dessen Zauber nun bedroht ist vom modernen Touristenrummel, trotz des seit 1977 bestehenden Nationalparks und der Aufnahme des Sandstein-Schmuckstücks in die Liste der UNESCO-Welterbestätten (1987).

❹ Kata Tjuta

Uluru-Nationalpark

»Viele Köpfe«, so die Übersetzung der Bezeichung »Kata Tjuta« aus der Sprache der Aborigines für eine Felslandschaft im Nationalpark Uluru. Dieser ist benannt nach dem berühmten Monolithen, der auf Englisch Ayers Rock heißt und nach einem früheren australischen Regierungschef benannt ist. Kata Tjuta oder Mount Olga liegt etwa dreißig Kilometer südwestlich davon und ist fast etwas wie sein Gegenteil: Was beim roten Inselberg rund und sanft ist, gibt sich hier zerklüftet und kantig. Das mit 1052 Metern deutlich höhere Felsmassiv besteht nämlich nicht aus Sandstein, sondern aus verbackenem Geröll. Die Kuppeln der 36 Felsendome allein sind rund gewaschen, darunter brechen Wände steil ab in Felder von eckigen Blöcken.

❶ Devil's Marbles

Wer auf dem Stuart Highway von Alice Springs im Herzen Australiens nach Norden Richtung Tennant Creek unterwegs ist und Wauchope passiert hat, sollte sich eine Pause gönnen, die nach gut 300 Kilometern eh angesagt ist. Nicht weit von der Straße nämlich wartet eine teuflische Überraschung auf ihn: Die »Teufelsmurmeln« schauen ihn grimmig an. Es handelt sich um kopfartige Felsrundlinge, die wie Murmeln über das Gelände verstreut sind und aus tiefen verwitterten Augenhöhlen ins wüste Land blicken. Wer dem Schock nicht gewachsen ist, greife zum Handy und alarmiere die »Fliegenden Ärzte«, die ihn dann kostenlos aus dem Teufelsbann retten werden.

❷ Fraser-Insel

Vor der ostaustralischen Küste, 250 Kilometer nördlich von Brisbane, erstreckt sich die mit 125 Kilometern Länge und bis 22 Kilometern Breite größte Sandinsel der Welt. Man darf sie sich freilich nicht als bloße Großdüne vorstellen, obwohl es Dünen haufenweise gibt – eine wölbt sich sogar 230 Meter hoch. Hier wächst nämlich Regenwald, was auf Sand sonst nirgends zu beobachten ist. Vom endlosen weißen Strand kann man daher direkt ins schattige Grün oder ins Blau des Meeres eintauchen. Mangroven und diverse Eukalyptusarten haben sich an manchen Stellen ebenfalls festgesetzt. Besonders begehrt war lange das Holz der Satinay-Palmen für den Schiffbau, und wäre nicht 1972 ein Naturschutzgebiet und 1992 eine UNESCO-Welterbestätte eingerichtet worden, gäbe es das Wald- und Vogelparadies wohl nicht mehr.

❸ Glasshouse Mountains

Nördlich vom ostaustralischen Brisbane bekommt die liebliche Landschaft plötzlich Pickel: Zeltartig piksen da Inselberge empor, die im Profil wie die Front von Treibhäusern aussehen und daher Glasshouse Mountains heißen. Von ihren Gipfeln hat man einen weiten Blick bis hinaus aufs Meer, wo noch weiter nördlich Fraser Island in Sicht kommt, die sandige Schöne im Ozean. Nicht weniger reizvoll die Schau übers Land, das, vom Sommerregen verwöhnt, üppig grünt und wohlgenährtem Vieh den Tisch reichlich deckt. Wälder gedeihen zwischen den »Glashäusern«, bei den Städtern ein beliebtes Erholungsgebiet.

❹ Schutzgebiete des gemäßigten und subtropischen Regenwalds

Über 50 Schutzgebiete für den schrumpfenden Regenwald im mittleren Ostaustralien haben die Umweltbehörden des Landes zu einem Nationalpark zusammengefasst. Er umfasst sowohl subtropischen wie gemäßigten Regenwald und reicht von der Küste im Grenzgebiet der Bundesstaaten Queensland und New South Wales ins Landesinnere. Die typische australische Flora und Fauna soll hier bewahrt werden. Bei den Tieren geht es vor allem um eine ganze Reihe von Beuteltieren, darunter diverse Känguruarten, Flughunde und Fledermäuse sowie um eine Vielzahl von Vogelarten wie Wongatauben, Schleiereulen oder Dickichtvögel. UNESCO-Welterbestätte seit 1986.

❶ Blue Mountains

Ferienstimmung kommt beim Blick vom ostaustralischen Sydney nach Westen auf: Wie ein blaues Band schimmert von ferne die daher auch Blue Mountains genannte Gebirgskette, die über Parramatta zu erreichen ist. Vor Ort entpuppt sie sich als ein Sandsteinhochplateau mit tief eingeschnittenen Schluchten, steilen Abstürzen, rauschenden Wasserfällen und spitzen Felsnadeln wie die berühmten »Three Sisters« (siehe Bild) bei Katoomba. Im australischen Frühling zwischen September und Dezember blühen Wildblumen und machen das Bergland zu einem Steingarten. Wald und Gesträuch ergrünen und in der Luft liegt Eukalyptusduft.

❷ Berglandschaften um den Mount Kosciusko

In den Snowy Mountains der Great Dividing Range im Süden des Bundesstaats New South Wales erreicht der Kontinent den Gipfel im 2230 Meter hohen Mount Kosciusko, der selbst hier wie auch im Übrigen sich von Kap York bis zur Südspitze Tasmaniens hinziehenden ostaustralischen Bergland eher an den Schwarzwald oder Harz erinnert. Die höchste Erhebung Australiens ist benannt nach dem polnischen Freiheitshelden, der 1794 den Aufstand gegen Russen und Preußen probte und trotz letztlicher Niederlage zum Idol der Patrioten wurde. Viele von ihnen gingen ins Exil und nicht wenige in das Südland (so die Übersetzung von »Australien«). Um den kleinen Riesen hat sich ein Skigebiet entwickelt, das durch die Einrichtung eines Nationalparks von 5300 Quadratkilometern Größe diszipliniert wird. Im Bild zu sehen ist ein Teil der »Main Range« der Mount-Kosciusko-Kette.

❸ **Harbour Bridge** Sydney

Acht Fahrspuren und zwei Bahntrassen führen von Norden her über die 50 Meter über dem Wasser unter der Verkehrslast ächzende Harbour Bridge ins Hafenviertel der größten Stadt des fünften Kontinents. Es ist eine 1932 errichtete 503 Meter spannende Stahlkonstruktion, die von den Bewohnern Sydneys liebevoll »der Kleiderbügel« genannt wird. Er wäre längst zusammengebrochen, denn der Mobilitätswahn hat auch die Vier-Millionen-Stadt erfasst, und nur ein Tunnel konnte den Brückenveteran retten. Über seine Baugeschichte unterrichtet ein kleines Museum in einem Pfeiler, und einen schönen Überblick über die Stadt gewinnt man von der über zweihundert Stufen zu erreichenden Aussichtsplattform auf dem »Bügel«.

❹ **Oper** Sydney

*Wo vor über 200 Jahren die ersten Siedler an Land gingen, steht heute das Sydney Opera House mit der segelförmigen Dachkonstruktion in Betonschalen-Bauweise (21 000 Tonnen) – Reminiszenz an die Landung der »First Fleet« 1788. Das 100-Millionen-Dollar-Wunder, entworfen 1957 vom dänischen Architekten Jörn Utzon (*1918), 1973 eröffnet, 67 Meter hoch, 183 lang und 118 breit, bietet im Konzertsaal 2700, in der Oper 1500 und im Theater 500 Besuchern Platz. Einst heftig umstritten, ist es heute der Stolz und das Wahrzeichen der größten Stadt des kleinsten Kontinents.*

❶ »Remarkable Rocks«

Kangaroo Island

Gut hundert Kilometer südwestlich vom südaustralischen Adelaide liegt an der Ostecke der Großen Australischen Bucht vor der Encouter Bay die drittgrößte Insel des Landes: das wild romantische Kangaroo Island, wo die Kängurus so zahm sind, dass sie Besucher um Futter anbetteln. Das Wilde findet auch eher an der Küste statt, wo am Cape du Couedic die Brandung das Felsentor Admiral's Arch geschaffen hat und etwas weiter zurück am Strand Wind und Gischt bildhauerisch tätig waren. Ihnen verdanken wir die »Remarkable Rocks«, die ausgekehlt, gerundet oder zu Riesenfaustkeilen verarbeitet sind. Ein wahrhaft bemerkenswerter Skulpturenpark.

❷ Melbourne

Die südlichste Großstadt Australiens gilt auch als die englischste des kleinsten Kontinents. Dafür sorgen Bauten im Stil der Neugotik und – wie hier – der Neurenaissance in der 1835 gegründeten und nach dem damaligen britischen Premier Lord Melbourne benannten Hauptstadt des australischen Bundesstaats Victoria, die 1901–1927 sogar Regierungssitz war. Sie hat sich aber nicht auf den alten Lorbeeren ausgeruht, sondern für zügige Modernisierung gesorgt, die einen Schub erhielt, als hier 1956 die Olympischen Sommerspiele ausgetragen wurden. Altes und Neues in reizvollem Mix prägen daher das Stadtbild der Industriemetropole, die Sitz vieler Konzernzentralen ist.

❸ »Zwölf Apostel« Port Campbell

Unerschütterlich in der donnernden Brandung stehen bei Port Campbell im Westen der australischen Provinz Victoria ragende Felsen, die wohl wegen des Gleichmuts, mit denen sie irdischen Stürmen trotzen, die »Zwölf Apostel« genannt werden. Was die Unerschütterlichkeit angeht, stimmt dies allerdings nur für den zeitgenössischen Beobachter, der sich immer neu an den harten vielgestaltigen Wellenbrechern freut. Gerade aber die bizarre Formung verdankt die Versammlung der felsigen Heiligen der Steinmetzkunst von Wetter, Wind und Wasser. Sie haben in Jahrtausenden diese grandiose gischtumrauchte Landschaft aus Toren, Schluchten, Höhlen und eben den aufrechten »Aposteln« geschaffen und arbeiten weiter daran.

❹ Dünen auf Wilson's Promontory

Den südlichsten Punkt erreicht das australische Festland im Cape Wilson mit dem Vorgebirge, das auf Englisch Wilson's Promontory oder kurz »Prom« heißt. Es liegt im Bundesstaat Victoria an einer Bucht, über die hinweg die Ausläufer der Australischen Alpen in den Blick kommen und eine geschwungene Skyline bilden. Sie passt gut zur Dünung des Meeres in der 210 Kilometer breiten Bass-Straße, die Indischen Ozean und Tasmansee verbindet. Und beide passen zu den sanften Dünen auf der Halbinsel von Cape Wilson, die in weite Sandstrände auslaufen und wie die Berge im Innern zu ausgedehnten Spaziergängen einladen.

❶ Nationalparks West-Tasmanien

Von den Ureinwohnern haben die Weißen, die Ende des 18. Jahrhunderts nach Tasmanien kamen, keinen überleben lassen. Und auch die Natur haben sie lange gnadenlos geplündert, bis etwas weiter Schauenden aufging, dass man bei fortgesetztem Raubbau den Ast absägen würde, auf dem man sitzt. Im Südwesten der Insel, westlich von der Hauptstadt Hobart ist daher eine ganze Reihe von Schutzgebieten gebildet worden, in denen sich die Natur inzwischen erholt und konsolidiert hat. Bis zu 90 Meter hohe Eukalyptusbäume wachsen hier und im Wald-, Busch- und Bergland (im Mount Ossa bis 1617 Meter hoch) haben Tiere wie der Tasmanische Teufel, der Fuchskusu, Glattechsen, Schwalbensittich und viele andere mehr eine Heimat. UNESCO-Welterbestätte seit 1982.

❷ Kirche von Port Arthur Tasmanien

Hundert Kilometer östlich von Hobart, der Hauptstadt des australischen Bundesstaats Tasmanien, erreicht man über einen schmalen Isthmus die Tasman Peninsula, und dort steht der Besucher staunend vor Ruinen. Die unter der Südostecke des Kontinents »hängende«, rund 65 000 Quadratkilometer große Insel wurde 1642 entdeckt, hieß zunächst Van-Diemens-Land und heißt erst seit 1856 nach dem Entdecker selbst Tasmanien. Die Umbenennung geschah zu einer Zeit, als die seit 1803 laufenden Deportationen von Sträflingen auf die Insel eingestellt wurden, die bis dahin auf der besagten Halbinsel in Port Arthur Sklavenarbeit leisten mussten. Sie bauten auch die neugotische Kirche, in deren leeren Fensterhöhlen heute der Seewind so romantisch faucht. Verstünde man ihn, so erführe man Schreckliches vom Los der Verlorenen, die hier für ihre tatsächlichen, oft aber auch nur angeblichen Untaten büßen mussten.

Nauru

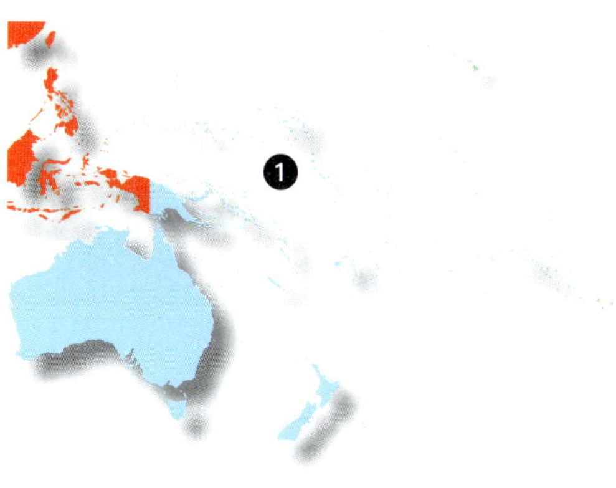

❶ Korallenbauten an der Küste Nauru

Wo Korallen, da auch Fisch. Nirgendwo nämlich finden die schwimmenden Farbflecken so gut Unterschlupf wie in den verzweigten und verästelten Systemen der Riffe (im Bild: Gelber Kaiserfisch). Den winzigen 20-Quadratkilometer-Staat Nauru auf einer Südseeinsel säumen Riffe ohne Zahl und bescheren den Einwohnern ein schmales Zubrot. Jahrzehntelang waren sie darauf nicht angewiesen, denn die Phosphatvorkommen aus gewaltigen Ablagerungen von Vogelexkrementen (Guano) sicherten dem Land ungeahnten Reichtum. Das Ende des Booms aber zeichnet sich ab, und daher besinnt man sich auf die untermeerischen Naturschönheiten, kurbelt den Tourismus an und kümmert sich um einen Aufschwung der Fischerei.

Salomonen

❶ Korallenatoll East Rennell

Zur Inselgruppe der Salomonen östlich von Neuguinea gehören zahlreiche Koralleninseln, darunter das Atoll East Rennell, vor dessen Ringriff diese Aufnahme entstand. Sie zeigt die ganze blühende Schönheit der Korallen (im Bild: Hornkoralle), die allerdings durch die zunehmende Meeresverschmutzung bedroht ist. Vielerorts sind die Staaten bildenden Hohltiere bereits abgestorben und ausgebleicht. Hier in der pazifischen Weite gedeihen die Edelkorallen aber noch prächtig. Sie bilden ein strauchförmig verzweigtes Kalkskelett, das schwarz, weiß oder rot erscheint. Weiße Polypenkelche sitzen auf. Aus den Skeletten machen die Bewohner der Südseeinseln fantasievollen Schmuck.

Neuseeland

❶ Cook-Inseln Aitutaki

Wer da nicht ins Schwärmen gerät, muss das Gemüt eines Aktenschranks haben: Palmen, Strand, Meer, Himmel – da hört man förmlich die Melodie: »Ich schau' den weißen Wolken nach und fange an zu träumen ...« Das Stimmungsbild stammt von den Cook-Inseln, genauer von einer der südlichen – Aitutaki –, die lose zum freilich mehrere tausend Kilometer entfernten Neuseeland gehören und im südwestlichen Polynesien liegen. Unzählige solcher Märchenstrände um stille Lagunen sind hier in den Pazifik gestreut, und manche kann man sogar bei Inselverkäufern erwerben. Die Versorgung in der Meeresweite stellt sich dann allerdings oft als problematisch und alles andere als traumhaft heraus.

❷ Vulkan Whakarri

White Island

Neuseeland verfügt über eine ganze Reihe von Vulkanen, deren aktivster auf White Island vor der Nordküste der Nordinsel liegt und Whakarri heißt. Im November 1999 (Bild links) spuckte er wieder Gas und Dampfwolken in den südpazifischen Himmel und lockte damit Scharen von manchmal überkühnen Besuchern an. Immer wieder müssen die hier arbeitenden Vulkano- und Seismologen eingreifen und auf die Gefahren aufmerksam machen, die bei allzu forschen Klettertouren drohen. Bei den Ausbrüchen kann nämlich immer auch »Land mitkommen«. Dann regnet es Asche oder sogar Geröll bis in schwer abzuschätzende Weite.

❶ Thermalgebiet Whakarewarewa bei Rotorua

Die Nordküste der neuseeländischen Nordinsel steigt östlich der Stadt Rotorua unvermittelt auf bis zu 1700 Meter hoch an. Die bewaldeten Hänge der Whakarewarewa-Region sind unruhiges tektonisches Gelände, in dem es immer wieder zu vulkanischen und geothermischen Aktivitäten kommt. Fumarolen, Geysire und heiße Quellen schicken von unten Wolken aus der Erde den über die Höhen ziehenden himmlischen entgegen und geben der Szene etwas von den Bühnenauftritten, bei denen es um die Füße der Akteure ebenfalls qualmt. Wanderungen in den Nebeln aus der Tiefe empfehlen sich nicht oder doch nur unter kundiger Führung.

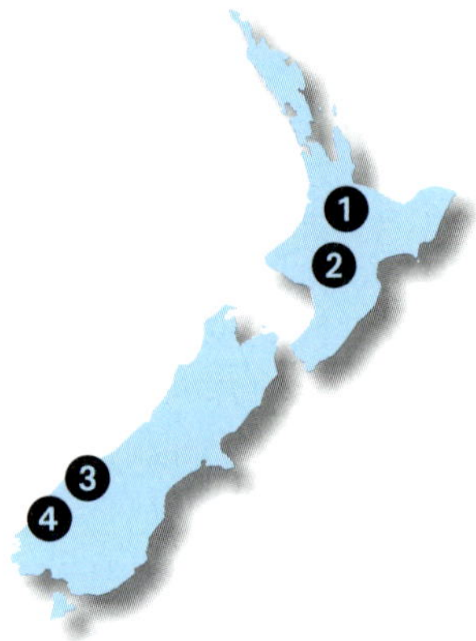

❷ Nationalpark Tongariro

Schon 1884 stellten die neuseeländischen Behörden das Herz der Nordinsel, die Landschaft Tongariro mit ihren drei aktiven und drei erloschenen Vulkanen, unter Naturschutz. Im Ruapehu erreicht das Gebirgsmassiv 2800 Meter Höhe. An den Flanken wachsen im Nationalpark Orchideen, Farne, Myrtengewächse und Inaka, die Südseeabart unseres Heidekrauts. Die Tierwelt ist hier wenigstens einigermaßen vor den von den Europäern eingeschleppten Haus- und Wildtieren wie Katzen und Marder sicher, gegen deren Angriffe Laufvögel wie die Kiwis hilflos sind. Trotz des Schutzes aber kommt es immer wieder zu Verlusten vor allem durch wildernde Hunde. Der von Gletschern gekrönte Park ist UNESCO-Welterbestätte seit 1990.

❸ Mount Cook

Im Südwesten der Südinsel zieht sich die Gebirgskette der Neuseeländischen Alpen hin, die ihren Namen wahrlich verdient. Allein im 26 000 Quadratkilometer umfassenden Nationalpark um den Mount Cook, den mit 3764 Metern höchsten Berg des Landes, ragen 28 Gipfel über 3000 Meter hoch in den Südseehimmel. Stellenweise fühlt man sich lebhaft an die Landschaft am Großglockner und um andere Alpengipfel erinnert. Wie dort gibt es im neuseeländischen Hochgebirge Skitourismus und natürlich auch Eiszungen wie den Tasman-Gletscher, der 29 Kilometer Länge erreicht. Viele bedrohte Tierarten haben im Nationalpark ein sicheres Rückzugsgebiet. Es genießt als UNESCO-Welterbestätte seit 1990 auch internationalen Schutz.

❹ Fjordland-Nationalpark

Die neuseeländische Südwestküste sieht aus wie eine leicht verkleinerte Ausgabe der norwegischen: Eine ganze Reihe von Fjorden gliedert sie und schneidet ebenso kräftig ins Land hinein, das im Süden bis auf 1700 und im Norden über 2700 Meter Höhe erreicht. Das Gebiet macht mit seinen 12 250 Quadratkilometern einen Großteil des Nationalparks aus, zu dem auch das Gebiet um den Mount Cook gehört. Schon 1904 wurde das wilde Gelände mit seinen Wasserfällen und stillen Buchten unter Naturschutz gestellt, so dass hier eine große Kolonie Australischer Seebären entstanden ist und seltene neuseeländische Vögel wie Kakapo und Tahake überleben können. Die UNESCO hat das Fjordland 1990 in ihre Liste der Welterbestätten aufgenommen.

Antarktis

❶ Snares, Bounty-Inseln, Antipodeninseln, Aucklandinseln, Campbell

Südlich und östlich der neuseeländischen Südinsel liegt einsam im Ozean eine Handvoll Inseln wie Auckland, Campbell, Bounty oder Antipodes Island. Nur 600 Besucher dürfen jährlich diese zu einem Schutzgebiet zusammengefassten Naturparadiese betreten, in der Regel nur Wissenschaftler. Vor allem die Ornithologen kommen hier auf ihre Kosten, wenn sie etwa zur Balzzeit der Königsalbatrosse auf dem Posten sind und dem Imponiergehabe und Palaver der Flattermänner zuschauen. Unsere drei scheinen in eine aufgeregte Debatte verstrickt zu sein und erst einmal Argumente auszutauschen, ehe sie sich in die Schnabel- und Flügelschlacht um die Weibchen stürzen.

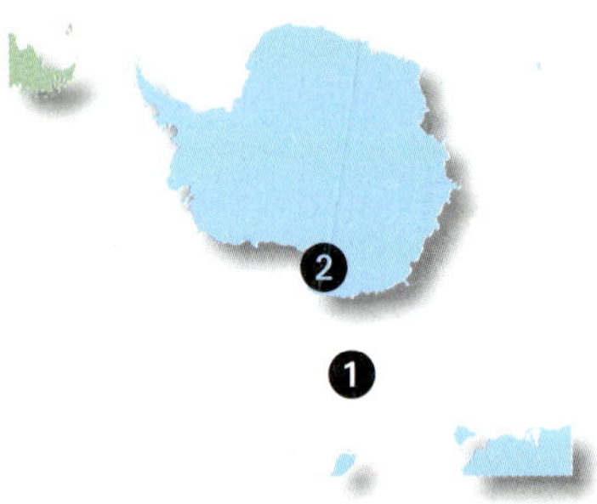

❷ Admiralty Mountains

Hier braucht die Datumsgrenze keinen Umweg zu machen, sondern kann dem 180. Längengrad schnurstracks folgen, denn hier wohnt niemand. Allenfalls ein paar fröstelnde Geowissenschaftler lugten daher in der Nacht vom 31. Dezember 1999 zum 1. Januar 2000 gespannt nach Osten, um den ersten Lichtstrahl des 3. Jahrtausends zu erhaschen, früher als alle anderen Menschen. Über den gezackten Bergrücken der Admiralty Mountains am Cap Adare in der Antarktis ging die Millenniumssonne zuerst auf oder genauer: dort überschritt sie zuerst den Mitternachtspunkt, denn um diese Jahreszeit herrscht hier ewiger Polartag. Gelassen beleuchtete sie die Eiswüste und bewies damit, wie gleichgültig ihr die kalendarischen Zahlenspiele der Menschen sind.

Register

C

D

E

F

G

H

I

J

K

N

T

U

V

W

X–Z

Bildquellenverzeichnis

Archiv für Kunst und Geschichte, Berlin
47 (o. l.), 56 (o.), 70 (o.), 75 (o.), 76 (o.), 77 (o.), 78, 86 (o.), 88, 104 (o. l.), 104 (o. r.), 108 (o.), 110 (o.), 122 (o. r.), 125 (o.), 130 (M.), 136 (M.), 136 (u.), 149, 156 (o.), 165 (o.), 167 (u.), 169 (o.), 170, 181 (u.), 182, 187, 199 (o.), 209 (o.), 237 (u.), 240 (o.), 250 (o. l.), 250 (o. r.), 251 (o.), 254 (o.), 259 (o.), 266, 302 (u.), 314 (u.), 325 (u. l.), 329 (M. r.), 363, 367 (o.), 367 (u.), 369 (u.), 370 (u.), 374 (o. l.), 392 (u.), 418 (o.), 420 (u.), 428 (u.), 434, 439 (u.), 442 (u.), 487 (o.), 488 (u.), 498 (o.), 535 (o.), 539 (o.), 550 (o.), 553 (u.), 554 (o.)

Archivo Iconografico, S.A., Barcelona
405 (o.), 413 (o.), 414, 416 (o.), 427 (u.), 430, 432, 433, 436 (u.), 443, 449, 485 (u.)

Bavaria, Düsseldorf
7 (u. M.), 19 (u.), 26 (u.), 41 (o.), 74 (u.), 79, 81 (u.), 100 (o.), 102 (o.), 118 (o. l.), 131 (u.), 157, 171, 173, 245, 394, 428 (o.), 439 (o.), 455 (o.), 510

creativ collection, Freiburg/Breisgau
5

dpa, Frankfurt/Main
6 (o.), 11 (u.), 12 (o. l.), 12 (u.), 16 (o.), 17, 19 (o.), 20, 21, 24, 25, 28 (o.), 28 (M.), 29, 30, 31, 35 (u.), 37 (M.), 37 (u.), 38 (u.), 39, 41 (u.), 42 (o.), 43, 44 (u.), 45 (o.), 46, 47 (u.), 48, 52 (o.), 52 (u.), 53, 54, 57 (u.), 58, 59, 60, 61, 62 (M.), 62 (u.), 63, 64, 65, 66, 68, 69, 71 (u.), 73, 75 (u.), 82, 83 (o.), 84, 85, 86 (u.), 87, 89, 90, 91, 92 (o.), 93, 94, 99 (u.), 101 (u.), 104 (u.), 105, 106, 107, 108 (u.), 109, 110 (u.), 111, 113 (o.), 115, 116, 117, 118 (o. r.), 118 (u.), 119, 129, 121 (u.), 122 (o. l.), 122 (u.), 123, 124 (o.), 124 (u.), 125 (M.), 125 (u.), 126, 127, 128 (u.), 129, 130 (o.), 131 (o.), 131 (M.), 132, 133 (u.), 134, 135, 136 (o.), 136/137, 137, 138, 139, 140 (u.), 141, 142 (o.), 143 (o.), 144, 145 (o.), 146, 148, 151, 153, 155 (u.), 156 (u.), 158 (o.), 160 /161, 161, 162, 163, 164, 164/165, 165 (u.), 166, 167 (o.), 168, 172 (u.), 174, 175, 176, 177, 178, 179, 180, 181 (o.), 182/183, 183 (u.), 184 (o. l.), 184 (u. l.), 184 (u. r.), 186, 188, 189, 190, 191 (o.), 192 (o.), 192/193, 194 (o. l.), 194 (u.), 196, 198 (o.), 199 (u.), 200, 201 (u.), 202/203, 203, 205, 206, 207 (u.), 208/209, 209 (u. l.), 209 (u. r.), 210 (o.), 211, 212, 213 (M.), 214, 215 (u.), 216, 217, 218, 219, 220, 221, 222 (o. l.), 222 (o. r.), 223, 224, 225 (u.), 226, 227 (o.), 228, 229, 230, 231 (o. r.), 232, 233, 234, 235, 236, 237 (o.), 238 (o.), 239, 240 (u.), 241 (u.), 242 (o. l.), 242 (o. r.), 243 (u.), 244 (o.), 246 (o.), 247 (u.), 248 (o.), 248 (M.), 249, 250 (u.), 251 (u.), 252 (u.), 253, 254 (M.), 254 (u.), 255, 256, 257, 258, 260, 261, 262 (o. l.), 262, (o. r.), 263 (o.), 264, 265, 267, 268, 270, 271 (o.), 272 (u.), 273, 274, 275 (o.), 276 (u.), 277 (o.), 278, 279 (o.), 280 (o.), 280 (u.), 286 (u.), 287, 288, 289, 290 (u.), 291, 292, 293, 294, 295, 296 (o.), 297, 298, 299, 301, 303, 304, 305, 306, 307, 308, 309, 310, 311, 312 (u.), 313 (o.), 314 (o.), 315, 316 (u.), 317, 318 (u.), 319, 320, 321 (o.), 322, 323, 324 (o.), 326, 327, 328 (u.), 329 (o.), 329 (M. l.), 330 (u.), 332, 333, 334, 335, 336, 338, 339 (o. r.), 342 (o.), 345 (u.), 346, 347, 348 (u.), 349 (o.), 350, 351, 352, 353 (u. r.), 354, 355, 357 (o.), 358 (o.), 359 (o.), 360 (o.), 361 (u.), 362 (o.), 364, 365 (u.), 366, 368 (u.), 369 (o.), 370 (o.), 370/371, 371, 372 (o.), 373, 374 (o. r.), 374 (u.), 375, 376, 377, 378, 379, 380, 381, 382, 383, 384, 385, 386, 387, 388 (u.), 389 (u.), 390, 393, 397, 399 (o.), 400, 401, 402, 403 (o.), 403 (M.), 404, 405 (u.), 406, 407, 409, 410, 411, 412, 413 (u.), 415, 416 (u.), 417 (o. l.), 417 (o. r.), 418 (u.), 419 (u.), 421, 422, 423, 424, 425, 426 (o.), 429, 431, 438, 440, 441, 444 (u.), 446 (o.), 447, 448, 453, 454, 455 (u.), 456, 457 (u.), 458 (u.), 459 (u.), 460, 461 (o.), 463 (u.), 464 (o. l.), 464 (o. r.), 464 (M.), 465 (o.), 466, 467, 468 (o.), 469 (M.), 469 (u.), 471 (o.), 471 (M.), 472 (o.), 473, 474, 475, 476, 477 (o. r.), 477 (u.), 478, 479, 480, 481 (u.), 482 (o.), 483 (o.), 483 (M.), 484, 485 (o.), 486, 487 (u. l.), 488 (o.), 489 (u.), 490, 491, 492, 493, 494, 495, 496, 497 (o.), 497 (u.), 498 (u.), 499, 500 (o.), 501, 502, 503 (o.), 505 (M. l.), 505 (M. r.), 505 (u.), 506, 507 (u.), 508, 509, 513, 516, 517 (o.), 518, 519 (M.), 519 (u.), 520 (o.), 521 (u.), 523 (u.), 526, 529 (o.), 530, 531 (u.), 532, 533, 534 (o.), 535 (u.), 536 (u.), 540, 541, 542, 543, 549, 550 (u.), 551 (o.), 553, 556, 557 (o.), 558 (o.), 559, 560, 561, 562, 563, 564 (u.), 565, 566, 567

Juniors Bildarchiv, Ruhpolding
435, 436 (o.), 482 (u.), 497 (M.), 525 (o.)

MEV, Augsburg
7 (u.), 12 (o. r.), 22, 23, 33, 36, 42 (u.), 44 (o.), 49, 52 (M.), 55 (u.), 57 (o. l.), 57 (o. r.), 80, 81 (o. l.), 102 (u.), 103, 113 (u.), 133 (o.), 140 (o.), 147, 150, 152, 155 (o. l.), 155 (o. r.), 169 (u.), 194 (o. r.), 195 (u. l.), 195 (u. r.), 201 (o.), 207 (o.), 210 (u.), 213 (o.), 213 (u.), 269 (o.), 271 (u.), 272 (o.), 279 (u.), 280 (M.), 281, 337, 349 (u.), 403 (u.), 469 (o.), 471 (u.), 519 (o.), 522 (o.), 528, 531 (o.), 544

PhotoPress, Stockdorf/München
6 (u.), 7 (o. M.), 9, 12/13, 32, 34/35, 35 (o.), 67 (u.), 72 (o.), 74 (o.), 76 (M.), 76/77, 83 (u.), 95, 96, 98, 100 (u.), 101 (o.), 112, 114, 142 (u.), 145 (u.), 154, 160, 172 (o.), 184 (o. r.), 185, 192 (u.), 215 (o.), 225 (o.), 225 (M.), 231 (o. l.), 231 (u.), 241 (o.), 242 (u.), 244 (u.), 246 (u.), 247 (o.), 252 (o.), 262 (u.), 263 (u.), 269 (u.), 276 (o.), 277 (u.), 283, 290 (o.), 300 (u.), 302 (o.), 312 (o.), 312 (M.), 313, 316 (o.), 318 (o.), 325 (u. r.), 326/327, 328 (o.), 331 (u.), 339 (o. l.), 344, 353 (o. l.), 353 (o. r.), 356 (u.), 357 (u.), 358 (u.), 359 (M.), 360 (u.), 361 (o.), 365 (o.), 389 (o.), 398, 399 (u.), 417 (u.), 418 (M.), 419 (o.), 426 (u.), 444 (o.), 450, 451, 458 (o.), 462, 463 (o.), 464 (u. r.), 465 (u.), 468 (u.), 470, 472 (u. l.), 472 (u. r.), 481 (o.), 483 (u.), 504 (o.), 511, 515, 521 (o.), 524 (o.), 527 (u.), 529 (u.), 534 (u.), 536 (o.), 537, 538, 539 (u.), 545, 555 (u.), 557 (u.), 558 (u.), 564 (o.)

Silvestris, Kastl
8, 11 (o.), 14, 15, 16 (u.), 18, 26 (o.), 37 (o.), 38 (o.), 40, 45 (u.), 47 (o. r.), 55 (o.), 62 (o.), 67 (o.), 70 (u.), 71 (o.), 72 (u.), 81 (o. r.), 92 (u.), 97, 99 (o.), 121 (o.), 124 (M.), 128 (o.), 143 (u.), 159, 191 (u.), 195 (o.), 197, 198 (u.), 204, 222 (u.), 227 (u.), 238 (u.), 243 (o.), 243 (M.), 248 (u.), 259 (u.), 269 (M.), 275 (u.), 282, 286 (o.), 296 (u.), 300 (o.), 321 (u.), 324 (u.), 325 (o.), 330 (o.), 331 (o.), 339 (u.), 340/341, 341, 342 (u.), 343, 345 (o.), 348 (o.), 356 (o.), 359 (o.), 362 (u.), 367 (M.), 368 (o.), 372 (u.), 388 (o.), 392/393, 420 (o.), 427 (o.), 437, 442 (o.), 445, 446 (u.), 455 (M.), 457 (o.), 461 (u.), 477 (o. l.), 489 (o.), 500 (u.), 503 (o.), 504 (u.), 505 (o.), 514, 517 (u.), 520 (u.), 522 (u.), 523 (o.), 524 (u.), 538 (o.), 551 (u.), 552 (o.), 554 (u.), 555 (o.)

Zefa, Düsseldorf
7 (o.), 27, 28 (u.), 56 (u.), 158 (u.), 183 (o.), 391, 395, 408, 459 (o.), 506/507, 507 (o.), 525 (u.), 527 (o.)